孙中山与第一次国共合作

学术研讨会论文集

民革中央宣传部 / 编

团结出版社

图书在版编目（CIP）数据

孙中山与第一次国共合作学术研讨会论文集 / 民革
中央宣传部编 . -- 北京：团结出版社，2024.4
　　ISBN 978-7-5234-0664-9

　　Ⅰ . ①孙… Ⅱ . ①民… Ⅲ . ①国共合作 – 史料 –
1924-1927 – 文集 Ⅳ . ① K262.606-53

中国国家版本馆 CIP 数据核字 (2023) 第 230927 号

出　版：团结出版社
　　　　（北京市东城区东皇城根南街 84 号　邮编：100006）
电　话：（010）65228880　65244790（出版社）
　　　　（010）65238766　85113874　65133603（发行部）
　　　　（010）65133603（邮购）
网　址：http://www.tjpress.com
E-mail：zb65244790@vip.163.com
　　　　tjcbsfxb@163.com（发行部邮购）
经　销：全国新华书店
印　装：三河市东方印刷有限公司

开　本：170mm×240mm　16 开
印　张：24.5
字　数：369 千字
版　次：2024 年 4 月　第 1 版
印　次：2024 年 4 月　第 1 次印刷

书　号：978-7-5234-0664-9
定　价：78.00 元
　　　　（版权所属，盗版必究）

开幕式

2021 年 5 月 17 日，孙中山与第一次国共合作学术研讨会在北京举行，时任全国政协副主席、民革中央常务副主席郑建邦出席开幕式并讲话

开幕式会场

开幕式及主旨演讲

全国政协文化文史和学习委员会主任宋大涵主持开幕式

民革中央副主席张伯军主持主旨演讲

中国社会科学院中国历史研究院副院长杨艳秋在开幕式上讲话

新党创始人、前主席郁慕明以视频形式参会并祝大会圆满成功

统一联盟党首任主席、台湾《观察》杂志社社长纪欣以视频形式参会并祝大会圆满成功

中国社会科学院中国历史研究院近代史研究所研究员郑大华作主旨演讲

北京大学历史学系主任王奇生作主旨演讲

台湾中华青年发展联合会理事长王正作主旨演讲

大会发言

孙中山曾侄孙、香港两岸和平协进会
名誉会长孙必达以视频形式参会发言

山东省人民政府副省长、民革山东省
委会主委孙继业发言

南京大学历史学院院长张生发言

上海大学文学院历史学系教授廖大伟
发言

中国社会科学院中国历史研究院近代
史研究所副所长金以林主持大会并发言

南京大学中华民国史研究中心学术委
员会主席陈谦平对上半场发言进行点评

广东省中山市政协专职常委胡波发言

《广东社会科学》杂志社总编李振武发言

广东省社会科学院研究员王杰发言

中共中央党校（国家行政学院）文史教研部中国史教研室主任王学斌发言

中国社会科学院中国历史研究院近代史研究所研究员崔志海对下半场发言进行点评

学者论坛

中山大学历史学系教授赵立彬发言

北京师范大学历史学院讲师孙会修发言

南开大学历史学院讲师马思宇发言

台湾黄埔军校同学后代联谊会会长丘智贤发言

湖南师范大学历史记忆与社会意识研究中心暨历史文化学院教授郭辉发言

《国家人文历史》副主编纪彭主持学者论坛

学术沙龙

现场交流互动

闭幕总结

王奇生作学术总结

会议现场

参会人员合影

团结一切可以团结的力量，
把中华民族复兴伟业不断推向前进 *

郑建邦

实现中华民族伟大复兴，是近代以来中华民族最伟大的梦想，凝聚着几代中国人的夙愿。在一代又一代中国人不懈奋斗的历史征程中，第一次国共合作具有伟大的历史意义和深远的现实意义。我们举办本次研讨会，既是为了深刻理解孙中山爱国、革命、不断进步的伟大革命精神，更是为了充分认识百年来中国共产党带领中华民族开辟伟大复兴之路的初心使命、光辉历程、卓越贡献和历史经验，厚植爱党爱国爱社会主义的真挚情怀，汇聚海内外中华儿女的共识和力量，为实现中华民族伟大复兴的中国梦提供历史借鉴和精神动力。

回顾总结第一次国共合作在中国共产党百年历史以及中华民族复兴征程中的地位和作用，我有以下几点认识：

第一，轰轰烈烈的第一次国共合作，催生了反帝反封建大革命高潮，开辟了中国革命新纪元。

孙中山先生是中国民主革命的伟大先驱，一生以革命为己任，立志救国救民，为中华民族做出了彪炳史册的贡献。孙中山先生领导的辛亥革命，推翻了君主专制制度，但是革命果实最终被北洋军阀首领袁世凯窃取，没有完成反帝反封建的革命任务，未能改变旧中国半殖民地半封建社会的性质和中国人民的悲惨命运，"打倒列强，除军阀"成为当时全国人民的共

---

* 本文为郑建邦同志在 2021 年 5 月 17 日孙中山与第一次国共合作学术研讨会开幕式上的讲话，编入本书时稍有删节，题目为编者拟。

同愿望。

孙中山先生振兴中华的目标始终不渝，为了实现革命理想，与时俱进，完善革命理念和斗争方略。他站在时代的最前列，坚持"适乎世界之潮流，合乎人群之需要"，认识到中国共产党提出的反帝反封建革命纲领是中国的出路所在，同共产党人结成盟友是历史发展的必然，也是中国革命的客观需要。孙中山先生虚心接受共产国际和中国共产党的帮助，顺应形势推动国共两党第一次精诚合作，汇集全国的革命力量，很快开创出反帝反封建的革命新局面。

大革命在中国大地上掀起了翻天覆地的狂飙，沉重打击了帝国主义在华势力，基本推翻了北洋军阀的反动统治，使民主革命思想在全国范围空前广泛传播，促进了中国广大民众的觉醒。大革命声势之浩大，群众发动之广泛，是中国近代历史上前所未有的，对中国革命进程产生了深远的影响，极大地推动了中华民族的进步和中国社会的前进。

第二，轰轰烈烈的第一次国共合作，推动中国国民党在很短时间内面貌焕然一新，也为新生的中国共产党践行初心使命提供了广阔舞台。

国民党一大召开前，国民党组织松散、成分复杂、屡经挫败，内部一些人日趋腐败、对前途失去信心。孙中山先生认识到，"国民党正在堕落中死亡，因此要救活它，就需要新血液"，若不加以彻底改造，国民党实难承担起领导中国民主革命的重任。为此，孙中山先生在共产国际和中国共产党的帮助下，重新解释了三民主义，确立了"联俄、联共、扶助农工"的三大政策，并在中国共产党人的参与下，通过召开国民党一大实现国共合作，将国民党改组成为有力量的革命政党。国民党由一个资产阶级性质的政党，变成工人、农民、小资产阶级和民族资产阶级的民主革命联盟，组织和党员数量激增，政治影响也一日千里地发展和扩大起来。孙中山先生曾说"功效卓见"，改组后年余所做的工作，"可抵以前十倍之时间所为者"。毛泽东主席也说过，"孙中山先生致力于国民革命凡四十年来还未能完成的革命事业，在仅仅两三年之内，获得了巨大的成就"，"这是两党结成统一战线的结果"。事实的确如此，这一时期的国民党生机勃勃，充满活力和朝气，与中国共产党通力合作，保证了国民革命军东征的胜利和北伐战争的顺利进行，为中国革命做出了卓越贡献。

第一次国共合作和大革命，也推动年轻的中国共产党迅速成为中国政治舞台上的一支重要力量，为日后成为中国革命的领导者奠定了重要基础。正是这个时期，中国共产党人进行了如火如荼的革命工作，在全国反帝反封建的伟大斗争中，开始探索马克思主义中国化的途径。大革命失败以后，中国共产党单独承担起中国新民主主义革命的领导重任，提出无产阶级领导的、人民大众的、反帝反封建的新民主主义革命的基本思想，坚持进行土地革命和掌握革命武装，赢得了工农群众的衷心拥护与爱戴，在中国革命史上写下了光辉的篇章。从这个意义上讲，第一次国共合作也是无数中国共产党人无私奉献结出的革命硕果，是中国共产党实践新民主主义革命纲领和民主联合战线政策的重大胜利。

第三，轰轰烈烈的第一次国共合作，印证了中国的一句古训——"兄弟同心，其利断金"，昭示了祖国统一的潮流不可阻挡。

中国共产党和中国国民党是近现代中国的两大政党，在民主革命时期，两党曾两度合作、两度对抗。第一次合作，催生了大革命高潮；第二次合作，战胜了不可一世的日本帝国主义，为世界反法西斯战争的胜利做出了突出贡献，使中国的国际地位得到了极大提高，成为联合国的创始成员国和常任理事国。第一次国共合作破裂，国家陷入内战，中华民族复兴事业受到重大挫折；第二次国共合作破裂，国民党最终退踞台湾，造成两岸人为分离的现状。国共关系的风雨历程清楚地表明：合则两利，斗则俱伤。教训惨痛，痛何如哉！

早日实现祖国的完全统一，是海内外全体中华儿女的热切期盼和迫切要求，是中华民族的根本利益所在。孙中山先生曾说："统一是中国全体国民的希望。能够统一，全国人民便享福；不能统一，便要受害。"只有国家统一，民族团结，中华民族伟大复兴的中国梦才能真正实现。2016年11月11日，在纪念孙中山先生诞辰150周年大会上，习近平总书记郑重强调："一切分裂国家的活动都必将遭到全体中国人民坚决反对。我们绝不允许任何人、任何组织、任何政党、在任何时候、以任何形式、把任何一块中国领土从中国分裂出去！"

两岸同胞是血脉相连的骨肉兄弟，两岸是割舍不断的命运共同体。回顾历史教训，我们呼吁：两岸同胞以及海内外全体中华儿女以国家、民族根本利益为重，继承和发扬中华民族的爱国主义优良传统，坚决反对"台独"分裂势力，推动两岸关系和平发展，努力实现祖国完全统一，共同创造所有中国人的幸福生活和美好未来！

第四，轰轰烈烈的第一次国共合作，展现了中国共产党始终胸怀民族大义，是孙中山先生革命事业最忠实的继承者。

孙中山先生给中华民族和中国人民留下了许多宝贵的精神遗产，鼓舞着中国人民为中华民族的伟大复兴不懈奋斗。毛泽东主席曾这样高度评价："现代中国人，除了一小撮反动分子以外，都是孙先生革命事业的继承者。"纵观中国共产党的百年光辉历程，中国共产党人不仅是孙中山先生革命事业最坚定的支持者、最忠诚的合作者，更是最忠实的继承者，不断实现和发展了孙中山先生振兴中华的伟大抱负。

"为中国人民谋幸福，为中华民族谋复兴"，是中国共产党的初心和使命。大革命失败以后，中国共产党人继承孙中山先生的遗志，团结带领全国各族人民前仆后继、英勇奋斗，夺取了新民主主义革命的胜利，建立了人民当家做主的新中国，完成了近代以来中国人民和无数仁人志士梦寐以求的民族独立、人民解放的历史重任。新中国成立后，中国共产党团结带领全国各族人民自力更生、艰苦奋斗，完成了从新民主主义到社会主义的转变，开展了大规模社会主义建设，推进了改革开放和社会主义现代化伟大事业，取得了举世瞩目的巨大成就，实现了中华民族从站起来、富起来到强起来的伟大飞跃。当前，在以习近平同志为核心的中共中央坚强领导下，我们积极应对百年大变局与世纪疫情的冲击，创造了人类减贫史上的伟大奇迹，全面建成小康社会取得了伟大的历史性成就，正满怀豪情开启全面建设社会主义现代化国家的新征程，中华民族伟大复兴曙光在望。

同志们，朋友们！从第一次国共合作到现在，经过几代人的接续奋斗，我们比历史上任何时期都更接近实现中华民族伟大复兴的中国梦，孙中山先生所憧憬的现代化中国的理想，正在一步步变成生动的现实。我们深切地感受到，中国共产党始终是中国人民最可靠的主心骨，始终是中国工人阶级、中国人民和中华民族的先锋队。中国共产党的领导是实现中华民族伟大复兴的根本保证。让我们更加紧密地团结在以习近平同志为核心的中共中央周围，把握历史机遇，沉着应对挑战，担当历史责任，团结一切可以团结的力量，把中华民族复兴伟业不断推向前进！

（郑建邦，时任全国政协副主席，民革中央常务副主席，民革中央孙中山研究学会会长）

目　录

第三部分　中国共产党与第一次国共合作

第四部分　第一次国共合作的启迪

第一部分

孙中山的思想演进
与现代化思考

孙中山对中国实现现代化道路的思考与选择

廖大伟

摘要： 实现中国现代化，就是对标世界先进，实现中华民族伟大复兴。在这条艰辛而漫长的道路上，孙中山无疑是历史上的伟大先驱、激励后来人的一座丰碑。从乡村到城市，从经济民生到国家政体，从实业计划到建国方略，从中外关系到世界大同，但凡那个时代能够知晓的领域，与现代化相关的话题，孙中山都有过敏锐的思考和用心探索，而且胸怀越来越宽，视野越来越广，思考的脉络非常清晰，诉求的目标非常明确。分析中西文化，实行三大政策，彰显了他的辨识度及与时俱进。中国的现代化"对全世界都有好处"，孙中山的问题意识显然已是世界性的。对实现中国现代化道路的选择以及在这条道路上的伟大实践，孙中山功勋卓著，彪炳史册。

关键词： 孙中山　中国现代化　思考与选择

"现代化"（modernization）是个外来词，大致是指世界竞争格局下政治、经济、社会等各领域整体转型和变革的过程。于中国而言，现代化作为一个问题，鸦片战争后便已客观存在，只不过当时没有这个意识，更没有这个词汇。随着中国要转型、要振兴、要与世界先进接轨的需求由朦胧而逐渐变得清晰，"现代化"一词于 20 世纪 30 年代在中国出现了①，可是那个时候孙中山已经离世，所以孙中山的文本语录里没有"现代化"这个词汇很是自然的事。然而，孙中山虽然没有用过这个词汇，但不等于他没有"现代化"的思想意识表达，恰恰相反，我们从他的文字表达和行为实践中可以清晰地看到他关于"振兴中华"的思考、追赶欧美的期盼、学习"现代文明"的主张，并且还力所能及付诸行动，进行难能可贵的尝试。尤其辛亥革命胜利、共和初创时他的民主实践、实业鼓动和除旧布新的倡导，还有他晚年仍然不忘革命、奋斗、救中国，毅然与苏维埃俄国及中国共产党合作，探寻中国新的出路和转机。由此可见，孙中山一生虽无"现代化"之词，却有"现代化"之实，存在着与"现代化"意思相符的言与行。

孙中山对中国现代化的思考和探索呕心沥血，贡献卓著。中国实现现代化的道路何在？中国现代化该怎样发展？发展的对标为谁，蓝图如何？对于这些问题，孙中山从未停止过他的思考，放弃过他的探索。他为中国实现现代化的艰苦探索和不懈努力，代表着那个时代先进中国人的宽宏视野、博大胸怀和理性选择。②

一、思考的脉络，诉求的目标

根据孙中山遗存的文献，他早期关于中国发展的思考与诉求，层面比较狭窄也比较普通。一开始他关注基层社会问题，提出振农桑、禁鸦片、广兴学，希望兴利除害。③1891 年执笔的《农功》一文，同样偏重农事农政。他认为农与商是社会发展之经纬，本是"强兵富国之先声，治国平天下之枢纽"，重视

① "现代化"（modernization）一词 20 世纪 30 年代开始在中国出现，它强调新变化，同时可以表达一个历史过程（发展过程）和一种最新特点（发展状态）。
② 相关研究成果主要有徐方平、郭劲松主编《现代化视野下的孙中山研究》，崇文书局 2005 年；林家有《共和·民主·富强：孙中山与中国发展道路的历史选择》，中山大学出版社 2010 年；李吉奎《中国现代化进程中的孙中山》，《文史知识》2011 年第 10 期。
③ 《致郑藻如书》（1890 年），中山大学历史系孙中山研究室等编：《孙中山全集》第一卷，中华书局 1981 年，第 1—3 页。

了农商又何患"贫"与"寡"。①甚至 1894 年兴中会创立前夕，他梦想的中国大事仍然是"人能尽其才，地能尽其利，物能尽其用，货能畅其流"，认为这是"富强之大经，治国之大本"，而"坚船利炮"远不比这重要。②很显然，孙中山改变中国的最初眼光是温柔的，他只想充分开发社会资源，用以增加社会活力而已，可是即使这般的建议献策和背后的热心依旧一次次被拒绝。他终于在甲午战败的炮火声中幡然悔悟，认识到依靠清政府这批人来改变中国是永无指望了，因此不推翻现有统治，要"申民志而扶国宗"则不可能，要改变和发展则难上加难，于是 1894 年 11 月，他和战友们发出了"振兴中华"的呐喊，走上了革命的道路③，发誓要"驱除鞑虏，恢复中国，创立合众政府"④，表达了民主共和的诉求，随后又表达了"与泰西诸国并驾齐驱，驰骋于地球之上"⑤的宏大意愿。

从那以后，孙中山利用各种场合和机会不断揭露清王朝"日甚一日"的政治腐败，猛烈抨击当政者"丧师赔款""割地求和"⑥和官僚们"鬻爵卖官""公行贿赂""剥民刮地"⑦的行径，认为现行官场"官以财得""政以贿成"⑧的现象已经积重难返，成了祸国祸民的主要原因。⑨与此同时，他将思想付诸实践，开始以行动说话，屡屡发动武装起义向清王朝发难，随之他赢得了越来越多的赞誉和一大批追随者。中国同盟会成立，又将"驱除鞑虏，恢复中国，创立合众政府"的革命纲领改为"驱除鞑虏，恢复中华，创立民国，平均地权"，并且总结凝练成三民主义，提出争取民族独立、创建民主国家、解决民生问题的奋斗目标，如此使"振兴中华"的梦想追求更接地气、更趋完善，使实现中国现代化的思考探索又前进了一大步。将"平均地权"加入政治纲领，是因为他

---

① 《农功》（1891 年前后），《孙中山全集》第一卷，第 6 页。
② 《上李鸿章书》（1894 年 6 月），《孙中山全集》第一卷，第 8 页。
③ 《檀香山兴中会章程》（1894 年 11 月 24 日），《孙中山全集》第一卷，第 19 页。
④ 《檀香山兴中会盟书》（1894 年 11 月 24 日），《孙中山全集》第一卷，第 20 页。
⑤ 《拟创立农学会书》（1895 年 10 月 6 日），《孙中山全集》第一卷，第 25 页。
⑥ 《拟创立农学会书》（1895 年 10 月 6 日），《孙中山全集》第一卷，第 24 页。
⑦ 《香港兴中会章程》（1895 年 2 月 21 日），《孙中山全集》第一卷，第 21—22 页。
⑧ 《伦敦被难记》（1897 年初），《孙中山全集》第一卷，第 517 页。
⑨ 《中国的现在和未来》（1897 年 3 月 1 日），《孙中山全集》第一卷，第 89 页、第 103 页。

认为社会问题、民生主义实乃"现代文明国家最难解决者"，而要解决社会问题，实现民生主义，平均地权"乃实行之第一步"①。

中华民国建立后，身为临时大总统的孙中山尝试中国政治现代化的实践，他根据民主共和的原则和权力制衡的理念，成立了临时政府，完善了临时参议院，颁布了一系列发展工商、改善社会、革除旧制旧俗的法规与条例，组织制订并颁布了具有民主性质与共和精神的《中华民国临时约法》。即使辞职后担任全国铁路督办，他仍热衷于事，为国家铁路建设现代化积极谋划、奔走和宣传。②尽管此后他的政治人生跌宕起伏，但他一直没有忘记祖国建设蓝图的设计和对现代化梦想的追求，第一次世界大战结束后不久他就推出了心血之作——《实业计划》③，著作认为，中国未来应该超过英美，由此要建南方大港、东方大港、北方大港，建长江三峡大坝，建五大铁路系统及全国水陆交通运输体系，还要全面开发煤、铁、石油等矿产，兴办各种实业，逐渐奠定实现现代化的基础，并满足民众衣食住行的需求。神奇的是，《实业计划》中高原铁路系统、三峡大坝、浦东开发及大港建设④竟然一一被后来的结果所证明，进藏铁路如线路规划、车站设计等竟然同今天的实际如此吻合。⑤孙中山为中国的现代化绘制了最初的蓝图，他的思考和选择应该被历史记住，值得后人尊敬。

孙中山很强调人的现代化，很注重道德问题和精神建设，强调全民政治和民本主义。在他看来博爱在于奉献和为他人"谋幸福"⑥，天下为公，世界大同，"人人不独亲其亲，人人不独子其子"，唯有如此才能"老者有所养，壮

---

① 《在中国同盟会筹备会议的演说》（1905 年 7 月 30 日），郝盛潮主编、王耿雄等编：《孙中山集外集补编》，上海人民出版社 1994 年，第 27 页。
② 《孙文君欢迎午餐会》，日本《帝国铁道协会会报》第 14 卷第 2 号（1913 年 4 月 25 日），第 199—204 页。
③ 孙中山后将《实业计划》与《孙文学说》《民权初步》汇编成《建国方略》交上海民智书局于 1922 年出版。
④ 《建国方略·实业计划》（1917—1919 年），广东省社会科学院历史研究所等编：《孙中山全集》第六卷，中华书局 1985 年，第 264—265 页、第 270—274 页、第 300 页。
⑤ 《建国方略·实业计划》（1917—1919 年），《孙中山全集》第六卷，第 370—376 页。
⑥ 《三民主义·民族主义·第六讲》（1924 年 3 月 16 日），广东省社会科学院历史研究所等编：《孙中山全集》第九卷，中华书局 1986 年，第 283 页。

者有所营，幼者有所教"，人间无压迫，天下无战事。① 他强调一切为人民，强调民主精神和民本主义，认为只有国家权力真正"民有""民治""民享"，政治才能修明，人民才得安居乐业。② 他指出，"专制国家"人民是奴隶，"共和国家"人民是主人，官吏则是人民的"公仆"。③ 他说中国要发展，"民意之向背"④ 十分关键。到了晚年，孙中山非常强调社会经济利益的协调问题，在他看来，"社会之所以有进化，是由于社会上大多数的经济（利益）相调和"，社会经济利益过分集中在少数人身上，社会发展就会出问题，如果社会大多数经济利益调和了，社会一定会进步。⑤ 他把民生问题定位为所有政治、社会、经济问题的核心内容，将民生问题视为驱动社会不断发展的重要"定律"，指出如果民生问题解决不好，追赶欧美也就无从谈起。⑥ 孙中山还提倡"社会主义"，他所理解的"社会主义"更接近人道主义加上民生主义，呈现的是平等、自由、博爱理念和"幼有所教，老有所养，分业操作，各得其所"⑦ 的现实蓝图。孙中山对他的"社会主义"的憧憬，在那个时代是先进的，反映了那个时代对现代化的一种梦想与追求。

孙中山虽然没用过"现代化"之名，但有"现代化"之实的探索和追求。可是在军阀时代，孙中山的理想很难实现，中国实现现代化的道路举步维艰，加上其执政时间短暂，环境也不理想，因此孙中山对现代化的实践远不如对实现现代化的思考深刻。在对中国实现现代化的思考和实践过程中，孙中山不同时期关注的内容各有不同，强调的重点也不相同，但应该说，他所关注和强调的内容都是那个时代突出的问题，反映了那个时代认知的前沿。如今我们总结孙中山所描绘的中国现代化的宏伟蓝图，大概可以分为四个面向共十六个字：

① 《在桂林对滇赣粤军的演说》（1921年12月10日），《孙中山全集》第六卷，第36页。
② 《建国方略·孙文学说》（1917—1919年），《孙中山全集》第六卷，第159页。
③ 《在粤军第一、二师恳亲会的演说》（1921年4月23日），中山大学历史系孙中山研究室等编：《孙中山全集》第五卷，中华书局1985年，第522页。
④ 《复刘湘函》（1919年8月7日），《孙中山全集》第五卷，第92页。
⑤ 《三民主义·民生主义·第一讲》（1924年8月3日），《孙中山全集》第九卷，第369页。
⑥ 《三民主义·民生主义·第一讲》（1924年8月3日），《孙中山全集》第九卷，第365页、第376—377页。
⑦ 《在上海中国社会党的演说》（1912年10月14日至16日），中国社会科学院近代史研究所中华民国史研究室等编：《孙中山全集》第二卷，中华书局1982年，第510页、第523页。

民族振兴、国家富强、人民幸福、世界大同。孙中山临终仍不忘"余求中国之自由平等"，"唤起民众及联合世界上以平等待我之民族，共同奋斗"①，以融入世界，追赶欧美。

二、为什么要革命，为什么要博采中西

在孙中山的意识里，革命与建设是共生共存的两面，都是中国发展进步和实现现代化的重要内容，你中有我，我中有你，只不过轻重缓急在不同时段里表现不同而已。孙中山临终仍在叮嘱"现在革命尚未成功"，凡我同志要"继续努力"②。那么孙中山为什么要不断革命呢？孙中山本人多次解释过这个问题，就是因为当时中国不革命则无他路，就是因为"中国痼疾已深，除推翻帝制外，别无挽救之法"③。而且即使推翻帝制后，还得为民族独立和良好政治环境而革命奋斗。

革命是目的吗？当然不是，革命是迫不得已的手段，是必要的过程，是具体国情和现实使然。1905 年，孙中山曾与杨度有过对话，其中他说：当今中国不改革便不能图存，但清政府不愿真改革，于是没有办法，只有发动民主革命，"推翻这个昏庸腐朽的政府，为改革政治创造条件"④。到了晚年，他甚至认为一个国家要由"贫弱"而变"富强"也得经过革命，因为既然要进步，就"不能不除去反对进步的障碍物"⑤。显然他的"革命"不仅是政治革命，还包括思想、社会等领域的革命，是个系统性的大概念。⑥他曾把革命分成三大类别，一类是种族革命，一类是政治革命⑦，还有一类是社会革命。其种族

① 《国事遗嘱》（1925 年 3 月 11 日），广东省社会科学院历史研究所等编：《孙中山全集》第十一卷，中华书局 1986 年，第 639 页。
② 《国事遗嘱》（1925 年 3 月 11 日），《孙中山全集》第十一卷，第 639—640 页。
③ 《与喜嘉理的谈话》（1904 年 5 月），《孙中山集外集补编》，第 24 页。
④ 《与杨度的谈话》（1905 年 7 月下旬），《孙中山集外集补编》，第 27—28 页。
⑤ 《在广州商团警察联欢会的演说》（1924 年 1 月 14 日），《孙中山全集》第九卷，第 62 页。
⑥ 《在桂林对滇赣粤军的演说》（1921 年 12 月 10 日），《孙中山全集》第六卷，第 10 页。
⑦ 《在北京五族共和合进会与西北协进会的演说》（1912 年 9 月 3 日），《孙中山全集》第二卷，第 438 页。

革命在完成了推翻清朝专制政府之后便上升为"谋中国之自由与独立"的境界内涵①，其政治革命就是要实行民主，民权主义就是"以民为主"②，其社会革命即"为众生谋幸福"，打破"少数富人专利"③，平衡社会机会，缩小贫富差别。

孙中山从不反对教育立国、实业救国、地方自治等主张，但他始终认为"第一步"首先要革命，对现实中国而言必须先破坏再建设。他所理解的"革命"包括建设之革命和破坏之革命，破是为了立，破与立都是革命的一部分，因此他的"革命"是破坏与建设的辩证统一。他以建造新房子进行举例，认为先要拆除旧屋，打好地基，然后才能建造坚固的新房子。④ 由此可见，孙中山对"振兴中华"的追求，对中国实现现代化的道路选择，非常强调第一步必须革命，强调这是走向未来中国的必由之路。

在很长一段时间内，孙中山的视野里始终有欧美，他思考的中国现代化也是对标欧美。他认为首先要学欧美之长，然后与之并驾齐驱⑤，最终"驾乎欧美之上"⑥，欧美代表了当时世界最先进的潮流，南京临时政府的权力制衡模式便是模仿法国和美国。为什么要对标欧美呢？这缘于孙中山对东西方政治、社会、经济、文化有相对多的了解和比较，也与他海外多年的特殊经历和背景有关。他曾辩证地说，近代文明中国比不过欧美，这包括物质方面和精神方面，但这不等于中国文明一无是处，"一概抹杀"⑦。他反对全盘否定中国文化，反对不顾中国实际而照搬西方制度与学说⑧。他认为欧美也不是样样先进，如果完全仿效那就错了，因为"欧美有欧美的社会，我们有我们的社会"，中国

---

① 《关于国民党最小纲领之宣言》（1924 年 12 月 22 日），《孙中山全集》第十一卷，第 514 页。
② 《应上海〈中国晚报〉所作的留声演说》（1924 年 5 月 30 日），广东省社会科学院历史研究所等编：《孙中山全集》第十卷，中华书局 1986 年，第 237 页。
③ 《在东京〈民报〉创刊周年庆祝大会的演说》（1906 年 12 月 2 日），《孙中山全集》第一卷，第 329 页。
④ 《在上海青年会的演说》（1919 年 10 月 8 日），《孙中山全集》第五卷，第 124—125 页。
⑤ 《三民主义·民族主义·第六讲》（1924 年 3 月 2 日），《孙中山全集》第九卷，第 251 页。
⑥ 《宴请国会及省议会时的演讲》（1918 年 2 月 7 日），广东省社会科学院历史研究所等编：《孙中山全集》第四卷，中华书局，1985 年，第 332 页。
⑦ 《建国方略·孙文学说》（1917—1919 年），《孙中山全集》第六卷，第 180 页。
⑧ 《三民主义·民族主义·第六讲》（1924 年 3 月 2 日），《孙中山全集》第九卷，第 243 页。

只有"照自己的社会情形，迎合世界潮流做去，社会才可以改良，国家才可以进步"，相反的话反而会给民族造成"危险"①。很显然，孙中山强调学习，但也不盲目，他清醒地意识到国与国之间社会文化的差别，从中可见孙中山对中国实现现代化问题的深刻思考，可见其实事求是的精神和与时俱进的理念。

孙中山对中国传统文化的精髓是热爱的，但也爱得理性，认为好的东西要保存，不好的要放弃。②他反对泥古不化，强调"用古人而不为古人所迷惑"，"役古人而不为古人所奴"③，强调为我所用、为今所用、为今活用，在"恢复我一切国粹之后"，再"学欧美之所长"④，其效果完全不一样。不可否认，在20世纪前后的中国，像孙中山这样博采中西、务实辩证的文化观、发展观，实属难得。孙中山始终怀念中国辉煌昌盛的历史，感慨与叹息近世落后，今不如昔。他感慨中国曾有过强盛时代，那时"中国的文明在世界上是第一的"，可现在成了"世界上顶弱顶贫的国家"⑤，感慨中满是急迫与爱意。在孙中山的思想脉络和政治主张中，人是第一位的，而人的精神又是关键之关键。他认为国家建设、社会发展"当发端于心理"⑥，而民族振兴、现代化的实现，必须依赖精神奋发为先导，必须焕发出前所未有的毅力，怀抱持之以恒的决心，所以建设万事之先，在于重铸近代以来衰微的民族精神，也就是从优秀传统文化中寻找资源、寻找答案。将优秀传统文化中的道德精神引入革命的实际中来，引入国民精神的教育中，经过符合如今现实要求的改造和利用，为民族振兴和实现现代化提供思想精神基础，所以他一再强调要"恢复"民族精神，要"唤醒"民族精神。⑦

---

① 《三民主义·民权主义·第五讲》（1924年4月20日），《孙中山全集》第九卷，第320页。
② 《三民主义·民族主义·第六讲》（1924年3月2日），《孙中山全集》第九卷，第243页。
③ 《建国方略·孙文学说》，《孙中山全集》第六卷，第180页。
④ 《三民主义·民族主义·第六讲》（1924年3月2日），《孙中山全集》第九卷，第251页。
⑤ 《应上海〈中国晚报〉所作的留声演说》（1924年5月30日），《孙中山全集》第十卷，第236页。
⑥ 《建国方略·孙文学说》（1917—1919年），《孙中山全集》第六卷，第214页。
⑦ 《三民主义·民族主义·第六讲》（1924年3月2日），《孙中山全集》第九卷，第278页。

三、布尔什维克的新模式与三大政策

为了实现现代化，孙中山始终行进在探索的路上。从旧三民主义到新三民主义，孙中山思想的发展充分展现了不断探索、与时俱进的思想本色。在追求民族独立、国家富强以及中国现代化的探索中，孙中山在 20 世纪之初，认真观察和研究了俄国十月革命的成功经验和布尔什维克的革命模式，敏锐地发现这是一条比较适合中国国情的道路。

孙中山很早就同情俄国革命，密切关注它的进展。他认为俄国革命与中国革命有着相近的革命奋斗目标，那就是推翻专制，实现政治革命和社会革命。[1]于是他"急转之下，掉头迎向苏俄，联好列宁"[2]。为什么会变得这么热切而坚决？因为孙中山一路走来坎坎坷坷，发现他曾寄望的欧美列强谁都靠不住，国家始终达不到他理想的状况。十月革命的胜利使他看到了希望的曙光，他坚信俄国革命胜利对于中国意义重大，十月革命发动群众建立苏维埃政权的模式，将成为中国革命的榜样。[3]

关于孙中山"联俄"的起点，大致始于 1918 年孙中山与俄国外交人民委员契切林达成非正式外交联合的共识。1921 年，马林来华，向孙中山提出改组国民党、创办军官学校、实行国共合作这三条建议。孙中山争取与苏俄联盟，还在于俄国能够提供援助，用来推翻北京政府，帮助中国实现统一、独立与自由，实现现代化。另外，十月革命后俄国倡言"公开外交""不兼并领土""民族自决"的新外交理论对中国人具有吸引力。但更关键的是，孙中山很自信他的三民主义可以融合一切主义，包括欧美自由主义，也包括俄国共产主义，他认为三民主义最适合中国。

事实上，孙中山一边"希望同苏俄联盟，希望在将来的革命事业中能够得

---

① 《中国革命之难易》（1910 年 2 月 28 日），秦孝仪主编：《国父全集》第 3 册，台北：台湾近代中国出版社 1989 年，第 18 页。

② 张朋园：《从民权到威权：孙中山的训政思想与转折兼论党人继志述事》，台湾"中央"研究院近代史研究所 2015 年，第 34 页。

③ 《庆祝俄国革命成功之意义》（1924 年 11 月 7 日），秦孝仪主编：《国父全集》第 3 册，第 515 页。

到苏俄的帮助"①，一边又不想建立正式外交关系。为什么如此急迫但又欲迎
又却呢？主要原因在于现实处境。当时他顾虑英国的势力在香港时刻威胁着南
方政府，"如果我现在承认苏俄，英国人将采取行动反对我"②，而且国民党
内有一批亲英美而反对苏俄的人。

1922 年 6 月，陈炯明的叛乱客观上推动了联俄进程，危难中的孙中山更
需要苏俄这位朋友。他对外公开表示："今日中国之外交，以国土邻接、关系
密切言之，则莫如苏维埃俄罗斯。"③《孙文越飞联合宣言》的签订，孙逸仙
博士代表团的赴俄，表明了孙中山联俄进程进入了主动、公开的阶段，也标志
着国民党"联俄"政策正式确立。

中国国民党一大召开之际，苏联全权代表加拉罕致电孙中山表示友爱和尊
敬。④孙中山则回复"中俄两国人民将共同提携，以进入自由正义之途"⑤。此
时孙中山已经在作意识形态领域民生主义与共产主义趋同的努力，努力提升双
方理念的契合度。

随着鲍罗廷与援助物资抵达广州，孙中山想要借鉴俄国革命成功经验进行
中国革命的决心更加坚定不移了。在苏俄帮助下，国民党改组、第一次国共合
作、黄埔军校建立，孙中山正式确立了三大政策，一心想学习布尔什维克新模
式，排除万难地要同中国共产党合作，这一切都源于联俄的大背景、共产党的
朝气和他的现实处境。他是在绝望中遇到了十月革命和中国共产党，所以他对
苏俄的帮助和与共产党人的合作是欢迎的。⑥临终时他仍然希望苏联能"以良

---

① 陈锡祺主编：《孙中山年谱长编》下册，中华书局 1991 年，第 1444 页。
② ［苏］C·A·达林：《中国回忆录》，侯均初、潘荣、张亦工等译，中国社会科学出版社 1981 年，
第 113 页。
③ 《外交上应取的态度》（1922 年 8 月 9 日），秦孝仪主编：《国父全集》第 2 册，台北：台
湾近代中国出版社 1989 年，第 560 页。
④ ［苏］加拉罕：《苏联全权代表加拉罕致孙中山电》（1924 年 1 月 15 日），中共中央
党史研究室第一研究部译：《共产国际、联共（布）与中国革命文献资料选辑（1917—
1925）》，北京图书馆出版社 1997 年，第 570 页。
⑤ 《孙中山复苏联全权代表加拉罕电》（1924 年 1 月 24 日），《共产国际、联共（布）与中
国革命文献资料选辑（1917—1925）》，第 571 页。
⑥ 《论人民民主专政——纪念中国共产党二十八周年》（1949 年 6 月 30 日），《毛泽东选集》
第四卷，人民出版社 1991 年，第 1475 页。

友及盟国而欢迎强盛独立之中国"①。

四、中国的成功"对全世界都有好处"

100 多年前孙中山便预言中华民族一定会振兴起来，中国的现代化建设一定会取得成功。难能可贵的是，他是基于世界意义来考虑和阐述中国现代化问题的。他说："一旦我们革新中国的伟大目标得以完成，不但在我们的美丽的国家将会出现新纪元的曙光，整个人类也将得以共享更为光明的前景。普遍和平必将随中国的新生接踵而至，一个从来也梦想不到的宏伟场所，将要向文明世界的社会经济活动而敞开。"②为什么"革新"的中国、现代化的中国和振兴起来的中华民族会造福世界，孙中山认为这是中国人和中华民族的本性决定的，这个民族勤劳、和平、守法，"绝不是好侵略的种族"，"如果中国人能够自主，他们即会证明是世界上最爱好和平的民族"，因此中国的成功不会威胁别人、加害别人，只会造福世界，"对全世界都有好处"。即使仅从经济的角度来说，他也认为中国的成功会使"国际商务""世界贸易"大大增加，他甚至说，同富裕聪明的中国做邻居总比穷苦愚昧的中国好吧。基于此，孙中山一再驳斥"黄祸"论，一再解释中华民族振兴、中国实现现代化，给世界带来的是"黄福"而非"黄祸"，强盛的中国是世界的福音。③

孙中山从来都是"世界和平友爱"者，他的梦想境界是"世界大同"，他曾说，中国一旦强盛起来，我们不仅要恢复我们的世界地位，还要担负起尽世界义务的责任和贡献，强盛起来的中国绝不做列强，要抵制列强，抵抗世界霸权，只有"把那些帝国主义来消灭，那才算是治国平天下"④了。可见，在孙中山的世界理念中，平等意识、博爱思想根深蒂固，实现中国现代化，做一个正义和负责任的大国，消灭世界上的压迫和战争，达到"世界大同"，是他努

---

① 《致苏联遗书》，上海书店编：《革命尚未成功同志仍须努力》，上海书店出版社 1926 年，第 31 页。
② 《中国问题的真解决》（1904 年 8 月 31 日），《孙中山全集》第一卷，第 255 页。
③ 《支那问题真解》（1904 年 8 月 31 日），《孙中山全集》第一卷，第 253—254 页。
④ 《三民主义·民族主义·第六讲》（1924 年 3 月 2 日），《孙中山全集》第九卷，第 253 页。

力追求的伟大理想和崇高境界。他非常清楚，这些伟大的抱负和理想，都是要建立在中国实现现代化的基础上的，都是中华民族真正振兴了以后的事。没有这些基础和前提，一切都是实现不了的空想。所以"振兴中华"，中国实现现代化，是孙中山毕生的追求，贯穿于他奋斗的每个时段，清晰呈现于他的思想脉络与实践过程，其中包括"振兴中华"的呐喊和不断革命的奋斗，包括三民主义思想的与时俱进及其实践，包括平均地权、政府权力制衡等前瞻性的探索，更包括"联俄、联共、扶助农工"以打倒军阀、打倒列强而建设现代化国家的正确选择。

孙中山对中国现代化的思考和探索，已然成为中国现代化前进道路上有代表性的里程碑和弥足珍贵的思想库，已然成为中华民族伟大复兴的重要历史资源和精神财富。对实现中国现代化道路的选择以及在这条道路上的伟大实践，孙中山功勋卓著，彪炳史册。

（廖大伟，上海大学文学院教授，中国孙中山研究会副会长，中国辛亥革命研究会常务理事）

孙中山论中国革命失败的原因

蒋九愚

摘要： 孙中山领导的辛亥革命推翻了两千多年的君主专制制度，创建了中华民国，但只是"有民国之名，而无民国之实"。孙中山反思和总结了中国革命失败的原因：第一，反动军阀及帝国主义的强大势力；第二，革命党组织不够严密；第三，缺乏广大民众支持；第四，没有自己的革命武装。孙中山无法自觉并充分地认识到工农群众才是中国革命的主力军，中国无产阶级的先锋队中国共产党将成为中国革命的领导力量。

关键词： 孙中山　中国革命　失败原因

孙中山是中国民主革命的先行者，不仅具有不畏强权、不怕失败、勇往直前的革命家之气质，而且具有善于反思、总结革命实践经验的思想家之性格。孙中山领导的辛亥革命推翻了两千多年的君主专制制度，创建了中华民国。但是，1912 年中华民国成立以来，孙中山的三民主义并未在中国大地实现，辛亥革命、中华民国的建立并没有从根本上改变中国半殖民地半封建社会的性质，中国人民依然生活在水深火热之中，依然深受封建主义、官僚资本主义和帝国主义三座大山的压迫和剥削。以三民主义为革命理想的孙中山，非常自觉地、清醒地认识到这一点，他甚至公开指出，辛亥革命虽然推翻了君主专制的清政府，创建了中华民国，只不过"有民国之名，而无民国之实"①。辛亥革命后，孙中山发动了"二次革命"、护法运动等一系列革命活动，但是从根本上说都是完全失败的。他后来总结说："中国革命十三年，一直到今天，只得到一个空名。所以中国十三年的革命完全是失败，就是到今天也还是失败。"②中国人民的痛苦，"比清朝尤甚"。1923 年 8 月 15 日，孙中山在广州全国学生评议会上发表演说："现在十二年来，人民痛苦，比清朝尤甚，其余种种像教育、实业等项，没有一件比清朝好。我看现在国内人民想念清朝，一年加一年。"③中国革命的目的远未达到，因为"革命是以造成一个真的中华民国为目的，就是人民都享幸福，国家政治的主权在人民，政府要听人民的话，这样才叫中华民国"④。孙中山深刻总结和自觉反思了中国革命失败的原因，归纳起来至少有以下几点。

一、旧官僚、反动军阀及帝国主义的强大势力

1911 年 10 月爆发的武昌起义带来的全国革命形势的急剧变化，一大批旧官僚纷纷倒向革命、赞同共和，但是他们的骨子里却与革命、共和相对立，不断破坏革命，破坏共和，妄图复辟君主专制。孙中山在《中国之现状及国民党改组的必要》一文中深刻总结道："武昌起义，全国响应，民国以成。而反革命党人，及杀革命党人，均变为赞成革命党之人。彼辈之数多于革命党，故力量大于革命党。中国反革命派为谁？即旧官僚是也：一方参加革命党，一方破坏革命党，故把革命事业弄坏无余；实因我们方法不善，若有办法有团体来防范之，用对待'满清'方法而对待之，则反革命派无所施其技矣。俄国革命同志曾对余言，谓中国反革命派之聪明厉害，俄国之反革命派不如也。其故，因俄国革命党防范反革命派甚烈也。中国革命六年之后，俄国才有革命，把帝国

---

① 《孙中山全集》第七卷，中华书局 1985 年，第 66 页。
② 《孙中山全集》第十卷，中华书局 1985 年，第 291 页。
③ 林家有编：《孙中山全集续编》第三卷，中华书局 2017 年，第 452 页。
④ 林家有编：《孙中山全集续编》第三卷，中华书局 2017 年，第 291 页。

主义之势力推翻，进而解决经济、政治问题之改革。俄国革命就叫澈底革命。其方法较我们为好。俄国朋友在旁观指示告诉我们，我们未有俄国种种方法，来防范反革命派，故致如此纷乱；俄国有方法以防范反革命派，故反革命派不能从中破坏，故革命虽迟我六年，而成功较我们为快。"① 孙中山立足于中、俄革命比较的立场，分析了中国革命虽然早于俄国革命六年，但结果却是俄国革命彻底成功，而中国革命告以失败，原因在于中国辛亥革命没有彻底肃清旧官僚这种反革命派，被旧官僚这种反革命派所欺骗，他们宣扬"革命军起，革命党消"的欺骗言论。1924 年 1 月 20 日，孙中山在《国民党第一次全国代表大会开幕词》中总结说："我们从前没有想到召开这种全国代表大会，来研讨革命和党务进行的重要，是因为我们受了'满清'官僚余孽的欺骗。辛亥武昌起义因为革命成功得太快，从前反革命的官僚也伪装成革命党，渗透到我们党里来。一部分同志受了官僚的包围，中了官僚的毒素，便种下了我们革命失败的总因！这是我们过去失败的总因！这是我们过去失败的总因！官僚拿什么来欺骗我们呢？他们说：'革命军起，革命党消。'既然革命党消，便只有官僚和军阀的世界，没有革命党人的立足点了！到了今天我们才觉悟了，我们才知道这句话的危险，所以我们今天要说：'革命军起，革命党成'，来恢复我们革命党的精神，来挽救从前的失败。"②

历史证明，反动军阀及其背后支持的帝国主义是中国不能独立、不能自由的主要原因。孙中山颇为深刻地认识到这一点，这也是他在 1924 年前后要改组国民党的重要原因。1924 年 1 月 24 日，孙中山在主持国民党第一次全国代表大会讨论《依法连署提案》时的发言中强调指出："本党革命的目的，第一步在求中国的自由独立，以实现民族主义。我们笼统的说，革命的目的在求中国自由独立，大家尚不感觉有什么顾虑；一说到要收回租界、收回海关、废除不平等条约，大家深恐得罪了帝国主义，便战栗恐慌起来了。大家想想，中国民族不能自由，是由于什么原因？不能独立又是什么原因？难道说，帝国主义所加给中国民族的束缚不解除，中国还有什么希望可以自由、可以独立？……

① 林家有、周兴樑编：《孙中山全集续编》第四卷，中华书局 2017 年，第 98 页。

② 《孙中山全集续编》第四卷，第 94 页。

我在辛亥革命以前，便提出了收回租界和废除不平等条约的主张，由于我们的同志认识不够、胆量太小，都不敢赞成我。大家企图在因应帝国主义的情况下，可以完成我们的革命。从民国建立以来，我们所得的教训，帝国主义不是像我们所想像的那样愚蠢，可以放心我们革命的成功对他们是漠不相关的。结果，他们用一切的方法来阻挠我们革命的成功；他们帮助中国的军阀来摧残我们的革命。他们利用买办商人来把持榨取中国的钱财，把中国造成今日次殖民地悲惨的境地！"①孙中山明确指出，虽然他本人在辛亥革命前就已经意识到帝国主义会对中国革命采取破坏行动，但是当时革命同志当中多数人认识不到位，深恐得罪了帝国主义，对帝国主义抱有幻想，"在因应帝国主义的情况下，可以完成我们的革命"。事实证明，帝国主义帮助军阀阻挠、摧毁中国革命，导致革命失败，导致中国祸乱不断、民不聊生。

俄国革命的成功，让孙中山更加清醒、深刻地认识到帝国主义的本质，帝国主义才是中国民族革命的最大敌人，"是我国反革命中最强有力的因素"，是中国"走向独立自由道路上的主要障碍"。孙中山1924年9月8日在与宋庆龄的谈话中说："俄国革命成功，……为中国树立了一国如何摆脱外国侵略和不公正的枷锁的榜样。帝国主义……不仅是我们走向独立自由道路上的主要障碍，而且是我国反革命中最强有力的因素。"②俄国革命的成功，更加坚定了孙中山反对帝国主义及其走狗封建军阀的决心，"吾人前此革命之口号曰'排满'，至今日吾人之口号当改为：推翻帝国主义者之干涉，以排除革命成功之最大障碍"。③

二、革命党人"行个人主义"及革命党"组织未密"

孙中山曾总结自己的革命经验说："吾人为革命事业已历多年，成败参半，

---

① 《孙中山全集续编》第四卷，第157页。
② 周兴樑编：《孙中山全集续编》第五卷，中华书局2017年，第111页。
③ 《孙中山全集续编》第五卷，第94页。

该由于人自为哉。党中俊秀义烈之士,原不乏人,惟各以其聪明才力行个人主义,独伸己见不能一致。此失败最大之原因也。"①1924 年 3 月 16 日的《国民党中央执委会通告第二十四号》也总结说:"本党自革命同盟会以来,历三十余年之奋斗,苦心孤诣,百折不挠,立志不可谓不专,用力不可谓不勤。然时至今日,覈其成功仍若是之尠者,固由于其始之组织未密、训练未周所致。"在孙中山看来,他领导的革命之所以失败,其最大原因在于革命党人缺乏纪律性,"行个人主义","各位党员有自由,全党无自由",革命党缺乏严密的组织力、战斗力,这恰恰与革命党的宗旨、目的不一致。孙中山从对比中俄革命成败经验总结了这一看法:"革命党所要求的是人民的自由、人民的平等,不是个人的自由平等;要替人民要求自由平等,便要牺牲自己的自由平等,服从党的命令,遵守党的约束,才可以群策群力,一致的与外敌奋斗。假使能办到这一层,党便有力量,便用不着一两个人来干独木支大厦的勾当。如是,则一两个人的存亡,与大体上毫无关系。如同俄国……因为他的党员,能牺牲个人的自由、个人的意志,以成全党的自由、党的意志,所以党的力量异常之大,党的基础异常之固……"②只有个人牺牲自己的自由、平等,"服从党的命令,遵守党的约束",才能"成全党的自由、党的意志",才能改造国家,实现人民的自由、人民的平等。孙中山说:"如果个人能够牺牲自由,然后全党能自由;如果个人贡献能力,然后全党才有能力。等到全党有了自由,有了能力,然后才能担负革命的大事业,才能够改造国家。本党以前的失败,是各位党员有自由,全党无自由;各位党员有能力,全党无能力。中国国民党之所以失败,就是这个原因。"③相比较俄国革命而言,"俄国的革命所以成功,因为他的党有党的意志,党员都牺牲自己的自由来承受党的纪律。中国革命之所以失败,就是缺乏这一层。这是国民党现在所觉悟到而开始来取法的,也就是我十几年来所奋斗以求之的。"④

---

① 《孙中山全集续编》第四卷,第 164 页。
② 《孙中山全集续编》第四卷,第 184 页。
③ 《孙中山全集续编》第四卷,第 92—93 页。
④ 《孙中山全集续编》第四卷,第 185 页。

　　基于此，孙中山明确主张："取法俄国革命党的组织，要注重纪律，要党员牺牲各个人的自由。"①孙中山在主持国民党改组过程中非常重视本党组织纪律建设。国民党第一次全国代表大会通过的《关于纪律问题的决议案》强调，作为"民众之先锋队"的革命党来说，"纪律实为革命胜利之第一必要条件"："革命的群众政党须有普及的强逼的纪律；此等政党之组织性质本不能离纪律而存在。故纪律实为革命胜利之第一必要条件。……吾党夙抱国民革命之宗旨，欲求取得政权，实行三民主义，若无民主集权制之组织及纪律，则必不能胜利。无组织之政党，等于无政府主义者之俱乐部，决非民众之先锋队，决不能为民族解放而奋斗，故亦决其不成为政党。"②孙中山之所以强调革命党"民主集权制之组织及纪律"，不仅因为他对革命失败教训的总结，还应该离不开苏俄、中共对他的积极影响和帮助。孙中山向鲍罗廷（共产国际驻中国代表和苏俄驻国民党代表）详细咨询苏俄革命情况，鲍罗廷尤其向孙中山讲述苏俄红军组织建设情况。孙中山聘请鲍罗廷作为国民党组织训练员，指导、帮助国民党办理党务，加强国民党的组织建设，提高党员的思想凝聚力和组织战斗力。

　　中国共产党严密的组织纪律性、中共党员的党性自觉性和训练有素，给孙中山以深刻的印象和影响，他甚至愿意抛弃整个国民党而加入中国共产党。1924年8月13日，孙中山在国民党一届二中全会闭幕式讲话中就公开表示："党员应绝对服从自己的领袖和他的领导。因此，我们在过去组织了中华革命党。那时每一个党员都宣誓，但后来表明宣誓归宣誓，党员根本不尊重我的指示。我们的同志，还有我们的军队，只有当命令对他们有利时才服从，反之往往拒绝服从。如果所有的国民党员都这样，那我将抛弃整个国民党，自己去加入共产党。"③孙中山及时制止国民党一大后出现破坏国共合作的行为，他公开批评冯自由、谢英伯、徐清和、刘禺生等国民党老党员的错误言行，这说明孙中山主张国共合作是真诚的，这种真诚的态度一方面来源于思想上孙中山对民生主义与共产主义具有相似相通的共同主张，另一方面来源于像李大钊等中共党

① 《孙中山全集续编》第四卷，第186页。
② 《孙中山全集续编》第四卷，第117页。
③ 《孙中山全集续编》第五卷，第81—82页。

员以个人身份加入国民党所带来的生机与活力。孙中山说："反对中国共产党即是反对共产主义，反对共产主义即是反对本党民生主义，便即是破坏纪律，照党章应当革除党籍及枪毙。"①

三、"虽似由敌党之顽抗，而实由民众之寡和"

在总结革命失败原因时，孙中山认为革命没有得到广大人民群众尤其是工农群众自觉而积极的支持，是革命迟迟不能成功的重要原因。1923年1月上旬，孙中山在《复全国商联会裁兵劝告委员会代表函》中痛心地说："自维平生建国怀抱，于不得行，十常八九，探其原因虽似由敌党之顽抗，而实由民众之寡和有以使然。国利民福之事，国民不自急起追之，不予先驱者以援助，则先驱者以势孤儿致蹶，后起者以覆辙而寒心，坐令奸宄横行，抗仇决意而躬被其祸者仍为国民。言念及此，可谓痛心！"② 要取得革命彻底胜利，必须与广大人民群众建立联系，"当靠广大的人民群众去进行，首先是依靠农民"。1924年7月，孙中山在与人谈话中说："对于中国革命我向来认为，中国强大的民族革命运动和摆脱外国帝国主义的压迫斗争，应当靠广大的人民群众去进行，首先是依靠农民。迄今我和国民党都还没有能够同农民建立联系。这是国民运动中的一大疏忽，主要原因在于本党党员的成分。我本人是资产阶级出身。我的追随者多数是学生、城市知识分子，以及属于一定程度的商人阶层。所以我们没有合适的人去深入农村并在那里扎根。在农民讲习所第一届结业前，我很想去给学员们讲几次课。通过这些毕业的学员和今后办的其他一些学校，我们就能够把中国农民组织起来，成立劳动农民协会。届时国民党在广东就会有三百个受过农村鼓动工作培训的干部。我对农民问题的政治路线是：我决定将迄今为止地主（出租土地者）占有的土地交给农民，为农民所有。但是由于地主在一些地方政治上和经济上的势力很大，影响也大，所以我认为下面的方法是唯一可行的：你们拟定了一个广东农民协会的计划和章程。据我所知，在一

① 《孙中山全集续编》第四卷，第198页。
② 林家有编：《孙中山全集续编》第三卷，第316—317页。

些地方已经开始实际建立了农会了。我们应该在广东全省建立这样的农会，以便就此铸造一个反对地主的强大武器。只有当我们建立起这些农会、待到农民武装起来的时候，才能实行解决土地问题的激进措施。至于说达到什么目标，那我与你们的意见一致。不过，我认为在目前农会的组织状况下，进行任何反对地主的鼓动都是策略上的错误。这会使地主先于农民组织起来。"[①]从上述讲话可以看出，孙中山认为自己过去忽视革命党与农民的联系，重要原因在于自己是资产阶级出身，自己的追随者多数是学生、城市知识分子，以及属于一定程度的商人阶层，故造成革命党的主要成员不是农民阶级。为了改变这一局面，他主张把中国的农民组织起来，成立劳动农民协会，"以便就此铸造一个反对地主的强大武器"。但是，孙中山又反对当时的农民协会开展对地主的斗争，"在目前农会的组织状况下，进行任何反对地主的鼓动都是策略上的错误"。上述矛盾表明了孙中山一方面基于平均地权、实现民生主义的革命纲领，对农民阶级给予了相当的重视，另一方面又因阶级、思想认识的局限性而又不能充分相信农民阶级、依靠农民阶级，这反映了孙中山领导的民族资产阶级的民主革命之阶级局限性。

1921年8月6日，孙中山在与工商界代表的谈话中说："连日各厂要求加薪，罢工风潮亦正在酝酿中。昨有工党多人进谒孙文，孙当即接见，并对各工党宣言：余对诸君行动必为力助。须知余之任总统，实系工人总统，并非军人总统。盖余固因得工人之拥戴而获此职，并非得军人之拥戴而获此职云云。"[②]孙中山看到了工人阶级的作用，主张在国民党改组中要"使本党能有更多的工人参加进来。……归根到底，是要把它建成一个群众革命的先锋组织"[③]。孙中山主持的国民党一大宣言明确指出，"故国民革命之运动，必恃全国农夫、工人之参加，然后可以决胜，盖无可疑者。"[④]

孙中山进一步认为，革命党及其领导的中国革命之所以得不到广大人民群

---

① 《孙中山全集续编》第四卷，第526页。
② 《孙中山全集续编》第三卷，第44页。
③ 《孙中山全集续编》第三卷，第240—241页。
④ 《孙中山全集》第九卷，中华书局1986年，第121页。

众的支持，重要原因在于缺乏广泛的宣传，三民主义的革命思想没有为人民群众所认识、所理解、所信仰。1924 年 6 月 3 日，孙中山在国民党广州讲习所开学典礼上讲话指出："但满洲虽已铲除十三年，而革命仍没有彻底的成功，未得什么结果。这是因为什么缘故呢？这是因为缺乏宣传。在从前看枪炮的力量重过宣传的力量，所以少向宣传方面去奋斗。但是虽然用枪的奋斗已经成功，革命事业仍然得不到什么结果。现在我们应该觉得，初期的革命用枪炮的奋斗十分重要，但是后来的革命用宣传的奋斗更为重要；若果我们以后无宣传的奋斗，则我们用枪来奋斗的结果必不能保持。这就是十三年来革命失败的重要原因。"①孙中山强调革命的宣传，"用宣传的奋斗更为重要"，"宣传事业，实在同军人事业一样的大、一样的重要。所以古人说'攻心为上、攻城次之'。攻心就是用宣传的方法。以前专注意攻城、忽略了攻心，故我们以后应注意攻心，将本党主义宣传于民众。"④孙中山进一步指出，虽然赞成革命的人与革命初期相比有了进步，人数增加了不少，但是"拿我国人口四万万人来比较，则革命党仍为少数。故今日宣传工夫更加重要、更加急切。我们要速即宣传'革命主义'，令所有民众知道，令人人通晓，令他们来赞同革命，同我们合作，那么革命可以成功"⑤。革命宣传工作，宣传的内容"只能令民众知道三民主义的内容"，宣传的目的和效果不能仅仅让民众在认识上知晓，而且要让民众在实践上感化。革命党人如何做好宣传以感化民众？孙中山认为，最重要的是做到"诚"，而不仅仅依靠学问与口才。学问与口才只是宣传的方法，若要感动人，主要还是靠"诚"，"至诚感神"。孙中山说："我们要感人最先要什么东西呢？我们要用一个'诚'字，'至诚感神'；有至诚则学问少、口才拙，都能感动人。至诚有最大的力量。若我们于宣传时无至诚之心，则不能感化民众；若有这一点至诚之心，则无论何人均能感动。"②通过广泛宣传三民主义，就能发动和感化民众参加、支持革命。孙中山认识到，"中国的革命事业，是

---

① ④　《孙中山全集续编》第四卷，第 457 页。
⑤　《孙中山全集续编》第四卷，第 459 页。
②　《孙中山全集续编》第四卷，第 458 页。

要全国的人民跟我们国民党一起来干才能成功的。"① 这反映了孙中山有了革命群众路线的思想，非常难能可贵。

四、"没有自己的革命武装"

1924 年 6 月，孙中山在与黄埔军校师生的谈话中说："中国革命所以迟迟不能成功的原因，就是没有自己的革命武装，没有广大人民的基础。……现在为了完成我们革命的使命，所以我才下定决心改组国民党，建立自己的革命军队……。这就是创办黄埔军校的宗旨。"② 在孙中山经历的革命斗争中，过去多倚重联络军阀的力量去革命，但是事实教训他军阀是不可靠的，军阀的理念与革命的宗旨（"人民都享幸福，国家政治的主权在人民"）背道而驰。孙中山早已深知创办军事学校、培养军事干部的重要性，事实上已在着手从事这个工作，如国内的陆军大学，广东的陆军、海军学堂，入粤客军的讲武堂、随营学校，"都是孙中山耳闻目睹或属下亲办"，但是"成效甚微"。③

苏俄革命的成功以及中国共产党的成立，给孙中山改组国民党、创办黄埔军校带来了新的历史机遇和革命成功的希望。马林向孙中山提出三点建议，一是改组国民党，联合工农大众；二是创办军官学校，为建立革命武装之基础；三是主张与中国共产党合作。孙中山赞同共产国际代表马林的建议，决定要创办黄埔军校，为中国革命奠定革命的武装基础，保证中国革命不再失败。"如果没有革命军，中国的革命永远还是要失败。所以今天在这地开这个军官学校，独一无二的希望，就是创建革命军，来挽救中国的危亡。"④ 除了以广东作为革命军基地之外，孙中山设想在西南、西北、东北等广大地区，建立革命武装，为革命最后胜利做好准备。孙中山说："必须以广东省为基地，在西南地区建立起一支革命的军事力量，在西北或东北也必须这样做。这样就可以为胜利做

---

① 《孙中山全集续编》第三卷，第 339 页。
② 《孙中山全集续编》第四卷，第 462 页。
③ 李吉奎：《孙中山研究丛录》，中山大学出版社 2014 年，第 169 页。
④ 《孙中山全集》第十卷，第 292 页。

好准备。"①黄埔军校的创立，得到了苏俄的大力支持，苏俄派遣了很多教官，按照苏俄红军的组织体制和训练方法开展军事教育。苏俄政府不仅提供了经费上的支持，还提供了武器装备。据相关资料报道，苏俄政府从 1924 年前后，每年提供给孙中山的援助达 200 万元，其中 70 万元给黄埔军校。物质援助包括 8000 支日本步枪、15 挺机关枪、4 门奥里萨卡炮和两辆装甲车。②据美国学者史扶邻的说法，苏俄提供了 100 万美元的资金，在军事人才培养等各方面，"对国民党的军队影响深远"③。由于苏俄的实际帮助，孙中山对苏俄的态度是积极的，他说："而现在我深信，中国革命的惟一实际的真诚的朋友是苏俄。……但我确信，苏俄甚至在危难之中也是我惟一的朋友。我决定赴上海继续斗争。倘若失败，我则去苏俄。"④

孙中山对中国革命失败原因的分析，应该说具有相当的深刻性，反映了孙中山爱国、革命、不断进步的精神品质。但是从历史事实上看，孙中山及其领导的革命党对军阀及帝国主义的认识缺乏前后一贯的深刻性，在实践上始终对封建军阀及帝国主义抱有某种幻想。孙中山为了实现民主共和，在实践策略上多次依赖南方军阀去反对北洋军阀，还与北洋军阀中的某些派系结成同盟关系去反对另一更具有直接威胁的军阀。在反对帝国主义问题上，孙中山"采取了迂回战略，他设计了一条绕过甚至通过列强实现民主共和，使国家富强，进而摆脱帝国主义控制的曲折道路"⑤。孙中山及其革命党长期没有正面提出反对帝国主义的政治纲领，反而一直在谋求获得帝国主义列强对中国革命的默许甚至支持。孙中山在与苏俄、中共接触洽谈合作的过程中，还积极与德国、港英当局、直系、奉系军阀联系，争取他们的支持和援助。上述事实表明，孙中山对反动军阀及帝国主义列强的认识，并未深刻到位。美国学者史扶邻评价孙中

① 《孙中山全集续编》第三卷，第 435 页。
② 李吉奎：《孙中山研究丛录》，中山大学出版社 2014 年，第 172 页。
③ ［美］史扶邻著，丘权政、符致兴译：《孙中山与中国革命》下卷，丘泉政、符致兴译，山西人民出版社 2010 年，第 436 页。
④ 《孙中山全集续编》第三卷，第 168 页。
⑤ 桑兵：《孙中山的活动与思想》，北京师范大学出版社 2015 年，第 253 页。

山说："外国人造成的恐惧，使他（按：孙中山）阻止与帝国主义直接对抗。只是到了最后，他（按：孙中山）才支持这种对抗。"[1]

孙中山研究、欣赏马克思，尤其是马克思的社会主义思想。他把自己的民生主义与马克思的社会主义、共产主义联系起来，甚至说"两者并无冲突"。孙中山说："民生主义名词，可以包括一切社会主义而言。未发明民生主义时，西人尚无说到者。现在已有一个学者名马士格（按：马克思），说到此事。民生主义，就是为人类生活的一个标题。而共产主义，复为社会主义之一部分，故实即包含于民生主义以内。两者并无冲突。"[2]这一方面说明孙中山善于不断借鉴、学习西方先进思想，另一方面表明他对西方先进思想（马克思主义）缺乏更深入的分析、研究。孙中山的所谓"社会主义"，是德国俾斯麦式的"国家社会主义"，与马克思主义所主张的科学社会主义旨趣并不一样。孙中山忽略这种理论上的重大差别，基于革命的实际需要，断然主张"民生主义与共产主义原则上不存在任何差别，差别只在于其实现目的的方法不同"[3]。正因为"民生主义与共产主义之间根本没有任何差别"，所以三民主义在中国的实现，也就意味着社会主义、共产主义的实现。由于孙中山对马克思的科学社会主义认识不真切，因此他反对马克思的阶级斗争说、剩余价值说，反对在中国搞共产主义，而是要以他的三民主义、五权宪法去包容共产主义，"导引共产主义者入于正轨"。孙中山对东北奉系军阀张作霖表态说："本人主张五权宪法，当提出国民会议公决。予非赞成共产主义，予乃社会政策，正所以导引共产主义者入于正轨。"[4]"但如中国实行共产主义，则甚反对！"[5]实践证明，孙中山的三民主义并未成功，历史并未选择三民主义。

孙中山"以俄为师"，赞同"联俄、联（容）共"，寻求苏俄的帮助改组中国国民党，高度评价苏俄革命的成功。孙中山寻求苏俄以及共产国际的帮助，主要是军事上、经济上的帮助，其根本目的在于推翻中国反动军阀及帝国主义

① 《孙中山与中国革命》下卷，第442页。
② 《孙中山全集续编》第四卷，第113页。
③ 《孙中山全集续编》第五卷，第80页。
④ 《孙中山全集续编》第五卷，第349—350页。
⑤ 《孙中山全集续编》第五卷，第358页。

的殖民势力，建立一个统一的、独立的民主共和国。孙中山说："予自莅粤设立政府以来，英美日三国无事不与我为难；英尤盛，如沙面事件，派兵舰抢海关事件，皆汝亲眼目击。我可谓无与国矣。今幸俄派人联络，且帮助一切重要物质……"①

孙中山晚年主张"联俄、联共、扶助农工"，决定"改组国民党，为紧密联系工农群众的政党"②，认识到"国民革命之运动，必恃全国农夫、工人之参加"，表明他善于观察世界革命形势的变化，不断与时俱进。但是限于认识上的局限性和阶级的局限性，孙中山无法自觉而充分地认识到中国人民群众的主体即工农群众才是中国革命的主力军，中国无产阶级的先锋队中国共产党将成为中国革命的领导力量。

（蒋九愚，江西师范大学孙中山研究中心主任、政法学院教授，中国辛亥革命研究会、民革中央孙中山研究学会理事）

---

① 《孙中山全集续编》第四卷，第 476—477 页。
② 《孙中山全集续编》第三卷，第 102 页。

仿军组党：孙中山与国民党改组的组织军事化面相

马思宇

摘要：孙中山自身的革命经验，与列宁的诸多共识，俄方因势利导的策略等多重因素的合力，促使孙中山决心改组国民党。孙中山在打造一支听从指挥、忠于主义的党军的同时，还想打造一个服从命令、纪律严明的军党。孙中山的组党思路从专恃军队转向军党协同，政党不仅要辅佐军队，更要效仿军队，甚至超越军队，成为"无敌之雄师"。孙中山等人充分借鉴了列宁式政党的军事化组织架构和管理风格，以军队组织为模型，以军事纪律为准绳，促使国民党完成了组织转型。

关键词：孙中山　国民党改组　列宁式政党

二十世纪二十年代，以意识形态为主导，带有军事化组织特性的新型政党渐次登上历史舞台。共产党、国民党、青年党或师俄或反俄，均受苏俄和共产国际的影响，走上了相近的建党道路。二十年代主义与政党的结合，根植于中国政党发展的内在脉络，同时也受国际局势的深刻影响。

孙中山迭历革命顿挫，深知改组政党之重要，因而多方寻求革命良方。国民党转型的内因固然重要，苏俄和共产国际向中国输送革命理念和技术的外因，亦应受到重视。在长期的革命实践中，俄共（布）逐渐摸索出了一套列宁式的政党理论，并通过苏俄和共产国际对外输出，其中颇可值得注意的是组织军事化的面相。组织军事化包括两方面内容，即军队化的组织架构与军事化的纪律。

出于个人经验的总结和革命斗争的需要，孙中山不仅要打造一支听从指挥、忠于主义的党军，同时还想打造一个服从命令、纪律严明的组织军事化的军党。但长期以来，前者众所周知，后者却缺少关注。实际上，国民党改组的组织军事化意涵既切合孙中山的政党思想脉络，又是其晚年最重要之思想转折，值得加以重视。

二十世纪八九十年代以来，学界对于孙中山的政党思想产生的历史背景和发展轨迹等问题，有较为全面的论述。二十一世纪以后，对于孙中山与国民党改组问题的研究，学界取得了较为明显的进展，主要把研究集中在政党转变的内容、历史背景和历史动因，指出了共产国际和苏俄代表对孙中山思想的深刻影响，以及在国民党改组中发挥的重要作用。[①]但孙中山青睐军事与国民党改组的关系，及列宁式政党的军事化风格影响改组等问题尚缺乏具体深入的研究。下面试对孙中山学习列宁政党思想的思想基础，及孙中山如何效法军队改组国民党的组织、宣传、纪律等问题加以分析。

师法苏俄

列宁与孙中山有诸多政党理论上的共识，这是孙中山迅速接受列宁式政党原则的思想基础。1924 年 1 月 25 日，在中国国民党第一次全国代表大会上，孙中山专门作演说纪念列宁，盛赞其为"革命之大成功者""革命中之圣人"，接着，孙中山指出，自己作为"三民主义之首创人""革命党之发起人"，对于国民党的意义，与列宁之于俄国革命党境遇相当。因此，孙中山希望借由此

---

① 相关研究参见王奇生：《党员、党权与党争：1924—1949 年中国国民党的组织形态》，社会科学文献出版社 2018 年；肖铁肩：《历史脚步一伴音——孙中山政党思想研究》，四川人民出版社 1996 年；陈宇翔：《中国近代政党思想研究》，湖南大学出版社 2003 年；邵宇：《孙中山政党思想研究——从近代政党与国家建设关系的视角》，云南大学出版社 2010 年；王业兴：《论孙中山的政党思想》，《学术界》，1994 年第 3 期；吕雅范：《论孙中山的政党思想》，《中央社会主义学院学报》，2005 年第 2 期。

次改组，不令革命因其个人而有所兴废。①孙中山将列宁与自己引为同道，地位相似，责任相当。因此，孙中山认为，自己若要和列宁一样，取得革命胜利，就必须循列宁之道，改造革命党。

列宁的"先锋队"政党观有一定精英主义色彩，与其革命的"灌输观"内在一致。他认为革命的发动自上而下，由一小批先知先觉的领袖带动一大批意志坚定、纪律严明的革命者，组成先锋队，启发广大社会群众。一方面，列宁承认群众的革命毅力、革命创造力；但另一方面，他坚决否定群众，尤其是工人的自发性，他指出"阶级政治意识只能从外面灌输给工人，只能从经济斗争外面，从工人同厂主的关系范围外面灌输给工人"，无产阶级政党应该积极地"把社会主义思想和政治自觉性灌输到无产阶级群众中去"。②

对于领袖、政党与人民的关系问题，孙中山也有相近的思考。孙中山在民国初年已多次自认其为先知先觉，而其责任在于引导"后知后觉"。③1920年，他进一步丰富他的思想，把人分为三种，"其一先知先觉者，为创造发明；其二后知后觉者，为仿效推行；其三不知不觉者，为竭力乐成"；三种人分别对应着的"发明家""鼓吹家""实行家"的角色④，对应着革命领袖带动革命党，再由革命党带动广大民众这一金字塔式的结构。而这又与列宁式政党的先锋队结构恰好吻合，成为孙中山以领袖身份，率革命政党，训导人民的理论依据。

1923年，共产国际派马林等人与孙中山等国民党领袖接触。孙中山对苏俄革命表现出浓厚的兴趣。而马林等人却失望地发现，孙中山不仅沉迷于军事冒险，而且对党毫不在意。马林观察到，孙中山希望党不要"插手人民中的运动"，"只有在关键时刻才能亮相"。廖仲恺和马林的聊天中也流露出类似的想法，即不要总是把党"抬出来"。马林不能理解："如果不通过参与政治和

---

① 《关于列宁逝世的演说》（1924 年 1 月 25 日），中国社科院近代史所等编：《孙中山全集》第九卷，中华书局 2011 年，第 136 页。
② 《怎么办》，《列宁全集》第六卷，第 76 页。
③ 《在神户华侨欢迎会的演说》（1913 年 3 月 13 日），中国社科院近代史所等编：《孙中山全集》第三卷，中华书局 2006 年，第 49 页。
④ 《三民主义》（1924 年 2 月—8 月），《孙中山全集》第九卷，第 323 页。

经常性的宣传来发展壮大党，它怎么可能突然地就去从事决定性的斗争呢？"①在马林看来，孙中山的政党观远远不符合革命发展的要求。

随后来到中国的共产国际驻中国代表，及苏联驻广州政府全权代表鲍罗廷也有两点观察：第一，国民党"完全投身于军事工作"，"使他们变得更像所谓的军阀"，而孙中山本人也最关心俄国军事援助问题，"试图将谈话转到军事问题上"；②第二，国民党缺乏组织纪律。鲍罗廷认为，国民党已党不成党，"既没有纲领，也没有章程，没有任何组织机构"③。因此，鲍罗廷等人有针对性地引导国民党放弃军事投机，重视组织纪律。

当然，俄国代表的力量不宜过高估计。很多从思想和组织方面改造国民党的工作实际是由国民党内的共产党人完成的。④很多共产党员在国民党中央和各地方党部中担任组织与宣传的职务。恽代英就曾任国民党上海执行部宣传部秘书。他联同向警予、高尔松、韩觉民等国民党上海执行部中的共产党员一道，向国民党中央执行委员会提出，应提高宣传教育的地位。恽代英等人指出，鉴于以往革命单凭军事活动，"缺乏基本力量"的弊端，国民党应将宣传视作"本党第一重要工作"，"此实改组精神所寄也"。因此，恽代英等人要求国民党设教育委员会，制定国民党教育大纲，编审教科用书，定期发行刊物。⑤共产党上海区委还帮助国民党建立了训练班，对党员加以训练，同时也利用训练班

---

① 马林：《致达夫谦和越飞的信——北京危机与孙中山计划》(1923年7月13日)，李玉贞主编：《马林与第一次国共合作》，光明日报出版社1989年，第282、283页。

② 《鲍罗廷关于华南形势的札记》(1923年12月10日)，中共中央党史研究室第一研究部译：《联共(布)、共产国际与中国国民革命运动(1920—1925)》，北京图书馆出版社1997年，第370、372页。

③ 《鲍罗廷关于华南形势的札记》(1923年12月10日)，《联共(布)、共产国际与中国国民革命运动(1920—1925)》，第370页。

④ 《共产国际执行委员会驻中国代表向共产国际执行委员会主席团的报告(摘录)》(1924年1月15日)，中共中央党史研究室第一研究部译：《联共(布)、共产国际与中国国民革命运动(1917—1925)》，北京图书馆出版社1997年，第565页。

⑤ 《恽代英等致中执会函》，台北：中国国民党文化传播委员会党史馆藏，汉口档5304.1，1924年7月25日。

监督国民党各区工作。①

　　孙中山与鲍罗廷交谈后，对后者的建议深以为然。孙中山认识到，实现三民主义，不能单靠军人奋斗，要靠有组织、有系统、有纪律的国民党。②他随即提出请鲍罗廷做"党的训练员"，"使之训练吾党同志"。③鲍罗廷参与了各种文件的起草，为国民党一大的召开做了充分的准备。其中，鲍罗廷特别重视国民党一大的宣言，为此与孙中山反复讨论。从宣言中，可以看到国民党师法苏俄的具体方法和途径。宣言特别强调要对党员加以教育和训练，"自本党改组后，以严格之规律的精神，树立本党组织之基础，对于本党党员，用各种适当方法施以教育及训练，使成为能宣传主义、运动群众、组织政治之革命的人才"④。

　　鉴于孙中山对军事的热衷，鲍罗廷等人采取投其所好的策略，因势利导，向孙中山提出仿军组党的思路。二人谈话虽无详细记录，但从孙中山 1923 年 12 月 9 日在广州大本营对国民党员的演讲中，可以猜测谈话的大致内容。鲍罗廷在给维经斯基的信中提到，这次演讲表明，自己已经让孙中山等人"发生一定的转变"⑤。孙中山也在演讲中坦言，"以前吾人所不知的，现在可以明白了"⑥。可以说，这篇演讲在一定程度上反映了俄国代表给孙中山带来的思想转变。

　　在这次演讲中，孙中山开宗明义，指出"吾党此次改组，乃以苏俄为模范，企图根本的革命成功，改用党员协同军队来奋斗"。孙中山进而总结了俄国抵抗英国、德国、日本等国联合干涉革命的成功经验，得出结论："军队革命成

① 《上海区委召开"民校"党团扩大会议记录——区委报告上海革命形势及我们对国民党的工作》（1926 年 7 月 11 日），《上海革命历史文件汇集》（上海区委会议记录）1926 年 7 月—9 月，第 70 页。
② 《在广州大本营对国民党员的演说》（1923 年 11 月 25 日），中国社科院近代史所等编：《孙中山全集》第八卷，中华书局 2011 年，第 436 页。
③ 《在广州大本营对国民党员的演说》（1923 年 11 月 25 日），《孙中山全集》第八卷，第 437 页。
④ 《中国国民党第一次全国代表大会宣言》，《孙中山全集》第九卷，第 122 页。
⑤ 《鲍罗廷给维经斯基的信》（1924 年 1 月 4 日），《联共（布）、共产国际与中国国民革命运动（1920—1925）》，第 395 页。
⑥ 《在广州大本营对国民党员的演说》（1923 年 12 月 9 日），《孙中山全集》第八卷，第 501、502 页。

功非成功，党人革命成功乃真成功。"孙中山回顾了此前革命历程，指出中国军队为升官发财而奋斗，不如党员为主义而奋斗，所以必须感化军队，使军队党员"成互助之奋斗"。① 孙中山基于鲍罗廷的建议，将革命重心由专恃军队转向军党配合。

孙中山进一步明确了师俄组党的思路。他比较了中俄两国革命的方法，将俄国革命效果远胜中国的原因归于"我党组织之方法不善"。孙中山指出，此前法国和美国革命"无一定成功之方法"，"惟今俄国有之，殊可为我党师法"。而俄国的方法就是"不全靠军力，实靠宣传"，即"各党人个个能实行为主义奋斗，不汲汲于握军权，但监督之使为己用而已"。况且俄国革命要感化的对象是外国军队，"而今日为我敌者，只本国兵而已，又何至不能感化之耶？"② 他看重俄国的"方法组织及训练"，指出今后应该"结合团体而战，为有纪律的奋斗"。③

而在国民党一大闭幕时，孙中山再次强调政党与军队的相似性。他指出，国民党一大就是"大军事会议"，一大的党纲就是军事号令，"交各将领带回去实行作战"；另外，一大也是"兵工厂"，党员在会上"领了很多枪炮子弹"，回到地方分发给同志。他还谈道："党员的奋斗，是和军队的奋斗一样。军队在奋斗的时候，如果司令官的命令一时不对，当兵士的都要服从，照原命令去共同前进。若是都能前进，或者将错就错，也能打胜仗。如果一部的军队看出了命令不对，便单独行动，以致牵动全军不能一致前进，弄到结果不是首尾不能相顾，自乱阵线，便要被敌人各个击破，全军就要覆没了。"④ 革命如战争，政党如军队，党纲如军令，宣传如武器，孙中山的演讲已初步呈现出政党组织军事化的思想框架。

① 《在广州大本营对国民党员的演说》（1923年12月9日），《孙中山全集》第八卷，第501、502页。
② 《在广州大本营对国民党员的演说》（1923年12月9日），《孙中山全集》第八卷，第505、506页。
③ 《在广州大本营对国民党员的演说》（1923年11月25日），《孙中山全集》第八卷，第437、438页。
④ 《中国国民党第一次全国代表大会闭幕词》（1924年1月30日），《孙中山全集》第九卷，第178、179页。

　　具体而言，在俄国代表的影响下，孙中山仿军组党的思路大致包含三项内容：一是对内组织结构，力求政党如军队般组织严密，指挥灵活；二是对外主义宣传，力求政党如军队般攻城略地，摧城拔寨；三是内部纪律训练，力求政党如军队般令行禁止，纪律严明。下面拟整合三方面内容，并加以论述。

组织与宣传

　　在中俄两国的革命斗争中，列宁和孙中山都发挥了举足轻重的作用。两人都对军队组织极为推崇，也都试图仿效军队组织组建革命党。

　　列宁在发展其政党方针的过程中，吸收了诸多军事知识，使布尔什维克政党在人员配备、训练组织、体系运作等方面都有一定的军事化特色。列宁直接将党比作军队，认为"革命时代对于社会民主党，就如同战争时期对于军队一样"，而党的干部就等同于军队中的军官。他还提出要像军队一样，动员预备军和后备军，建立新的辅助军团、辅助支队和勤务部队。[①]

　　孙中山对军队组织也是青睐有加。1903 年，孙中山在檀香山将重建的兴中会组织改名为"中华革命军"，这固然主要有纪念邹容《革命军》之功反对保皇的意思，但也不难看出孙中山对政党组织军事化的兴趣。1908 年秋，孙中山在其所订的《中国同盟会分会总章》中，指出同盟会应仿军队建制："本会欲使会众团体密切，声气灵通，特仿革命军军队编制办法以组织会众，其帙如左：以八人为一排，内自举排长一人，共八人；以三排为一列，外自举列长一人，共二十五人；以四列为一队，外自举队长一人，共一百〇一人；以四队为一营，外自举营长一人，共四百零五人。以各列长、队长、营长等人员为会众之代表人。"[②] 会众如军队般层层节制，秩序井然。

　　孙中山不仅仿效军队建制，还仿效军队管理。在命令的上传下达，以及会费的收缴方面，孙中山都要求同盟会仿效军队层层组织，节节管理，以达组织

---

① 《新的任务和新的力量》（1905 年 3 月 8 日），《列宁全集》第九卷，第 285 页。
② 手批《中国同盟会分会总章》（1908 年秋），中国社科院近代史所等编：《孙中山全集》第一卷，中华书局 2006 年，第 393 页。

严密而团结，行动秘密而统一之效。孙中山在《中国同盟会分会总章》的结尾批示："注意：组织会众为营、为队、为列、为排一条，为极紧要。有此则会员之感情乃能密切，团体乃能坚固，不致如散沙。会中有事，由职员通传于各营长或各队长，各转传于其所属之队长或列长，则一人不过走报四人知；列长不过报三个排长，排长则报七人知，如此功夫易做。若收月费、收会费，会员交于排长，排长交于列长，各列长即交与理财员，亦事简而效大也。若不行此法，则他日每埠人多至一千或数千，则无人能遍识会员，而分会机关之职员亦无人遍知各人之住址、行踪也。故必当为排、列，一排长识其所交好之七人不为难，一列长识三个排长更易，由营而队而列，犹身之使臂，臂之使指，节节脑筋相连灵活也。"① 虽然，同盟会最终并未形成军队般严密的组织，但不难从中看出孙中山的建党旨趣。

孙中山一直未曾放弃仿军组党。往往在革命危急之时，孙中山就会提出相近主张。"二次革命"失败后，孙中山在东京重组中华革命党时，重申为了"统一事权、服从命令"，必须使政党"如身之使臂，臂之使指，一体一志，无有差贰"②，与同盟会时期相一致。但实际上，中华革命党也没能达到预期的效果，如胡汉民所言，组织方法"严而未密"，就像编制不完全的军队，"纪律上作战上都要时时感着困难"。③ 孙中山尝试参照军队组党，却迟迟达不到效果。

直至苏俄顾问的到来，才让孙中山下定决心彻底改组政党。在国民党改组过程中，孙中山处处以军队作为改组的参照对象。例如，取消党内自由的问题。孙中山认为，自由不利于革命。军队恰是因其有团体而无自由的特点，而受到孙的欣赏。孙中山认为，革命党不敌北洋军，缘于革命党有自由，无团体，"四分五裂，号令不能统一"。反观北洋军的各级军官服从上级，号令一致。所以，

---

① 手批《中国同盟会分会总章》（1908 年秋），《孙中山全集》第一卷，中华书局 2006 年，第 393、394 页。
② 《复杨汉孙函》（1915 年 8 月 4 日），《孙中山全集》第三卷，第 184 页。
③ 《中国国民党批评之批评》，陈红民、方勇编：《中国近代思想家文库·胡汉民卷》，中国人民大学出版社 2014 年，第 84 页。

北洋军队"坚固的团体"打败了革命党的"一盘散沙"。①而俄国之所以成功，就在于革命党员把个人自由贡献给党，革命党可以集合力量，"全体一致，自由行动"②。

孙中山将西方的自由概念等同于中文语境中的"放荡不羁"，具体而言，就是"在一个团体中能够活动，来往自如。"③这显然是对自由概念的曲解，但不难看出孙中山对组织纪律的重视维护，和对破坏组织纪律的痛心疾首。孙中山的这一思想由来已久。辛亥革命后，孙中山即反对军人与官吏"借口于共和与自由，破坏纪律"④。此后，孙中山多次批评中国人"因为自由太多，发生自由的毛病"，革命党也有此病。⑤他还指出，民国以来革命不能成功的原因，就在于"平等、自由的思想，冲破了政治团体"⑥。总之，孙中山认定，国人自由则国家无望，党员自由则革命无望。

国民党改组后，孙中山强调，纪律的核心就是党员服从组织，放弃自由。在《国民党中央执委会通告第二十四号》中，孙中山集中探讨了党员与党的关系："凡属党员，只有服从党之行动，而无党员个人之自由；只有以本身之能力贡献于党，以达党之目的；断不能反借党之能力，以谋党员个人之活动。盖党之成功，即党员个人之成功。若各自借党以求党员个人之成功，其结果必令党受莫大之损失，而总归于失败，是以在党个人亦无成功之可言。故牺牲党员个人之自由，即所以保障党之自由；集合多数党员之能力而成党之能力，即为一党成功之张本。反是，有未〔未有〕不归于失败。"⑦孙中山表述下的自由概念，与西方自由主义有很大差距。他所反对的自由，是个人主义范畴的自

---

① 《三民主义·民权主义·第二讲》（1924 年 3 月 16 日），《孙中山全集》第九卷，第 281、282 页。
② 《在黄埔军官学校的告别演说》（1924 年 11 月 3 日），《孙中山全集》第十一卷，第 268 页。
③ 《三民主义·民权主义·第二讲》（1924 年 3 月 16 日），《孙中山全集》第九卷，第 272 页。
④ 《在湖北军政界代表欢迎会的演说》（1912 年 4 月 10 日），中国社科院近代史所等编：《孙中山全集》第二卷，中华书局 2006 年，第 334 页。
⑤ 《中国国民党总章》（1924 年 1 月 28 日），《孙中山全集》第九卷，第 160 页。
⑥ 《在黄埔军官学校的告别演说》（1924 年 11 月 3 日），中国社科院近代史所等编：《孙中山全集》第十一卷，中华书局 2011 年，第 268 页。
⑦ 《国民党中央执委会通告第二十四号》（1924 年 3 月 16 日），《孙中山全集续编》第四卷，第 241、242 页。

由，是服从与遵守的反面，集体主义的反义。这种对自由的片面性理解，为孙中山强化组织提供了合法性。

共产国际顾问的建议与孙中山的革命经验相结合，促使孙中山更加重视仿照军队进行训练和宣传。1923 年，他提出，"本党训练之程序"应与军队相同，即"先自排、营，后至师、旅"，自下而上地训练党员。[①] 他还指出，党员必须向军人学习，因为军队受训练，而党员毫无训练。"若党员欲运用其能力，出而感化他人，亦犹之军人上阵战争，必须明白其枪炮之效力及其用法。故党员必须明白三民主义、五权宪法之内容如何，然后用之出而宣传，始生效力，始能感化他人也。"[②] 孙中山以滇军举例，认为滇军善战，盖因"彼军士每日三操两讲，无日或闲"，所以国民党员必须学习宣传方法，时时训练，臻于纯熟。孙中山将三民主义和五权宪法比作武器，而党员"如军队打仗然"，"打过后须补充子弹"，所以要每两周来大本营这个"兵工厂"学习一次。[③]

不仅是孙中山，视党如军成为国民党内的一个新的共识。张心诚认为，革命时期的政党应该是一支"了解主义而有组织的军队"，"比近代军队还要精密"。他赞叹俄国共产党的革命精神和革命效能，指出"俄国现有之六十万共产党和四十万少年共产党至今还在一种枕戈待旦的状态中，一旦有事，只须于数日之内，便能变成一百万组织严密的军队"。他还指出，党必须是一张网状的组织系统，"一面须适合于战斗，一面又便于实施训练和教育"。[④]

在孙中山眼中，宣传与战争有共通之处，都以征服为目的。1923 年 1 月，孙中山在上海中国国民党改进大会的演讲中，将宣传比作武器，把争取民心比作军队攻城，认为"取了土地，还是可被人推翻的，还是很靠不住的"，但宣传更为有力，"传入一地便算有了一地"，"折服一人便算得了一人"。而党

---

① 《在中国国民党广州市全体党员大会上的训词》（1923 年 11 月 11 日），《孙中山全集》第八卷，第 390 页。
② 《在广州大本营对国民党员的演说》（1923 年 12 月 9 日），《孙中山全集》第八卷，第 502 页。
③ 《在广州大本营对国民党员的演说》（1923 年 12 月 9 日），《孙中山全集》第八卷，第 506 页。
④ 张心诚：《中国国民党全国大会与中国革命运动》，《新国民杂志》第 1 卷第 2 期。

就是宣传"最便利""最巩固"的机关。①

宣传被孙中山提升到了和军事同等的高度。1923 年 12 月，孙中山指出，建国方法有二：一曰军队之力量；二曰主义之力量。以往的失败在于"军队无暇受宣传感化"，"未能成为革命军"。②他从俄国经验出发，甚至提出宣传高于军事的观点。他认为，俄国革命成功，有赖宣传得力："前回英国与俄国订约，约内有一条订明不准在英国内宣传，足见宣传之力无可抵制，只好订为条件。英国军力、财力皆可对付俄国有余，只有宣传无法对付，足见宣传这种武器比军队还强。"③孙中山在讲解宣传之功用时，也处处以军事为参照对象。党员宣传主义，如同军人提枪射击；入人心如同命中目标；民众不受感动如同被射击时立于石后。

但孙中山也认为，军事与宣传虽有相近之处，但也有截然相反之处，那就是军队"杀人"而宣传"救人""生人"。孙中山认为，党员与军队必须配合，"杀人"和"救人"方能相辅相成："革命是救人的事；战争则为杀人的事；军队奋斗是出而杀人，党员奋斗是出而救人。然革命须用军队之故，乃以之为手段，以杀人为救人。杀人为军队之事，救人乃党人之事。"⑤孙中山还曾提到，"枪炮能有效力者，因其能杀人，故大军一到，敌人即服。三民主义、五权宪法则与之相反；其效力为生人"。因此，党员必须了解不同种类的人群，从而有针对性地进行宣传，"须知其痛苦所生，提出方法，敷陈主义，乃能克敌致果"。国民党如能善用，就会成为"无敌之雄师"。⑥从"生人"与"杀人"之区分，可以看出孙中山认为政党甚至能超越军队，发挥其不可替代的作用。

---

①　《在上海中国国民党改进大会的演说》（1923 年 1 月 2 日），中国社科院近代史所等编：《孙中山全集》第七卷，中华书局 2011 年，第 7 页。

②④⑤　《在广州大本营对国民党员的演说》（1923 年 12 月 9 日），《孙中山全集》第八卷，第 503 页。

③　《在上海中国国民党改进大会的演说》（1923 年 1 月 2 日），《孙中山全集》第七卷，第 7 页。

⑥　《在广州大本营对国民党员的演说》（1923 年 12 月 9 日），《孙中山全集》第八卷，第 502 页。

严肃党纪

列宁式政党的一大标识，就是军事化的纪律原则。列宁也一再强调，组织高于个人，"无产者作为孤立的个体等于零"。他的"全部力量"和"全部发展"，都来自组织。无产者应当自愿服从"贯穿于他的全部情感和全部思想的纪律"①。列宁将工人运动比作军队作战，认为运动的"全部力量"，在于其组织性，而这有赖于工人这支"作战大军"的"法令和常规"，具体而言，就是"他们加入了这支军队，在战争期间不经长官允许就无权离开军队"②。列宁式政党逐渐形成以民主集中制为根本特征的组织原则，即下级服从组织，地方服从中央，少数服从多数，实行军事化的纪律。

随着革命形势的发展，列宁开始对外输出他的组党原则。他要求加入共产国际的共产党，严格按照民主集中制的原则建立起来。他指出，"在目前激烈的国内战争时代，共产党只有按照高度集中的方式组织起来，在党内实行近似军事纪律那样的铁的纪律，党的中央机关成为拥有广泛的权力、得到党员普遍信任的权威性机构，只有这样，党才能履行自己的职责"③。国共从苏俄和共产国际代表处习得这一原则，并加以实践，内化成自身的组织原则。

国民党改组前，孙中山对组织纪律的认识相对模糊。1894 年，孙中山在檀香山成立兴中会时，仅要求入会之人恪守"所订规条"④。而 1905 年订立的同盟会总章虽然提出了隶属原则，即支部受本部统辖，执行部受总理统辖，但没有规范行为要求。⑤孙中山还尝试用指模约束党员，如其所言，"有了指模凭证在党，自然记在心上，毋敢或违"⑥。以传统形式羁縻党员，建立新式政

---

① 《进一步，退两步》（1904 年 2 月—5 月），中共中央马克思恩格斯列宁斯大林著作编译局编译：《列宁全集》第八卷，人民出版社 2013 年，第 323 页。

② 《就我们的组织任务给一位同志的信》（1902 年 9 月），中共中央马克思恩格斯列宁斯大林著作编译局编译：《列宁全集》第七卷，人民出版社 2013 年，第 10、11 页。

③ 《为共产国际第二次代表大会准备的文件》（不晚于 1920 年 7 月 18 日），《列宁全集》第三十九卷，第 202 页。

④ 《檀香山兴中会章程》（1894 年 11 月 24 日），《孙中山全集》第一卷，第 20 页。

⑤ 《中国同盟会总章》（1905 年 8 月 20 日），《孙中山全集》第一卷，第 284、285 页。

⑥ 《关于入党誓约的谈话》（1914 年春），李吉奎、张文苑、林家有编：《孙中山全集续编》第二卷，中华书局 2017 年，第 6 页。

党纪律约束。这种求新于旧的模式，反映了孙中山政党思想的杂糅性。

进入民国以来，孙中山开始逐步完善政党纪律的规定。1914年8月，为了"息邪说，正人心，拒诐行"，孙中山发布《约束党员公告》，提出四条原则："一、不得以个人自由意（妄，编者注）思行动，加入他之团体或集会；二、不得受外界之摇动，有违背本党之行为；三、不得以个人名义，发表违反党义之言论；四、不得以违反党义之言论行动，煽惑本党同志。"同时，《约束党员公告》还要求各省支部派两名调查员，限三日内将所有在京党员姓名、住址，及有无违犯约束规则事，造册报告本部。①管束党员的言行，并派员加以监督，已有纪律约束的意味。

国民党长期纪律观念淡漠，与孙中山等人的人治思想有关。在孙中山眼中，治党即是治人，服从他个人就是服从党。尽管他也注意到，"旧国家"重人，"新国家"重法，但他认为政党却是要靠人治，党的"团结发达"，一是"感情作用"，二是"主义作用"。而他本人就是感情和主义的化身，他就是要"把个人做主义去办党"。②1914年春，孙中山在向黄兴等人解释中华革命党誓约中的"服从孙先生，再举革命"时说："革命党不能群龙无首，或互争雄长，必须在唯一领袖之下，绝对服从"，"老实说一句，你们许多不懂得，见识亦有限，应该服从我"。③1919年，中国国民党成立后，尽管在《中国国民党总章》中取消了以"服从总理孙先生"为入党条件的规定，但是孙中山仍然主张"我这三民主义、五权宪法，也可以叫作孙文革命；所以服从我，就是服从我所主张的革命；服从我的革命，自然应该服从我"。④人治代替法治，人情大于党纪，必然导致党纪废弛，有法不依，执法不严。

值得注意的是，缺乏纪律观念并非孙中山个人问题，而是国民党人的通病。

---

① 《约束党员通告》（1914年8月23日），《孙中山全集》第三卷，第111、112页。
② 《在上海中国国民党本部会议的演说》（1920年11月4日），中国社科院近代史所等编：《孙中山全集》第五卷，中华书局2006年，第391、394页。
③ 《关于入党誓约的谈话》（1914年春），《孙中山全集续编》第二卷，第5、6页。
④ 《在上海中国国民党本部会议的演说》（1920年11月4日），《孙中山全集》第五卷，第393、394页。

孙中山感慨，20 年代以前的国民党党员各自为政，"均不守党中的命令"①。胡汉民回忆，早年国民党人往往误认为党是"感情道义的结合"，纪律过严，就说是"机械的人生"，而党魁行使指挥权力，就说是"过于专制"。②1914年春，黄兴批评孙中山违背共和民主和党内平等，反映了党内普遍对纪律约束的反感。③而国民党改组后，胡汉民观察到，国民党纪律意识明显提升，党内纪律分明，淘汰了"不革命假革命有势力的分子"，不比以往的姑息迁就。党员和机关关系日渐密切，"能一致行动，不比从前的松漫"。④

列宁式政党纪律性的达成，是长期训练的结果。列宁十分推崇工厂的"组织作用"，认为工厂是"资本主义协作的最高形式"，"把无产阶级联合了起来，使它纪律化，教它学会组织，使它成为其余一切被剥削劳动群众的首脑"。列宁指出，正因为工人在工厂这种"学校"里受过训练，所以他特别容易接受资产阶级知识分子难以接受的组织纪律。⑤革命政党应像军队和工厂一样，以纪律性训练党员，完善组织。

孙中山则不常使用"训练"的概念，更未把党员与训练联系结合起来。在 1923 年以前，孙中山提到"训练"一词，多与民众和军队有关。他认为军队应受纪律训练，"治国首重纲常，治军首重纪律"⑥。1912 年他以临时大总统身份命陆军部整肃军纪时，提出"须知纪律严明，训练有素；然后能保军人之名誉，作民国之干城"⑦。孙中山的"训政"虽也有训字，但对象和内涵却与列宁的政党理论不尽相同。1920 年，他向国民党党员解释，训政的"训"字，系从"伊训"得来，人民久做奴隶，不愿做皇帝，所以党人应该"教训"他，"用些强迫的手段"，"迫着他来做主人，教他练习练习"，"如伊尹训太甲样"。⑧

---

① 《关于列宁逝世的演说》（1924 年 1 月 25 日），《孙中山全集》第九卷，第 136 页。
②④ 《苏俄十月革命八周年纪念的感想》（1926 年 1 月 8 日），《中国近代思想家文库·胡汉民卷》，第 109 页。
③ 《与黄兴的谈话》（1914 年春），《孙中山全集续编》第二卷，第 4 页；《关于入党誓约的谈话》（1914 年春），《孙中山全集续编》第二卷，第 5、6 页。
⑤ 《进一步，退两步》（1904 年 2 月—5 月），《列宁全集》第八卷，第 391 页。
⑥ 《给杨希闵的命令》（1924 年 1 月 14 日），《孙中山全集》第九卷，第 64 页。
⑦ 《命陆军部颁行军令整顿军纪令》（1912 年 1 月 20 日），《孙中山全集》第二卷，第 28 页。
⑧ 在上海中国国民党本部会议的演说（1920 年 11 月 9 日），《孙中山全集》第五卷，第 401 页。

但这里的"教训""练习",都是对外而非对内,是治理国家而非治理政党。

孙中山无疑受到了鲍罗廷等人相关的启发,将军事训练与政党训练联系起来:"革命奋斗工夫,必须有方法,而方法必从训练而来。古人云:'不教民战,是为弃之。'这句话是很对的。党人为主义奋斗亦然。然必须自己先受训练,然后出而能感化他人。现在吾党即欲实行训练党员,使之出而奋斗。以前党员无训练,故奋斗成绩甚微。杀人之事,尚须操练,则救人之事,更非训练不可。"①

鲍罗廷等人着力从纪律方面重塑国民党的组织:"我们的总任务就是从组织上扶植国民党,帮助它制定党的纪律,以便使它真正成为一个有组织的党。"②在鲍罗廷的影响下,1924年颁布的《中国国民党总章》对纪律作了明确规定。第十一章"纪律"部分包括第七十一条至第七十三条,其中最重要的是第七十一条:"凡党员须恪守纪律;入党后即须遵守党章,服从党义;其在本党执政地方及在军事时期,尤须严行遵守。党内各问题,各得自由讨论;但一经决议定后,即须一致进行。"③这一部分同样借鉴了俄共(布)1919年《章程》中的部分内容。该《章程》第十章党的部分包括第五十条至第五十三条,共4条。第五十条规定:"严格遵守党的纪律是全体党员和一切党组织的首要义务。党中央机关的决议必须迅速而准确地执行。同时,党生活中的一切争论问题,在决议未通过之前,党内可以充分自由地进行讨论。"④国民党基本沿用了俄共(布)的规定,但强调了地域与时期的特殊性。

施行惩戒是纪律约束的必要条件。但孙中山和国民党人此前很少将惩戒落到实处。1920年11月的《中国国民党规约》只是比较简单地规定:"党员如有违背规约,或以个人行为妨害本党名誉者,经干事会审查确实议决后,得宣

---

① 孙中山:《党义战胜与党员奋斗》(1923年12月9日),《联共(布)共产国际与中国国民革命运动(1917—1925)》,第544页。

② 《鲍罗廷的札记和通报(摘录)》(不早于1924年2月16日),《联共(布)共产国际与中国国民革命运动(1920—1925)》,第461页。

③ 《中国国民党总章》(1924年1月28日),《孙中山全集》第九卷,第160、161页。

④ 《俄国共产党(布尔什维克)章程》,中共中央党校建教研室编:《苏联共产党章程汇编》,求实出版社1982年,第25页。

告除名。"① 尽管同盟会、国民党、中华革命党、中国国民党的章程均有纲领或总章的规定，要求党员遵守，但约束不严，惩罚不力。政党纪律流于形式，浮于文本。1924年的国民党总章中仿照俄共（布），规定了惩罚不执行决议，破坏章程的手段，包括党内惩戒，公开惩戒并在党报上详细登出原委以及暂时或永久开除党籍。还有惩罚地方党部的手段。② 冯自由等人被孙中山开除出党，就是严肃党纪、实施惩戒的重要体现。

值得注意的是，孙中山在借鉴俄国经验的同时，也适时加入自己的理解。在《中国国民党总章》的"纪律"一节中，有一点"注意"，意在讲解纪律的重要性："欲求此次成功，必赖纪律之森严。党之成败，全系于此。"而且在惩罚条款中，还特别强调政党的道德不得违背，③ 这些是俄共（布）党章所未有，却是孙中山和国民党人所一直坚持的思想。国民党一大通过的《关于纪律问题的决议案》规定："国民党之组织原则，当为民主主义的集权制度。"④ 从表面上看，国民党同样是仿照俄共（布）的民主集权原则。但实际上孙中山等人更为偏重集权和纪律。决议案中并无保护党员自由和权利的叙述，更多的是围绕纪律的强化和施行所展开，指出"若无民主集权制之组织及纪律，则必不能胜利"，"无组织之政党，等于无政府主义者之俱乐部"。⑤ 总之，国民党一大对纪律的相关规定，均有借鉴基础上在地化的痕迹。

除去纪律的相关章程规定，加强党员对党的主义的学习、宣传，增强组织纪律观念，掌握革命斗争的纲领、政策及多种方式方法，也是国民党改组后强化纪律的重要手段。为此，孙中山还在广州大本营设一政治训练部，专任政治宣传与训练的职务，派谭平山专任政治宣传与训练事务。⑥ 此外，国民党在各

① 《中国国民党规约》（1920年11月19日），《孙中山全集》第五卷，第413页。
② 《俄国共产党（布尔什维克）章程》，《苏联共产党章程汇编》，第25页。
③ 《中国国民党总章》（1924年1月28日），《孙中山全集》第九卷，第160、161页。
④ 《关于纪律问题的决议案》（1924年1月22日），林家有、周兴樑编：《孙中山全集续编》第四卷，中华书局2017年，第117页。
⑤ 《关于纪律问题的决议案》（1924年1月22日），《孙中山全集续编》第四卷，第117、118页。
⑥ 《着设立大本营政训部并派谭平山职务令》（1924年9月27日），周兴樑：《孙中山全集续编》第五卷，中华书局2017年，第162页。

级党部内设训练班，管辖各级党校和训练班，形成党员训练系统。① 国民党还在共产党人的帮助下，开办了一系列宣传主义和训练干部的专门培训机构，如中国国民党农民运动讲习所、中国国民党妇女运动讲习所、国民党党立宣传员养成所、中国国民党政治讲习班、中国国民党童子军领袖养成所，等等；还有国民党广东省党部、广州市党部办的各种类型的讲习所，以及省港罢工委员会办的劳动学院，等等。② 这些场所集主义宣传、纪律训练、业务培训于一身，成为塑造政党纪律，施行政治教化的重要场域。

结　论

孙中山自身的革命经验，与列宁的诸多共识，俄方因势利导的策略等多重因素的合力促使孙中山迅速接纳了俄方代表改组政党的建议，从专恃军队转向军党协同。孙中山提出，政党不仅要辅佐军队，更要效仿军队，甚至要超越军队，解决民众痛苦，成为"无敌之雄师"③。在俄方的影响和帮助下，孙中山和国民党人将国民党改组成一个以军队组织为模型，以军事纪律为准绳的新式政党组织。

孙中山对国民党的改造，取得了一定成效。时人观察，称国民党的精神气质由此彻底改变，实变为一新党。以前的国民党是"东方式"的党，即"浪漫的，情绪的，个性的"，而如今的国民党则是"欧洲式"，尤其是"苏俄式"的党，"一切权力在党，党有自由，个人无自由，盖绝对重团体生活，甚至欲抹杀个性，以服从团体"。国民党的训练自党内而至党外，"欲一变中国民族数千年之精神生活"。这位作者对此表示欢迎，认为中国人民受团体生活之训练，乃大势所趋，"为一切进步所必须"，④ 但这一改造的成效不宜高估。国民党在组织运作和基层组织建设等方面，与理想状态相距甚远。⑤

---

① 南楼：《党员训练之意义及其系统》，《生路》1927年第21期，第7页。
② 林家有：《孙中山与中国近代化道路研究》，广东教育出版社1999年，第451、452页。
③ 《在广州大本营对国民党员的演说》（1923年12月9日），《孙中山全集》第八卷，第502页。
④ 《中国社会之新波澜》，天津《大公报》1927年3月7日，第1版。
⑤ 王奇生：《党员、党权与党争》，社会科学文献出版社2018年，第41—52页、第79—95页。

但不可否认的是，国共师法苏俄意义重大，引发了中国政党政治的整体转型。李璜回忆，在1921年以前的中国政党都是"政客式的"，为争一时政治权力临时结合，名为西式议会政党，实为分赃把持的派别。自中国共产党起，中国政党才开始"真正的具一定的主张，为政治的宣传，向群众发言，对同志加以组织"。而李璜将之归功于苏俄"思想训练"和"斗争训练"的影响。[1]随着国共日益成为政治舞台的中心，列宁式政党也逐渐成为国人对于政党的常识性理解。

国民党深深烙上了列宁式政党组织模式和意识形态相结合的印记。清党后，国民党的组织形式和思想形式一仍其旧，但内容出现了很大变化。蒋介石在清党后，仍不住夸赞共产党组织严密，言行一致，归功于"严密""周到"的组织思想训练，要求国民党虚心研究共产党的训练方法。[2]然而，刻意与共产主义拉开距离的三民主义，愈发显得内容空洞、脱离实际、大而无当，与国民党的组织涣散、脱离群众、貌合神离互为作用，造成国民党形聚神散、严而不密的政党形态。

（马思宇，南开大学历史学院讲师）

① 李璜：《学钝室回忆录》，香港明报月刊社1979年，第135、186页。
② 《蒋介石口中之共产党》，天津《大公报》1927年5月27日，第2版。

1924—1925年孙中山北上京津
与逊清皇室的反应

李在全

　　摘要: 辛亥革命之后,民国元年孙中山与逊清皇室曾有过互动交好,问题是,基于时局变动的"交好",亦随着时局变动而变化。在各方势力重新分化组合,中国政局日渐激进、革命化的20世纪20年代中期,逊清皇室再次成为革命的对象。1924年11月冯玉祥等人驱逐溥仪出宫,以完成辛亥革命"未竟之功",此后清室成为革命阵营的"攻伐"对象。在这一过程中,以孙中山为首的国民党人是重要的助推力量。在1924年11月孙中山北上前夕,他即表示赞成冯氏之举,认为清室乃"复辟祸根";北上途中,孙多次重申这一立场,这给清室造成不小的压力;抵达北京后,清室致函孙中山,请其维持"优待条件",孙认为逊清方面已经屡次"破弃"优待条件,故民国政府难以继续履行。孙中山等国民党人宣称,清室若再提恢复"优待条件",便是革命对象、敌人;若清室成为中华民国之国民,则受民国法律之保护。事实上,民国法律无法保护清室,在内忧外患诸多因素交合之中,溥仪等人走上了一条与民国势不两立的不归路。

　　关键词: 北京政变　逊清皇室　孙中山　国民党　溥仪　段祺瑞

引　言

　　1924 年 9 月，第二次直奉战争爆发，战事正酣之际，10 月 23 日，冯玉祥秘密班师回京，发动政变，囚禁大总统曹锟，推倒直系政府。25 日，冯玉祥、胡景翼、孙岳等人在北京北苑召开军事政治会议，决定电请孙中山北上主持大计，同时请息影津门多年的段祺瑞出山维持局面，在孙、段未到北京之前，由黄郛组织摄政内阁以为过渡；决议组织国民军，冯玉祥任总司令兼第一军军长，胡、孙为副总司令，分别兼任第二、三军军长。①31 日，黄郛摄政内阁产生。

　　1924 年 11 月 4 日，在冯玉祥主导下，黄郛内阁通过《修改清室优待条件》5 条，主要内容包括永远废除帝号、清室移出紫禁城等。②次日，京畿警卫司令鹿钟麟、北京警察总监张璧及知名社会活动人士李石曾等人前往紫禁城，将逊帝溥仪驱逐出宫，在国民军的保护（监视）下，溥仪移居位于北海北边的醇王府。事发当天，与逊清颇有交往、时任民国北京政府铨叙局局长的许宝蘅在日记中记述了此事及感受："国民军鹿钟麟、张璧入清宫，逼宣统帝移居醇邸，此事前有所闻，不谓竟如此之速。帝之久居宫禁，本非善策，昔年曾为世伯轩（世续，引者注）太保言之而不见采纳，以致今日受此迫促，可叹！闻同鹿、张入宫者，尚有李石曾，高阳文正公之子也，狂悖如此，可诧！"③不久，溥仪于

---

① 韩信夫、姜克夫主编：《中华民国史·大事记》第三卷，中华书局 2011 年，第 2061—2064 页。
② 《修正清室优待条件》内容如下：今因大清皇帝欲贯彻五族共和之精神，不愿违反民国之各种制度仍存于今日，特将《清室优待条件》修正如左：第一条，大清宣统帝从即日起，永远废除皇帝尊号，与中华民国国民在法律上享有同等一切之权利。第二条，自本条件修正后，民国政府每年补助清室家用五十万元，并特支出二百万元开办北京贫民工厂，尽先收容旗籍贫民。第三条，清室应按照原优待条件第三条，即日移出宫禁，以后得自由选择住居，但民国政府仍负保护责任。第四条，清室之宗庙、陵寝永远奉祀，由民国酌设卫兵妥为保护。第五条，清室私产，归清室完全享有，民国政府当为特别保护；其一切公产，应归民国政府所有。《修正清室优待条件》（1924 年 11 月 5 日大总统令公布），《司法公报》第 199 期，1924 年 11 月 31 日，第 1—2 页。
③ 许恪儒整理：《许宝蘅日记》第 3 册，1924 年 11 月 5 日，中华书局 2010 年，第 1037 页。

11月29日避入北京东交民巷的日本公使馆，次年2月23日移居天津日租界。[1]

　　溥仪出宫事件，一石激起千层浪，朝野人士、社会名流、专家学者纷纷表达意见与看法。在溥仪出宫之当天，对北京政变"还不曾说过话"的胡适致函王正廷、黄郛，表达反对意见："堂堂的民国，欺人之弱，乘人之丧，以强暴行之，这真是民国史上的一件最不名誉的事。"[2]次日，胡适的学生顾颉刚在日记中写道："此事（溥仪出宫）手段太辣，予心甚不忍。开会之际，众人称快，予独凄然。"[3]同情逊清的《顺天时报》报道："市民等大为惊诧。旋即谣言四起，咸谓冯氏此举，即大背民国优待清室之信约，而夺取玉玺，尤属荒谬。"[4]老成持重者，多主张慎重其事，认为单方面强行修改优待条件、如此这般驱逐溥仪出宫，颇欠妥当。1924年蛰居上海的唐绍仪，是民国元年参与订立清室优待条件的亲历者之一，此后长期与革命党人有所往来，他对此举深表不满："清室无兵力自卫，以统重兵之将军驱之使出，极其容易，余于冯之此举，决不谓然。此事直与军队劫掠无力自卫之村庄相似，此乃道德问题，决非政治问题。"[5]

　　然而，赞成者声势更大。11月8日，章太炎致函黄郛、王正廷等人，对此举深表赞成，他说："知清酋出宫，夷为平庶，此诸君第一功也。优待条件，本嫌宽大，此以项城素位本朝，不恤违反大义致之。（民国）六年溥仪妄行复辟，则优待条件自消，彼在五族共和之中而强行篡逆，坐以内乱，自有常刑。

---

① 关于溥仪出宫及相关问题之研究，学界已有不少成果，重要者有：胡平生：《民国初期的复辟派》，台湾学生书局1985年；喻大华：《〈清室优待条件〉新论——兼探溥仪潜往东北的一个原因》，《近代史研究》1994年第1期；喻大华：《论民国政府处理逊清皇室的失误》，《史学月刊》2000年第3期；李坤睿：《王孙归不归？——溥仪出宫与北洋朝野局势的变化》，《南京大学学报》2012年第5期；胡晓：《国民党与溥仪出宫事件》，《安徽史学》2012年第2期；杨天宏：《"清室优待条件"的法律性质与违约责任》，《近代史研究》2015年第1期；村田雄二郎：《民国政府与〈清室优待条件〉》，杨伟主编《语言·民族·国家·历史——村田雄二郎中国研究文集》，重庆出版社2020年，第203—223页；等等。

② 中国社会科学院近代史研究所中华民国史组编：《胡适来往书信选》上册，中华书局1979年，第268—269页。

③ 顾颉刚：《顾颉刚日记》第一卷，1924年11月6日，中华书局2011年，第550页。

④ 《三百年清运昨日告终》，《顺天时报》1924年11月6日，第7版。

⑤ 《修改优待清室条件之经过》，《国闻周报》第1卷第16期，1924年11月16日，第8页。

今诸君但令出宫，贷其余命，仍失过宽，而要不失为优待。"① 很多青年激进分子，亦持这一立场，他们主张铲除"帝制余孽"，以完成辛亥革命"未竟之功"。例如，留法学生、中国青年党发起人曾琦，此时在上海《醒狮》杂志上宣扬"溥仪不杀，祸根终不能绝"之言论；② 还有人撰文认为：冯玉祥入京后，"当以此事（驱逐溥仪出宫）最为国人所称许。"③

一、孙中山北上及其对清室之立场

就在社会舆情纷乱、北方各种势力重新分化组合之际，作为"反直三角同盟"之一方的孙中山从广东北上。④ 在孙中山一生中，三次北上入京：第一次在清末甲午年，由于史料稀少，无法考实探究；第二次是民国元年，居京月余，与袁世凯北洋集团、逊清皇室等多方人士均有互动交流；⑤ 第三次即 1924 年、1925 年，最后病逝于北京。⑥ 由于长期的反清革命背景及此时极力宣扬国民革命，孙中山第三次北上及其与逊清皇室的交流往复，值得特别关注。

1924 年 11 月 10 日，孙中山在广东发表《北上宣言》，主张召集国民会议，谋求中国之统一与建设。同日，北方各方军政要角张作霖、冯玉祥、卢永祥、王揖唐、梁鸿志等在天津段祺瑞宅举行会议，决定推举段祺瑞为中华民国临时

① 《章太炎关于溥仪出宫事复电》，《时报》1924 年 11 月 9 日，第 2 张第 3 版。
② 曾琦：《溥仪曹锟不杀何为？》，《醒狮》第 10 号，1924 年 12 月 13 日，第 1 版。
③ 《清室事件》，《国闻周报》第 1 卷第 19 期，1924 年 12 月 7 日，第 17 页。
④ 反直三角同盟，即粤孙（中山）、皖段（祺瑞）、奉张（作霖）联合起来，反对把持北京中央政府的直系曹锟、吴佩孚等人。三方之中，皖段、奉张与逊清皇室均保持较好的关系。
⑤ 李在全：《民元孙中山北京之行与逊清皇室的应对——以绍彝、绍英未刊函札为中心的考察》，《清华大学学报》2020 年第 1 期。
⑥ 关于 1924—1925 年孙中山北上，学界已有一些史料整理和研究，如黄宗汉、王灿炽编著《孙中山与北京》，人民出版社 1996 年；葛培林辑录《天津〈大公报〉载孙中山北上史料汇编》（上、下），上海市孙中山宋庆龄文物管理委员会编《孙中山宋庆龄文献与研究》第 4、5 辑，上海书店出版社 2013、2014 年；刘曼容：《1924 年孙中山北上与日本的关系》，《历史研究》1991 年第 4 期；刘曼容：《1924 年孙中山北上的几个问题》，《近代史研究》1993 年第 3 期；杨天宏：《国民党与善后会议关系考析》，《近代史研究》2000 年第 3 期；桑兵：《解读孙中山大亚洲主义演讲的真意》，《社会科学战线》2015 年第 1 期；杨瑞：《一九二四年孙中山北上的"本事"与"叙述"——以主流报纸舆论为中心》，《历史研究》2018 年第 5 期；等等。

总执政。11 日，孙中山致电冯玉祥，赞扬冯氏"令前清皇室全体退出旧皇城，自由择居，并将溥仪帝号革除。此举实大快人心，无任佩慰。复辟祸根既除，共和基础自固，可为民国前途贺"。① 此乃溥仪出宫后，孙中山对此事的第一次公开表态。显而易见，在孙中山看来，溥仪与逊清皇室乃"复辟祸根"，必须除之。

实际上，在此之前，在北方的国民党人已经深度参与了北京政变、驱逐溥仪出宫等一系列活动。② 在溥仪出宫之前，北方国民党人已有不少表示，10 月底，北京报纸就刊登徐谦（孙中山派往北方联络冯玉祥的国民党人）之论议，"发议两项：一不用总统制，一清皇室得罪民国，应驱逐惩办等语"；很快，报纸又刊登冯玉祥部属张之江、李鸣钟回应徐谦之电文："扫帝制余孽，吻合冯总司令清廉政府之宗旨等语。"③ 11 月 5 日，北方国民党人的代表人物李石曾直接参与逼宫事件。当晚，李石曾对记者表示："保持前朝之帝号年号，亦仍以宣统上谕、官职等各种，与帝政时代无异，就共和民国之主义上而论，不免甚有遗憾；在肇建民国之彻底上，极多障碍。此次之举，吾人欲彻底地铲除帝政祸根也"；并认为，此次修正优待条件之结果，"反倒（利）于清室，减少将来之疑惑，得以平安为民国一市民。"④ 另一位北方国民党代表人物张继，则将冯玉祥发动北京政变、驱逐溥仪出宫与辛亥革命直接关联起来，曰："今国民军起义，长城光复，首都已完成辛亥革命未竟之功，非军阀互斗可比"；⑤ 张继与其他北方国民党人，如王法勤、丁惟汾等人称："除复辟党人，从此无可假借，为之失望，而四万万国民，对于诸公，以首都革命而完成革命事业未竟之功，则无不额首相庆。"⑥ 对于国民党人在北方的活动，身在南方的孙中

① 《致冯玉祥电》，广东省社会科学院历史研究所等编：《孙中山全集》第十一卷，中华书局 1986 年，第 302 页。
② 胡晓：《国民党与溥仪出宫事件》，《安徽史学》2012 年第 2 期。
③ 张剑整理：《绍英日记》下册，1924 年 11 月 1、2 日，中华书局 2018 年，第 653、654 页。
④ 《清帝迁出皇宫之理由》，《顺天时报》1924 年 11 月 6 日，第 7 版。
⑤ 《张继函阎锡山拥段之外应与国民军确实结合》（1924 年 11 月 10 日），叶健青编注：《阎锡山档案》第 7 册，台北"国史馆"2004 年，第 137 页。
⑥ 《张继等赞同令溥仪出宫电》，《申报》1924 年 11 月 15 日，第 6 版。

山给予关注，且保持信息往来。①

11月13日，孙中山自粤启程北上，宋庆龄、汪精卫、邵元冲等人随行。次日，孙中山在香港接受访谈，认为曹（锟）吴（佩孚）倒台后，中国政局已大有转机，他指出："我们亦认为在北方发展之开始，中国官僚军阀，为祸已深，澄清政治，固在必行。然尤注意于思想学术方面，故此行第一步功夫，即注意宣传，务期将北京之思想界完全改造，将旧日之复辟陈旧官僚，铲除净尽，于是国民革命始易着手，而本党主义始有实现之希望。"孙氏在此所言"复辟陈旧官僚"，自然包括逊清皇室。15日，张作霖、冯玉祥等人正式推举段祺瑞为临时执政，并敦促段氏立即出山；17日，孙中山抵达上海，此刻时局已有很大变化，由段祺瑞出山收拾北方局面已成定局，他只能暂时在沪观望时局变动。22日孙中山离沪赴日，23日抵达日本长崎，他对欢迎者表示：冯玉祥驱逐溥仪出宫，是"国民所希望之正当行为"；②另据《日本外交文书》记载，记者问孙中山曰："废止清室待遇是当然的吗？"孙答："那是全体国民的愿望。"③

伴随着时局变动，围绕清室问题，舆情继续发酵，各方继续角力。就在孙中山赴日的当天，11月22日，段祺瑞离津入京，组建临时执政府。由于段祺瑞与逊清皇室的特殊关系，清室对段氏入京寄望甚高，派皇室代表载润前往欢迎。④是日，逊清要角陈宝琛、朱益藩、罗振玉、温肃、袁励准等人赴醇王府，在溥仪面前商议"应付办法"；次日，继续商议应对之策。⑤24日上午，段祺瑞在北京就任临时执政；同日下午，奉系张作霖抵达北京。段、张均是与清室关系密切之重要人物，逊清皇室对他们保持着高度关注，寄予厚望。⑥段、张也确实为缓解溥仪处境、恢复优待条件出力不少，但包括国民党在内的社会舆

---

① 《在广州各界欢送会的演说》，广东省社会科学院历史研究所等编：《孙中山全集》第十一卷，第307页。

② 《孙先生在日本之谈话》，《民国日报》（上海）1924年11月28日，第1张第2版。

③ 桑兵主编：《孙中山史事编年》第十一卷，中华书局2017年，第5964—5965页。

④ 《绍英日记》下册，1924年11月22日，第659页。

⑤ 袁励准：《恐高寒斋甲子日记》（手稿本），1924年12月22、23日，中国社会科学院中国历史研究院图书档案馆藏。此史料承蒙中国社会科学院近代史研究所马忠文研究员提示，谨此致谢。

⑥ 《绍英日记》下册，1924年11月24日，第659页。

论界继续对清室"攻伐"不已，且屡出极端之语。据报道，李石曾"见段祺瑞争皇室事"，李氏忿言："法国杀路易十四，英国杀君主事尤数见。外交干涉，必可无虑"；张继也放话："非斩草除根，不了此事。"①如此极端言论，让清室惊恐万分。于是，在郑孝胥等人策划安排下，11月29日溥仪避入位于北京东交民巷的日本公使馆。

段祺瑞虽然对冯玉祥处置清室问题之方式深表不满，但还是希望在此问题上与即将抵京的孙中山能有共识，所以，当清室派代表谒见段祺瑞时，段表示，"某某等办理此事，未免少年躁切，深致歉意，将来俟孙中山入京，再商量合宜之处置，总期不违共和大同之旨，五族一家之义"，清室代表听闻段氏所言，"颇为感谢"。②在溥仪避入北京日本公使馆前后，社会上即有孙中山将入京、对清室不利之传言。12月3日，逊清要角金梁向溥仪进言："近闻孙文将来京，□□军队尽为之用，将行过激，难免变出非常"，③故请溥仪速即出洋。同时，社会上也传闻，"此次溥仪之所以急于逃赴东交民巷者，系恐孙中山先生来京后，将有不利于废帝之举"；为此，有记者拜访在天津的国民党要人某君"询以真相"，某君明白表示：这是谣言，目的在于中伤中山先生，他辟谣说："中山先生此次来津京，完全以个人资格，宣传三民主义，断无加害于任何人之想，且中山先生并无军队相随，其徒众之有实力者，亦未随来一人。可知其对于北京政治地位，毫无取得之欲望，更何至有不利于一己无关重要之幼童之举。外间之所以作此项谣言者，当因无法中伤中山先生，乃藉此次修改优待条件与溥仪之出走，而加罪也。"④对于溥仪即将出洋之传闻，国民党要角张继在天津对记者表示，"此为至佳之事。查欧西各国之废帝，亦甚多，其不被杀戮者，均逃赴外国以终其余年。中华民国之优待清废帝，实为特例。今溥仪愿出洋留

---

① 劳祖德整理：《郑孝胥日记》第4册，1924年11月29日，中华书局2005年，第2030页。
② 《段执政对清室之表示》，《大公报》（天津）1924年12月1日，第1张第4版。
③ 金梁：《遇变日记》，李世瑜：《社会历史学文集》，天津古籍出版社2007年，第598页；王庆祥：《朱益藩与溥仪交往要事简记》，江西省莲花县政协文史办编：《末代帝师朱益藩》，中国海洋出版社1993年，第44页。
④ 《在津民党某要人之辟谣谈》，《大公报》（天津），1924年12月3日，第1张第4版。

学，于其自身及中国均为有益。外国亦断无人利用之作何举动。"①

12月4日，孙中山由日本抵达天津，入住张园，他再次表示："国民军解决清室问题，甚妥当。"②是日，孙中山病发，处于养病状态。这时，复辟派代表人物康有为致电段祺瑞，要求恢复清室优待条件，力陈孙中山、冯玉祥不可共事，言"公（段祺瑞，引者注）对于优待皇室条约，力为维持。今冯玉祥背信弃约，乃敢反悖万国共证之优待皇室条件，废帝号、逐乘舆，劫宫库，外人骇愤，举国震怒"③。6日，随侍孙中山的国民党要员汪精卫、孙科、邵元冲、戴季陶、王法勤、张继等十一人在天津举行会议，讨论北方政局问题，决议包括七条，其中第六条规定："清室财产，应依摄政内阁所定条件，由清室善后委员会续办清理。"④这也是孙中山和国民党对逊清皇室的立场。

在孙中山因病滞留天津期间，逊清方面有人曾试探孙中山。据《北京日报》报道：孙中山行将入京，因为孙氏"素昔主张多不利于清室，故清宫颇多疑虑"，因此，前些日子，清室密派在天津的溥仪帝师朱益藩"就近探查，以便随时报告"；据天津相关方面透露，孙中山因此令国民党国会议员彭养光转托朱念祖⑤告知朱益藩，说明："中山此次来京之宗旨，绝无危害清室之意，幸勿误会。"⑥另据《益世报》报道，孙中山在天津，一面延医治疗，一面接见来宾，清室因孙中山为革命领袖，"恐其入京后有何种行动，益惴惴不自安"，很多与清室有关系之人亦心存疑虑，其实，"孙氏此次北来，除对于时局有所建议外，完全致力于其主义之宣传"，于是，民党议员彭养光，"特请朱念祖转告宣统师傅益藩，请其对溥仪说明，中山北来于彼毫无危险，彼今为一平民，在法律上亦应受保护"⑦。

---

① 《张继之溥仪出洋谈》，《大公报》（天津），1924年12月5日，第2张第6版。
② 《国内专电》，《申报》1924年12月6日，第3版。
③ 《康南海之与段合肥论政》，《益世报》（天津）1924年12月4日，第2张第7版；《康圣人痛讦冯玉祥》，《盛京时报》1924年12月7日，第2版。
④ 《孙中山史事编年》第十一卷，第6032—6033页。
⑤ 朱念祖，朱益藩之侄孙，早年在北京求学，在朱益藩教育帮助下，赴日留学，加入同盟会，曾任南京临时政府参议院议员，后参与反袁斗争，具有国民党背景。
⑥ 《民党对清室主和平》，《北京日报》1924年12月7日，第2版。
⑦ 《孙中山滞津行动昨闻》，《益世报》（天津）1924年12月8日，第3张第10版。

孙中山滞留天津期间，他与此前已经入京组建政权的段祺瑞之间，很多政见不合已经公开化，其中也包括如何对待清室问题。12月7日，段祺瑞在私宅接见东方社记者，发表对于时局之意见，对孙中山废除不平等条约主张、冯玉祥驱逐逊帝出宫表示不赞成。段表示："清帝迁出宫城，本为前所规定，惟对摄政内阁于仓卒间逼令出宫之办法，殊难首肯"；对于11月29日溥仪避入日本使馆之事，段认为，这是溥仪之"自由的行为，无如之何"。①

对待清室问题，孙中山的态度也是国民党之立场，国民党人保持一致口径。12月11日，有人访问自津抵京的国民党要角徐谦，探询孙中山之真实态度，徐谦云：孙中山此番北上，"对于时局不愿多生主张，一切均听命于国民会议"，但孙之态度明确者有二："对于善后会议颇为注意"和"对清室优待条件主张根本废除"。27日，孙中山之子孙科在上海接受记者访问，孙科说："（冯玉祥）取消清室优待条件，乃民国六年张勋复辟后所当行而未行者，先生尤认为适当"，认为推翻直系政府、改订清室优待条件、驱逐溥仪出宫，"诚属革命行动，为吾人所钦仰"。②

二、"优待条件"：清室与孙中山的信函交往

1924年12月31日，孙中山扶病自津抵京，当天清室送去"果席"。③其实，早在听闻孙中山北来、尚未抵京之时，清室内务府大臣绍英即召集众人商议，欲请孙中山帮助恢复清室优待条件，绍英说："孙文十年前来京，我邸座宴之于那相花园，孙文演说两宫让德，宜受民国优待，上下交成其美，实世界革命史所绝无等语。为（绍）英在座所亲闻，盍趁其再来，公函请践前言，复旧约。"罗振玉等人交口赞同，由遗老商衍瀛起草，众认为不可，后由曾为帝师的朱益藩另具稿，咸无异词，最后议定：等孙中山入京之日缮发，兼馈酒食。④可见，

---

① 《段与日记者之谈话》，《民国日报》（上海）1924年12月9日，第1张第3版。

② 《孙中山史事编年》第11册，第6068、6131—6133页。

③ 张剑整理：《绍英日记》下册，1924年12月31日，第663页。

④ 胡嗣瑗：《甲子蒙难纪要》，中国社会科学院近代史研究所《近代史资料》编辑部编：《近代史资料》第83号，中国社会科学出版社1993年，第99页。

在孙氏入京之前，逊清方面已有筹划。孙中山抵京之次日，即 1925 年元旦，段祺瑞派长子段宏业和执政府秘书长梁鸿志为代表，到北京饭店向孙中山祝贺新年。1 月 2 日，在未呈报溥仪的情况下，清室内务府大臣绍英、耆龄、宝熙、荣源四人联名致函孙中山，"为优待条件请其维持，以昭大信事"，[①] 信函如下：

中山先生执事：

敬启者：辛亥之役停战议和，其时公在临时总统任内，双方订定优待皇室条件暨满蒙回藏待遇条件，正式知照各国驻京公使转达各国政府，因有十二月二十五日之诏，共和政体于焉成立。载在盟府，中外咸闻。次年台从莅京，亲在那园欢迎席上对众宣言：孝定景皇后让出政权，以免生民糜烂，实为女中尧舜，民国当然优待条件之酬报，永远履行，与民国相终始。皇天后土，实闻此言。复经列入约法第六十五条，明载优待条件永不变更其效力。铁案如山，谁可动摇？不意本年十一月五日变生意外，致乘舆仓皇出宫。先生远在海南，一时无从赴诉。夫优待条件为民国产生之根本，自宜双方遵守，垂诸无穷。但十三年以前最初之信条，非曾经当事人不知颠末，或不免有所误会。今幸雄旗远莅，众望咸归。一国之信用所关，即列邦之观听所系，以公有保持信义之责任，英等早翘首以俟。专函奉布，伏乞主持公道，力践前言。息壤在彼，知公必有以处此也。恭候台绥。

清室内务府谨启[②]

信函之核心问题，即请孙中山信守民国元年清廷与民国签订的《清室优待条件》，彼时孙氏作为南京临时大总统，是签约的民国一方之当事人。函中所言，民国元年孙中山抵达北京，应邀参加逊清皇室在那桐府邸举行的欢迎晚宴，孙中山对众人公开宣言："孝定景皇后（隆裕太后，引者注）让出政权，

---

① 《绍英日记》下册，1925 年 1 月 2 日，第 663 页。
② 《溥仪内务府致孙中山函底》，《历史档案》1981 年第 3 期，第 6 页。

以免生民糜烂，实为女中尧舜，民国当然优待条件之酬报，永远履行，与民国相终始"，确是事实，①逊清方面人士铭记孙中山等革命党人的这一表态，十多年后，记忆犹新。

1925年1月5日，逊清醇亲王载沣致送"燕筵一席、绍酒一埕"，为孙中山洗尘；孙中山特派马超俊为代表，前往醇王府答谢。②显然，这是礼节性的来往。这时，孙中山已是身患重病，所收清室之来函，由其秘书处代为答复。外界一般认为函稿由孙氏随从秘书汪精卫起草。③实则由邵元冲起草。邵氏在日记中记述："代孙公作复清室内务府绍英等函稿，关于优待条件之问题。"④稿成之后，应该是经由集体讨论审定，并由孙中山阅悉，于1月9日左右复函逊清方面，函曰：

越千、寿民、瑞辰、钟权⑤诸先生均鉴：

近奉惠书。关于十一月间修改清室优待条件及清室移宫一事，已呈请中山先生阅悉。中山先生对于此事之意见，以为：

由法律常理而论，凡条件契约，义在共守，若一方既已破弃，则难责他方之遵守。民国元年之所以有优待条件者，盖以当时清室既允放弃政权，赞成民治，消除兵争，厚恤民生，故有优待条件之崇报。然犹以国体既易民主，则一切君主之制度仪式必须力求芟除，一以易民群之视听，一以杜帝制之再见。故于优待条件第三款载明：大清皇帝辞位以后，暂在宫禁，日后移居颐和园。又于民国三年清皇室优待条件善后办法中，第二款载称：清皇室对政府文书及其他履行公权私权之文书契约，通用民国纪年，不适用旧历及旧时年号。第三款载称：清帝谕告及一切赏赐，但行于宗族家庭及其属下人等，其对于官兵赠给以物品为限，所有赐谥及其他荣典概行废止。凡此诸端，所以杜渐防微者至为周至，非但以谋民国之安全，亦欲使清皇室之心迹有以大白于国人也！乃自建

① 《绍英日记》上册，1912年9月11日，第200—201页。
② 《醇亲王亦为中山先生洗尘》，《京报》1925年1月6日，第3版。
③ 吴瀛：《故宫尘梦录》，紫禁城出版社2005年，第44页。
④ 王仰清、许映湖标注：《邵元冲日记》，1925年1月5日，上海人民出版社1990年，第102页。
⑤ 即逊清内务府大臣绍英、耆龄、宝熙、荣源之字。

国以来，清室既始终未践移宫之约，而于文书契券仍沿用宣统年号，对于官吏之颁给荣典赐谥等亦复相仍弗改，是于民国元年优待条件及民国三年优待条件善后办法中清室应履行之各款，已悉行破弃。逮民国六年复辟之举，乃实犯破坏国体之大眚，优待条件之效用至是乃完全毁弃无余，清室已无再责民国政府践履优待条件之理。虽清室于复辟失败以后，自承斯举为张勋迫胁而成，斯言若信，则张勋乃为清室之罪人。然张勋既死，清室又予以忠武之谥，是实为奖乱崇叛，明示国人以张勋之大有造于清室，而复辟之举实为清室所乐从。事实具在，俱可覆按。

综斯诸端，则民国政府对于优待条件，势难再继续履行。吾人所认十一月间摄政内阁之修改优待条件及促清室移宫之举，按之情理法律，皆无可议。所愿清室诸公省察往事，本时代之趋势，为共和之公民，享受公权，翼赞郅治，以销除向者之界限，现五族一家之实。使国人泯猜嫌之迹，遏疑乱之萌，较之徒拥一无谓之虚名者，利害相去何啻万万，且溥仪先生年富识赡，若于此时肆力学问，以闳其造就，则他日之事业又讵可量限？以视局蹐于深宫之中，懵然无所闻见者，为益实多。此尤望诸公之高瞻远瞩，以力务其大也。

特命代为奉复，希裁察为幸。此颂公祉。

孙中山先生秘书处启 [1]

逊清方面接到孙中山复函，深感此函"狂悖特甚"。[2] 作为当事人，绍英在日记中记述了此事："（复函）大致谓张某复辟，故后，清室予谥，是以其复辟为有功，即有大眚，不能再向民国争论等语。将此信交堂上，请耆（龄）、宝（熙）大人阅看，前曾请毋庸予谥，未蒙采纳，竟因此而致败，亦可慨也。"[3] 绍英看问题似嫌过于简单了，并非仅因张勋复辟及张氏故去后赐谥问题，而是清室与孙中山国民党双方根本立场之不合。很快，绍英等人与孙中山往来信函

---

① 《孙中山先生秘书处致溥仪内务府绍英等人函》，《历史档案》1981 年第 3 期，第 5—6 页。
② 袁励准：《恐高寒斋甲子日记》（手稿本），1925 年 1 月 9 日，中国社会科学院中国历史研究院图书档案馆藏。
③ 《绍英日记》下册，1925 年 1 月 10 日，第 665 页。

在报纸上公开，^①此事也广为人知。

上述往返信函所论之焦点，是清室与民国政府之间的法律文件——《清室优待条件》。辛亥革命爆发后，南北和谈，双方达成协议：清帝退位，民国政府优待清室。1912年2月，《清室优待条件》由南京临时参议院审议通过，由民国政府颁行，主要内容包括三项：（甲）关于大清皇帝辞位之后优待之条件，8款；^②（乙）关于清皇族待遇之条件，4条；（丙）关于满蒙回藏各属待遇之条件，7条（狭义的"优待条件"，指甲项）。1915年民国政府颁布了《优待条件善后办法》7条，增加了清室的义务，如不得使用旧历及旧年号等，可视为对1912年《清室优待条件》的实质修改。^③在1924年11月5日溥仪被逐出宫后，逊清皇室、清贵、遗老们"一致表示极大的愤慨"，他们首先想到辛亥革命时期，在清廷颁布"退位诏书"的同时，清廷与民国政府订立的《清室优待条件》。根据优待条件，遗老们一致认为，清廷虽已交出政权，但帝号仍然存在，不可与历代亡国之君相提并论；"大清宣统皇帝"的尊号"载在盟府"，不仅为全国臣民所共知，还为世界各国所公认；埋怨民国政府从来没有如数支付皇室用费四百万元，"口惠而实不至"；他们骂冯玉祥"逼宫""移宫"，竟连紫禁城都不容许"今上"住下去了。^④在溥仪出宫后，除了报纸杂志上公开讨论之外，在私下场合，不少人士亦讨论"优待条件于法律之根据如何"等

---

① 《中山认优待条件应为取消》，《顺天时报》1925年1月9日，第3版；《孙中山对于优待清室之意见》，《时报》1925年1月17日，第1张第1版；《宝熙等与孙中山往来函》，《申报》1925年1月17日，第2张第6版。

② 关于大清皇帝辞位之后优待之条件，共八款：一、大清皇帝辞位之后，尊号仍存不废，中华民国以待各外国君主之礼相待；二、大清皇帝辞位之后，岁用四百万两，俟改铸新币后改为四百万元，此款由中华民国拨用；三、大清皇帝辞位之后，暂居宫禁，日后移居颐和园，侍卫人等，照常留用；四、大清皇帝辞位之后，其宗庙陵寝，永远奉祀，由中华民国酌设卫兵妥慎保护；五、德宗崇陵未完工程，如制妥修，其奉安典礼，仍如旧制，所有实用经费，均由中华民国支出；六、以前宫内所用各项执事人员，可照常留用，惟以后不得再招阉人；七、大清皇帝辞位之后，其原有之私产，由中华民国特别保护；八、原有之禁卫军归中华民国陆军部编制，额数俸饷，仍如其旧。

③ 《民国元年宣布优待条件诏书》《民国四年优待条件善后办法》，《东方杂志》第21卷第23期，1924年12月10日，第123—125页。

④ 周君适：《伪满宫廷杂忆》，四川人民出版社1981年，第37—38页。

问题。[①]

在复函中，孙中山等国民党人认定清室方面违反"优待条件"之事实："始终未践移宫之约"、"于文书契券仍沿用宣统年号"、"对于官吏之颁给荣典赐谥等"、参与丁巳张勋复辟及张勋死后又赐予谥号，等等。因此，孙中山等人认为"民国政府对于优待条件，势难再继续履行"，并由此推理，1924年11月黄郛摄政内阁的修改优待条件和驱逐溥仪出宫之举，"按之情理法律，皆无可议"。孙中山等人上述所言，确属事实。而实际上，"优待条件"之条款本身含混不清，易生歧义；更关键者，无论是清室，还是民国，都没有很好遵守双方约定。民国方面时常违约，其中拖欠优待费问题尤为严重。按优待条件规定，清室优待费为每年400万两，民初币制改"两"为"元"后，将银两折合银圆发放。大体而言，在袁世凯担任大总统的头两年，优待费尚能全额支付，其后，民国政局混乱，财政窘迫，无力支付优待费，故对逊清方面积欠数额巨大。换言之，对于《清室优待条件》，清室与民国均负有违约责任。[②]

这时北京局势不稳，革命阵营对溥仪"攻伐"之声甚嚣，溥仪颇欲出洋，逊清上下颇为焦虑，行止两难。1925年1月15日，曾为溥仪帝师的陈宝琛致函在上海的郑孝胥，17日郑氏收到来函，他在日记中写道："日来（皇）上意急于东游，而段（祺瑞）坚欲先将条件议定。日使亦以为言，且合英、荷二使忠告。是行止处于两难"；并认为："孙（中山）病尚不至遽殂，张（作霖）暂未归。李（景林）、孙（岳）同城，终不相下，恐即衅端。"[③] 逊清内部意见不一，溥仪对于身边很多亲贵、遗老不甚信任，故交流并不充分，行动亦不一。绍英等人致函孙中山之事，溥仪事先不知，当报纸报道此事、公开信函内容后，溥仪才知晓。他甚是不悦，斥责绍英等人"妄动招辱，贻笑外人"。[④] 1月17日，绍英到日本使馆拜见溥仪，溥仪云："给孙文之函，我即不知，以致接彼之覆函甚为无谓。"当日，绍英听说溥仪"已亲笔函达段执政，辞去经费等项，即

① 许恪儒整理：《许宝蘅日记》第3册，1924年11月12日，第1038页。
② 杨天宏：《"清室优待条件"的法律性质与违约责任》，《近代史研究》2015年第1期。
③ 《郑孝胥日记》第4册，1925年1月17日，第2037页。
④ 胡嗣瑗：《甲子蒙难纪要》，中国社会科学院近代史研究所《近代史资料》编辑部编：《近代史资料》第83号，中国社会科学出版社1993年，第102页。

尊号亦有取销之意，此大致也，其详不得闻也"。① 不难看出，君臣之间，颇有隔膜。逊清与孙中山之间函信交往之事，并未结束，2月1日，绍英等人在东兴楼请客，"谈覆孙先生来函事"，② 可见，绍英等人意欲再次致函孙中山，但此事并无下文。

孙中山拒绝清室之要求，在国民党人看来，自然有理有据；在亲近清室的人眼中，则颇为不妥。1925年1月《顺天时报》刊文，关于清室优待问题质问孙中山："但闻优待清室条件，自民元、二年以来，政府即未尽履行，故经费欠费至一二千万，旗民生计，全未代筹，其双方谁先破弃契约，须问之民国政府及清室。"③ 但是，反清室者并没有让步，他们继续"攻伐"清室，在北京成立"反对清室优待大同盟"。1月25日，"反对清室优待大同盟"发表宣言称，倘以后溥仪有勾结遗老、扰乱民国之事，日本须负相当责；对段祺瑞不能预防溥仪行动表示不满。④2月1日，段祺瑞主导的善后会议在北京召开，清室问题成为议题之一。在反对清室问题上，冯玉祥的国民军与孙中山的国民党，意见相同，行动亦一致，他们都反对段祺瑞执政府对溥仪小朝廷的维护态度。2月14日，冯玉祥部属向冯氏报告善后会议情形，共三点，其中第二点即"若提优待清室条件，我国民军便不加入，如果坚决主张，吾等即宣言攻北京"。⑤显而易见，冯玉祥国民军对北京的实际控制，是阻碍段祺瑞等人恢复清室优待条件的最关键原因。⑥

三、从溥仪赴津到孙中山病逝

与此同时，社会上不断出现采取极端手段处置溥仪之言论。报纸上出现"引

---

① 《绍英日记》下册，1925年1月17日，第666—667页。
② 《绍英日记》下册，1925年2月1日，第672页。
③ 何绳武：《请教孙中山先生》，《顺天时报》1925年1月17日，第4版。
④ 刘绍唐主编：《民国大事日志》第1册，台北：传记文学出版社1978年，第283页。
⑤ 中国第二历史档案馆编：《冯玉祥日记》第2册，1925年2月14日，江苏古籍出版社1992年，第16页。
⑥ 李坤睿：《王孙归不归？——溥仪出宫与北洋朝野局势的变化》，《南京大学学报》2012年第5期。

渡溥某明正典刑之语",这让逊清方面"甚为惊恐"。①在这种情况下,2月23日溥仪避居天津。溥仪赴津,在逊清内部知情者也不多,以致像绍英这样的内务府大臣,于24日到日本使馆,"始悉于昨晚十点钟,(皇)上已同日本警察赴天津日界,暂住大合(和)旅馆",旋即绍英、耆龄、宝熙、柯劭忞等人到执政府向段祺瑞报告情况,段表示:"青年之人好行自由,只得听之,但是有我在京,不能听新党少年之人胡闹,可以放心。"绍英曰:"(皇)上出京时令内务府照常办事",并求段氏予以维持,段云:"我亦是旧臣,自应力予维持也。"②溥仪离京赴津之事,很快传开,25日许宝蘅得知,"清帝于前日晚八时乘火车赴天津,后妃亦于昨日行,日本使馆已于昨日通知政府,并有声明书发表,措辞甚浑妙,陈太傅亦追随出京。"③在很多同情逊清的人士看来,溥仪离京抵津,多为国民党所迫。有人就此时在天津的吴煦说:"遗老多人,上书政府,请迎帝仍入宫者,以致为民党排挤,仓卒来津。"④溥仪赴天津,当时说法是为了出洋,但对逊清方面大多数人来说,若此时溥仪出洋,将极为不利。2月28日,绍英对陈宝琛说,"总以优待条件定局再为出洋为妥,否则(皇)上若远行,恐即牺牲一切优待,各条均不能办到,恐尚不能如修正之五条,且私产将为人收没,将来一无所有,将如之何"。⑤很快,从天津方面传来好消息——溥仪暂不出洋,居留天津。3月5日绍英在日记中写道:"(皇)上拟暂住天津,并不即行出洋,此诚好消息也。"⑥溥仪赴天津,在大和旅馆住了一天后,即转住张园。张园,是前清驻武昌第八镇统制张彪在天津的宅院,武昌起义时,张彪携眷跑到天津,后来盖起了这所宅院。颇为巧合的是,两个多月前,孙中山在天津时的住所也是张园。

溥仪虽然避居天津日租界,但国民党方面对他的声讨并未结束。3月6日,上海的国民党党员洪鼎等人致电孙中山、段祺瑞等人,称溥仪妄思复辟,背叛

---

① ② 《绍英日记》下册,1925年2月24日,第678页。

③ 恪儒整理:《许宝蘅日记》第3册,1925年2月25日,第1054页。

④ 《吴煦日记(节选)》,中国社会科学院近代史研究所《近代史资料》编辑部编:《近代史资料》第55号,中国社会科学出版社1984年,第161页。

⑤ 《绍英日记》下册,1925年2月28日,第680页。

⑥ 《绍英日记》下册,1925年3月5日,第681页。

国家，请予以严重警戒，使之觉悟。[①]3 月 10 日，《京报》登载反对优待清室大同盟的议决，通电段祺瑞及国民军首领，斥曰："万绳栻、康有为、罗振玉、绍英图谋复辟，请通缉等语。"这些言论与举动让逊清如临大敌，倍感恐怖，绍英打算赴天津"暂为趋避也"。[②]

1925 年 3 月 12 日，孙中山病逝于北京。当天，郑孝胥在日记中记述："报言：孙文今日死。"[③]革命领袖孙中山虽然离世，但他领导下的国民党蓬勃发展，党势高涨，"革命的气势，已在北方开展了"，[④]这给逊清造成不小的压力。是日，因为听闻"民党有激烈进行之意"，绍英"只得暂避"，傍晚到德国医院暂住。[⑤]这时，天津的逊清要员集齐张园，讨论溥仪行止，有人认为：应乘孙中山病逝，向政府交涉优待条件存废问题较为便利。[⑥]可见，在逊清人士看来，孙中山确实是妨害之人。孙中山病逝后，其遗体由北京协和医院处理后移殡社稷坛。3 月 18 日，执政府内务部通知，各官署长官要前往致祭悼念。与逊清皇室有所关系、此时担任民国北京政府铨叙局局长的许宝蘅，没有亲往社稷坛祭奠，而是派代表前往，自己拟作挽联，一时感觉"殊难措辞"，最后作挽联曰："生有自来，百世万年兹论定；没而犹视，九州四海庶澄清"；许氏认为："中山为人强忍，非常流所及，生于同治乙丑，正甲子克复金陵之后"，以轮回说推论之，孙"或为洪（秀全）、杨（秀清）之转世，其生必有自来，否则以一匹夫而享大名，虽清室之亡不由斯人，而名则斯人受之矣"。[⑦]3 月 21 日，清室派内务府大臣宝熙为代表前往致祭孙中山，"并赠鲜花圈一件"。[⑧]

在对待清室问题上，与孙中山持同一立场的冯玉祥，在孙逝世十天后，对他人言："中山先生应葬于北京，将天安门内作国葬场。如再将黄兴、蔡松坡

① 《洪鼎等请警戒溥仪电》，《民国日报》（上海）1925 年 3 月 7 日，第 1 张第 3 版。
② 张剑整理：《绍英日记》下册，1925 年 3 月 10 日，第 682 页。
③ 《郑孝胥日记》第 4 册，1925 年 3 月 12 日，第 2044 页。
④ 汪精卫：《孙大元帅北上入京之经过》，《汪精卫集》第 3 卷，（上海）光明书局 1929 年，第 60 页。
⑤ 《绍英日记》下册，1925 年 3 月 12 日，第 683 页。
⑥ 王庆祥：《朱益藩与溥仪交往要事简记》，江西省莲花县政协文史办编：《末代帝师朱益藩》，第 46 页。
⑦ 许恪儒整理：《许宝蘅日记》第 3 册，1925 年 3 月 19 日，第 1057 页。
⑧ 《绍英日记》下册，1925 年 3 月 21 日，第 685 页。

均移葬于此地，则凡中外人士之到京者，必前来瞻仰，因以鼓动其革命之精神。较之葬于南京，实强万倍。中山先生病故北京，虽说是中国革命之莫大损失，可谓死得其所。若死于广东，其何荣之有哉。"①冯氏之意，把孙中山国葬在北京天安门内，即清朝皇宫之前，不仅能荡涤前清污秽，而且能让孙中山革命精神光耀天下。

结　语

在辛亥革命时期，"反清排满"是孙中山革命党人的核心目标，清皇室自然是革命的首要对象。辛亥鼎革，清帝退位，民国肇建，革命党人对逊清皇室和满人的政策也相应调整。1912 年 8 月至 9 月，已经辞去南京临时大总统的孙中山北上入京，与逊清皇室有过较好的交往互动，这时原先彼此视为最大敌人的清室和孙中山，均已离开政治权力核心区，在《清室优待条件》和民主共和的政治架构中各得其所。在民元政局状况下，基于现实（利益）考虑，清室与革命党人"化解前嫌"，化敌为友，互相交好，演绎了民元政治和解进程中出彩的一幕。当然，在互动交好、把酒言欢的背后，双方各有自己的诉求与坚守。②值得注意的是，孙中山等革命党人与逊清皇室的"交好"，是基于时局变动的政治行为，两者之间无渊源、亦无私交，民国元年之后，双方也几乎没有往来。

基于时局变动的"交好"，自然随着时局变动而变化。20 世纪 20 年代中期，是中国现代史上极为诡异的时段。1924 年 1 月，中国国民党一大在广州召开，联俄联共，建立以孙中山为首的国民党政权，标榜"以党治国"和国民革命。同年 10 月，北京政变发生，原属直系集团的冯玉祥秘密班师回京，囚禁总统曹锟，废止法统和国会，自称"首都革命"。在各方势力重新组合分化、中国政局日渐激进、革命化的年代里，逊清皇室再次成为革命对象。经历 1924 年 11 月溥仪出宫事件之后的逊清皇室，成为革命阵营的"攻伐"对象，无处安身，

① 中国第二历史档案馆编：《冯玉祥日记》第 2 册，1925 年 3 月 22 日，第 35 页。
② 李在全：《民元孙中山北京之行与逊清皇室的应对——以绍彝、绍英未刊函札为中心的考察》，《清华大学学报》2020 年第 1 期。

风雨飘零。

在这一过程中，以孙中山为首的国民党人是重要助推力量。在孙中山1924 年 11 月北上之前，他即表示赞成冯玉祥驱逐溥仪出宫之举，认为逊清皇室乃"复辟祸根"；北上途中，他也多次重申这一立场，这给清室造成不小的压力；抵达北京后，逊清皇室致函孙中山，请其维持"清室优待条件"，孙认定逊清方面已经屡次"破弃""优待条件"，故民国政府对于"优待条件""势难再继续履行"。孙中山等人宣称，逊清皇室若再提恢复"优待条件"，便是革命对象、敌人；若逊清皇室成为中华民国之国民，则受民国法律之保护。事实上，民国法律无法保护逊清皇室，在内忧外患之中，溥仪等人在天津居住了七年，在此期间，1928 年发生了对逊清皇室、遗老们刺激极大的清东陵被掘盗事件，但南京国民政府对此不了了之。①1931 年九一八事变后，在日本方面的引诱和帮助下，溥仪等人出逃关外，踏上祖宗故地去恢复"祖宗基业"，组建"满洲国"，走上一条与民国势不两立的不归路。对此，参与 1924 年驱逐溥仪出宫的一些国民党人，对当年未能"斩草除根"而抱憾。②

　　（李在全，中国历史研究院近代史研究所研究员）

---

① 爱新觉罗·溥仪：《我的前半生》，群众出版社 2013 年，第 157—159 页、194 页。
② 张继：《张溥泉（继）先生回忆录·日记》，台北：文海出版社 1985 年，第 16 页。

孙中山——中国现代化模式的最早探索者

张学继

摘要： 一百多年来，中国人民经过几代人不懈的探索与努力，基本上走出了不同于西方的现代化模式（或者说道路）。孙中山先生是中国现代化模式的最早探索者，他的探索可以分为两个大的阶段：1917 年前，孙中山的探索基本上局限在西方模式的范畴内，属于对西方模式的改良或者修补范围。1917 年俄国十月革命后，孙中山转而以俄国为师，扬弃西方现代化模式，走苏俄式的人民共和国的道路。众所周知，孙中山生前探索中国现代化模式的努力没有完全成功，但他开创的事业为以毛泽东为首的中国共产党人所继承和发展，为中华民族的伟大复兴开辟了一条光明大道。

关键词： 孙中山　中国现代化　模式　探索

纵观最近几百年来人类文明发展的轨迹，可以清楚地看到，任何国家和民族都需要从农业文明进化到工商业文明。以英国、法国、德国、美国等为代表的西方国家率先进入工商业文明，成为西方发达国家，在这个过程中形成了大致相同的现代化模式，即西方模式。在西方向工业文明迈进的过程中，古老的东方大国——中国因为长期闭关自守，对外界发生的翻天覆地的变化一无所知，一直沉醉在农业文明之中不能自拔，当西方国家携带其坚船利炮打上门来之时，中国已无还手之力，一步步沦为半封建半殖民地。作为半封建半殖民地大国（也就是所谓的后发国家），究竟走什么样的道路，才能实现自身的现代化，迎头赶上西方发达国家，就成了中国人必须回答的重大课题。回顾中国近代以来的历史，我们可以清楚地看到，在中国现代化应当走什么样的道路问题上，一直存在着两种截然不同的思想主张：第一种主张是全盘西化论。他们认为中国事事不如人，必须全盘学习西方，从政治、经济、军事、文化、教育等方方面面完全照搬西方的模式。第二种主张是走中国自己的现代化道路，也就是具有中国特色的现代化道路。

孙中山之前的思想家，其思想主张基本上停留在学习模仿西方的阶段，他们的思想主张并无创造性与原创性。孙中山作为近代中国"集革命实行家与思想家于一身"的伟大领袖人物，在领导中国民族民主革命的数十年间，一直在不断思考中国现代化的道路问题并试图回答这个问题。孙中山逐步地意识到，中国不能完全跟在西方后面亦步亦趋，必须根据自己的国情，同时借鉴西方的经验，走出一条中国特色的现代化道路。可以说，孙中山是中国特色现代化模式的最早（第一代）探索者。

一

孙中山探索中国现代化模式的过程，大致可以分为两个大的历史阶段：第一个历史阶段是 1917 年前，第二个阶段则是在 1917 年以后他生命中的最后 8年。下面试分别论述之。

1917 年前，孙中山的探索基本上局限在西方模式的范畴之内，属于对西方模式的改良或者修补范围。孙中山的探索成就主要表现在以下三个方面：

（一）孙中山鉴于西方现代化模式之弊端，提出了预防"社会革命"的理论

孙中山自少年时代起长期生活在美国、日本、欧洲等西方国家，这些资本主义国家无一例外地实行自由资本主义经济制度（也就是市场经济），在这种制度下，大鱼吃小鱼，小鱼吃虾米，社会财富无一例外地聚集到少数人也就是大资本家手中，造成社会财富两极分化的局面。

　　孙中山以老牌的资本主义国家英国为例，他说："统计上，英国财富多于前代不止数千倍，人民的贫穷甚于前代也不止数千倍，并且富者极少，贫者极多，这是人力不能与资本力相抗的缘故。古代农工诸业都是靠人力去做成，现时天然力发达，人力万万不能追及，因此农工诸业都在资本家手里。资本越大，利用天然力越厚，贫民怎能同他相争？自然弄到无立足地了。……文明有善果，也有恶果，须要取那善果，避那恶果。欧美各国，善果被富人享尽，贫民反食恶果，总由少数人把持文明幸福，故成此不平等的世界。"①孙中山还说："英国富人把耕地改做牧地，或变猎场，所获较丰，且征收容易，故农业渐废，并非土地不足。贫民无田可耕，都靠做工糊口，工业却全归资本家所握，工厂偶然停歇，贫民立时饥饿。只就伦敦以城算计，每年冬间工人失业的常有六七十万人，全国更可知。英国大地主威斯敏士打公爵有封地在伦敦西偏，后来因扩张伦敦城，把那地统圈进去，他一家的地租占伦敦地租四分之一，富与国家相等。贫富不均竟到这地步，'平等'二字已成口头空话了！"②

　　两极分化是资本主义经济制度自身无法克服的痼疾之一。尽管资本主义制度在西方已经有四五百年的历史，但贫富两极分化依然没有任何改变，甚至有愈演愈烈之趋势。资本主义国家由于严重的贫富两极分化，社会阶级矛盾异常尖锐，社会革命有山雨欲来风满楼之势。孙中山指出："凡有识见的人，皆知道社会革命，欧美是决不能免的。"③

　　孙中山认为，中国绝对不能走欧美西方国家两极分化的老路，他在1905年9月1日与胡汉民、廖仲恺谈话时，针对胡、廖二人对平均地权与民生主义的疑问，孙中山答复说："中国此时似尚未发生问题，而将来乃为必至之趋向，吾辈为人民之痛苦而有革命，设革命成功，而犹袭欧美、日本之故辙，最大多数人仍受痛苦，非吾人革命之目的也。"④1912年7月中下旬，孙中山在与《独立》杂志记者李佳白谈话时指出："对于西方国家劳资间的

①　尚明轩主编：《孙中山全集》第七卷，人民出版社2015年，第16—17页。
②　尚明轩主编：《孙中山全集》第七卷，第17页。
③　尚明轩主编：《孙中山全集》第七卷，第16页。
④　孙中山：《与胡汉民、廖仲恺的谈话》（1905年9月1日），尚明轩主编：《孙中山全集》第八卷，人民出版社2015年，第88页。

不协调以及劳工大众所处的困境，我所见已多。因之，我希望在中国能够预防此种情形的发生。由于实业的发展，产品必将增加。而此种情形的变化，必将有加深劳工阶级与资本所有者的分野的危险。我宁愿看到人民大众的生活情形获得改善，而不愿去帮助少数人去增加他们的势力，以致使他们变成财阀。"①

为了预防中国将来发生"社会革命"，孙中山提出"必须将种族、政治、社会三大革命毕其功于一役"的主张。1905 年 7 月 30 日，孙中山在中国同盟会筹备会议上说："现代文明国家最难解决者，即为社会问题，实较种族、政治二大问题同一重要。我国虽因工商业尚未发达，而社会纠纷不多，但为未雨绸缪计，不可不杜渐防微，以谋人民全体之福利。……本会系世界最新之革命党，应立志远大，必须将种族、政治、社会三大革命毕其功于一役。"②"不当专问种族、政治二大问题，必须并将来最大困难之社会问题，亦连带解决之，庶可建设一世界最良善富强之国家。"③孙中山生前所在的中国，资本主义还处于萌芽阶段，垄断性的大资产阶级还未出现，所以，当时有人觉得提倡预防"社会革命"似乎为时过早。对此，孙中山不以为然，他批评说："譬如一人医病，与其医于已发，不如防于未然。吾人眼光不可不放远大一点，当看至数十年、数百年以后，及于世界各国方可。如以为中国资本家未出，便不理会社会革命，及至人民程度高时，贫富阶级已成，然后图之，悔之晚矣。英、美各国因从前未尝着意此处，近来正在吃这个苦。去冬英国煤矿罢工一事，就是证据。然罢工的事，不得说是革命，不过一种暴动罢了。因英国人欲行社会革命而不能，不得已而出于暴动。然社会革命，今日虽然难行，将来总要实行。不过实行之时，用何等激烈手段，呈何等危险现象，则难于预言。吾人当此民族、民权革命成功之时，若不思预防，将来资本家（阶级）出现，其压制手段恐怕比专制君主还要厉害些，到时再杀人流血去争，岂不重罹其祸么！"④孙中山还说："社

---

① 尚明轩主编：《孙中山全集》第八卷，第 205 页。
②③ 孙中山：《在中国同盟会筹备会议的演说》（1905 年 7 月 30 日），尚明轩主编：《孙中山全集》第七卷，第 5 页。
④ 孙中山：《在南京同盟会会员饯别会的演说》（1912 年 3 月 31 日），尚明轩主编：《孙中山全集》第七卷，第 37 页。

会隐患在将来，不像民族、民权两问题是燃眉之急，所以少有人去理会他。虽然如此，人的眼光要看得远。凡是大灾大祸没有发生的时候，要防止他是容易的；到了发生之后，要扑灭他却是极难。社会问题在欧美是积重难返，在中国却还在幼稚时代，但是将来总会发生的。到那时候收拾不来，又要弄成大革命了。革命的事情是万不得已才用，不可频频伤国民的元气。我们实行民族革命、政治革命的时候，须同时想法子改良社会经济组织，防止后来的社会革命，这真是最大的责任。"①

那么，怎样才能预防"社会革命"的发生呢？孙中山指出预防之法，即"防止少数人之垄断土地、资本二者而已"②。具体的办法有两条：

第一，平均地权。孙中山在 1906 年秋冬间制定的《中国同盟会革命方略》中解释说："文明之福祉，国民平等以饷之。党改良社会经济组织，核定天下地价。其现有之地价，仍属原主所有。其革命后社会改良进步之增价，则归于国家，为国民所共享。肇造社会的国家，俾家给人足，四海之内，无一夫不获其所。敢有垄断以制国民之生命者，与众弃之！"③孙中山解释说："解决的法子，社会学者所见不一，兄弟所最信的是定地价的法。比方地主有地价值一千元，可定价为一千，或多至二千。就算那地将来因交通发达价涨至一万，地主应得二千，已无有益无损；赢利八千，当归国家。这于国计民生，皆有大益。少数富人把持垄断的弊窦自然永绝，这是最简便易行之法。"④从此，"私人永远不用纳税，但收地租一项，已成地球上最富的国家。"⑤在孙中山看来，"若能将平均地权做到，则社会革命已成七八分了。"⑥不久，孙中山又提出了平

① 孙中山：《在东京〈民报〉创刊周年庆祝大会的演说》（1906 年 12 月 2 日），尚明轩主编：《孙中山全集》第七卷，第 15—16 页。
② 孙中山：《三民主义》（1919 年），《孙中山全集》第五卷，中华书局 1984 年，第 193 页。
③ 孙中山：《中国同盟会革命方略》（1906 年秋冬间），尚明轩主编：《孙中山全集》第三卷，第 305 页。
④ 孙中山：《在东京〈民报〉创刊周年庆祝大会的演说》（1906 年 12 月 2 日），尚明轩主编：《孙中山全集》第七卷，第 18 页。
⑤ 孙中山：《在东京〈民报〉创刊周年庆祝大会的演说》（1906 年 12 月 2 日），尚明轩主编：《孙中山全集》第七卷，第 18 页。
⑥ 孙中山：《在南京同盟会会员饯别会的演说》（1912 年 3 月 31 日），尚明轩主编：《孙中山全集》第七卷，第 37 页。

均地权的两个办法：一是土地照价纳税，二是土地国有。①

第二，节制资本。节制资本是孙中山提出的第二大措施。有人对它产生误解，以为孙中山要限制资本的发展。其实，孙中山的"节制资本"包括节制私人资本和发达国家资本两方面的意思。节制私人资本的目的是防止西方国家那种私人垄断资本集团（即垄断寡头）的出现，防止垄断寡头控制国计民生。为此，孙中山对私人资本经营的范围、规模都做了限制性的规定，银行、铁路、航运等一切大实业均不得由私人资本经营；对私人资本家征收所得税、遗产税，以限制私人资本的膨胀；推行社会福利计划以及工厂立法，以限制私人资本家对工人的残酷剥削。与此同时，孙中山对中小私人资本的正常经营提出了一系列的保护、鼓励和奖励措施。在节制私人资本的同时，发达国家资本，银行、铁路、航运等全部收归国有，由国家资本直接经营，国家资本所产生的利益归全体国民共享，这样使国民能够享受到经济发展的成果，以此实现"社会主义"。

（二）孙中山鉴于西方民主制度的弊端，提出了"直接民权"与"五权分立"理论

西方民主是一种代议制度，人民选举自己的代表（议员、官吏）出来行使民主权利。孙中山认为，西方的代议民主制是一种间接民权，不是直接民权，也不是真正的民权。只有直接民权，才是真正的民权。孙中山认为，直接民权比间接民权更加可贵。要真正实行民权主义，以"达到真正民权目的，应实行四种直接民权，即（一）选举权，（二）复决权，（三）创制权，（四）罢官权"。所谓"选举权"，就是投票选举官吏的权力。所谓"复决权"，就是立法部门制定的法律，如果人民认为不妥当，人民可以通过一定程序将其废除。所谓"创制权"，如果立法部门不作为，该立法的不立法，那么，可以按照人民的公意代替立法部门自行制定法律。所谓"罢官权"，就是人民觉得自己选出来的官吏不理想，人民可以通过一定程序将其罢免。所谓选之在民，罢之亦在民。孙中山认为，人民必须具有以上四种权力，才是真正的民权主义。

---

① 孙中山：《在广州报界欢迎会的演说》（1912 年 5 月 4 日），尚明轩主编：《孙中山全集》第七卷，第 72 页。

西方民主制度是建立在行政、立法、司法三权分立的基础上的。孙中山认为三权分立也有它的种种缺点与不足，他主张在三权的基础上增加弹劾、考试两种权力，形成"五权分立"的架构。他说："原来美国的三权宪法，乃是模仿英国的。当初英国没有政党，政治习惯上好像三权分立。美国模仿，乃规定在宪法上，分析清楚。英国也有人主张分为四权的，但我觉得非分为五权不可。我所说的五权，也非我杜撰的，就是将三权再分出弹劾及考试两权。所谓三权者，就是将君权之行政、立法、裁判独立起来。但中国自唐、宋以来，便有脱出君权而独立之两权，即弹劾、考试是也。现在我们主张五权，本来既是现时所说的三权，不过，三权是把考试权附在行政部分，弹劾权附在立法部分。我们现将外国的规制和中国本有的规制融合起来，较为周备。外国无考试，只有英国有文官考试。英国明白说过，考试是取法中国，足见这考试制度是最好的。"①

关于考试制度，孙中山说，西方民主国家没有考试制度，官吏、议员都是选举出来的。其弊病是那些有外表、有口才而没有真才实学的骗子、花花公子往往能够当选，而那些有真才实学但木讷的人往往难以当选，美国国会议员中有不少愚蠢的家伙，这就是选举制度有弊病的明证。孙中山认为，中国实行了上千年的考试制度可以弥补选举制度的弊病，他说，考试是一种最严密、最公平地选拔人才的方法，使真正优秀的人才出来担任议员和官吏。

关于弹劾制度，孙中山认为，西方民主国家，弹劾权归议会掌握，因此产生无数的弊端。况且从法理上说，裁判人民的司法权独立，而裁判官吏的弹劾权反而隶属于其他机关之下，这是很不恰当的。所以，弹劾权应该从议会的控制下独立出来。

孙中山说，他提出的"五权分立"理论是"创立各国至今所谓未有的政治学说，创建破天荒的政体，以使各机关能充分发挥它们的效能"。②对于孙中山的"直接民权"与"五权分立"理论，柳亚子曾经高度评价说："孙先生是

① 孙中山：《在上海中国国民党本部会议的演说》（1920年11月4日），尚明轩主编：《孙中山全集》第七卷，第72页。
② 尚明轩主编：《孙中山全集》第八卷，第103页。

彻头彻尾主张民主政权的，他并且主张全民政治，不以欧美式的政治制度为满足。他生平最反对独裁和压迫，想由解放中国以达到解放全世界的志愿……"①

（三）孙中山第一个提出了共富理论

孙中山出身于社会底层，孙家世代是农民，其父孙达成是翠亨村里的更夫。孙中山早年生活十分艰苦，对底层劳动人民的苦难有着十分深切的同情，发誓要为改变底层劳动人民的处境而奋斗。1927 年 7 月 14 日，宋庆龄在《为抗议违反孙中山的革命原则和政策的声明》中说："孙中山是从民间来的。他对我讲过许多早年的事情。他生于农民的家庭。他的父亲种田。……孙中山很穷，到 15 岁才有鞋子穿。他住在地区，在那里，小孩子赤足行路是件很苦的事。在他和他的兄弟没有成人以前，他的家庭住在一间茅屋里，几乎仅仅不致挨饿。他幼年吃的是最贱的食物，他没有米饭吃，因为米饭太贵了，他的主要食物是白薯。……他下了决心，认为中国农民的生活不该长此这样困苦下去。中国的儿童应该有鞋穿，有米饭吃。就为这个理想，他献出了他四十年的生命。"②1966 年 11 月 12 日，宋庆龄在纪念孙中山 100 周年诞辰写的《孙中山——坚定不移、百折不挠的革命家》一文中说："孙中山出生在一个贫农家庭，有时饭不够吃，只好以甘薯充饥。……他的家庭出身、他和下层被压迫人民的共同生活，以及他所听到的人民企图挣脱压迫者的斗争故事，在他的思想上留下了不可磨灭的印象。以后的发展证明，这些童年的经历对于他决心终生现身革命起了决定性的影响。"③宋庆龄的叙述是符合孙中山本人的思想的。

1905 年 9 月 1 日，孙中山在与助手胡汉民、廖仲恺谈话时说："吾辈为人民之痛苦而革命，（假）设革命成功，而犹袭欧美、日本之故辙，最大多数人仍受痛苦，非吾人革命之目的也。"④1906 年 12 月 2 日，孙中山在日本东京《民报》创刊周年庆祝大会的演说中说："我们革命的目的是为众生谋幸福，因不愿少数满洲人专利，故要民族革命；不愿君主一人专利，故要政治革命；

---

① 王晶尧等编：《柳亚子选集》上册，人民出版社 1989 年，第 423 页。
② 《宋庆龄选集》上卷，第 45—46 页。
③ 《宋庆龄选集》下卷，第 486 页。
④ 《胡汉民自传》，《近代史资料》第 45 号，中国社会科学出版社 1981 年。

不愿少数富人专利，故要社会革命。这三样有一样做不到，也不是我们的本意。达到了这三样目的之后，我们中国当成为至完美的国家。"①1912 年 4 月 17 日，孙中山在上海中华实业联合会欢迎会的演说中说："仆之宗旨，在提倡实业，实行民生主义，而以社会主义为归宿。俾全国之人，无一贫者，同享安乐之幸福，则仆之素志也。"这就是孙中山先生最早提出的共富论。②1922 年 1 月 4 日，孙中山在桂林广东同乡会欢迎会的演说中说："民生主义，即贫富均等，不能以富者压制贫者也。"③

二

孙中山晚年在俄国十月革命的影响下，思想发生了飞跃。决定以俄为师，走出一条不同于西方的全新的路子。柳亚子曾经指出："孙总理在晚年，是最醉心俄国革命的精神，而想效法他们的。"④

在苏联共产党、共产国际和中国共产党的帮助下，孙中山决定"以俄为师"。他对俄国顾问鲍罗廷说："苏俄不愧为中国之榜样。"⑤"法、美共和国皆旧式的，今日惟俄国为新式的。吾人今日要造成一最新式的共和国。"⑥

1924 年 11 月 7 日，孙中山在广州庆祝十月革命节的演说中说："俄国革命成功就是中国得到生机之一日，俄国革命成功可谓中国革命之模范。所以，我们今日来庆祝俄国革命成功实在有两层意义：第一，庆祝俄国革命成功可以救中国之危亡；第二，庆祝俄国革命成功可以为将来中国革命之模范。"

为此，孙中山断然改组国民党，吸收中国共产党党员加入国民党，1924

---

① 尚明轩主编：《孙中山全集》第七卷，第 18 页。
② 尚明轩主编：《孙中山全集》第七卷，第 62 页。
③ 尚明轩主编：《孙中山全集》第七卷，第 399 页。
④ 王晶尧等编：《柳亚子选集》上册，人民出版社 1989 年，第 493 页。
⑤ 孙中山：《在欢迎鲍罗廷招待会的演说》（1923 年 10 月 9 日），尚明轩主编：《孙中山全集》第七卷，第 456 页。
⑥ 孙中山：《在桂林广东同乡会欢迎会的演说》（1922 年 1 月 4 日），尚明轩主编：《孙中山全集》第七卷，第 399 页。

年 1 月，在广州召开国民党第一次全国代表大会。大会通过的《宣言》的主要内容如下：一是放弃了"护法"的口号，明确以反对列强和国内军阀为主要内容的奋斗目标，也就是以国民革命的奋斗目标。对内，彻底推翻军阀的统治，解放全国被压迫的民众；对外，反抗帝国主义的侵略，与全世界被压迫的民众互相扶助，共同奋斗。二是重新解释三民主义。关于民族主义，第一是中国民族的自求解放，第二是中国境内各民族一律平等。关于民权主义，规定宪法以五权分立为原则，即立法、司法、行政、考试、监察五权分立。国民除享有间接民权外，同时享有直接民权，也就是国民不但有选举权，而且享有创制、复决、罢官等直接民权。关于民生主义，最重要的原则就是平均地权与节制资本。此外，对农民实行耕者有其田，对工人实行保护与救济。三是确立了"联俄、联共、扶助农工"的三大政策。孙中山高度评价国民党一大，称之为中华民国的新纪元，他相信已经找到了一条全新的振兴中华的道路。

对于孙中山晚年的思想转变，宋庆龄总结说："孙中山的进步的决心使他在晚年能够领会俄国十月社会主义革命的经验，认识中国共产党和工人阶级是国家最强的动力。他一旦看到真理，就毫不动摇地行动。他修改了他的旧政策和主义。他宣布和苏俄联盟。他欢迎中国共产党的亲密合作，因为这对革命有利。他得到了更确切的社会主义观念。他抛弃了对资产阶级民主共和国的追求，因为他已经明白，在封建主义和帝国主义压迫下的中国，这是不可能实现的。代之而起的是他提出了他的新理想——人民共和国的理想。"[1]

三

孙中山在探索中国现代化模式的过程中，为何会在晚年出现飞跃式的变化？笔者以为，主要有以下两点原因：

第一，与西方列强对孙中山的恶劣态度有关。

众所周知，孙中山领导中国民族民主革命开始，满腔热情地追求建立一个

---

[1]　《宋庆龄选集》下卷，第 245 页。

美国式的资产阶级民主共和国。为此，孙中山在长达数十年的漫长革命生涯中，不断通过各种途径寻求西方列强、西方资本家在经济上、政治上及外交上支持他的革命，但是，孙中山的热情和虔诚换来的是西方列强及资本家的冷嘲热讽、恶毒的咒骂以及赤裸裸的武力威胁。例如，辛亥革命爆发后，孙中山没有急于回国，而是在欧美等国从事外交活动，希望列强给予经济支持。他向英国政府提出借款 100 万英镑，英国政府不仅一分钱不借，还嘲讽孙中山是"喜欢说大话的政治家"。孙中山随后来到法国，向法国东方汇理银行总裁西蒙提出借款请求，也遭到拒绝。在辛亥革命前后，孙中山没有从西方列强那里借到一分钱，而袁世凯却得到了西方列强的大力支持。

例如，辛亥革命前担任英国《泰晤士报》驻华记者、1912 年担任袁世凯政治顾问的莫理循，是一个"具有最佳英国殖民者特征"的英国人，他所做的一切都是为了英国的殖民利益。他对中国民主革命的领袖孙中山、黄兴等人充满了强烈的敌意和刻骨仇恨。莫理循不仅以殖民者最恶毒的语言攻击孙中山、黄兴等人为"恶棍""狂热分子和空想家"，还认为这些人都应该禁闭在疯人院里。他还发誓要"一马当先向他们（指以孙中山为首的革命党人）冲刺，非把同盟会搞垮不可"。1913 年，当革命党人反对袁世凯丧权辱国的"善后大借款"时，莫理循全身的热血都沸腾起来了，立即通过上海的《泰晤士报》进行一场打倒同盟会的运动，"对准同盟会的秃脑袋猛烈开火"。他写信给上海公共租界英籍巡捕房警务处处长卜鲁斯，要他在上海配合袁世凯镇压藏身于上海公共租界内的革命党人，把反袁分子从上海公共租界驱逐出去。莫理循还让人转告袁世凯："把所有碍事的捣乱分子统统砍头，……抓起大棒猛击同盟会及其成员的脑袋瓜。"另一位英国记者端纳（澳大利亚人）也同样攻击孙中山是"狂人"与"疯子"。

从 1917 年起，孙中山先后三次在广州建立军政府，与北京的北洋军阀政府分庭抗礼。当时广东是英国的势力范围，孙中山到广东建立军政府，直接威胁到英国的利益，孙中山与以英国政府为首的西方国家（包括法国、美国、日本等）进入了短兵相接直接冲突的时期。当时两广地区的关税由英国人控制，每年有千万元（银圆）的收入，这笔钱以前是由海关交给北洋政府的。孙中山在广东建立军政府希望得到这笔钱作为经费，但以英国为首的外交团不同意，为此，孙中山与英国等列强的关系急剧恶化，列强对孙中山实行大炮政策，英国、法国、美国、日本等国的军舰停泊在广州珠江江面上，动辄将炮口对准孙中山的大元帅府（后来称总统府），孙中山对此十分愤怒，他为了捍卫民族尊严，与英国殖民当局进行了针锋相对的斗争，甚至不惜与英国政府兵戎相见。1922 年 4 月下旬，孙中山曾经对各国驻粤领事发表谈话说："不但关余宜交回广州之中央政府，所有海关主权亦当一并收回，不得听命于北京总税务司，迟日即须施行，先行通告。所收各海关如下：甲、广州海关；乙、潮（州）海关；丙、琼（州）海关。"①1923 年 12 月初，驻北京的列强公使团派遣英国海军军官尼威逊、法国海军军官符乐作到广州谒见孙中山，极力劝说孙中山打消提取关税的意图。孙中山不为所动，强硬答复说："如君等有能力禁予不提取，予即不提取。"二人不得要领而去。②稍后，孙中山在与《字林西报》记者谈话时，针对西方的炮舰政策指出，他领导的革命政府虽然在军事实力上不足与列强对抗，但即使为列强打败，"虽败亦荣"③。

孙中山毕生的遭遇使他终于认清了西方列强的真面目，认识到了"盎格鲁·撒克逊人贪得无厌的野心"④。1923 年 12 月 21 日，孙中山在广州岭南大学与外籍教授及学生座谈时，公开谴责了英国的对华政策："英国一贯地对中国怀有敌意。香港政府若要对中国采取某种友善措施，唐宁街就要起而反对。……中国人民有着深沉绵长的记忆，你们不可能洗刷自己的恶言秽行！"⑤

孙中山明白了半封建半殖民地国家首先要完成反帝反封建的历史任务，才能为自己国家的现代化扫清障碍。1924 年 1 月 21 日，孙中山对鲍罗廷说："中国人民最恶毒、最强大的敌人是帝国主义。帝国主义者本着'分而治之'的原则，豢养中国军阀，唆使他们互相混战，各系军阀也只有依靠帝国主义才

① 尚明轩主编：《孙中山全集》第八卷，第 481 页。
② 尚明轩主编：《孙中山全集》第八卷，第 626—627 页。
③ 尚明轩主编：《孙中山全集》第八卷，第 628 页。
④ 尚明轩主编：《孙中山全集》第八卷，第 553 页。
⑤ 尚明轩主编：《孙中山全集》第八卷，第 631 页。

能存在。如果我们把帝国主义者赶出中国，那么，不必费多大力气，就可以肃清国内的敌人。我们应该重整自己的国家，把帝国主义者连同他们的帮凶——军阀一起驱逐出中国去。"①1924 年 3 月，孙中山在与黄季陆谈话时说："列强终将不会轻易任我们革命成功，甚至要予中国革命以阻挠与干涉，亦是我意料中的事。……所以，我们要谋国家的自由独立，便不得不把（消灭）真正妨碍中国自由独立的帝国主义作为我们今后奋斗的目标。"②

第二，与苏俄的对外政策有关。

俄国十月革命后，对外苏俄推行和平友好政策，并两次发表对华宣言，宣布废除过去沙皇俄国与中国政府签订的一切不平等条约，取消沙皇俄国在中国的一切特权等。孙中山从中看到了未来的希望。他说："自俄国革命以来，俄政府即将旧时俄皇所订立的一切不平等条约及权利都归还中国。俄国革命成功以后，反乎以前帝国主义的政策，实行平民政策，退回从前侵略所得的权利，系一件破天荒的事。""有了俄国革命，世界人类便生出了一个希望。"

在这种认识下，孙中山决定放弃让他早已极端厌恶的帝国主义，转而与苏俄合作。孙中山曾经以幽默的口吻对西方记者说："我向英国和美国求救，他们站在河岸上嘲笑我。这时候漂来苏俄这根稻草，因为你要淹死了，我只好抓住它。英国和美国在岸上向我大喊，千万不要抓那根稻草，但是他们不帮助我。他们自己只顾着嘲笑，却又叫我不要抓苏俄这根稻草。我知道那是一根稻草，但是总比什么都没有好。"③孙中山意识到："中国强大的民族革命运动和摆脱外国帝国主义压迫的斗争，应当靠广大的人民群众去进行，首先是依靠农民。"1924 年 7 月 28 日，国民党农民部召集广州近郊农民千余人在广东大学礼堂举行农民联欢大会，当孙中山看到许多衣衫褴褛的赤脚农民进入会场

---

① 孙中山：《与鲍罗廷等的谈话》（1924 年 1 月 31 日），尚明轩主编：《孙中山全集》第八卷，第 651 页。

② 孙中山：《与黄季陆的谈话》（1924 年 3 月），尚明轩主编：《孙中山全集》第八卷，第 674、675 页。

③ 尚明轩主编：《孙中山全集》第八卷，人民出版社 2016 年，第 637 页。

时，十分感动，对夫人宋庆龄说："这是革命成功的起点！"①

四

孙中山之所以能成为中国现代化模式的最早探索者，还有其深刻的思想基础。

孙中山先生是一位伟大的爱国者和民族英雄，他认为对中华民族充满了自信。他认为，中华民族是世界上优秀民族之一，古代历史上中国长期领先于西方。近代中国的落后是暂时的历史现象，由于中华民族地大物博，条件优越，只要走对了路，中华民族的再度复兴是指日可待的。孙中山与那些盲目崇拜西方的学者政治家完全不同，他一生的理论探索都是在立足中国国情的基础上来学习西方，探索中国模式的革命与建设道路。孙中山特别反感那些妄自菲薄言必称西方的黄皮白心人，他曾忧心忡忡地对友人说，有些中国人"不研究中国历史风俗民情，奉欧美为至上。他日引欧美以乱中国，其此辈贱中国书之人也"。②

众所周知，孙中山生前探索中国现代化模式的努力没有完全成功。但他开创的事业为中国共产党人所继承，经过以毛泽东为首的中国共产党人艰苦卓绝的探索与奋斗，终于完成了反帝反封建的伟大历史任务，在 1949 年建立了中华人民共和国，建立了社会主义制度，中国特色现代化道路的基本制度框架得以建立。关于孙中山倡导的新三民主义与中共新民主主义之间的继承关系，柳亚子有一个比较系统、全面的阐述，他说："中共领袖毛主席，实为真正继承孙先生衣钵之人，自反帝、反封建、节制资本、平均地权，以及耕者有其田诸口号，凡中共所揭橥而实行者，无一不与孙先生政策相符。其倡导之新民主主义，亦从三民主义中扬弃而来，为现阶段必然发展之途径。而'民生主义即社会主义，又名共产主义'云云，又为孙先生晚年定论。微孙先生不能开革命之先河，微毛主席不能成革命之大业，先圣后圣，其揆一也，安有畛域之可分哉？吾知孙先生今日在天之灵，必掀髯大笑，谓'继起有人，余复何憾！'盖孙先

---

① 宋庆龄著：《为新中国奋斗》。
② 尚明轩主编：《孙中山全集》第八卷，人民出版社 2016 年，第 121 页。

生致力革命四十年，目的在求中国之自由平等，而非结党营私，自图小己之利益，与蒋逆中正之主张，其贤不肖相去天壤。而于中共中央暨毛主席之举措，则有不谋而合者。"①

回顾中华民族从沉沦到复兴的历史，中共中央高度评价孙中山先生在中华民族复兴历史中的特殊作用与地位，将他与毛泽东、邓小平确立为20世纪中华民族的三大伟人，这是十分正确的。

（张学继，浙江省社会科学院历史研究所研究员，中国辛亥革命研究会、民革中央孙中山研究学会常务理事）

---

① 孙中山：《与胡汉民、廖仲恺的谈话》（1905年9月1日），尚明轩主编：《孙中山全集》第八卷，人民出版社2015年，第88页。

第一次国共合作的
历史实践

第一次国共合作的历史背景

孙继业

摘要： 第一次国共合作是中国近代史上的重大事件，直接推动了中国革命的发展，其形成既有当时国际背景和国内局势的影响，也有孙中山思想的动因。本文对实现第一次国共合作的背景进行了分析，提出了孙中山对于社会主义的友好态度是实现第一次国共合作的重要动因的新观点，对于纪念中国共产党成立 100 周年和开展党史学习教育有一定的借鉴意义。

关键词： 孙中山　国共合作　历史背景

第一次国共合作是中国近代史上的重大事件，直接推动了中国革命的发展。其形成绝非偶然，而是当时国际背景和国内局势使然，既有外因，也有内因。本文试析如下。

一、国际背景的影响

中国近代的反帝反封建革命运动从来不是孤立的，而是世界革命运动的一部分，总是和世界局势紧密结合在一起，深受国际环境的影响，尤其是俄国十月革命的影响。

（一）西方列强对孙中山的革命事业不予支持

孙中山试图建立欧美式的社会制度，早期主要寻求欧美和日本的援助。但由于其民族革命旨在谋求中华民族独立，改变中国半封建半殖民地现状，因此，帝国主义列强出于侵华既得利益的考虑，并不支持孙中山的革命事业。

辛亥革命前，孙中山曾两次赴欧美筹措反清起义经费，"但因欧美政府在政治、经济、外交上仍倾向清政府，终使孙中山毫无收获"[1]，武昌起义爆发后，黄兴多次电催孙中山"速汇款应急"。孙中山写信给时任美国国务卿诺克斯请求会晤，希望得到美国对中国革命的支持和援助，但诺克斯没有见他。随后转道欧洲游说，先与英国外交大臣葛雷交涉，希望获得英国对中国革命的"友谊和支持"，向其借款 100 万英镑，葛雷表示"英国将保持中立"。孙中山又赴法国商讨借款事宜，又被法国政府及四国银行代表拒绝。[2]

南京临时政府建立后，首先碰到最迫切、最严重的问题就是财政问题。中国的海关仍被帝国主义列强把持，拒绝将关余交给临时政府。而各地战事不断，庞大的军费开支无着落，北伐部队停滞不前，每天到陆军部索饷者不下数十起。孙中山批示拨给 20 万元，没想到国库中仅剩 10 元。孙中山多次向英美银行协商借款，外国银行以保持中立为由不同意借款给临时政府。

西方列强还从外交上、军事上、舆论上对南京临时政府施加压力，支持和扶植其新的代理人袁世凯，一面制造"非袁不能收拾"的舆论，一面从外交上施加压力，拒不承认南京临时政府。北伐开始后，英、美、德、日等国公然派出军舰在长江示威，并在秦皇岛阻止民军登陆。各国使团亦公开宣传不准军民在京奉沿线两侧 5 公里内作战。日本则借机向东北增兵，外国报纸趁机渲染列强将对中国进行武装干涉。在内外交迫下，孙中山被迫辞职，让位袁世凯，这也是导致辛亥革命失败的一个原因。

1913 年 2 月，孙中山派人到美国争取铁路贷款，被时任美国总统威尔逊否决。广州政府成立后，孙中山积极拓展联美外交，尽管他多次呼吁，时任美国总统威尔逊等均没有做出回应。1921 年 3 月，他致电祝贺哈定就任美国总统，

① 季云飞：《辛亥前孙中山赴欧美筹款述论》，《南京社会科学》，1998 年第 6 期。
② 孙继业著：《伟人孙中山》，团结出版社 2017 年，第 138 页。

表示希望"今后共和的美国和共和的中国彼此之间能更加紧密地携手"①，但并没有得到美国政府积极回应。美国部分军事教官表示愿意到广州来，也遭到美国政府的拒绝。

1921年，孙中山在广州就任非常大总统时，英、美等国拒绝承认，港英当局竟阻挠群众集会庆祝和捐款。而北洋军阀把持的北京政府，却受到英、美的支持。为筹集北伐军所需费用，孙中山要求列强将粤海关关余拨付广州军政府；但外国驻华使团予以拒绝，并将保管的250万两关余划归北京政府。孙中山准备收回海关，港英当局公然派遣炮舰抵粤巡弋，以武力相威胁。这些严酷的现实促使孙中山对英、美的认识有所转变。

孙中山曾试图争取日本政府的支持，也受到冷遇，逐步认清日本帝国主义的真面目。他说，日本"即吞高丽，方欲并支那，自不愿留一革命党在国中也"②。"我们革命失败，全是日本捣鬼。"③"盖中国若不推翻日本在中国之势力范围，日本人必利赖中国之天产及人民，以遂其穷兵黩武之帝国主义。"④

孙中山曾向德国求援购买飞机，最后只得到几个飞行员，一件武器也没有得到。帝国主义列强总是站在革命势力的对面支持中国的反动派，使孙中山对它们的幻想渐渐破灭。现实迫使他必须抛弃对西方列强的幻想，重新考虑外援策略。孙中山曾说："我国革命向为各国所不乐闻，尝助反对我者以扑灭吾党，故资本国家断无表同情于我党。所望表同情，只有俄国及被压迫之国家与被压迫之民族耳。"⑤残酷的现实终于使孙中山对欧美等帝国主义援助的幻想破灭，从而转向苏俄和共产国际寻求帮助。

（二）共产国际的推动

在中国共产党成立及促成第一次国共合作的过程中，共产国际起到了关键的推动作用。

---

① 韦慕庭：《孙中山——壮志未酬的爱国者》，中山大学出版社1986年，第113页。
② 中国社会科学院近代史研究所中华民国史研究室、中山大学历史系孙中山研究室、广东省社会科学院历史研究室合编：《孙中山全集》第一卷，中华书局1985年，第508页。
③ 《孙中山全集》第五卷，第394页。
④ 《孙中山全集》第六卷，第101页。
⑤ 吴相湘编：《孙逸仙先生传》下册，台湾远东图书公司1984年，第1585页。

十月革命后，苏俄成为世界上第一个社会主义国家，面临着资本主义东西方两大阵线的包围。列宁指出，"从全世界历史范围看，如果我国革命始终孤立无援，如果其他国家不发生革命运动，那么毫无疑问，我国革命的最后胜利是没有希望的"①。

1919 年 3 月，共产国际在莫斯科宣告成立。1920 年 4 月，维经斯基被任命为第一任驻华代表，在上海成立"共产国际东亚书记处"，并先后会见李大钊、陈独秀等人，帮助建立共产党组织，标志着共产国际与中国革命关系的开始。

1920 年 6 月，列宁的著作《民族和殖民地问题提纲初稿》发表，提出了民族和殖民地问题理论，为第一次国共合作提供了理论依据。1920 年 7 月，列宁在共产国际第二次代表大会上明确指出：共产国际应当同殖民地和落后国家的资产阶级民主派结成联盟。随后，共产国际第二次代表大会通过了《关于民族与殖民地问题的补充提纲》等相关决议。共产国际认为，东方国家的民族革命，其意义不亚于西方国家人民反对资本主义的斗争。"在中国建立一个坚强的真正独立的中央政府，并非纯属中国一国事务，它具有直接的国际意义。"②

1920 年 11 月，共产国际东亚书记处临时执行局主席维经斯基与孙中山在上海寓所秘密会见，双方用英语畅谈了两个多小时。孙中山详细询问了俄国革命的情况，探讨了怎样使中国南方的斗争与遥远的俄罗斯的斗争结合起来，能否在海参崴或者"满洲"建立一座大功率电台，以便双方取得联系等问题。

1921 年 6 月，共产国际执行委员和民族殖民地委员会书记马林受列宁和共产国际委派来到中国，建议尽快统一全国的共产党组织。1921 年 7 月，中国共产党第一次代表大会在上海召开，中国共产党正式成立。

中国共产党成立初期，拒绝同其他党派合作。一大党纲中明确规定，中国共产党坚决同黄色知识分子阶层及其他类似党派断绝一切联系。《中国共产党第一个会议决议》决定，对现有其他政党，应采取独立的攻击的政策。……只

---

① 《列宁全集》第三十四卷，人民出版社 2017 年，第 8 页。
② 中国社会科学院马列所、近代史研究所编：《马林与第一次国共合作》，光明日报出版社 1989 年，第 52—53 页。

维护无产阶级的利益，不同其他党派建立任何关系。①

1921 年 7 月，共产国际召开第三次代表大会，要求在落后国家实行无产阶级与资产阶级民主派的联合，共同建立反帝联合战线。马林决定亲自与孙中山会谈，了解其政治态度。12 月 23 日，马林作为共产国际代表，专程到桂林北伐大本营会晤孙中山。在 9 天时间里，双方进行了三次长谈。孙中山介绍了中国革命的情况。马林介绍了俄国革命的情况和共产国际关于民族革命的政策，并向孙中山提出两点建议：一是要有一个能联合各阶层尤其是工农群众的政党；二是要有革命的武装核心，要办军官学校，以培养军事干部。孙中山欣然接受这些建议，并表示国民党与苏俄的联盟在北伐结束后即可实行。

马林回到上海后，与中共中央局负责人陈独秀、张国焘、李达讨论国共合作问题。陈独秀表示反对，张国焘、李达也不同意。马林返回莫斯科向共产国际汇报。共产国际执委会经过多次讨论，最后决定以共产党员加入国民党的方式来进行国共合作。

1922 年 1 月，共产国际邀请中国革命团体到苏俄参加远东各国共产党及民族革命团体第一次代表大会。大会根据列宁的民族和殖民地革命理论，指出远东各被压迫国家人民面临的首要任务，是进行反对帝国主义、封建主义的民族民主革命，在民族革命运动初期可以联合本国的资产阶级势力及其领导的民族运动。会议期间，列宁特意会见了中国共产党代表张国焘、中国国民党代表张秋白等人，并向国共两党代表表示，两党不妨携手合作。

1922 年 7 月，共产国际执委会决定，在中国实行支持孙中山和促成国共合作的意见。8 月，共产国际又在给共产国际执委会驻华南代表的指示中明确指出，"国民党是一个革命的政党，中国共产党人应该在国民党内进行工作"。

1922 年 8 月，中共中央执行委员陈独秀、李大钊、张国焘、蔡和森、高君宇和共产国际代表马林、翻译张太雷在杭州西湖举行特别会议，讨论国共合作问题。会上进行了激烈的争论，马林表示，"共产党员加入国民党以实现国共合作是共产国际已经决定了的政策，是不能改变的"②。由于中国共产党是

---

① 中央档案馆编：《中共中央文件选集》第 1 册，中共中央党校出版社 1989 年，第 8 页。
② 张国焘：《我的回忆》第 1 册，时代文化出版社 2010 年，第 241 页。

共产国际的一个支部，陈独秀表示，"如果党内合作是共产国际不可改变的决定，我们表示服从"[①]。最后，会议通过了国共合作的有关决定。

1923 年 1 月，共产国际执委会通过了《关于中国共产党与国民党关系问题的决议》，指出，"中国唯一重大的民族革命集团是国民党……而工人阶级又尚未形成独立的社会力量，所以共产国际执行委员会认为，国民党与年轻的中国共产党合作是必要的"[②]。

1923 年 6 月，中共三大在广州召开，会议讨论通过了《关于国民运动和国民党问题的议决案》，决定共产党员加入国民党，以实现国共合作。国共双方从此开始密切往来，共同协商国共合作的事宜。

（三）苏联的援助

在列宁关于殖民地、半殖民地民族和革命理论指导下，苏联长期以来对亚洲国家，特别是中国、朝鲜、越南、菲律宾等东方国家的民族革命进行大规模帮助，甚至在自己国家经济困难的时候，出卖前沙皇皇室财产取得资金来帮助这些国家革命，对远东国家，尤其是对中国革命产生了深刻影响。

为了表示对中国的友好，苏维埃政府先后于 1919 年 7 月和 1920 年 9 月，两次发表《俄罗斯苏维埃联邦社会主义共和国对中国人民和中国南北政府的宣言》，主动声明废除帝俄与中国签订的一切不平等条约，建议恢复两国人民间的友谊。

1922 年 8 月，苏俄特使越飞来华，先后与孙中山、廖仲恺举行多次会谈，并商讨建立革命军队的问题，共同发表了《孙文越飞联合宣言》。《宣言》指出："中国当得俄国公民最挚热之同情，且可以俄国援助为依靠也。"《孙文越飞联合宣言》的发表，标志着联俄政策的初步确立。

1923 年，苏俄军委主席托洛茨基表示："苏联对中国国民革命的援助，除了不能用军队直接援助外，其他武器与经济需要，都当尽力所能积极援助。"1923 年 3 月，俄共中央政治局会议决定向孙中山的广州政府提供了一

---

① 姚金果、苏合群著：《国共合作史：第一次国共合作》，济南出版社 2016 年，第 38 页。
② 中共中央党史研究室第一研究部译：《共产国际、联共与中国革命档案资料丛书》第 1 卷，北京图书馆出版社 1997 年，第 436 页。

笔近 200 万墨西哥元的财政援助，并逐步派遣大量的军事顾问帮助国民党训练军队，这对于到处求助无援的孙中山来说，无异于雪中送炭。孙中山在致电苏联外交人民委员部时表示："一、我们感谢你们慷慨的许诺；二、我们接受你们的全部建议；三、我们将尽全力实现这些建议。"①

为了帮助国民党改组，1923 年 7 月，斯大林建议俄共中央政治局派鲍罗廷到中国的南方去工作。10 月 6 日，苏联代表鲍罗廷到达广州，担任国民党组织教练员，负责帮助孙中山改组国民党和筹建军校，帮助起草了国民党组织法及党纲党章等重要文件。在国民党一大召开期间，苏联派遣的第一批军事顾问抵达广州。随后，苏联红军著名将领巴甫洛夫率第二批军事顾问团来到广州，并担任军事总顾问。

1924 年 5 月，黄埔军校在广州开办，苏联政府提供了全部军械及大批经费，第一批军火就有 8000 支配有刺刀的步枪，每枪配 500 发子弹。此后，又运来了四批军火，黄埔军校开办费及经常费达 300 万卢布。

据不完全统计，在第一次国共合作期间，苏联分别向中国共产党和中国国民党提供了约 26 万卢布和 1400 万卢布的经济援助。先后向黄埔军校和国民革命军援助了五批军火，计步枪 31000 支，子弹 1600 万发，机枪 90 挺，大炮 24 门，有力地支援了东征和北伐。并先后派遣 200 余人的军事顾问和教官团，参与黄埔建校及协助军队训练作战。②

苏联在政治、经济和军事上的大力援助，促进了第一次国共合作的形成，极大地推动了中国革命的进程，促进了大革命高潮的到来。

二、第一次国共合作前的国内局势

第一次国共合作是近代中国主要矛盾和中国革命发展的必然结果，是国共两党反帝反封建的民主革命的共同需要。

---

① 《国共合作史：第一次国共合作》，第 38 页。
② 朱洪：《大革命时期苏联和共产国际对国共两党经济援助之比较》，《党的文献》，2007 年第 2 期。

（一）共同的革命任务

鸦片战争之后，中国沦为半殖民地半封建社会。辛亥革命虽然推翻了两千多年的封建帝制，建立了共和制度，但并没有改变中国的社会性质。袁世凯死后，北洋军阀分崩离析，西方列强趁机加紧对中国的侵略，纷纷培植在中国的代言人。军阀割据，混战不断，先后爆发了直皖战争、两次直奉战争等，政权频繁更迭，致使经济萧条，生灵涂炭，人民苦不堪言，进一步加深了中国半殖民地社会程度，人民遭受帝国主义和封建军阀的双重压迫，陷入近代中国的最黑暗时期。毛泽东指出，"帝国主义和中华民族的矛盾，封建主义和人民大众的矛盾，这些就是近代中国社会的主要的矛盾"，"帝国主义和中华民族的矛盾，乃是各种矛盾中的最主要的矛盾"[①]。

中国共产党成立初期，全国仅有50多名党员。到三大决定国共合作之时，全国党员一共只有420名，力量还比较弱小。国民党虽然号称党员30余万人，但是没有自己的军队。打倒帝国主义和北洋军阀的反动统治，只凭中国国民党或者中国共产党一党之力无法完成。敌人的强大威胁成为国共合作的"催化剂"，共同的革命任务成为两党合作的现实必要。

在共产国际的斡旋下，国共两党领导人逐渐认识到，只有彼此通力合作才能解决主要矛盾，真正救国救民于水火之中。国共两党暂时抛开阶级对立和矛盾成见，为了国家和民族大义走到一起，从而形成了第一次国共合作。

（二）中国共产党的支持

共产党是无产阶级政党。中国共产党自诞生之日起，就注重团结工人阶级力量，集中力量领导工人运动，在建党一年多的时间内，全国大大小小罢工有180余次。1923年2月4日，京汉铁路工人大罢工爆发，直系军阀吴佩孚在英帝国主义的支持下，血腥镇压罢工工人，制造了震惊中外的"二七"惨案，共产党员林祥谦、施洋等被杀害，牺牲52人，伤者300余人，400多人被捕，1000多人被开除。为保存实力，京汉铁路总工会和湖北全省工团联合会联名下复工令，罢工以失败结束，工人运动陷入低潮。

---

① 《中国革命和中国共产党》，《毛泽东选集》第二卷，人民出版社1991年，第631页。

京汉铁路工人大罢工的教训，使年轻的中国共产党清醒地认识到自身的弱点，既没有革命经验，也没有军事武装，没有强有力的同盟无法战胜强大的敌人，仅靠单个政党单个阶级的力量没有办法与当时强大的反动力量进行抗衡，必须联合农民阶级和其他革命阶级，组成最广泛的革命统一战线，才能战胜国内外强大的敌人。在联合进步力量方面，作为当时最大政党的国民党无疑是最佳联合对象。

在共产国际的指导下，中国共产党逐步实现了从排斥其他政党到与国民党建立联合阵线的转变。1922 年 6 月，由陈独秀起草的《中共中央对于时局的主张》中，专门分析到国民党并予以肯定评价："中国现存的各政党，只有国民党比较是革命的民主派，比较是真的民主派。"① 李大钊也曾说过："环顾国中，有历史、有主义、有领袖的革命党，只有国民党；只有国民党可以造成一个伟大而普遍的国民革命党，能负解放民族、恢复民权、奠定民生的重任。"②

1922 年 7 月，中国共产党二大根据列宁关于民族殖民地问题的理论和远东会议精神，制定了党的最高纲领和最低纲领，确定了党在民主革命阶段的主要任务是反帝反封建，并通过了《关于民主的联合战线的决议案》。在中共二大宣言中，强调"只有无产阶级的革命势力和民主主义的革命势力合同动作，才能使真正民主主义革命格外迅速成功"。

1922 年 8 月，中共中央在杭州西湖举行特别会议，同意共产国际代表马林的提议，通过了国共合作的有关决定。会后，陈独秀、李大钊以及马林到上海拜会孙中山。李大钊还多次与孙中山讨论振兴国民党以振兴中国的种种问题，两人畅谈不倦，几近废寝忘食。不久，李大钊、陈独秀、蔡和森、张太雷等人，由孙中山主盟，正式加入了国民党。

（三）国民党改组的需要

1912 年 8 月，同盟会与国民公党等四党合并改组为国民党，由于对入党人员缺乏必要的考察，致使其成分极为庞杂，不少投机分子和封建官僚，甚至与革命为敌的立宪派分子混入其中，使国民党缺乏有效的组织性和战斗力。

① 《中共中央文件选集》第 1 册，第 37 页。
② 《李大钊文集》下卷，人民出版社 1999 年，第 703 页。

宋教仁遇刺后，孙中山发动了"二次革命"，失败后逃亡日本，成立了中华革命党。1919 年 10 月，孙中山将中华革命党改名为"中国国民党"，虽号称拥有党员 30 万人，但缺乏严密的基层组织，从未召开过全国代表大会。

由于国民党没有自己的革命武装，在反对北洋军阀统治的护法运动中，只能依靠西南各省军阀讨伐北洋军阀，因军阀掣肘，导致护法运动屡遭挫折。孙中山在第一次护法运动失败时被迫离粤赴沪，在辞职通电中作出了"南与北如一丘之貉"的结论。

1922 年，孙中山又领导了第二次护法运动。正当北伐军兴师北进时，陈炯明突然发动武装叛乱，围攻总统府，炮轰粤秀楼，孙中山避难永丰舰，第二次护法运动失败。这是孙中山一生之中经历的最惨重的失败。孙中山沉痛地说，"文率同志为民国而奋斗，垂 30 年，中间出生入死，失败之数，不可缕指，顾失败之残酷，未有甚于此役者"[1]，"吾 30 年来精诚无间之心，几为之冰消瓦解，百折不回之志，几为之槁木死灰者"[2]。孙中山再次退居上海，在苦闷中思索中国革命的道路。

这次打击使孙中山的思想发生了重大变化，他清醒地认识到，要进行民族民主革命改造中国，既不能幻想从英美等国得到帮助，也不能依靠一派军阀攻打另一派军阀，必须重新寻找中国革命的出路。他所领导的国民党，也是组织涣散，不听指挥。孙中山曾说："我们的同志，还有我们的军队，只有当命令对他们有利时才服从，反之往往拒绝服从。"[3]危难中的孙中山，迫切需要寻求新的同盟者，需要新的革命思路和策略。

中国共产党的诞生，使孙中山看到了新生力量和希望。孙中山希望通过向国民党注入新鲜血液，解决国民党内部的堕落问题。他对宋庆龄说："国民党正在堕落中死亡，因此要救活它就需要新血液。"[4]因此，当共产国际代表马林提出国共合作的建议时，孙中山欣然接受，真诚地希望与中国共产党合作，

---

① 《孙中山选集》上卷，人民出版社 1956 年，第 448 页。
② 《孙中山选集》上卷，第 105 页。
③ 《共产国际、联共与中国革命档案资料丛书》第一卷，第 524—526 页。
④ 《宋庆龄选集》，人民出版社 1966 年，第 109 页。

并同意改组国民党。

三、共同的政治基础

第一次国共合作的形成，除了复杂的国际国内背景这些客观因素外，还与孙中山对社会主义的友好态度有一定关系，并成为推动国共合作的思想动因。

（一）孙中山对社会主义的向往

孙中山不仅是中国民主革命的先行者，还是中国最早探索社会主义的先行者。社会主义思想是中山思想的理论来源之一，并且是推动其一生不断革命、不断进步的主要动因。

1896 年 9 月到 1897 年 7 月，孙中山旅居英国九个月，研究过社会主义。孙中山说："我在欧洲的时候，与社会主义各派领袖人物都有过接触，各派的理论也都研究过。我参酌了社会主义各派的理论，汲取它的精华，并顾及中国的实际情况，才创立三民主义。"[①]

1905 年 5 月，孙中山专程到布鲁塞尔造访了恩格斯缔造的第二国际总部，会见了第二国际主席王德威尔得和书记胡斯曼。孙中山以社会主义者自许，要求加入第二国际，"请求接纳他的党为成员"，并"解释了中国社会主义者的目标"，使中国由"中世纪的生产方式直接过渡到社会主义的新阶段"。[②] 后来，孙中山在致第二国际的信中又恳切请求，"同志们，我向你们大家发出呼吁，让中国成为世界上第一个社会主义国家"[③]。可见孙中山对于社会主义的向往。

武昌起义爆发后，孙中山取道欧洲回国，百忙中专程购买了西欧新出版的《社会主义概论》《社会主义理论与实践》《社会主义发达史》等多种有关社会主义理论的书籍，"余意必广为鼓吹，使其理论普及全国人心目中"。[④]

中华民国成立后，孙中山认为"民族、民权之二大纲已达目的。今后吾人

---

① 陈旭麓、郝盛潮主编：《孙中山集外集》，上海人民出版社 1990 年，第 245 页。
② 《孙中山全集》第一卷，第 228、272 页。
③ 《孙中山集外集》，第 364 页。
④ 《孙中山集外集》，第 17 页。

所急宜进行者，即民生主义"①，并认为实行民生主义的途径和归宿就是社会主义。在《提倡民生主义之真义》《民生主义与社会主义》《社会革命谈》等演讲中，孙中山多次强调"民生主义，非以社会主义行之，不能完全②"，"仆之宗旨在提倡实业，实行民生主义，而以社会主义为归宿"③。

列宁早在 1912 年就根据孙中山《在南京同盟会员饯别会的演说》评论道：民生主义是"同社会主义空想、同使中国避免走资本主义道路、即防止资本主义的愿望结合在一起的"，"因此必然产生中国民主派对社会主义的同情，产生他们的主观社会主义"④。

1912 年 10 月 14 日至 16 日，孙中山在上海大剧院进行了为期三天的社会主义专题演讲，全面介绍了社会主义的流派，并对均产社会主义、空想社会主义、无政府社会主义和资本主义进行了批判，以极其鲜明的态度重点宣传和赞扬了马克思和科学社会主义。"厥后有德国麦克司者出，苦心孤诣，研究资本问题，垂三十年之久，著为《资本论》一书，发阐真理，不遗余力，而无条理之学说，遂成为有统系之学理"。⑤和其他社会主义流派比较，马克思主义"得社会主义之真髓"。明确表明了对社会主义的态度，"各国尚多反对社会主义之政府，我国则极赞成采用社会主义者也"，"鄙人对于社会主义，实欢迎其利国福民之神圣，本社会主义真理，集种种生产之物产，归为公有，而收其利。实行社会主义之日，即我民幼有所教，老有所养，分业操作，各得其所。我中华民国之国家，一变而为社会主义之国家矣"⑥。

从现有史料看，这次演说，是中国历史上最早、规模最大的公开宣传社会主义的演讲，孙中山成为中国最早宣传社会主义的先驱。

（二）列宁与孙中山的友谊

列宁与孙中山虽未曾谋面，但神交已久，互有敬慕之情，这也成为"联俄"

---

① 《孙中山全集》第二卷，第 340 页。
② 《孙中山全集》第二卷，第 340 页。
③ 《孙中山全集》第二卷，第 340 页。
④ 《列宁选集》第二卷，第 426 页。
⑤ 《孙中山全集》第二卷，第 506 页。
⑥ 《孙中山全集》第二卷，第 506 页。

政策的一个重要原因。

列宁十分关注和支持中国革命。早在 1912 年 1 月，辛亥革命爆发不久，在列宁主持召开的俄国社会民主工党第六次全国代表大会通过的决议草案就指出，"中国人民的革命斗争具有世界意义，因为它将给亚洲带来解放并将破坏欧洲资产阶级的统治"。

随后，列宁在俄国《涅瓦明星报》及《真理报》上，发表《中国的民主主义和民粹主义》《新生的中国》《中华民国的巨大胜利》《落后的欧洲和先进的亚洲》等文章，对孙中山和中国革命给予充分肯定。他评价"孙中山的纲领的字里行间都充满了战斗的、真诚的民主主义……是真正伟大的人民的真正伟大的思想"，高度赞扬孙中山是一位"充满崇高精神和英雄气概的革命民主主义者"。①

孙中山也同样关注俄国社会主义革命。十月革命爆发仅 3 天，国民党主办的《民国日报》便率先报道了俄国革命的消息。随后，孙中山派王孰闻前去考察俄国革命的详情。1918 年元旦，《民国日报》发表了"吾人对于此近邻之大改革，不胜其希望也"的社论。

1918 年 5 月，在帝国主义列强正在加紧联合进攻第一个社会主义国家的背景下，孙中山以"中国南方议会"的名义，毅然致电列宁和苏维埃政府，热烈祝贺俄国革命成功，表达对苏俄人民的友好情谊和希望与俄国的革命党交往的愿望。他在信中说："中国革命党对贵国革命党所进行的艰苦斗争，表示十分钦佩，并愿中俄两党团结斗争。一个社会主义共和国在俄国存在八个月之久，这个事实给了东方人民以希望，一个类似的新的制度一定会在东方建立起来。"②这是新生苏维埃收到的世界上的第一份贺电，充分体现了孙中山对十月革命的向往和敬意，透露了孙中山"联俄"思想的萌芽，从而建立了孙中山与列宁的联系和友谊。列宁接到贺电后，极为欣慰，表示"这是东方的曙光"③，立即委托苏俄外交人民委员契切林复函孙中山，要求与中国争取解放的力量建

① 《列宁选集》第二卷，第 426 页。
② 《孙中山全集》第四卷，第 256 页；第五卷，第 500 页。
③ 朱成甲：《中共党史研究论文集》（上册），湖南人民出版社 1983 年，第 293 页。

立联系，表示愿意帮助中国革命。①

1919 年冬，列宁派一位苏俄海军中将来到中国南方，表示愿意帮助中国革命。由于帝国主义特务监视，孙中山派廖仲恺、朱执信、陈其尤负责接待。苏俄友人将列宁的信交给他们，并传达了苏俄愿意帮助中国革命的信息。

1921 年 5 月，孙中山在广州就任非常大总统。8 月，孙中山在致苏俄外交人民委员契切林的函中表示，"我希望与您及莫斯科的其他友人获得私人的接触，我非常注意你们的事业，特别是你们苏维埃的组织，你们军队的教育的组织"，并表示向"列宁以及所有为人类自由事业而有许多成就的友人们致敬"！②

1922 年 1 月，共产国际邀请中国革命团体到苏俄参加远东各国共产党及民族革命团体第一次代表大会（即远东劳动人民代表大会），共同策划东亚的反帝革命运动。国民党代表张秋白、王乐平等人受孙中山委托出席了会议。张秋白将随身携带的孙中山给苏俄外交人民委员契切林的信交到了契切林手中，信中对列宁和苏俄政府表示敬意，并表示要与契切林和莫斯科友人建立联系。契切林与张秋白进行了长时间的会谈，讨论了关于将来相互关系等问题，并给孙中山写了回信，信上说："列宁同志曾以极大的兴趣拜读了阁下的信，并热烈地同情和关注着阁下的活动。"

1 月 26 日，列宁亲自致函契切林："您还记得曾给我送来一封孙中山的信吗？他在信中还说了一些对我友好的话，您还曾问我认不认识他。那封信是写给您的还是写给我的？您保存的文件中还有那封信吗？如果有，能否给我送来？"契切林汇报说："外交人民委员会将派威连斯基到中国担任驻北京政府的裴克斯使团的顾问，同时负责同广州的孙中山和国民党联系。"

会议期间，列宁还在百忙中用两个多小时的时间专门接见了中国共产党代表张国焘和国民党代表张秋白，关切地询问了"中国国民党和中国共产党是否

---

① 《共产国际、联共（布）与中国革命档案资料丛书》第二卷，第 48—49 页。
② 中共中央党史研究室第一研究部：《共产国际、联共（布）与中国革命文献资料选辑（1917—1925）》，北京图书馆出版社 1997 年，第 53 页。

可以合作"的问题，并向国共两党代表表示，两党不妨携手合作。①

1923 年 1 月 1 日，苏维埃社会主义共和国联盟正式成立。1 月 4 日，苏共中央政治局作出决议："全力支持国民党"，并责成托洛茨基、加米涅夫等人仔细研究援助孙中山的问题。1 月 12 日，共产国际执委会通过了《关于中国共产党与国民党的关系问题的决议》，对国共合作进行了肯定。《决议》认为："中国唯一重大的民族革命团体是国民党"；"而工人阶级尚未完全形成独立的社会力量，所以，共产国际执委会认为，国民党与年青的中国共产党合作是必要的"。

经过与苏联政府代表的谈判，1923 年 1 月 26 日，孙中山与苏俄政府全权代表越飞在上海发表《孙文越飞联合宣言》，标志着"联俄"政策的初步形成。此后，苏联开始大规模地援助国民党，并帮助孙中山进行国民党改组工作。孙中山亦决定以俄为师，"联俄联共"，加快了国共合作的步伐。

（三）国共合作的政治基础

晚年的孙中山在中国共产党和苏联的影响下，思想上更倾向于社会主义，在后期的演讲和文章中多次强调民生主义与社会主义的关系，认为"民生主义就是社会主义"，表明"我们对于共产主义，不但不能说和民生主义相冲突，并且是一个好朋友"。②称赞马克思"集几千年来人类思想之大成"，"是社会主义中的圣人"，③赞扬列宁是"国友人师"，"是一个革命中最好的模范"。④指出"我党今后之革命，非以俄为师，断无成就"。⑤

在共产国际和中国共产党的帮助下，孙中山无论在思想上还是在行动上都发生了质的飞跃。在国民党一大的宣言中，孙中山重新解释了三民主义，把旧三民主义发展成为新三民主义，提出了彻底的反帝反封建的革命纲领，与中国共产党的最低纲领基本一致，被毛泽东誉为孙中山一生的第二大"丰功伟绩"。毛泽东并高度评价道："我们共产党人承认三民主义为中国今日之必需，本党

---

① 张国焘：《我的回忆》第 1 册，现代史料编刊社 1980 年，第 198—199 页。
② 《孙中山选集》，第 802 页。
③ 《孙中山选集》，第 809 页。
④ 《孙中山选集》，第 836 页。
⑤ 《孙中山选集》，第 937 页。

愿为其彻底实现而奋斗，承认共产主义的最低纲领和三民主义的政治原则基本上相同。"①以上因素成为国共合作的政治基础。

1924 年 1 月，国民党第一次全国代表大会在广州召开，共产党员李大钊、谭平山、毛泽东、林伯渠、瞿秋白、张国焘等十人当选为国民党中央执行委员或候补委员。改组后的国民党成为工人阶级、农民阶级、城市小资产阶级和民族资产阶级的革命联盟，标志着以国共合作为基础的各个革命阶级的革命统一战线正式形成。

综上所述，第一次国共合作是在复杂的国际国内背景下，国共两党基于共同的政治基础和革命任务，在内外因素共同作用下形成的必然结果。

（孙继业，民革山东省委会主委，山东省人民政府副省长，中国辛亥革命研究会、民革中央孙中山研究学会副会长）

---

① 《新民主主义论》，《毛泽东选集》第二卷，第 689 页。

为中华民族谋复兴是第一次国共合作时期
国共两党的共同追求

郑大华

摘要： 孙中山不仅是中国民主革命的伟大先行者，为实现中华民族的伟大复兴贡献了他的毕生精力乃至生命，同时还是中华民族复兴思想的最早提出者和追求者。1921 年中国共产党成立，自成立之日起，"为中国人民谋幸福，为中华民族谋复兴"，就成了中国共产党的初心和使命。为中华民族谋复兴是第一次国共合作时期国共两党的共同追求，也是两党能够实现第一次合作的思想基础。

关键词： 民族复兴　孙中山　中国共产党　第一次国共合作

习近平总书记曾经指出，实现中华民族伟大复兴的中国梦是近代以来中国人民矢志不渝的愿望和追求。与此相联系，中华民族复兴思想或思潮也是近代以来的主流思想或思潮之一。1924 年 1 月，中国国民党第一次全国代表大会胜利召开，这是国共两党第一次实现合作的重要标志。而为中华民族谋复兴，是第一次国共合作时期国共两党的共同追求，也是国共两党能够实现第一次合作的思想基础。

一、孙中山的民族复兴思想

孙中山不仅是中国民主革命的伟大先行者，为实现中华民族的伟大复兴贡献了他的毕生精力乃至生命，同时还是中华民族复兴思想的最早提出者和追求者。1894 年夏，亦即甲午战争前夜，孙中山怀揣一封洋洋洒洒八千余言的《上李鸿章书》和郑观应、王韬等人给他写的推荐信，信心满满地与好友陆皓东一起历经千辛，不远千里来到天津，希望李鸿章能接见他，并采纳他在上书中提出的建议，"步武泰西，参行西法"，进行自上而下的改革。但因时局紧张，李鸿章只叫人给他传了一句话，表示打完仗后再见他，并没有接见他，更没有采纳他建议的任何想法。上书的失败，使孙中山认清了清政府的顽愚腐朽，同时也认识到改良的道路在中国是一条走不通的死路，而此时又适逢中日甲午战争爆发，中华民族所面临的危机空前严重起来。他目击时艰，已知"和平方法无可复施"，于是去了他少年时代求学的地方——檀香山，并于这年的 11 月在檀香山创建了中国第一个革命小团体——兴中会。在《檀香山兴中会章程》中，孙中山提出了"振兴中华"这一具有民族复兴思想内涵的口号，从而开启了中国近代民族复兴思想之先河。他在《章程》中写道："是会之设，专为振兴中华，维持国体起见。盖我中华受外国欺凌，已非一日。皆由内外隔绝，上下之情罔通，国体抑损而不知，子民受制而无告。苦厄日深，为害何极！兹特联络中外华人，创兴是会，以申民志而扶国宗。"

孙中山之所以能提出"振兴中华"口号，开启"中华民族复兴"思想之先河，首先，就在于孙中山有一种强烈的忧国忧民的忧患意识和以挽救民族危亡为己任的使命感。孙中山之所以要创建第一个反清革命团体，要革清王朝的命，就在于清王朝已成了帝国主义列强奴役和掠夺中国人民的傀儡和工具，只有推翻了清王朝，革了清王朝的命，才能使中国免遭帝国主义列强的瓜分。他曾在《驳保皇报书》一文中沉痛指出："曾亦知瓜分之原因否？政府无振作也，人民不奋发也。政府若有振作，则……，外人不敢侧目也。"因此，中国"欲免瓜分，非先倒满洲政府，别无挽救之法"。所以，毛泽东在《唯心历史观的破产》一文中写道："辛亥革命是革帝国主义的命，中国人民所以要革清王朝的命，是因为清王朝是帝国主义走狗。"孙中山一生都与挫折和失败相伴而行，但他从不畏惧，并能从挫折和失败中吸取教训，而不断前进，强烈的忧国忧民的忧患意识和以挽救民族危亡为己任的使命感是推动他越挫越勇、屡败屡起的强大动力。其次，在于他有一种强烈的民族自豪感和民族自信心。孙中山始终坚信，中华民族是勤劳勇敢和充满智慧的民族，落后是暂时的，是清统治者的闭关保守造成的，只要敢于和善于向西方学习，取人之长，补己之短，就能够实现国家富强，民族振兴，不仅可以赶上欧美强国，还可以"驾欧美而上之"。他曾多次赞美过中国的地大物博和人口众多，憧憬过中华民族的美好未来，比如，1905年，他在东京留学生欢迎大会上就热情洋溢地演说道："中国土地、人口为各国所不及，吾侪生在中国，实为幸福。各国贤豪欲得如中国之舞台者利用之而不可得。吾侪既据此大舞台，而反谓无所措手，蹉跎岁月，寸功不展，使此绝好山河仍为异族所据，至今无有能光复之，而建一大共和国以表白于世界者，岂非可羞之极者乎？"因此，他希望听他演讲的留学生能和他一起，"将振兴中国之责任，置之于自身之肩上。"他并以日本明治维新的成功为例："昔日本维新之初，亦不过数志士为之原动力耳，仅三十余年，而跻于六大强国之一。以吾侪今日为之，独不能事半功倍乎？"在中华民族正被一些自我感觉良好、地位优越的西方人视为"劣等民族"和"东亚病夫"的年代里，在一些中国人面对欧美的发达和中国的落后所形成的巨大反差而滋生出民族自卑心理，认为中国一切都不如人，甚至西方的月亮都比中国的月亮圆的岁月里，一个缺乏对祖国和民族深情之爱的人，一个视挽救民族危亡为与己无关的人，能说出如此热情洋溢的话，憧憬中华民族的美好未来吗？回答当然是否定的。

强烈的忧国忧民的忧患意识和强烈的民族自豪感、自信心，是孙中山能提出"振兴中华"口号的重要原因。二者相得益彰，相辅相成。梁启超在《自由书·忧国与爱国》中指出："今天下之可忧者，莫中国若；天下之可爱者，亦莫中国若。吾愈益忧之，则愈益爱之；愈益爱之，则愈益忧之。"忧之，"使人作激愤之气"；爱之，"使人厉进取之心"。①孙中山的"振兴中华"口号就是建立在"激愤之气"与"进取之心"的基础上的。只有忧国忧民的人，才会对祖国、对人民产生深厚的爱；而只有对祖国、对人民爱之愈深，才能对祖国、对民族的悲惨处境痛之愈切，也才能以坚忍不拔的精神投身于"振兴中华"亦即民族复兴的伟大事业。

从此，为实现中华民族伟大复兴，孙中山发起成立同盟会，领导和发动了辛亥革命，推翻清王朝，建立起中华民国；民国建立后，他又先后发动和领导了"二次革命"、护国战争和护法运动，并在晚年改组国民党，实现了国共第一次合作。可以说，振兴中华、实现中华民族伟大复兴是孙中山一生的追求，并为此贡献了毕生精力乃至生命。

二、中国共产党的民族复兴思想

中国共产党人中最早明确提出中华民族复兴思想的是中国共产党创始人之一的李大钊。早在 1916 年 8 月，李大钊在《晨钟报》创刊上发表《〈晨钟〉之使命——青春中华之创造》一文，提出了"青春中华之创造"的中华民族复兴思想，他以"白首中华"来象征中华民族的过去和现在，而以"青春中华"来寓意中华民族的美好未来，也就是中华民族的伟大复兴，并以"青春中华之创造"来激励广大青年"进前而勿顾后，背黑暗而向光明"，为实现中华民族的伟大复兴贡献自己的智慧和力量。1917 年 4 月 18 日，李大钊又在《大亚细亚主义》一文中，明确提出了"中华民族之复活"的思想，他在批判日本人提出的"大亚细亚主义"后指出，"吾中国位于亚细亚之大陆，版图如兹其宏阔，族从如兹其繁多，其势力可以代表全亚细亚之势力，其文明可以代表全亚细亚之文明，此非吾人之自夸，亦实举世所公认"。因此，要实现亚洲的自强，"当以中华国家之再造，中华民族之复活为绝大之关键"。

李大钊不仅提出了"中华民族之复活"的思想，还探讨了如何实现"中华

---

① 梁启超：《自由书·忧国与爱国》，《饮冰室合集》第六册，专集之二，第 40 页。

民族之复活"或"复兴"的问题。在十月革命之前,李大钊把实现"中华民族之复活"或"复兴"的希望寄托在中国青年的身上,这也就是他发表《〈晨钟〉之使命》和《青春》等文、呼吁青年努力于"青春中华之创造"的重要原因。"十月革命一声炮响,给我们送来了马克思列宁主义"后,受十月革命的影响,李大钊把实现"中华民族之复活"的希望寄托在了马克思主义的身上,走俄国布尔什维克的道路,这便是李大钊对实现"中华民族之复活"或"复兴"的道路选择,也是他能成为中国早期马克思主义者的杰出代表的重要原因。

继李大钊之后,毛泽东、陈独秀、瞿秋白等人也先后提出了民族复兴思想。例如,毛泽东1919年8月4日在《湘江评论》第4号上发表《民众的大联合》一文,其中写道:"我们中华民族原有伟大的能力……他日中华民族的改革,将较任何民族为彻底。中华民族的社会,将较任何民族为光明。中华民族的大联合,将较任何地域任何民族而先告功。"

1921年,中国共产党成立。自成立之日起,"为中国人民谋幸福,为中华民族谋复兴",就成了中国共产党的初心和使命。

三、实现民族复兴是国共合作的思想基础

正因为实现中华民族的伟大复兴,是以孙中山为领袖的中国国民党和刚成立不久的中国共产党的共同追求,这就给两党的合作提供了可能。李大钊之所以能成为第一个加入国民党的中共党员,与他的民族复兴思想得到孙中山的高度认同不无关系。1922年8月下旬,也就是陈炯明事件后,孙中山从广州回到上海后几天,受中共中央的委派,李大钊专程赶到上海和孙中山进行了多次交谈,讨论"振兴国民党以振兴中国"等种种问题。李大钊的广博知识,对形势的精辟分析,尤其是他关于如何使中华民族实现复兴的思考,加上他的真诚态度,深得孙中山的好感,有时一谈就是好几个小时,"几乎忘食"。一天,孙中山送走李大钊后,兴奋地对夫人宋庆龄说,共产党人是他真正的革命同志,在今后的革命斗争中他们能够成为自己的依靠。因此,在一次会谈时,孙中山当面邀请李大钊加入中国国民党。李大钊告诉孙中山,自己是第三国际的党员,

孙中山回笑说："这不要紧，你尽管一面作第三国际党员，一面加入本党帮助我。"[①]表示出愿意与共产党合作的愿望。依据中共二大和西湖会议精神，李大钊同意了孙中山的提议，随即由张继介绍，孙中山主盟加入了国民党。之后，陈独秀、蔡和森、张太雷、张国焘、毛泽东等一批共产党员也以个人身份陆续加入国民党。

在第一次国共合作时期，国共双方就如何实现中华民族的伟大复兴达成了三点基本共识：

第一，要实现中华民族伟大复兴，就必须打倒帝国主义和封建军阀。同盟会时期孙中山提出了民族主义，他这时的民族主义虽然也包含有反对帝国主义的思想，他所以要发动和领导辛亥革命，革清王朝的命，是因为清王朝是帝国主义的走狗，已经成了洋人的朝廷，反对清王朝也就是反对帝国主义，但他并没有明确提出反对帝国主义的口号，没有正面提出反对帝国主义的任务。但到了 1923 年前后，他在共产国际和中国共产党的帮助下，终于认识到帝国主义是中国人民的主要敌人，帝国主义的"武力的掠夺与经济的压迫，使中国丧失独立，陷于半殖民地之地位"，并且认为帝国主义是中国军阀的后台老板，正是由于它们对中国封建军阀的支持，才"使中国内乱纠纷不已"。正是基于上述认识，标志着第一次国共合作正式形成的国民党第一次全国代表大会通过的《宣言》明确提出了反对帝国主义的口号，规定中华民族解放之斗争，对于多数之民众，"其目标皆不外反帝国主义而已"。不久，孙中山在《北伐宣言》中更进一步强调："此战之目的不仅在推翻军阀，尤在推倒军阀所赖以生存之帝国主义。"

第二，要实现中华民族伟大复兴，就须依靠广大工农群众，工农群众是中国民主革命、实现民族复兴的主力军。早年孙中山对工农群众是中国革命的主力军认识不足，没有做深入发动工农群众的工作，这也是导致辛亥革命、"二次革命"、护国战争、护法运动相继失败的重要原因。但到了 1923 年前后，在中国共产党和共产国际的帮助下，孙中山对工农群众是中国革命的主力军有

---

① 汪精卫：《中国国民党第二次代表大会政治报告》，《政治周报》第 5 期，第 12 页。

了新的认识,认识到中国革命要取得胜利就离不开广大工农群众的参与和支持。因而提出了"联俄、联共、扶助农工"的三大政策。而中国共产党自成立第一天起,甚至在成立之前的共产主义小组时期,就把动员和领导工农运动放在了非常重要的地位。所以,标志着第一次国共合作正式形成的国民党第一次全国代表大会通过的《宣言》明确提出,"国民革命之运动,必恃全国农夫、工人之参加,然后可以决胜,盖无可疑者。"中国国民党第一次全国代表大会后,国共合作共同发动和领导了轰轰烈烈的国民革命运动,并取得了北伐战争的决定性胜利,而国民革命运动之所以轰轰烈烈、北伐战争之所以取得决定性胜利,其原因之一就在于有了广大工农群众的支持和积极参与。

第三,要实现中华民族伟大复兴,就必须结成广泛的反帝反封建的联合战线,团结一切可以团结的力量。中共二大通过的《关于"民主联合战线"决议案》,明确提出了建立"民主联合战线"的方针,说明了建立联合战线的必要性与方法,要组织"民主主义同盟",打倒封建军阀,推翻帝国主义的压迫,并强调"在战争中不可忘了自己阶级的独立组织",即在联合战线中保持无产阶级政党的独立性。这为后来的国共第一次合作奠定了坚实的思想基础。而孙中山经过不断的挫折,在中国共产党和共产国际的帮助下,也逐渐认识到了建立广泛的反帝反封建联合战线的重要性。他曾一再强调:"我们要能够抵抗强权,就要我们四万万人和十二万万五千万人联合起来。我们要能够联合十二万万五千万人,就要提倡民族主义,自己先联合起来,推己及人,再把各弱小民族都联合起来,共同去打破二万万五千万人,共同用公理去打破强权。"这也是孙中山在陈炯明发动叛乱的最困难的时期,决定接受中国共产党和苏俄代表的建议,联合共产党,改组国民党,使之成为国共合作的统一战线的组织形式的重要原因。也正是国民党第一次全国代表大会后以国共合作为基础的反帝反封建联合战线的建立,才开创了国民革命时期反帝反封建斗争的新局面。

（郑大华,中国历史研究院近代史研究所研究员）

论国民革命的起源（1920—1925）

张　生

摘要：十月革命后，苏俄成立共产国际，力图实现"世界革命"。它根据自身的经验，为中国设定了两步走的革命方案。新生的中国共产党在苏俄的帮助下，共同推动、介入孙中山领导的中国国民党在新的"主义"和纲领下进行改组。处于困境中的孙中山，在陈炯明叛变、"关余"事件等一系列变动的刺激下，在晚年实现了伟大的转变。国共合作，推动了国民党力量的迅速发展，并与国民党内部新陈代谢交相呼应，促成了国民革命的发起。

关键词：苏俄　共产国际　中国共产党　孙中山　国民革命

十月革命一声炮响，给中国送来了马克思列宁主义。"走俄国人的路"，这是二十多年后的毛泽东总结中国革命漫长的历程，得出的结论。[①]俄国革命的经验，移植到中国来，需要两个前提因素：一是一场伟大革命注定的最终胜利者——共产党——他们失去的只是锁链，获得的将是整个世界，在苏俄和共产国际的帮助下，她于 1921 年 7 月 23 日成立；二是中国的资产阶级民主派，共产党拟定合作的对象。

谁是中国的资产阶级民主派？对于问题的答案，拥有后见之明特权的历史

---

① 《论人民民主专政》（1949 年 6 月 30 日），《毛泽东选集》第四卷，人民出版社 1991 年，第 1471 页。

研究者自然指向孙中山及其国民党人，但在当时，并不是不言自明；更重要的是，他们能够担任并完成苏俄和共产国际设定的任务吗？

中国的资产阶级民主派会欣然接受苏俄的引导和指导吗？他们没有自己的思想、理论和革命方略吗？答案当然是否定的。事实上，共产国际在实施指导、运作革命的过程中，不断地遇到孙中山和国民党人的反弹，特别是孙中山对共产国际理论和路线的"在地化"解释。他们实践的过程，也并不按照共产国际设定的路线。然而，历史给了他们磨合、相容和合作的机会。

中国共产党人那时是"年轻的"，但并不像过去的很多论述所说的那样"幼稚"。国际的理论指导、组织架构和财政支持，对其意义重大，然而，她有自己的思想、独立思考的个性（尽管那时还不够）和行动的方向。在共产国际的指导出现重大错误的情况下，她能擦干同伴身上的血迹，走出苏俄和共产国际最后不得不认可的革命之路，说明最初几年的成长，带给了她受用无尽的教训和经验。

苏俄、共产国际、中国国民党和中国共产党共同造就的国民革命，是外部因素和本土力量结合，彻底改写中国历史的重大事件，即使在 100 年后的今天，东亚和世界仍然可以切身感受到它带来的冲击和深远的影响。

一、陈炯明叛变及其冲击

陈炯明（1878—1933），字竞存，广东汕尾市海丰县人。早年追随中山先生革命，1909 年加入同盟会。1911 年参加黄花岗起义，辛亥革命后，任广东副都督、代都督。1913 年参加反袁斗争。后参加护法运动，任援闽粤军总司令。

援闽粤军系在孙中山支持下，由广东省省长朱庆澜拨出其军队 20 营而组成。该军实为革命党人掌握的不多的武力之一，孙中山对其非常重视。1918年 11 月，援闽粤军与闽浙联军停战，获得闽南 26 县之地，部队扩充到 2 万余人。革命党人对该军支持不遗余力，朱执信、许崇智、邓铿、蒋介石等被派遣至军中，充实力量。

1920 年 11 月，孙中山与伍廷芳、唐绍仪返回广州，恢复了军政府。孙中山任总裁兼内政部长，唐绍仪为财政部长（未就任），陈炯明为陆军部长，唐继尧为交通部长（王伯群署理）。①同时，军政府还"特任陈炯明为广东省长兼粤军总司令，管理广东军务，全省所属陆海各军，均归节制调遣"②。

回粤以后，1921 年 4 月 7 日，国会非常会议选举孙中山为中华民国大总统。5 月 5 日，孙中山宣誓就职。6 月 26 日，任命陈炯明为援桂军总司令，令其"荡平群盗，扶植广西人民，使得完全自治"③。9 月，陆荣廷出逃，陈炯明声望日隆。两广克服，而始终胸怀中华统一大业的孙中山并不以区区为念，1922 年 1 月，孙中山宣布北京政府徐世昌、梁士诒等罪状，下令通缉。④兵次桂林，宣布北伐。其间，加入国民党的湖南军阀赵恒惕拒绝"借道"，负责接济军需的邓铿遇刺，孙中山不得已回军广东，5 月 8 日，在韶关发布北伐总攻击令，以李烈钧为中路军，以许崇智为左翼军，以黄大伟为右翼军，全军约 6 万人。⑤而陈炯明军乘机云集广州，其部下叶举率部 50 余营进入省垣。⑥形势由高歌猛进突变阴云密布的背后，是陈炯明对孙中山不断革命、坚持北伐由不满而掣肘，最终竟发生纵兵叛变、炮轰总统府之事。

陈炯明密谋策动反叛的种种细节，当时北伐军的主要作战对手赣督陈光远了如指掌。他将广东内部情形密报北京，内称："陈炯明部叶举现将主力军屯集肇庆，本月十日叶举在肇密集所部长官（预请钟景棠等派代表与议）议决：二十二日通电公请陈炯明回省，维系地方，声讨孙文（按：此处出版档案

① 《军政府组织系统表》（1920 年），中国第二历史档案馆编：《中华民国史档案资料汇编》第四辑（一），江苏古籍出版社 1991 年，第 8—9 页。
② 《军政府特任陈炯明为广东省长兼粤军总司令令》（1920 年 11 月 1 日），《中华民国史档案资料汇编》第四辑（一），第 10 页。
③ 《命陈炯明讨伐陆荣廷陈炳焜等令》（1921 年 6 月 27 日），广东省社会科学院历史研究室、中国社会科学院近代史研究所中华民国史研究室、中山大学历史系孙中山研究室合编：《孙中山全集》第五卷，中华书局 1985 年，第 555 页。
④ 1922 年 1 月 9 日条，桑兵主编，谭群玉、楚秀红著：《孙中山史事编年》第八卷（1922.1—1922.12），中华书局 2017 年，第 4204—4205 页。
⑤ 1922 年 5 月 8 日条，《孙中山史事编年》第八卷（1922.1—1922.12），第 4290—4291 页。
⑥ 《致海外同志书》（1922 年 9 月 18 日），中山大学历史系孙中山研究室、广东省社会科学院历史研究所、中国社会科学院近代史研究所中华民国史研究室合编：《孙中山全集》第六卷，中华书局 1985 年，第 551 页。

有句号，疑为句读错误）引滇、黔、赣客军入粤，骚扰地方，而粤重负担以驱之。……陈炯明得悉，力责钟景棠等不可妄动，立遣员赴肇，饬叶静待时机，陈谓：拥孙之魏邦平等均在省，防卫力量不单，而海军已属孙，现在我动，省垣不能固守，许崇智、李烈钧等亦可提兵回战，并受民党群起斥弃，今时机尚未至，切不可妄动，静待我最后之命。"①

6月13日，北伐军前锋占领江西赣州，发现多份陈炯明与直系吴佩孚、陈光远沟通企图夹击北伐军的文件。廖仲恺、胡汉民研究后认为，北伐军"如打败仗，不能攻克赣州，则陈军必扼守粤边，不容北伐军退返粤境，或竟缴北伐军械，亦未可知。现既获胜，且克赣州，逆谋当可消弭于无形"。决定乘势攻克南昌，再设法对付。②

1922年6月16日，陈炯明部占领广州，宣布取消广州当地政府、服从旧国会，并炮轰总统府和孙中山住所粤秀楼。随即，叶举等发表宣言，要求孙中山下野。孙中山在事发前两小时得到林直勉、林拯民报告，离开总统府，登上军舰。据其判明，"首事者洪兆麟所统之第二师，指挥者叶举，主谋者陈炯明也"。③

事变后，孙中山率"永丰"等海军军舰炮击叛军，从6月16日到8月9日，坚持50多天，备极艰难。1922年8月15日，孙中山发表《宣布粤变始末及统一主张》，指出陈炯明及附逆者"平日处心积虑，惟知割据，以便私图，于国事非其所恤，故始而阻挠出师，终而阴谋盘踞，不惜倒行逆施，以求一逞"，陈炯明此举"不惟自绝于同国，且自绝于人类"，号召"凡有血气，当群起以攻，绝其本根"④。其后发表的《致海外同志书》，更加详细地回顾了陈炯明叛变的来龙去脉，他沉痛地指出："文率同志为民国而奋斗垂三十年，中间出死入生，失败之数不可偻指，顾失败之残酷未有甚于此役者。盖历次失败虽原

---

① 《陈光远转报孙中山准备北伐遭陈炯明等反对情形致参陆部函》（1922年5月26日），中国第二历史档案馆编：《中华民国史档案资料汇编》第四辑（二），江苏古籍出版社1991年，第691页。
② 1922年6月13日条，《孙中山史事编年》第八卷（1922.1—1922.12），第4338—4339页。
③ 《致海外同志书》（1922年9月18日），《孙中山全集》第六卷，第552页。
④ 《宣布粤变始末及统一主张》，《孙中山全集》第六卷，第520—523页。

因不一，而其究竟则为失败于敌人。此役则敌人已为我屈，所代敌人而兴者，乃为十余年卵翼之陈炯明，且其阴毒凶狠，凡敌人所不忍为者，皆为之而无恤，此不但国之不幸，抑亦人心世道之忧也。"①

陈炯明的叛变，一方面中断了势头不错的北伐，另一方面，也促使孙中山深思其自民国建立以来的政治运作方式——党权不彰，可有可无；依靠地方实力派，常为反噬；政纲老套，没有触及中国社会的核心问题。在痛苦的反省中，孙中山注意到了一直在其左右，期待甚殷的苏俄、中共因素，转而与其合作，从而书写了其政治生涯最为壮观的最后篇章。

二、苏俄和中共引导孙中山转变

孙中山的革命活动早已引起苏俄的注意，1912 年，列宁便曾称赞其纲领，"字里行间都充满了战斗的、真诚的民主主义"，他们是"正义的和有力量的"，"他们在主观上是社会主义者，因为他们反对对群众的压迫和剥削"。② 按照列宁的看法，中国上海等地的无产阶级成长起来后，将建立社会民主工党之类的组织，他们将批判孙中山的小资产阶级空想和"反动观点"，但"大概会细心地挑选出他的政治纲领和土地纲领的革命民主主义内核，并加以保护和发展"。③

1921 年 6 月 3 日，共产国际正式代表马林来到上海，7 月，他与共产国际远东书记处的尼克尔斯基一起，参加了中国共产党第一次全国代表大会。1921 年 12 月 23 日，在张太雷的陪同下，马林来到桂林，谒见正在筹备北伐的孙中山。在随后的三次谈话中，双方坦诚地交换了意见。双方认为，华盛顿会议表明列强插手中国事务，中俄同为"受害者"。马林介绍了俄国的"新经济政策"，孙表示赞许，但不能接受马林所介绍的共产主义；马林认为孙中山的《建国方略》在列强环伺的情况下根本不现实；孙中山表示马克思主义在中国古已

① 《致海外同志书》（1922 年 9 月 18 日），《孙中山全集》第六卷，第 555 页。
② 《中国的民主主义和民粹主义》（1912 年 7 月 15 日），中共中央马克思、恩格斯、列宁、斯大林著作编译局编：《列宁选集》第二卷，人民出版社 1995 年，第 291、293 页。
③ 《中国的民主主义和民粹主义》（1912 年 7 月 15 日），《列宁选集》第二卷，第 296 页。

有之，自己则继承了孔孟以来延续了两千多年的中国道统；马林表示革命政府应加强与苏俄的合作，提高国家地位，孙中山表示暂时不能与俄结盟，否则英国会破坏其进兵计划，"一俟义师北伐，直捣幽燕，再谋合作，未为晚也"。孙中山在会谈中表现出来的对中国文化和三民主义的自信，给马林留下了深刻印象。[①]

1922 年 4 月 26 日，共产国际远东书记处达林到广州谒见孙中山，至陈炯明叛变，双方多次会谈。达林宣扬了苏维埃的好处，鼓动孙中山与苏俄结盟；孙中山表示，苏维埃制度值得怀疑，提出给达林一个贫困山区作为试验田，"如果你们的经验是成功的，那么我一定在全国实行这个制度"；至于结盟，一是英国会反对，二是广州政府内部有异议，希望在未来进行。孙中山还讨论了在苏俄支持下，在中国西北地区发动革命的可能。[②]

也就在达林试图说服孙中山的同时，1922 年 6 月 15 日，中国共产党发表了第一份《关于时局的主张》，指出军阀政治是中国外患的源泉，也是人民痛苦的源泉。执政的军阀，每每与帝国主义勾结，帝国主义也乐于提供"金力"，一方面可以造成在中国的特殊势力，另一方面可以把中国永远当作他们的市场。宣言分析说，"真的民主派，必须有两种证据表现于人民面前：（一）他的党纲和政策必须不违背民主主义的原则。（二）他的行动必须始终拥护民主主义与军阀奋斗。"照这个标准，"中国现存的各政党，只有国民党比较是革命的民主派，比较是真的民主派。"[③] 当年 7 月，中国共产党在上海召开第二次全国代表大会，决议加入共产国际，成为"国际共产党之中国支部"。大会因应苏俄与国民党人合作的态势，提出：中国人民的最大痛苦是资本帝国主义和军阀官僚的封建势力，"……审察今日中国的政治经济状况，我们无产阶级和贫

---

① 邓家彦：《马丁谒总理实纪》，罗家伦编：《革命文献》第 9 辑，第 203—207 页；李玉贞：《国民党与共产国际（1919—1927）》，人民出版社 2012 年，第 69—72 页；1921 年 12 月 23 日条，桑兵主编、谷小水著：《孙中山史事编年》第七卷（1920.1—1921.12），中华书局 2017 年，第 4186—4188 页。

② 李玉贞：《国民党与共产国际（1919—1927）》，第 112—113 页；1922 年 4 月 26 日条，《孙中山史事编年》第八卷（1922.1—1922.12），第 4280—4282 页。

③ 《中国共产党对于时局的主张》（1922 年 6 月 15 日），中央档案馆编：《中共中央文件选集》第一册（1921—1925），中共中央党校出版社 1989 年，第 37 页。

苦的农民都应该援助民主主义革命运动", "无产阶级去帮助民主主义革命,不是无产阶级降服资产阶级的意义,这是不使封建制度延长生命和养成无产阶级真实力量的必要步骤", 中国共产党的最高目标是建立共产主义社会。① 这在思想、理论和组织路线上,为拟议中的与孙中山和国民党的合作铺平了道路。

在与孙中山逐步加强联系的同时,苏俄还与吴佩孚和陈炯明进行了接触。后因为"叛乱",陈炯明第一个被苏俄否决。1923 年 1 月 13 日,越飞给俄共(布)苏联政府和共产国际领导人的信中说: "孙逸仙向陈炯明一发起进攻,陈炯明就无可依靠。有一种说法是他已逃跑,另一说法是他还在勉强支持。但是谁也不会怀疑,他的戏已经唱完。"② 与此同时,吴佩孚引起了苏俄越来越多的关注。苏俄驻华特命全权代表越飞 1922 年 8 月到华后,立即将吴佩孚夸耀一番: "我们都怀着特别关注和同情的心情注视着您,您善于将哲学家的深思熟虑和老练果敢的政治家以及天才的军事战略家的智慧集于一身。"③ 但随着吴佩孚加入"反俄大合唱",推行反对苏俄对外蒙古的政策;1923 年初的"二七"罢工中镇压工人,枪杀共产党员;以及孙中山与他尖锐的矛盾,苏俄最终选择了孙中山,"吴佩孚和孙逸仙之间关系的尖锐化立即向我们提出了一个我早已提出的问题:一旦吴佩孚和孙逸仙之间发生公开冲突,我们应该选择谁。如果你们记得的话,我对这个问题早就坚定不移地回答:如果我们不得不做出选择的话,我们决不能支持吴佩孚去反对孙逸仙。"④

1923 年 1 月 4 日,俄共(布)中央政治局决议向国民党提供援助。紧接着,1 月 12 日,共产国际执委会确认:国民党是中国"唯一重大的民族革命集团",它"既依靠自由资产阶级民主派和小资产阶级,又依靠知识分子和工人"。因

---

① 《中国共产党第二次全国代表大会宣言》,中央档案馆编:《中国中央文件选集》第一册(1921—1925),中共中央党校出版社 1989 年,第 114—115 页。
② 《越飞给俄共(布)、苏联政府和共产国际领导人的信》(1923 年 1 月 13 日),中共中央党史研究室第一研究部译:《联共(布)共产国际与中国国民革命运动(1920—1925)》,北京图书馆出版社 1997 年,第 196 页。
③ 《越飞给吴佩孚将军的信》(1922 年 8 月 19 日),中共中央党史研究室第一研究部译:《联共(布)共产国际与中国国民革命运动(1920—1925)》,第 99 页。
④ 《越飞给俄共(布)、苏联政府和共产国际领导人的信》(1923 年 1 月 26 日),《联共(布)共产国际与中国国民革命运动(1920—1925)》,第 210 页。

此，"年青的中国共产党"与之合作是必要的，"中国共产党党员留在国民党内是适宜的"。共产党应当对国民党施加影响，"以期它和苏维埃俄国的力量联合起来，共同进行反对欧洲、美国和日本帝国主义的斗争"。①

在此背景下，经马林斡旋，越飞与孙中山于 1923 年 1 月 26 日联名发表了《孙文越飞联合宣言》，要点有四：一、孙中山认为，共产组织和苏维埃制度，不能引用于中国，越飞表示"同感"；二、应孙中山要求，越飞重申将以1920 年 9 月 27 日宣言为基础，开始中俄交涉；三、中东铁路维持现状，其管理法"权时改组"，孙中山允与张作霖商洽；四、越飞表示苏俄无意在外蒙实施帝国主义政策，孙中山表示俄军不必立即撤退，以免"严重之局面"出现。②

1923 年 8 月 16 日，以蒋介石为团长的"孙逸仙博士代表团"启程赴苏联考察。

同年 10 月 6 日，苏俄政府委派鲍罗廷为驻广州革命政府的代表（其官方身份仍为苏俄驻北京使团的成员），鲍罗廷同时受聘为国民党的政治顾问。10月 18 日中山亲书"委任鲍罗廷为国民党组织教练员"。③鲍罗廷开始了他影响国民革命至深且巨的生涯。然而，尽管苏俄政府对此次鲍罗廷来华寄予厚望，但在鲍罗廷来到广州的最初几个月里，他与广州大本营的合作面临着诸多困境，在很多重要问题上双方难以契合。实际上，正如论者所说："孙中山竭力劝说自己的信徒'摆脱成见'，接受'俄国的斗争方法'，但他自己却时常不把这些忠告放在心上，他对同俄国人联合感到很不舒服。孙中山希望真正的西方出于某种原因，以某种方式前来解救他，他无法完全放弃这种希望。"④当孙中

---

① 《共产国际执行委员会关于中国共产党与国民党的关系问题的决议》（1923 年 1 月 12日），中国社会科学院近代史研究所翻译室编译：《共产国际有关中国革命的文献资料》（1919—1928）第一辑，中国社会科学出版社 1981 年，第 76—77 页。

② 《孙文越飞联合宣言》（1923 年 1 月 26 日），中山大学历史系孙中山研究室、广东省社会科学院历史研究所、中国社会科学院近代史研究所中华民国史研究室合编：《孙中山全集》第七卷，中华书局 1985 年，第 51—52 页。

③ 《给鲍罗廷委任状》（1923 年 10 月 18 日），中山大学历史系孙中山研究室、广东省社会科学院历史研究所、中国社会科学院近代史研究所中华民国史研究室合编：《孙中山全集》第八卷，中华书局 1985 年，第 300 页。

④ ［美］丹尼尔·雅各布斯著，殷罡译：《鲍罗廷——斯大林派往中国的人》，世界知识出版社 1989 年，第 122 页。

山还在举棋不定时，"关余"危机中英、美、日的反应给了孙中山沉痛教训，形势最终迫使他在西方列强与苏俄之间做出选择。

三、"关余"事件和孙中山的选择

所谓"关余"，乃"关税余款"或"关税盈余"之简称。

1923 年 2 月，孙中山才复返广州。当时，"大本营方面，以将来粤事解决后尚须北伐，策源之地，不可无巨款为之接济，于是乃有收回粤省关税之计划（粤海关每年税收约三四百万）。"①

1923 年 9 月 5 日，大本营外交部部长伍朝枢通过英国驻广州总领事杰弥逊正式照会北京公使团，要求分拨关余。12 月 1 日，北京公使团以领袖公使欧登科的名义致电杰弥逊，请其代为答复关余问题，态度至为强硬。在电文中，公使团对"孙文已有暂行管理广州海关骇人听闻之主张"提出严厉警告："（一）任何方面如有干涉中国海关之事，本外交团均不予以容纳。（二）如有上述事情发生，本外交团即当采取相当强迫手段藉凭办理。"②

孙中山发动"关余"斗争，表面上是财政问题，实际上却是希望通过此事争取列强对南方政府的承认。正如大本营财政部长邹鲁在拜访日本驻粤总领事天羽英二时曾透露的："发动'关余'事件主要是为了刺探各国态度，无论是冻结海关或是攻占海关计划均未形成定案。"③"关余"斗争，包含着对西方的强烈政治诉求，但是，事实说明，日、英、美等国对孙中山及其政府十分排斥。

11 月 16 日，孙中山得知犬养毅成为日本山本权兵卫内阁的邮电大臣兼文部大臣，适值日本人山田纯三郎返国，便写信委托山田转交犬养毅。在信中，

① 《粤当局收回关税之大交涉》，《申报》1923 年 12 月 16 日，第 7 版。
② 《粤海关事件之外交文书》，《申报》1923 年 12 月 20 日，第 6 版。
③ 日本外务省：『広東政府ノ海関乗取計画二付財政庁長鄒魯ヨリ申出アリタル件』、大正十二年、『日本の外交文書』第 2 册、東京：外務省、1979 年、第 600 頁。南开大学日本研究院藏。本文日文资料翻译，个别地方参照了俞辛焞《孙中山与日本关系研究》译文，特表感谢。

孙中山批评日本以往唯欧美列强马首是瞻的政策，希望日本能将追随列强之政策取消，另树一帜，站在世界受压迫者的行列，帮助孙中山以完成中国革命，驱逐列强以保东亚和平。同时要求日本承认苏俄，不要与列强一致。[1]犬养毅对此并未做出回应，孙中山的心血付诸东流。

对孙中山在"关余"危机中的行动，英国驻华公使麻克类断然否定其合理性。麻克类认为："公平性原则只有在一个条件下才能成立，那就是所有的税收盈余都归外国支配，同时在相关的省份对海关管理权以及这些收入不做任何干涉之举的情况下，外国必然会对这些收入做出公平合理的分配。而广东地方政府此时已经将盐余收入私人囊中，因此也就根本没有资格再要求公平地分享关余。"麻克类对大本营提出警告："不管你们反抗中央政府是对还是错，出于自卫也是出于保护各国的利益，我必须向你郑重地强调，我们不会承认任何对海关管理权的干涉行为。我们无意于支持任何一方，但是如果孙博士真的铤而走险的话，那么后果自负，因为他的任何行动都将有可能刺激各国采取护关行动以保证海关的正常工作。"[2]

"关余"危机爆发后，美国驻华公使舒尔曼向美国国务院建议，除了实施战争外，可采取任何措施防止中国海关的分裂。[3]时任美国国务卿休斯则向总统柯立芝建议派美国海军联合舰队到中国，以阻止广东的威胁举动，得到柯立芝的同意。[4]事实上，美国向广东派驻军舰的数量为列强之最。[5]10月24日，美国公使舒尔曼与顾维钧会晤时表示："美政府仍持往昔看法，以为使团对于关余之关系，仅如信托人代表中国已经列国承认之政府，暂行经理而已。否则条约上之根据，将完全消失。"[6]显然，美国是从整个条约体系和海关制度的完整性不容破坏的角度，来反对孙中山的行动的。

---

[1] 《致犬养毅书》，1923 年 11 月 16 日，《孙中山全集》第八卷，第 401—406 页。

[2] Sir R. Macleay to Mr. Wu，3 December，1923，BDFA，pp.144—145.

[3] The minister in China（Schurman）to the secretary of State，1 December，1923，FRUS，p.559.

[4] President Coolidge to the secretary of State，5 December，1923，FRUS，p.562.

[5] 《本社专电》，上海《民国日报》1923 年 12 月 21 日，第 2 版。

[6] 王聿均：《舒尔曼在华外交活动初探（1921—1925）》，《"中央研究院"近代史研究所集刊》1969 年第 1 期。

综上所述，孙中山想通过"关余"斗争来获得列强的外交支持，而列强却时刻注意与他和他的大本营保持距离，所有的做法都是围绕一个目的：不要给孙中山任何一个可资解读为"承认"的借口或信号。正如麻克类给英国外交部的电文里所说，"孙中山已经宣布，他不承认北京政府为中国的合法政府，如果列强鼓励这样的想法，允许孙中山保留关税或获得一部分关余份额，不管这些钱在地方上被用在何处，此举就等于承认他代表了一个独立的政府"。[①]孙中山和他的广州政府在关余危机中可谓四处碰壁，环顾四周，唯有苏俄和中共正翘首以待。他们的合作，即将为中国革命掀开新的一幕。

1923 年 12 月 22 日，孙中山在广东基督教会学院演说时，严厉抨击英美等帝国主义国家的侵略政策，孙中山指出，在未来十年之内将会爆发一场世界大战，当今被帝国主义和军阀压迫的国家将会拿起武器、奋起反抗。"十年之内，你们将会体会到中国的舰队驻泊在旧金山港是一种什么感觉。中国正在与苏联联盟，而且在不久后的、同你们这些所谓的'上等'国家的决战中，也将会同德国、印度以及日本结盟。"[②]12 月 31 日，他在广州基督教青年会上演说时又表示："我再也不指望西方列强了，我的立场转向俄国。"[③]

四、苏俄、中共积极推动国民党改组

陈炯明叛变、"关余"斗争，不断刺激孙中山做出改变，但这一改变的过程是曲折的。1922 年 6 月中共第一份对时局宣言和随后的二大，主旨是与国民党合作。当年 8 月，孙中山回到上海后，李大钊陪同马林会见了孙中山。此后，马林回俄，向共产国际建议共产党在国民党内开展工作；李大钊则经孙中山主盟，加入国民党，孙、李废寝忘食，"讨论振兴国民党以振兴中国之问题。"[④]

①　张俊义：《南方政府截取关余事件与英国的反应（1923—1924）》，《历史研究》2007 年第 1 期。
②　Résumé of Dr. Sun s Remarks at Canton Christian College，　BDFA，p.147.
③　韦慕廷：《孙中山——壮志未酬的爱国者》，第 203 页。
④　《李大钊文集》（下），人民出版社 1984 年，第 890 页。

但是，孙中山主张共产党以个人身份加入国民党，并不接受党外联合，而一些中共领导成员担心加入国民党会失去独立性。马林建议实行党内合作，获得共产国际批准。1922 年 8 月 29 日到 30 日，中共中央执行委员会在杭州西湖召开会议，陈独秀、李大钊、蔡和森、张国焘、高君宇、张太雷和马林与会，专门讨论国共合作方式。起初，执行委员会并不赞成马林，但经说服，最终同意，"在孙中山改组国民党的条件下，由共产党少数负责人先加入国民党，同时劝说全体共产党员以个人名义加入国民党。"①

1922 年 9 月 4 日，孙中山在上海召集张继等 53 人，讨论改组国民党；6 日，指定丁惟汾、陈独秀、张秋白等 9 人规划国民党改进方略。后又增补叶楚伧、孙科等人。当时国民党有约 20 万党员，但良莠不齐，孙中山认为，"此皆以前'秘密'二字之所致，因拟将国民党扩充，以后纯取公开制度，无论何方人士，只要能守党规者均可入会"。汪精卫等"一致赞成"。②

1923 年 1 月 1 日，《中国国民党宣言》发表。③同一天，《中国国民党党纲》亦颁布，重申《宣言》的各项原则。④《宣言》和《党纲》是三民主义发展史上的重要文献，与《孙文越飞联合宣言》《造国论》及其他中共文件的契合，说明长期以来苏俄对孙中山及其政党"革命民主主义"的判定基本吻合事实，其中包含的国家资本主义倾向，也甚为符合共产主义者实现最高纲领之前蓄积无产阶级力量的基本理论；同时说明中国共产党的政策宣示，体现了当时共产国际的基本诉求。

然而，中国共产党人非常强调自己的独立性，思想上、组织上和行动上的独立性都有体现。中共二大强调了支持民主革命的立场，但是，它坚定地指出："我们无产阶级有自己阶级的利益，民主主义革命成功了，无产阶级不过得着一些自由与权利，还是不能完全解放。而且民主主义成功，幼稚的资产阶级便

---

① 中共中央党史研究室：《中国共产党历史》第一卷（1921—1949），上册，中共党史出版社 2011 年，第 84 页。

② 1922 年 9 月 4 日条，《孙中山史事编年》第八卷（1922.1—1922.12），第 4533—4534 页。

③ 《中国国民党宣言》（1923 年 1 月 1 日），《孙中山全集》第七卷，中华书局 1985 年，第 1—4 页。

④ 《中国国民党党纲》（1923 年 1 月 1 日），《孙中山全集》第七卷，第 4—5 页。

会迅速发展，与无产阶级处于对抗地位。因此无产阶级便须对付资产阶级，实行'与贫农联合的无产阶级专政'的第二步奋斗。如果无产阶级的组织力和战斗力强固，这第二步奋斗是能跟着民主主义革命胜利以后即刻成功的。"[①]

共产国际执委会在力主国共合作的同时，也明确要求：中共必须保持原有的组织和严格集中的领导机构。"在对外政策方面，中国共产党应当反对国民党同资本主义列强及其代理人——敌视无产阶级俄国的中国督军们的任何勾搭行为。"[②]

1923年春天以后，马林多次会见孙中山，推动其改组国民党。而孙中山专注于讨伐陈炯明，而且设定了"无条件投降"的条件[③]。对于改组事，则未着力推进。马林走后，莫斯科调整了策略，派加拉罕作为驻中国全权代表，鲍罗廷则作为驻孙中山处代表。10月6日，鲍罗廷抵达广州。

鲍罗廷一到广州，陈友仁立即向其报告"关余"事件中外国人的劣行："外国人征收捐税，用来抵偿中国政府过去承担的债务，多余的部分交给北京独裁者。这种税收在广州每年达1200万元左右。但孙的政府不能从中得到分文。"孙中山则向其提出，英国在香港的殖民地，束缚了他与帝国主义斗争的手脚，如果国民党在中国中部或蒙古建立根据地，则可自由对帝国主义采取行动。[④]

鲍罗廷没有被具体的抱怨和请求限制住思路，他是一个革命经验丰富的老布尔什维克。他从调查中发现问题，提出解决问题的思路和方法。

关于国民党，鲍罗廷发现：邓泽如负责广州党务，号称有党员3万，其中交党费的6000人。为了改组而登记时，发现只有3000名党员。"党同党员没

---

①　《中国共产党第二次全国代表大会宣言》，《中共中央文件选集》第一册（1921—1925），第114—115页。

②　《共产国际执行委员会关于中国共产党与国民党关系问题的决议》（1923年1月12日），中国社会科学院近代史研究所翻译室编译：《共产国际有关中国革命的文献资料》（1919—1928）第一辑，第76—77页。

③　1923年6月17日条，桑兵主编，曹天忠、周楠著：《孙中山史事编年》第九卷（1923.1—1923.12），中华书局2017年，第4850页。

④　《鲍罗廷关于华南形势的札记》（1923年12月10日），中共中央党史研究室第一研究部译：《联共（布）、共产国际与中国国民革命运动（1920—1925）》，北京图书馆出版社1997年，第365—366页。

有任何联系，……国民党作为一支有组织的力量已经完全不存在。"① 这样的国民党要想发挥领导中国国民革命运动的作用，必须进行改组。"现在它既没有纲领，也没有章程，没有任何组织机构。它偶尔发布由孙中山签署的诸如民族主义、民权主义、民生主义等一般性题目的宣言，根本不涉及当前的事件，不对它们做出解释，也不利用这些事件来发展和巩固党。这些宣言作为趣闻被刊登在几家报纸上，然后国民党又沉睡一年又一年。" 在鲍罗廷看来，"国民党的这种状况一方面导致许多出生于小资产阶级的国民党员为其自私的目的利用'国民党'这个曾受欢迎的名称，另一方面导致忠诚的国民革命分子完全失去了信心。"②

关于当地人民，"广东人民对孙的政府持强烈反对态度。广州的工人加上手工业者共有 35 万人。孙从上海回来时，他们曾热烈欢迎他，现在他们对他的政府的命运漠不关心，对其胜败根本不感兴趣。"③ 孙中山本人不看报，也不关心中国其他地方和国外的事情。"他把所有时间都花在同无数个将军的谈话上，这些将军各自为战，没有总指挥部。"④

尽管如此，鲍罗廷认为，不应当怀疑孙中山和国民党是可以领导中国国民革命运动的"唯一代表"。⑤ 为此，他为孙中山提出三大任务：一、"继续在全国范围内进行在广州业已开始的国民党的改组工作。" 为此，在上海成立国民党临时中央执行委员会的分部；成立中央新闻社，"以便为所有的中国报纸提供新闻和具有国民党精神的文章"；筹备国民党全国代表大会代表的选举工作，以便来年 1 月在广州召开大会；用国民党的宣言进行鼓动和宣传，吸引民众。二、"使广州作为向全中国发展和推进国民革命运动的根据地"，缓解农民处境，"要在广东建立这样一种社会基础，它能证明孙的政府存在的合理性并使它能够提出全民族的任务"。三、改组现有的 5 万至 10 万人的部队，"使

---

① 《鲍罗廷关于华南形势的札记》（1923 年 12 月 10 日），第 367 页。
② 《鲍罗廷关于华南形势的札记》（1923 年 12 月 10 日），第 369—370 页。
③ 《鲍罗廷关于华南形势的札记》（1923 年 12 月 10 日），第 367 页。
④ 《鲍罗廷关于华南形势的札记》（1923 年 12 月 10 日），第 368 页。
⑤ 《鲍罗廷关于华南形势的札记》（1923 年 12 月 10 日），第 371 页。

它完全服从国民党的领导"。为此要创立军事学校,培训政治工作人员。[1]

对照此后孙中山和国民党的一系列动作,鲍罗廷的上述规划可谓国民党改组的顶层设计。

1923年10月19日,孙中山通知上海事务所,已经委派廖仲恺、汪精卫、张继、戴季陶、李大钊为国民党改组委员。[2]10月24日,通告党内,委派廖仲恺、邓泽如召开特别会议,"商量本党改组问题"。同时,特派胡汉民、林森、廖仲恺、邓泽如、杨庶堪、陈树人、孙科、吴铁城、谭平山为临时执行委员,汪精卫、李大钊、谢英伯、古应芬、许崇清为候补委员。[3]临时中央执行委员会由孙中山主导,至国民党第一次全国代表大会召开,举行会议多次,决定有关改组的重大事宜,解决一系列复杂而具体的问题,排除国民党内外的干扰,为国民党改组准备了条件。

然而,规划中的国民党改组不会一帆风顺。其中,邓泽如、林直勉等11人上书孙中山,认为国民党改组的方案和文件出自共产党议定,由鲍罗廷指挥。共产党"企图""借国民党之躯壳,注入共产党之灵魂","五年之后,将见陈独秀被选为总理"。[4]

进入1923年12月,"关余"斗争更加激烈,各国军舰也纷纷被派到广州。这对孙中山的改组计划形成了客观上的推动。12月3日,孙中山主持临时执委会,决议每省由孙中山指派三人,上海本部介绍同志六人备拣;统一大本营党务处、大本营宣传委员会、广东宣传局等为一个委员会;党员发表意见于报纸,须委员会核准。[5]12月7日,孙中山致电上海国民党事务所,因国民党中央执委会已经在广州成立,令撤销上海本部及中央干部会议,广东作为革命根据地的态势进一步凸显。12月9日,孙中山在大本营对国民党员发表演讲称:

---

① 《鲍罗廷关于华南形势的札记》(1923年12月10日),第375—377页。

② 《致上海事务所电》(1923年10月9日),中山大学历史系孙中山研究室、广东省社会科学院历史研究所、中国社会科学院近代史研究所中华民国史研究室合编:《孙中山全集》第八卷,第310页。

③ 《致党内同志函》(1923年10月24日),《孙中山全集》第八卷,第334页。

④ 中国国民党中央党史史料编纂委员会:《国父年谱》下册,台北:各界纪念国父百年诞辰筹备委员会,1965年,第977—978页。

⑤ 1923年12月3日条,《孙中山史事编年》第九卷(1923.1—1923.12),第5023页。

此次改组，"乃以苏俄为模范，企图根本的革命成功"；国民党过去的失败，"由于党人不为主义奋斗之故"，"军队革命成功非成功，党人革命成功乃真成功"。所以，改组之后，国民党要"用党义战胜，用党员奋斗"①。

1924年1月6日，孙中山发表《关于建立反帝联合战线宣言》，宣言直接指控"帝国主义之英、美、法、日、意，各皆坚心毅力与中国少部分著名的封建督军、破产的官僚、投机的政客此三种人形成中国之军阀政客，买卖中国矣。彼等又助力反革命派完成地方封建政治矣"。号召"起！起！速起！形成反帝国主义联合战线！"②将反帝反封建直接联系起来，是孙中山革命语言的重大变化。

五、国民党一大的召开

1924年1月19日，中国国民党第一次全国代表大会预备会在广州召开，揭开了国民党一大的大幕。1月20日上午九点，中国国民党第一次全国代表大会在广东高等师范学堂开幕，约200人出席大会。其中，李大钊、毛泽东等24名共产党员与会。③

孙中山致开幕词，他说，这次大会是国民党自有民国以来的第一次，"也是自有革命党以来的第一次"，是"中华民国的新纪元"。他回顾了辛亥革命的历史，说那时革命党"各自为战，没有集合，没有纪律"，"革命仍然算失败"。他设定了国民党改组的任务：第一件是改组国民党，"要把国民党再来组织成一个有力量有具体的政党"。第二件"就是用政党的力量去改造国家"。他分析了国民党组织上的弱点："本党以前的失败，是各位党员有自由，全党无自由；各位党员有能力，全党无能力。中国国民党之所以失败，就是这个

---

① 《在广州大本营对国民党员的演说》（1923年12月9日），《孙中山全集》第八卷，第500—506页。
② 《关于建立反帝联合战线宣言》（1924年1月6日），广东省社会科学院历史研究所、中国社会科学院近代史研究所中华民国史研究室、中山大学历史系孙中山研究室合编：《孙中山全集》第九卷，中华书局1986年，第23页。
③ 陈锡祺主编：《孙中山年谱长编》下册，第1802页。

原因。"①

当天下午 2 点开会，孙中山发表演讲。他说，"现在的问题，是国民党改组问题"。"此次改组，就是从今天起，重新做过"。孙中山提出，"将十三年前种种可宝贵最难得的教训和经验来办以后的事"，解放人民痛苦，消灭国家障碍。他在大会上提出《中国国民党宣言案》，表示，"此宣言将国民党之精神、主义、政纲完全发表"，"今后即可管束吾人之一切举动"。②

孙中山在进一步的说明中，宣布与"护法"做历史性切割："今次本总理再回广州，不是再拿护法问题来做功夫。现在的政府为革命政府。"他向大家说明了师法苏俄、建设新体制的想法："俄国完全以党治国，比英、美、法之政党，握权更进一步；我们现在并无国可治，只可说以党建国。待国建好，再去治他。"他提出："……可见俄之革命，事实上实是三民主义。其能成功，即因其将党放在国上。我以为今日是一大纪念日，应重新组织，把党放在国上。""党有力量，可以建国。故大家应有此思想与力量，以党建国。"③党国体制的预想与设计，一改民国建立以来的各种政治设计方案，成为国民党一大崭新的内容。

《中国国民党第一次全国代表大会宣言》系共产国际和鲍罗廷关注的焦点。1 月 23 日，其草案被提交给大会。因为国民党内，特别是一些"前辈"对此中反帝等内容有争议，孙中山曾想取消，"代之提出他本人为全国政府起草的纲领"。鲍罗廷认为，取消《宣言》，大会就"毫无用处"。"而宣言作为对中国迫切问题的反应和回答，将成为运动的指导性和决定性文件"。经过反复、冗长的讨论，鲍罗廷要求孙中山做出抉择："是同帝国主义营垒中的 2.5 亿人前进，还是同遭受帝国主义压迫的 12.5 亿人前进。"孙中山终于首肯，拉住鲍罗廷的手走入会场，《宣言》在孙中山第一个投票赞成的加持下，得以

---

① 《中国国民党第一次全国代表大会开幕词》（1924 年 1 月 20 日），《孙中山全集》第九卷，第 95—98 页。
② 《中国之现状及国民党改组问题》（1924 年 1 月 20 日），《孙中山全集》第九卷，第 99—101 页。
③ 《关于组织国民政府案之说明》（1924 年 1 月 20 日），《孙中山全集》第九卷，第 101—104 页。

通过。[1] 同一天，《国民政府建国大纲》提交大会审议，其核心内容为本三民五权之旨建设民国，政府训导人民行使选举、罢免、创制、复决等权，将建国分为军政、训政、宪政三个阶段，地价增溢归地方政府经营公共需要，县为自治单位，颁行宪法后中央统治权归国民大会行使，等等。[2]

1 月 28 日，代表大会通过了《中国国民党总章》。《总章》分"党员""党部组织""特别地方党部组织""总理""最高党部""省党部""县党部""区党部""区分部""任期""纪律""经费""国民党党团"13 章和"附则"。按《总章》规定，国民党最高机关为全国代表大会，常会每年召开一次，有必要时，召开临时全国代表大会。《总章》特设"总理"一章，以示对孙中山的尊崇，按规定，总理为全国代表大会主席，为中央执行委员会主席，"对于全国代表大会之议决，有交复议之权"，"对于中央执行委员会之议决，有最后决定之权。"[3] 这一特别规定，对中国现代政治产生了重大影响。

1 月 30 日，经孙中山提议，大会选举孙中山、胡汉民等 25 人为国民党中央执行委员会委员。邵元冲、沈定一、林祖涵（伯渠）、毛泽东、瞿秋白、张秋白等 17 人为候补委员。[4]

中国共产党和中国社会主义青年团中央局分析了国民党一大的成绩，认为对于"幼稚"的国民党不应奢求，要着眼双方合作的未来。因为"现在及最近的将来，我们确实有在国民党内竭诚的和国民党合作之必要"，关于"对外恢复国权，对内民众的政治宣传及为人民利益奋斗的表示"，"决不能让步"；同时，"须抑制一切感情并抛弃鄙视国民党之旧观念，努力深入其群众，以期达到国民革命的联合战线之目的。"因为上述原因，也因为知道"幼稚的国民党初次全国大会代表分子非常复杂不愿以希望过奢，致碍我们合作的初幕"，

---

[1] 《鲍罗廷的札记和通报》（摘录），《联共（布）、共产国际与中国国民革命运动（1920 —1925）》，第 471—476 页。

[2] 《国民政府建国大纲》（1924 年 1 月 23 日），《孙中山全集》第九卷，第 126—129 页。

[3] 《中国国民党总章》（1924 年 1 月 28 日），《孙中山全集》第九卷，第 152—162 页。

[4] 《中国国民党第一届中央执行委员会名单》（1924 年 1 月 30 日），《孙中山全集》第九卷，第 180—181 页。

所以只就其中五项提出最低限度主张。① 年轻的共产党人认为国民党"幼稚"，而给予同情之理解，是观察国民革命不可缺位的视角。

六、黄埔军校的建立

1921 年 12 月，马林在张太雷陪同下赴桂林晋谒孙中山，曾提出建立军校的建议，② 但设立军官学校的设想，长期滞留在纸面上。苏俄根据自身的经验，始终认为政治和组织准备活动优先于纯粹的军事行动。

1923 年 11 月 27 日，托洛茨基亲自接见了"孙逸仙博士代表团"的蒋介石、沈定一、张太雷、王登云和邵元冲五人，他强调："国民党应当立即坚决地、急剧地改变自己的政治方向盘。目前，他应该把全部注意力集中到政治工作中来，把军事活动降到必要的最低限度。你们的军事工作不应当超过政治活动的 1/20，无论如何不要超过 1/10。" 他批评孙中山只从事军事行动而忽视政治工作。③

托洛茨基等人对政治的强调，自有其论据。但此时的广州，面临着陈炯明来犯的严峻考验，理论无法取代生存的迫切需要。1923 年 11 月 19 日，孙中山主持国民党临时中央执委会，决定"先招有军事学识党人约十数人，日间为学生讲习高深军事学及党义，夜间教练义勇军"④。11 月 26 日，孙中山主持临时执委会第十次会议，决定义勇军学校叫"国民军军官学校"，蒋介石为校长，陈翰誉为教练长，廖仲恺为政治部主任，由廖仲恺负责筹备。⑤1924 年 1 月 24 日，孙中山任命蒋介石为陆军军官学校筹备委员长。⑥ 1 月 28 日，孙中山指定

---

① 《中国共产党中国社会主义青年团对于国民党全国大会意见》（1924 年 1 月），《中共中央文件选集》第一册（1921—1925），第 215—216 页。
② 陈锡祺主编：《孙中山年谱长编》下册，第 1410 页。
③ 《巴拉诺夫斯基关于国民党代表团拜访托洛茨基情况的书面报告》（1923 年 11 月 27 日），《联共（布）、共产国际与中国国民革命运动（1920—1925）》，第 340 页。
④ 《国父年谱》下册，第 975 页。
⑤ 《国父年谱》下册，第 976 页。
⑥ 中国第二历史档案馆编，万仁元、方庆秋主编：《蒋介石年谱（1887—1926）》，九州出版社 2011 年，第 140 页。

广州黄埔岛上的原广东陆军学校和海军学校为"陆军军官学校"校址。① 故该军校又称黄埔军校。

国民党一大期间，孙中山就开始委托各省代表推荐军校考生，国共要人均为此付出巨大努力，毛泽东就负责了上海地区招生复试工作。② 报名地点一是"中国国民党中央执行委员会本校驻省办事处"，二是"中国国民党上海执行部"。要求年龄在 18 至 25 岁之间；学历要求旧制中学毕业或相当程度；身体健康，无花柳等疾病；思想上的要求是"中国国民党党员，能了解国民革命速须完成之必要者，或具有接受本党主义之可能性，无抵触本党主义之思想，有本党党员之介绍者。"③

1924 年 2 月 6 日，黄埔军校筹备委员会成立不久，蒋介石径自赴沪，至 4月 26 日才进校视事。廖仲恺负责筹备，实际上对黄埔军校的建立发挥了关键作用。1924 年 3 月 27 日，黄埔军校在广州举行总复试，4 月 28 日放榜。在录取学生中，大学毕业生 18 人，大学肄业生 63 人，专科毕业生 26 人，专科肄业生 46 人，师范毕业生 46 人，高中毕业生 159 人，高职毕业生 60 人，并有留学法、德、日者④。全国录正取生 360 余名，备取生 120 余名，合计黄埔一期录取 490 余名。⑤1924 年 5 月 2 日，孙中山以大元帅名义，任命蒋介石为"陆军军官学校"校长，同日，任命其为粤军总司令部参谋长。⑥

5 月 5 日，黄埔军校第一期学生进校，编为一、二、三队，7 日，备选生120 名进校，编为第四队。9 日，孙中山任命廖仲恺为黄埔军校党代表。校本部之下，设政治、教授、训练、管理、军需、军医六部。政治部主任为戴季陶

---

① 另一说为"以黄埔旧水师学堂和陆军小学的旧址为校址"，见《黄埔军校简介》，广东革命历史博物馆编：《黄埔军校史料（1924—1927）》，广东人民出版社 1982 年，第 2 页。

② 中共中央文献研究室编：《毛泽东年谱（1893—1949）》，中央文献出版社 2013 年，第 123 页。

③ 《招生简章》，《黄埔军校史料（1924—1927）》，第 36 页。

④ 容鉴光、叶泉宏：《黄埔军校一期研究总成》，台北易风格数位快印有限公司 2003 年，第 161 页。引自曾庆榴：《关于黄埔军校》，广东省立中山图书馆、广州市社会科学院、中山大学图书馆编：《黄埔军校史料汇编》第一辑第一册，广东教育出版社 2012 年，第 3 页。

⑤ 郭一予：《毛泽东负责上海地区考生复试》，《黄埔军校史料（1924—1927）》，第 38 页。

⑥ 《特任蒋中正职务令》（1924 年 5 月 2 日），《任命蒋中正职务令》（1924 年 5 月 2 日），广东省社会科学院历史研究所、中国社会科学院近代史研究所中华民国史研究室、中山大学历史系孙中山研究室合编：《孙中山全集》第十卷，中华书局 1986 年，第 159 页。

（后为邵元冲、周恩来），副主任周恩来（后为张崧年）；教授部王柏龄为主任，叶剑英为副主任；训练部以李济深为主任，邓演达为副主任；军需部周骏彦为主任，俞飞鹏为副主任；管理部林振雄为主任，陈适为副主任；军医部宋荣昌为主任，李其芳为副主任。何应钦为军事总教官。共产党员茅延桢、金佛庄、胡公冕等参与了军校筹建①。5月13日，孙中山特任汪精卫、胡汉民、邵元冲为黄埔军校政治教官。

1924年6月16日，黄埔军校举行开学典礼。孙中山发表长篇讲话称，"中国十三年的革命完全是失败"，而俄国革命，面对着更强大的敌人，却获得了"彻底的成功"，原因在于他们组织了革命军。他勉励诸生，"要维持共和，消灭这般贪暴无道的军阀，所以要诸君不怕死，步革命先烈的后尘，更要用这五百人做基础，造成我理想上的革命军"②。

从1924年到1927年，黄埔军校共在广州办学六期，毕业生8107人，其中前四期毕业4971人。③

苏俄的参与，是黄埔军校的重要特色，国民党一大期间，孙中山接见了鲍罗廷和苏俄军官切列潘诺夫、波利亚克、捷列沙托夫、格尔曼等人，孙中山表示，"我们的首要任务是按照苏联式样建立一支军队，准备好北伐的根据地"④。这些苏俄军官与前期抵达中国的斯莫连采夫担任了学校顾问外。后来苏联还派出红军军长巴甫洛夫来黄埔军校。另有各军兵种专家乌格尔等约20人。⑤1924年下半年，布留赫尔（也译为布柳赫尔，化名加伦）将军来到黄埔，统领、加强了顾问力量。除了军事顾问，苏联还给了黄埔军校、黄埔学生军和后来的国民革命军大量军火和金钱援助。

以国民党、苏俄和中共合作建立的黄埔军校为核心，国民革命军的建立，

① 钱大钧：《黄埔军校开创时期之组织》，《黄埔军校史料（1924—1927）》，第97页；曾庆榴：《关于黄埔军校》，《黄埔军校史料汇编》第一辑第一册，第2—3页。
② 《在陆军军官学校开学典礼的演说》（1924年6月16日），《孙中山全集》第十卷，第290—300页。
③ 《关于黄埔军校》，《黄埔军校史料汇编》第一辑第一册，第5—6页。
④ ［苏］亚·伊·切列潘诺夫：《中国国民革命军的北伐——一个驻华军事顾问的札记》，中国社会科学出版社1981年，第90页。
⑤ 李玉贞：《国民党与共产国际（1919—1927）》，第255—256页。

成为水到渠成的事。

七、苏俄、中共帮助建立国民革命军

国民革命军由黄埔军校首创其体制，并为其核心逐步扩大。从黄埔建军的第一天起，苏俄和中共就给予了重视，这就使得国民革命军创生时就打上了深深的红色印记。

在黄埔军校招生时，中共中央发出通告："广州黄埔军校正拟招收三千名入伍生，望各地速速多选工作不甚重要之同学、少校同学及民校左派同学，自备川资和旅费，前往广州投考，以免该校为反动派所据"，其中，"同学"指"同志"，"少校"指"共青团"，"民校"指"国民党"。[①] 在黄埔的前三期师生中，共产党员除周恩来、叶剑英外，尚有第一期的刘仇西、李之龙、蒋先云、王尔琢、许继慎、毛延桢、金佛庄、彭干臣、陈赓、徐象谦（向前）等人，第二期的周逸群、王伯苍，第三期的饶荣春、周恩渭等人。[②] 另有统计称，在第一期结业 645 人中，中共党员 41 人，占 6.5%，在第二期毕业 449 人中，中共党员占 4.45%，在第三期毕业 1233 人，中共党员占 0.973%。[③] 前热后冷态势明显，所以如此，是因为指导方针有变，中共中央 1926 年发布通告称，"我们的同志宜少派人前往，总以多找左派为原则。凡已任有工作同志——尤其是工运、农运同志——绝对不可令之抛弃工作前去。惟能力幼稚，尚不能独立工作而生活又难自维持，想入黄埔者，亦可允其前去。"[④] 人数虽不占优势，但周恩来作为军校政治部主任，被认为是中共"渗入政工之始"。[⑤] 由于周恩来等人的领导，在黄埔军校中，中共党员极为活跃。

苏俄根据其在华工作人员对国民党的判断，采取了积极的支持态度。苏俄

---

① 《中国共产党通告第六十二号》，《黄埔军校史料（1924—1927）》，第 70 页。

② 《中共黄埔特别支部的领导和主要成员》，《黄埔军校史料（1924—1927）》，第 116 页。

③ 李云汉：《中国国民党史述》，台北：中国国民党"中央党史委员会"，1994 年，第 496—497 页。

④ 《中国共产党通告（钟字第二十二号）》，《黄埔军校史料（1924—1927）》，第 80 页。

⑤ "国军政工史稿编纂委员会"：《国军政工史稿》（上），台北："国防部总政治部"，1960 年，第 89 页。

和中共在黄埔军校中合法立足，其氛围异于寻常。"关于社会主义、共产主义、马克思主义等书籍，以及表同情于本党或赞成本党政策而极力援助本党之一切出版物，除责成政治部随时购置外，本校学生皆可购阅。"①

苏军党代表制顺理成章地在黄埔落地，廖仲恺被任命为党代表。党代表的设置，乃"为灌输国民革命之精神，提高战斗力，巩固纪律，发展三民主义之教育"。"党代表在军队中，为中国国民党之代表，关于军队中之政治情形及行为，党代表对党员负完全责任"；"党代表为军队中党部之指导人，并施行各种政治文化工作"；"党代表为所属军队之长官，其所发命令，与指挥官同，所属人员须一律执行之"。至于党代表与部队指挥官的关系，规定"党代表不干涉指挥官之行政命令，但须副署之"；"党代表于认为指挥官之命令有危害国民革命时，应即报告上级党代表，但于发现指挥官分明变乱或叛党时，党代表得以自己的意见，自动的设法使其命令不得执行"。②

经过短暂犹豫，蒋介石决心以黄埔为基石开创自己的事业。1924 年 10 月 9 日，孙中山因商团事件越发严峻，广州危急，密电蒋介石放弃黄埔，将枪弹与学生一起送往韶关，"为北伐之孤注"③。蒋介石则决意"死守孤岛"，等候孙中山来援。④度过危机以后，1924 年 11 月 11 日，孙中山令将黄埔新军称为"党军"。11 月 30 日，蒋介石呈请任命胡公冕为教导团第一营党代表，茅延桢为第二营党代表，蔡光举为第三营党代表。⑤共产党员角色吃重，令人瞩目，诚所谓"本党建军自黄埔始，军队政工亦自黄埔始"。⑥1924 年 12 月 2 日，蒋介石呈请成立教导第二团，王柏龄为团长，郭大荣为参谋长，顾祝同为第一营营长，林鼎祺为第二营营长；原教导团改为教导第一团。⑦后以张静愚为

---

① 《汪党代表训令》，《黄埔军校史料（1924—1927）》，第 79 页。
② 《国民革命军党代表条例》，《黄埔军校史料（1924—1927）》，第 139—140 页。
③ 《孙文为平定广东商团叛乱致胡汉民等密电》（1924 年 10 月），《中华民国史档案资料汇编》第四辑（二），江苏古籍出版社 1991 年，第 786 页。
④ 《蒋介石年谱（1887—1926）》，第 218 页。
⑤ 《蒋介石年谱（1887—1926）》，第 240 页。
⑥ "国军政工史稿编纂委员会"：《国军政工史稿》（上），第 86 页。
⑦ 《蒋介石年谱（1887—1926）》，第 240 页。并见钱大钧：《黄埔军校开创时期之组织》，《黄埔军校史料（1924—1927）》，第 99 页。

第二团党代表，金佛庄为第二团第三营营长。① 同月，军校成立参谋处，钱大钧为处长。1924 年 3 月 29 日，蒋介石呈请任命周恩来为军法处处长。② 同年 4 月 11 日，蒋呈请任命张治中为入伍生总队长。

蒋介石主导的黄埔军校及其军队在苏联援助下迅速发展，而年轻的中国共产党对其中的危险因素进行了非常深邃和有远见的批评，而且批评对象正是苏俄代表鲍罗廷及其执行的政策。

1924 年 10 月，中国共产党中央执行委员会全体会议认为，"鲍罗廷同志犯了许多错误"，其中"特别大的错误是他支持国民党的军事行动"。执委会还批评鲍罗廷与其联系甚少。③ 不仅如此，中共中央直接致函鲍罗廷，对其进行严厉的批评和指责。批评的依据是在黄埔军校和教导团中担任要职的共产党员金佛庄的报告：

黄埔有很大的缺点：（1）右派军官千方百计阻挠工作（政治工作），国民党中央委员会派去的政委（按：指党代表廖仲恺）实际上没有把工作开展起来，而蒋介石校长参加的国民党支部什么事都不能做。（2）在学校里无政府主义者占上风，新改编的模范团也落到他们手中。（3）你们的资金不知他们用到何处去了。因此，除了我们的同志以外，受他们（右派和无政府主义者）影响的学员很容易涣散。俄国的血汗（你们的资金），或许还有世界无产阶级的血汗花在这种学校上，我们认为很不值得，因为这个军校与其他任何一个军阀的军校没有什么区别。④

1925 年 4 月，廖仲恺提请国民党中央将教导第一、二两团组成"党军第

---

① 《蒋介石年谱（1887—1926）》，第 247 页。
② 《蒋介石年谱（1887—1926）》，第 294 页。
③ 《中国共产党(中央)执行委员会全体会议就瞿秋白同志关于广东政治路线的报告作出的决议》（1924 年 10 月 8 日），《联共（布）、共产国际与中国国民革命运动（1920—1925）》，第 533—534 页。
④ 《中共中央给鲍罗廷的信》（1924 年 10 月 10 日），《联共（布）、共产国际与中国国民革命运动（1920—1925）》，第 536—537 页。

一旅"。①党军扩大之时,军校政治部也随之扩大组织,分设前后方政治部。"随军作战者称前方政治部,以周恩来为主任,留校教育者称后方政治部,以包惠僧为主任。"紧接着,改前方政治部为"党军政治部",仍以周恩来为主任。"至此军队政工始脱离军校政工而独立。"②共产党员主持黄埔军校和党军的政治工作,清晰地表明,在国民革命军的孕育过程中,中共有相当大的贡献。

1925年6月15日,国民党中央执行委员会全体大会决议:(1)改组原"大元帅府"为国民政府;(2)取消各地方军名义,统一改称"国民革命军";(3)成立军事委员会,统辖各军,谋军令政令统一。

国民革命军第一军由党军改编,军长蒋介石,副军长何应钦;第二军由湘军改编,军长谭延闿,副军长鲁涤平;第三军由滇军改编,军长朱培德;第四军由粤军改编,军长李济深,此为初编成之国民革命军。后以李福林的"福军"为第五军,李为军长;以援鄂军、豫军、山陕军、赣军等零星部队,加上吴铁城的一个师,编为第六军,以援鄂军总司令程潜为军长。国民革命军乃得有6军之众,后设"总监"统领之,蒋介石为总监。③1926年春,新桂系李宗仁等部编为第七军,湖南唐生智部编为第八军。

按照苏联顾问加伦等人的意见,国民革命军的"三三制"编制方案得以确定:每师3团,9个营,27个步兵连。每连士兵99人,勤务兵9人,共108人。每团另配属机枪连(10人)、侦察连(11人)、技术连(通信兵和工兵12人)、卫生连(13人)、后勤连(14人)和补充连(15人),这样,每团15个连。

每师另设警卫营、炮兵营、通信连、工兵连、供给连、补充营和若干其他兵种小分队。每师共有5500人,其中士兵4100人,特殊技术兵种450人,后勤850人,其余为参谋人员。独立旅下辖两个团,共有3200人,士兵与后勤

① 《蒋介石日记》,1925年5月10日,斯坦福大学胡佛研究所藏;《蒋介石年谱(1887—1926)》,第303、312页。
② "国军政工史稿编纂委员会":《国军政工史稿》(上),第153页。
③ 《国民革命军之编成》,文公直:《最近三十年中国军事史》,沈云龙主编:《近代中国史料丛刊》第64辑,台北:文海出版社1971年,第445—446页。

人员的人数比例与师相同。[①]

八、巩固广东统一两广

黄埔军校建立后，广东形势瞬息万变，政治、军事、人事各方面的新陈代谢，在联俄与国共合作的背景下，加速进行。

广州商团成立于辛亥年间，至 1924 年，已经扩充至 1.3 万人左右，成为广州一股重要力量，汇丰银行买办陈廉伯总其事。即至此时，广州驻军众多，财政紧张，挹注困难。尤以刘震寰、杨希闵部"假借革命旗帜，横征暴敛，商民不堪其苦，迁怒于政府"，乃"密组中国反动党，托言商民自卫"，向香港德商"顺全隆洋行"订得大批枪械，8 月 4 日向广州政府军政部领得护照，过了 4 天，即以货轮"哈辅"悬挪威旗入口，被孙中山知悉，即令大本营副官邓彦华和蒋介石率"江固"舰前往缉拿。[②]商团事件爆发。

在事件发酵过程中，孙中山是矛盾的，离开广州之际，他认为"商团已就范"，军械"当先发还商团"；并以可得百万"出发费"，令蒋介石发还枪械。[③]另外，他痛斥英帝国主义为商团叛乱的指挥者，他号召说："吾人前此革命之口号曰：'排满'，至今日吾人之口号，则改为'推翻帝国主义者之干涉，以排除革命成功之最大障碍'。"[④]10 月 10 日，蒋介石电告孙中山已经将商团军械交李福林发还，子弹则等其缴足 20 万再发。而当天孙中山通电广州各要人，称商团"叛迹显露，万难再事姑息"，并成立革命军事委员会，亲任会长。[⑤]10 月 11 日，孙中山令许崇智、廖仲恺、汪精卫、蒋介石、陈友仁、谭平山为革

---

① A. И. 卡尔图诺娃：《加伦在中国》，第 208—209 页。
② 《蒋介石年谱（1887—1926）》，第 201—202 页。而按杨希闵呈报孙中山，广州商团激发与其所部滇军矛盾，有"陈逆炯明极力运动商团，意图在省捣乱"的背景。见《大元帅关于认真查究广州商团枪杀卫戍司令部排长蔡海清等指令》（1924 年 2 月 8 日），《中华民国史档案资料汇编》第四辑（二），江苏古籍出版社 1991 年，第 769 页。
③ 《孙文取消发给范石生枪支令》（1924 年 9 月 12 日），《中华民国史档案资料汇编》第四辑（二），第 781 页；《蒋介石年谱（1887—1926）》，第 207 页。
④ 《东三省民报登载孙中山抗议外人干涉内政电》（1924 年 9 月 22 日），《中华民国史档案资料汇编》第四辑（二），第 784—785 页。
⑤ 《蒋介石年谱（1887—1926）》，第 220 页。

命委员会全权委员，并得以会长名义打消商团罢市、收回关余，同时又令蒋介石收束黄埔，专力北伐。而俄国武器，"一支不可分散"，全部运往韶关。①10月14、15日黄埔军与商团激战，10月16日，商团副团长陈恭受乞和。黄埔军校用所缴获商团军械，又"成立了一个教导团"。②

在解决商团这个肘腋之患后，广州方面集中力量发动了对陈炯明的东征。1925年1月30日，蒋介石举行东征军总指挥就职仪式，滇军任左翼，由河源、老隆趋兴宁、五华，对付林虎所部；桂军任中路，围攻惠州；黄埔军计划与粤军一起，担任右翼，沿广九铁路，攻击淡水、平山、海陆丰，趋潮汕，攻击洪兆麟。③2月2日，黄埔东征队组成，以教导团和炮兵营为主力，工兵队、辎重队、步兵一二三队为总预备队，另有政治宣传队一队。④也有人称这些部队为"校军"，"所谓校军，实系军校在动员作战中之别称。"⑤顾问加伦将军随军指导。

2月6日，粤军占领东莞、石龙，至10日，肃清广九路，而中路、左路未动。⑥2月14日，黄埔军与粤军张民达师、许济旅追击至淡水。15日拂晓，教导团第一团何应钦等敌前指挥，掌旗手奋勇冲锋，首登城门。第二团和粤军随之亦攻入城中。15日上午，敌援军赶到，许济第七旅弹药耗尽，被迫退却，但教导团和粤军攻击敌军右翼，敌7000余众溃逃。⑦在淡水，教导团俘虏2000余人，缴枪1000多支，获得孙中山嘉奖。⑧

2月20日，东征军与洪兆麟、叶举等人在羊塘围再度激战，击垮敌军，"自

① 《蒋介石年谱（1887—1926）》，第221页。
② 蒋介石：《平定商团经过》，《黄埔军校史料（1924—1927）》，第241页。因教导一团已经在9月间成立，并有苏俄军械，此处当指教导第二团。
③ 《蒋介石日记》，1925年1月30日，斯坦福大学胡佛研究所藏；《第一次东征记略》（1925年2—6月），《中华民国史档案资料汇编》第四辑（二），第819页；《蒋介石年谱（1887—1926）》，第267页。
④ 《蒋介石年谱（1887—1926）》，第268页。
⑤ "国军政工史稿编纂委员会"：《国军政工史稿》（上），第153页。
⑥ 《第一次东征记略》（1925年2—6月），《中华民国史档案资料汇编》第四辑（二），第819页。
⑦ 《第一次东征记略》（1925年2—6月），《中华民国史档案资料汇编》第四辑（二），第820—824页。
⑧ 《蒋介石年谱（1887—1926）》，第274—276页。

此以后，则已胆寒，失其战斗力矣。"①东征军追击敌军，粤军在三多祝击溃敌军有限抵抗，攻克海丰，与教导团会师。随即在鲤湖击败敌军，克服潮汕。2月26日，陈炯明由汕尾逃往香港。3月13日，发生棉湖之战。棉湖战斗，得到苏联顾问嘉伦的高度评价，他说："棉湖一战的成绩，不独在中国所少见，即世界上亦是少有的。""这样好的军队，这样好的官长，将来革命可以成功！"②

第一次东征后不久，刘震寰、杨希闵行迹败露。代理大元帅胡汉民发表通电称：东征之中，刘震寰桂军、杨希闵滇军"观望不战"。东征军在兴宁缴获杨希闵密电后，"始尽悉其勾结奸谋"。刘震寰亲自去云南纳款于唐继尧，"引兵入桂，以为图粤之张本"；杨希闵潜赴香港，"与北京密使共谋颠覆革命政府"。"六月四日遂公然占领广东省长公署、财政部等机关，反形尽揭"。③乃回师平叛。刘震寰调所部驻新街，杨希闵部滇军集中广州东北郊区及龙眼洞，图谋抵抗。回师部队与黄埔联络后，以主力由龙眼洞进击白云山；黄埔入伍生由赤冈塔、猎德渡河，向东山进攻；舰队则炮击石牌、猎德附近敌军阵地。11日中午，回师军占领龙眼洞。12日，滇军指挥赵成梁被炮击毙，滇军遂溃退石井一带；刘震寰部被击溃后，亦退往石井，于是一同缴械。"为时不过两日，数万逆军，三年虎踞羊城，雄视一切，至是一扫而荡除之矣。"④

平定刘杨叛乱后，1925年7月1日，国民政府成立，按苏式制度，采合议制，委员16人，汪精卫为主席。⑤同一天，发表《中华民国革命政府宣言》，宣言称，接受先大元帅之遗嘱，继续国民革命，"国民革命之最大目的，在致中国于独立、平等、自由，故其最先著手即在废除不平等条约"。国民党将从帝国主义及依附于帝国主义的军阀手中收回主权，召开国民会议，还之国民。宣言

---

① 《第一次东征记略》（1925年2—6月），《中华民国史档案资料汇编》第四辑（二），第824—825页。

② 《嘉伦将军对教导团全体官兵演说》（1925年3月16日），《黄埔军校史料（1924—1927）》，第162页。

③ 《胡汉民关于严重处分叛军杨希闵刘震寰部通电》（1925年6月7日），《中华民国史档案资料汇编》第四辑（二），第846页。

④ 讨伐刘杨经过，见《第一次东征记略》（1925年2—6月），《中华民国史档案资料汇编》第四辑（二），第835—836页。

⑤ "国军政工史稿编纂委员会"：《国军政工史稿》（上），第157页。

指出，沙面惨案为帝国主义企图扼杀国民革命"方新之气"的证据，故国民党在 22 日至 28 日间发表了立即废除不平等条约的宣言。

1925 年 8 月 20 日，黄埔军校党代表廖仲恺在国民党中央执行委员会门前遇刺。当天下午，国民党中央任命汪精卫、许崇智和蒋介石组织"特别委员会"，授予其"政治、军事及警察权"，以应付时局。① 廖仲恺案促使国民政府以令人眼花缭乱的速度进行重组。廖遇刺后，军政部长、粤军总司令、财政监督许崇智带领其主力回到广州，参加了至关重要的汪、许、蒋三人小组，并被任命为拟议进行的第二次东征的总指挥。但他被广州方面认为"与右派分子彻底同流合污了"，而广州军事实力的对比发生了对其不利的变化：粤军第一军梁鸿楷部因涉及廖仲恺案被解散；李济深部第四军"不承认他"；关键的，"蒋介石的第一军和黄埔军校的威信和影响无可估计地增强了"。而许崇智"以万五千人而占九十万至一百万之饷，使各友军衣食无着"，汪精卫、李济深等人深表不满。② 9 月 18 日，军事委员会命蒋介石以广州卫戍司令"全权处置粤局"。晚，黄埔第一师围住许崇智私人住所。③19 日，蒋介石以黄埔军和粤军第四师"解决反革命各军"，并致函许崇智，指责其把持财税，中饱私囊，遏止东征，破坏革命，且与廖仲恺案关系牵连，要求其"暂离粤境"。④ 9 月 20 日，国民党中央政治委员会决定许崇智"赴沪养疴"。当晚，许崇智在陈铭枢"护送"下离粤。⑤ 9 月 28 日，蒋介石被任命为东征总指挥。廖案以许案作结，系蒋介石崛起于国民党的一重要节点。

随即，国民政府乃发动第二次东征，何应钦为第一纵队长，李济深为第二纵队长，程潜为第三纵队长。 9 月 28 日，第一军分三批开拔，而第一军党代表阵容为：第一军党代表汪精卫；周恩来为第一师党代表，贺衷寒为其第一团党代表，金佛庄为第二团党代表，包惠僧为第三团党代表；徐坚为第二师第四

---

① 《蒋介石日记》，1925 年 8 月 20 日，斯坦福大学胡佛研究所藏。
② 《蒋介石日记》，1925 年 9 月 17 日，斯坦福大学胡佛研究所藏。
③ 《蒋介石年谱（1887—1926）》，第 376 页。
④ 《蒋介石年谱（1887—1926）》，第 377—379 页。
⑤ 《蒋介石日记》，1925 年 9 月 17 日，斯坦福大学胡佛研究所藏；《蒋介石年谱（1887—1926）》，第 379 页。

团党代表，严凤（奉）仪为第五团党代表；蒋先云为第三师第七团党代表，张际春为第八团党代表，王逸常为第九团党代表。①共产党员在第一军政工系统中占据了显著位置。

惠州为粤东名城，为东征第一目标。攻击各军均有苏联军事顾问：蒋介石的顾问为罗加乔夫，第四军顾问为萨赫诺夫斯基，三水部队顾问什涅伊杰尔，吴铁城部顾问捷斯连科，程潜部顾问康奇茨，另有切列潘诺夫、帕纽科夫、舍瓦尔金等人。②1925年10月9日，蒋介石发布攻击令。13日上午九点半，攻击各军完全占领阵地，野炮兵轰击惠州，飞机亦空投助战。14日下午攻入惠州。③苏联顾问认为，"惠州要塞实际上是共产党人拿下的，他们的意志比攻不破的城墙还要坚硬。"④敌军迅速崩溃，11月20日，蒋介石下令停止追击，三纵队各驻防潮汕、澄海、揭阳、大埔、梅县、惠州等各要点，总指挥部驻汕头。⑤在第二次东征中，政工干部宣传主义，极大地改善了军队形象，密切了军民关系，"一路人民观者如堵"⑥，"可知民众对于革命已觉悟，非昔日之必也"⑦；而战斗中，政工人员"争先恐后，参加敢死队"，"伤亡率最高"⑧，体现了新式军队的特色和力量所在。

第二次东征消灭、驱逐了陈炯明的残余势力，缴获步枪8000余支，机关枪50余挺，大炮15门。中共乐观地表示，这标志着"广东省以土地疆域而论，已经统一"⑨。

在广东政局刷新之际，广西局面也进入新阶段。1926年2月，国民政府

---

① 《蒋介石年谱（1887—1926）》，第381—382页；"国军政工史稿编纂委员会"：《国军政工史稿》（上），第158—159页。
② ［苏］亚·伊·切列潘诺夫：《中国国民革命军的北伐——一个驻华军事顾问的札记》，第268—269页。
③ 《第二次东征记略》（1925年9—11月），《中华民国史档案资料汇编》第四辑（二），第859—867页。
④ ［苏］亚·伊·切列潘诺夫：《中国国民革命军的北伐——一个驻华军事顾问的札记》，第287页。
⑤ 《第二次东征记略》（1925年9—11月），《中华民国史档案资料汇编》第四辑（二），第867—877页。
⑥ 《蒋介石日记》，1925年11月5日，斯坦福大学胡佛研究所藏。
⑦ 《蒋介石日记》，1925年12月11日，斯坦福大学胡佛研究所藏。
⑧ "国军政工史稿编纂委员会"：《国军政工史稿》（上），第164—165页。
⑨ 《东江胜利后之广东》，《向导》周报，第137期，第1251—1252页。

设立"两广统一委员会"。1926年3月，国民政府"筹议两广政治军事财政统一委员会"议决各事项，决定广西省政府在中国国民党指导监督下，处理全省政务，其省政府之组织，按国民政府颁布的省政府组织法行之，交涉员、高等审判厅等由国民政府直辖；广西军队全部改编为国民革命军八、九两军，以李宗仁、黄绍竑为军长，组织军队改组委员会，李宗仁为主席，李宗仁、黄绍竑、白崇禧等人及中央特派员组成之；两广财政受国民政府财政部指挥监督，收入统一由财政部征收，支出拟具预算由国民政府核准，财政官吏由国民政府委任，等等。①6月1日，黄绍竑任广西省主席。

在一年多的时间里，国民革命的形势焕然一新。中国共产党在孙中山逝世纪念日来临之前提出："要求一个统一全国的革命的政府，这个国民政府，一定要在中国国民党指挥之下，能实行反帝国主义的职责。"②以统一全国为目标的新北伐提上了议事日程。

九、北伐启动

国民党人的北伐情结由来已久。1926年1月1日，国民党第二次全国代表大会在广州召开。1月4日，蒋介石在演讲中分析，"本党打倒军阀的目的必可达到"，"统一中国的，只有本党"③。在国民党二大所做的军事报告中，他表达了与孙中山类似的担忧："香港差不多是一切省内外敌人之巢穴……是

---

① 《国民政府抄送筹议两广政治军事财政统一委员会议决事项令》（1926年3月19日），《中华民国史档案资料汇编》第四辑（二），第910—912页。具体实施时，广西军队统编为国民革命军第七军。关于广西预留八、九两军番号，蒋介石认为与"倒蒋运动"阴谋有关，"中山舰事件"后，他对第一军将士分析说："现在广东统有六军，广西有两军，广东是第一、二、三、四、五、六各军，照次序排下去，广西自然是第七、八军了，但是第七军的名称偏偏搁起来，留在后面不发表，暗示我的部下先要他离叛了我，推倒了我，然后拿第二师和第二十师编成第七军，即以第七军军长报酬我部下反叛的代价。"见《蒋介石年谱（1887—1926）》，第506页。蒋基于此判断，先发制人，将第一军第二师师长王懋功革职，并称"（王懋功）狡猾恶劣，惟利是视……外人不察，思利用以倒我，不知将来为害党国与革命至于胡底，故决心革除之"。见《蒋介石日记》，1926年2月26日，斯坦福大学胡佛研究所藏。
② 《中央关于孙中山先生纪念日宣传大纲》（1926年2月26日），中央档案馆编：《中共中央文件选集》第二册（1926），中共中央党校出版社1989年，第49页。
③ 《蒋介石年谱（1887—1926）》，第446页。

世界帝国主义压迫中国的中心点,他们种种的势力,实在可制我们政府的死命。"他也分析了当时国民革命军和黄埔军校的势力,认为"我们的政府已经确实有了力量,来向外发展了","本党的力量就不难统一中国"①。向北发展,更易实现夺取整个中国的目标,是蒋介石的新考虑。他在与苏联顾问季山嘉讨论北方军事政治时,承认"实决心在北方得一根据地,其效亦必大于南方十倍"②。在向北发展的过程中,如何处理与苏俄的关系,蒋介石与汪精卫商议,"中国国民革命未成以前,一切实权皆不宜旁落,而与第三国际必能一致行动,但须不失自动地位也。"③即在国民革命中掌握领导权。

北伐以造成新的革命形势,得到了苏俄和共产国际的支持。1926年2月,蒋介石突然解决被认为接近汪精卫的第一军第二师师长王懋功,鲍罗廷未做反应。3月22日,苏俄参议(按:即后文的布勃诺夫)就刚刚发生的"中山舰事件"造访蒋介石,询问是对人还是对俄?蒋答以对人,俄参议即表"心安",表示"今日可令季山嘉、罗茄觉夫(按:即罗加乔夫)各重要顾问离粤回国"④。"中山舰事件"如何看待和应对?甫到广州几天的联共(布)中央书记、苏联红军政治部主任、苏联革命军事委员会委员 A.C.布勃诺夫(按:化名伊万诺夫斯基,《蒋介石日记》中称为"伊万诺夫司堪")在广州顾问团全体成员大会上做了长达6小时的讲话,他承认,"中山舰事件"是针对苏联顾问和中国政委的"准暴动",但它起因于广东政府内部的一系列矛盾,而且因为苏联顾问的"大错误"而复杂化、尖锐化了,如司令部、后勤部、政治部、顾问和政委,构成了对国民党将领的"五条锁链",还有要黄埔校长向俄国顾问报告,简直是"反革命行为"。决定撤销苏联驻华南军事顾问团团长季山嘉、副团长罗加乔夫和拉兹贡(奥尔金)的职务。⑤

---

① 《蒋介石年谱(1887—1926)》,第447、452页。
② 《蒋介石日记》,1926年1月28日,斯坦福大学胡佛研究所藏。
③ 《蒋介石日记》,1926年3月8日,斯坦福大学胡佛研究所藏。
④ 《蒋介石日记》,1926年3月22日,斯坦福大学胡佛研究所藏。
⑤ 《布勃诺夫在广州苏联顾问团全体人员大会上的报告》(1926年3月24日),中共中央党史研究室第一研究部译:《联共(布)、共产国际与中国国民运动(1926—1927)》(上),北京图书馆出版社1997年,第162—171页。

布勃诺夫使团当然有策略上的考虑，"使团决定迁就蒋介石并召回季山嘉，是将此举作为一个策略步骤，以便赢得时间和做好准备除掉这位将军"。当然，季山嘉等人的工作也被认为有失误，他们忘记自己只是顾问而不是指挥官。①另外，苏俄以"中山舰事件"合法化来推动北伐，跟吴佩孚、张作霖联手击败苏俄已经支持多年的冯玉祥这一背景有很大的关联度，中国北方革命形势的低落需要南方的振奋。

"中山舰事件"后，国民党改组以来的权力结构发生了根本性巨变：此前，廖仲恺遇刺，胡汉民放洋，而这一次汪精卫选择远遁，蒋介石嘲笑说："无怪总理平生笑其为书生。"②"三巨头"或陨或隐，蒋得以在国民党内地位迅速上升至最高层，遂有机会推行其北伐计划。1926年5月21日，国民党中央发布关于时局的宣言，决定"接受海内外请愿北伐"③。

接下来公布的《国民革命军总司令部组织大纲》规定，国民政府特任国民革命军总司令一人，"凡国民政府下之陆海军均归其统辖"；国民革命军总司令对国民政府和中国国民党"在军事上须完全负责"；国民革命军总司令"兼任军事委员会主席"；"出征动员令下后即为军事状态"，"凡国民政府所属军民财政各部机关均须受总司令之指挥，秉其意旨办理各事"；"总司令出征时，设立治安委员会，代行总司令职权，该会受政治委员会之指挥，其议决案关于军事者，交由总司令部执行之。"④总司令职权之大，整个国民政府系统无出其右，进一步强化了蒋介石的地位。

1926年6月21日，蒋决定7月1日进行总动员，以第四、三、一、六各军为出发次序。⑤此前的6月4日，唐生智已经在衡州设立"湖南临时省政府"，就任省长。⑥第四军第十师陈铭枢部、第十二师张发奎部已在6月28日受命援

① 《索洛维约夫给加拉罕的信》（1926年3月24日），《联共（布）、共产国际与中国国民运动（1926—1927）》（上），第117页。
② 《蒋介石日记》，1926年3月31日，斯坦福大学胡佛研究所藏。
③ 《蒋介石年谱（1887—1926）》，第520页。
④ 《国民革命军总司令部组织大纲》，陈训正编：《国民革命军战史初稿》卷二，沈云龙主编：《近代中国史料丛刊》第79辑，台北：文海出版社1972年，第36页。
⑤ 《蒋介石日记》，1926年6月21日，斯坦福大学胡佛研究所藏。
⑥ 《蒋介石年谱（1887—1926）》，第526页。

湘。①北伐以事先无法预料的方式拉开帷幕。而这也意味着中国国民革命由此进入高潮阶段。

余 音 国民革命阵营内部矛盾与失败

按照苏俄、共产国际和陈独秀等人的设计，中国革命应该分两步走：第一步，与中国的资产阶级民主派合作，发动国民革命，开展反帝反封建的斗争，建立资产阶级民主政权；第二步，运用国家资本主义，发展现代工业，壮大无产阶级的力量，进而推翻资产阶级，建立无产阶级政权。"两步走"的战略和策略，存在着内部张力——资产阶级是否会一直"驯服"地配合共产党人的阶段性斗争方略？中国共产党人一直担心的资产阶级发展壮大后反目相向会否成为现实？

作为国民革命军总司令的蒋介石，是国民革命阵营内部矛盾的症结所在。第一军进入湖南后，指挥屡屡失算，蒋介石"威望"受损，招致国民革命阵营中新加入者，如唐生智等人的轻慢。9月8日，唐生智致函蒋介石，不愿意其待在武昌，蒋为之"心神不定"②。9月14日，蒋介石召开军事会议，"决离鄂向赣，不再为冯妇矣，否则人格扫地殆尽，所为者本军不能争气"。③军事上表现不佳，又引起内部政治暗流涌动，汪精卫本因"中山舰事件"远引法国，1926年9月间，苏联军事顾问嘉伦将军劝说蒋出面请汪精卫复出，而汪精卫本人"欲出之意，则甚明也"。④与此同时，蒋介石企图用来牵制唐生智的国民革命军总政治部，在邓演达的主持下，权力大增，汪精卫夸张地表示："在总政治部下才设得有（党）中央执行委员会同国民政府两科"，邓演达也称"政治部所在之地，人民不向政府机关请求，而来向总政治部请求"。⑤邓演达本

---

① 《蒋介石年谱（1887—1926）》，第532页。
② 《蒋介石日记》，1926年9月8日，斯坦福大学胡佛研究所藏。
③ 《蒋介石日记》，1926年9月14日，斯坦福大学胡佛研究所藏。
④ 《蒋介石日记》，1926年9月27日、29日，斯坦福大学胡佛研究所藏。
⑤ 张宪文、张玉法主编：《中华民国专题史》第四卷，朱汉国、杨维真、林辉锋、陈佑慎等著：《国民革命与北伐战争》，南京大学出版社2015年，第206、222页。

人亦与蒋介石渐行渐远。

当时，两湖地区国民革命形势高涨，1926 年 11 月下旬，国民党中央政治会议应蒋介石之请决定中央党部和国民政府都迁往武昌。国民党中央各要人和鲍罗廷等随即陆续赶往武昌，成立国民党中央执行委员暨国民政府委员联席会议，代行国民党中央和国民政府最高权力，徐谦为主席，鲍罗廷为总顾问。然而不久，1927 年 1 月 3 日，蒋介石借重张静江，在南昌召开中央政治会议临时会议，"决议中央党部与政府暂驻南昌，思党务有所补救"，[①] 随即截留路过的部分国民党中央委员，挑起"迁都之争"。后"不忍为帝国主义者之诽笑"，蒋又主动放弃主张，"决将政府迁移武昌"[②]。

担心在国民党内大权旁落的同时，蒋介石对中国共产党的迅速发展和影响力日增更加担心，对苏联顾问的角色日益不满。在与湖南省党部执行委员谈话时，蒋认为"本党与 CP 意见渐趋明显一路"，"可忧"[③]。与程潜谈话时，蒋直言"与鲍尔廷（按：指鲍罗廷）不能相容，既不能为国雪耻，何忍复为余辱国，革命至此，总受帝国主义与外人压迫，何如及时辞职以谢国民与已死同志之灵"[④]。他认为，"苏俄解放被压迫民族之主义，深信其不误"，但鲍罗廷的行为，与其主义完全相反，应驱逐之。"苏俄同志如诚为解放弱小民族，不使第三国际信用破产，应急改正其方法。"[⑤] 在与顾孟馀、戴季陶、邓演达、何香凝等人交谈时，蒋竭力强调非去鲍罗廷不可。[⑥]

蒋介石在国民党内成为矛盾焦点，共产国际和苏联是大体清楚的。但理论的推演，代替不了现场的运作，鲍罗廷在国民革命中居于关键位置，而蒋介石对鲍罗廷持强烈不满，对此共产国际并不清楚。当时，共产国际执委会远东局内部不断有人如维经斯基对鲍罗廷的工作提出异议，但联共（布）中央决定"所

---

① 《蒋介石日记》，1927 年 1 月 3 日，斯坦福大学胡佛研究所藏。
② 《蒋介石日记》，1927 年 2 月 1 日，斯坦福大学胡佛研究所藏。
③ 《蒋介石日记》，1926 年 12 月 8 日，斯坦福大学胡佛研究所藏。
④ 《蒋介石日记》，1927 年 1 月 19 日，斯坦福大学胡佛研究所藏。
⑤ 《蒋介石日记》，1927 年 1 月 20 日，斯坦福大学胡佛研究所藏。
⑥ 《蒋介石日记》，1927 年 1 月 27 日、30 日，斯坦福大学胡佛研究所藏。

有派往中国的同志均归鲍罗廷同志领导"①。在"迁都之争"时，斯大林指示鲍罗廷去南昌与蒋介石沟通，提出妥协方案：同意蒋介石和司令部"因前线关系驻在南昌，但国民政府和中央则驻在武汉"。②蒋介石与加伦关系较为融洽，1927年1月底，斯大林就鲍罗廷与加伦将军之间产生"误解和摩擦"，专门致电要求建立两人关系的"规范"。③不久，他又指示给鲍罗廷发去电报："我们认为国民党中央对蒋介石的方针是正确的"，但一不要突出鲍罗廷，"免得人们认为这场冲突是鲍罗廷和蒋介石之间为争夺影响而进行的斗争"，二不要把事态发展到与蒋介石决裂的地步。④

共产国际新派来的代表罗易想象力太过丰富，他企图通过与蒋介石直接联系解决危机，而蒋介石冷冰冰地告诉他，"在武汉垄断我党权力的那些人不能不对此承担责任"，而罗易听信了一面之词，并不了解情况。⑤罗易与鲍罗廷矛盾不断，自以为正确，他认为"蒋介石作为大资产阶级的代表，将在土地问题上坚持比武汉更为激进的立场"；汪精卫和邓演达是小资产阶级"唯一代表"，真正的左派；谭延闿和徐谦"代表封建主义"；孙科是"危险的机会主义分子"，实际上代表买办阶级；顾孟馀是不折不扣的反革命分子；唐生智是封建军阀，加入国民党是为了满足个人野心，很快就会成为革命敌人；鲍罗廷支持国民党消灭湖南农民运动的政策。⑥至于中国共产党当时的领导人陈独秀，罗易认为他比谭平山更坏，是典型的激进知识分子，"是国民党在共产党内的代

① 《联共（布）中央政治局会议第75号（特字第57号）记录》（摘录），《联共（布）、共产国际与中国国民运动（1926—1927）》下，第56页。
② 《联共（布）中央政治局会议第78号（特字第59号）记录（摘录）》（1927年1月13日），《联共（布）、共产国际与中国国民运动（1926—1927）》下，第66页。
③ 《联共（布）中央政治局会议第81号（特字第61号）记录（摘录）》（1927年1月27日），《联共（布）、共产国际与中国国民运动（1926—1927）》下，第100页。
④ 《联共（布）中央政治局会议第87号（特字第65号）记录（摘录）》（1927年2月17日），《联共（布）、共产国际与中国国民运动（1926—1927）》下，第118页。
⑤ 《蒋介石给罗易的信》（1927年4月22日），《联共（布）、共产国际与中国国民革命运动（1926—1927）》（下），第213页。
⑥ 《罗易就中国形势给共产国际执行委员会政治书记处和斯大林的书面报告》（1927年5月28日），《联共（布）、共产国际与中国国民运动（1926—1927）》下，第278、280、282页。

理人"。①

与此同时，国民革命的形势日益危急，一些地方实力派追随蒋介石，实行血腥的"清党"，一些人则将共产党人"礼送出境"。在武汉国民政府统治范围内，唐生智部下何键密谋清党。夏斗寅发动叛乱，并勾结杨森进犯川鄂边境。许克祥发动"马日事变"，屠杀工农群众万余人。被寄予厚望的冯玉祥对蒋介石多有同情言行。而武汉方面财政经济渐有崩溃之势，难以为继。紧急之中，联共（布）中央政治局为挽救中国革命，提出了紧急意见：

1. 不进行土地革命，就不可能取得胜利。不进行土地革命，国民党中央就会变成不可靠将领手中的可怜的玩物……

2. 对手工业者、商人和小地主作出让步是必要的，同这些阶层联合是必要的。只应没收大、中地主的土地，不要触及军官和士兵的土地。如果形势需要，暂时可以不没收中地主的土地。

3. 国民党中央的一些老领导人害怕发生事件，他们会动摇和妥协。应从下面多吸收一些工农领导人加入国民党中央……

4. 应当消除对不可靠将领的依赖性。要动员两万共产党员，再加上来自湖南、湖北的五万革命工农，组建几个新军……要组建自己可靠的军队，现在还不晚……

5. 要成立以著名国民党人和非共产党人为首的革命军事法庭，惩办和蒋介石保持联系或唆使士兵迫害人民、迫害工农的军官……②

然而，迫于实际，指示并没有得到共产国际代表和中共中央执行；罗易甚至违反组织原则，将此指示交汪精卫看。在迟疑和观望中，中国共产党失去了反击反革命、拨正革命方向的机会。1927 年 7 月 12 日，根据共产国际指示，

---

① 《罗易给斯大林和布哈林的电报》（1927 年 6 月 5 日），《联共（布）、共产国际与中国国民运动（1926—1927）》下，第 302—303 页。

② 《联共（布）中央政治局会议第 107 号（特字第 85 号）记录（摘录）》（1927 年 6 月 2 日），《联共（布）、共产国际与中国国民运动（1926—1927）》下，第 298—299 页。

陈独秀离开领导岗位，张国焘、李维汉、周恩来、李立三、张太雷组成中央临时常务委员会。7月15日，汪精卫在武汉召开"分共"会议，随即宁汉合流，大革命宣告失败。中国共产党指出："从今年四月十二日至八月十二日，是中国的反动豪绅资产阶级一步步地完成他们篡窃国民党旗号，以实行其反革命的过程，中国国民革命因为这种反动危机的完成，的确是遭着了部分的失败"，"但是，中国工农已经起来"[①]，中国革命进入了新阶段。

（张生，南京大学历史学院院长）

---

① 《中国共产党为汉宁妥协告民众书》（1927年8月14日），中央档案馆编：《中共中央文件选集》第三册（1927年），中共中央党校出版社1989年，第323页。

第一次国共合作建立过程中的障碍及化解

李振武

　　摘要：第一次国共合作的达成并不是双方一拍即合的结果，而是各自经过努力和妥协，不断克服诸多障碍的结果。在中国共产党方面，之所以由成立之初拒绝与其他一切政党团体合作，转变为三大时决定全体党员以个人身份加入国民党，是因为刚刚成立的中共认识到自身力量弱小，不足以独自承担起民族、民主革命的重任，必须寻找联合力量；同时，孙中山晚年在民主革命道路上的不懈探索以及思想认识上的提高，也令中共对他领导下的国民党持更多正面的看法；另外，共产国际和苏俄的督促、指导，甚至是命令也起了重要作用。孙中山决定与苏俄、中共合作，也有着较复杂的政治背景和他自身的周密考量：首先，陈炯明叛变后，孙中山的事业深陷困境，在向列强各国求助遭拒后，他决定师从苏俄，联合苏俄，而联俄首先就要联共；其次，通过接触观察，孙中山认识到年轻的共产党虽然人数少，但有严格的组织和纪律、高昂的革命热情和干劲，这些都是改造精神涣散、缺少活力的国民党所迫切需要的，只有吸收共产党人，将工农力量充实到自己的力量中，才能使国民党获得新生；最后，长期的革命经历造就的领袖地位，令孙中山对自己的革命理论和权威地位高度自信，对自己的党也有高度自信，认为一切革命力量都应归于国民党的麾下。在第一次国共合作的过程中，共产党、孙中山及国民党左派共同努力，化解了国民党右派的种种阻挠，推动了国民革命的迅猛发展。

关键词：第一次国共合作　中国共产党　国民党　孙中山　障碍
　　　　统一战线

第一次国共合作是中国近现代史上的大事，合作推动了双方实力的壮大，推动了大革命的发展，为北伐战争的胜利奠定了坚实基础。第一次国共合作的达成并不是双方一拍即合的结果，而是经过各自努力和妥协，不断克服诸多障碍的结果。学界有关第一次国共合作起源的研究已有很扎实的成果，甚至在某种程度上已进入题无剩义的境地。本文只能是借用前人的相关研究成果①，对第一次国共合作实现过程中所遇到的障碍及其破解情况再做一简单梳理，不足之处，敬祈方家指正。

一、中共对与国民党合作的认识的变化

中共成立后，对与其他政治势力进行合作，在思想认识上有一个从坚决拒绝到慢慢接受的变化过程。

1921 年中共刚成立时，并没有与其他党派和政治势力联合的意识，更不用说有明确与国民党合作的设想了。虽然当时只有 50 余人，但由于自身所具有的强烈阶级优越感和政治使命感，中共在第一次代表大会原则通过的《中国共产党第一个纲领》及《中国共产党第一个决议》中提出，"中国共产党彻底断绝同黄色知识分子阶层及其他类似党派的一切联系"②。"对现有其他政党采取独立的攻击的政策"，在各种斗争中"我们应始终站在完全独立的立场上，只维护无产阶级的利益，不同其他党派建立任何关系"③。

参与中共创建并出席了中共一大的共产国际代表马林，曾经在爪哇从事工人运动，有着丰富的统一战线工作经验。他通过对中共实力的观察以及与孙中

---

① 本文在叙述国共合作达成过程时，对以往的研究著述多有参考借鉴，尤其是陈廉所著《第一次国共合作史》（北京图书馆出版社 1998 年），恕未能一一注出，在此表示感谢。
② 《中国共产党第一个纲领》，中央档案馆编：《中共中央文件选集》（1921—1925），中共中央党校出版社 1989 年，第 1 页。
③ 《中国共产党第一个决议》，中央档案馆编：《中共中央文件选集》（1921—1925），第 8 页。

山等国民党人的接触，很快就萌生了让中共与国民党合作的想法。1922年4月，马林在给共产国际执委会的报告中，对国民党作了高度肯定，提议中共放弃"对于国民党的排斥态度，到国民党中去进行政治活动，通过这一切，会获得通向南方工人和士兵的更方便的门径，党则不需要放弃独立"[①]。马林之所以提出这样的建议，是因为在他看来，中共只是一个小团体，"只能非法地进行工作，所以，没有显著的成就，与中国南方的民族主义运动也没有接触"，"只要他们不愿与国民党联合，这些小团体开展宣传工作的前景就是暗淡的"。[②]

马林的建议遭到中共的强烈抵制。陈独秀通过共产国际东方部的维经斯基向共产国际提出了六点反对共产党员加入国民党的理由："（一）共产党与国民党革命之宗旨及所据之基础不同。（二）国民党联美国、联张作霖段祺瑞等政策和共产主义太不相容。（三）国民党未曾发表党纲，在广东以外各省视之，仍是一争权夺利之政党，共产党倘加入该党，则在社会上信仰全失（尤其是青年社会），永无发展之机会。（四）广东实力派之陈炯明，名为国民党，实则反对孙逸仙派甚烈，我们倘加入国民党，立即受陈派之敌视，即在广东亦不能活动。（五）国民党孙逸仙派向来对于新加入之分子，绝对不能容纳其意见及假以权柄。（六）广东北京上海长沙武昌各区同志对于加入国民党一事，均已开会议决绝对不赞成，在事实上亦已无加入之可能。"[③]

1922年6月15日，中共根据远东民族大会的精神及直奉战争后中国的政治情势、各阶级动向，发表《中国共产党对于时局的主张》，指出"中国现存的各政党，只有国民党比较是革命的民主派，比较是真正的民主派"，主张"邀请国民党等革命的民主派及革命的社会主义各团体开一个联席会议"，"共同建立一个民主主义的联合战线，向封建式的军阀继续战争"。[④]宣言明确提出了建立民主主义联合战线的主张。

在此期间，陈独秀、张国焘、苏俄代表达林到广州，召开了一次中共广州

① 《马林给共产国际执委会的报告》，中国社会科学院现代史研究室组织选编：《马林在中国的有关资料》，人民出版社1980年，第20—21页。
② 中国社会科学院现代史研究室组织选编：《马林在中国的有关资料》，第15—21页。
③ 中央档案馆编：《中共中央文件选集》（1921—1925），第31—32页。
④ 中央档案馆编：《中共中央文件选集》（1921—1925），第37、45、46页。

支部的会议，达林提出建立反帝民族统一战线、共产党作为一个政党加入国民党的问题。① 陈独秀报告了国共关系问题。林伯渠表示支持以孙中山为中心的国共合作，来自广东党组织的谭平山、陈公博、谭植棠等多数人批评孙中山，主张支持陈炯明。因为纷争，会议最终未能达成确切结论。

1922 年 7 月间召开的中国共产党第二次代表大会通过了《关于"民主联合战线"的议决案》，明确提出了建立民主联合战线的方针，指出"民主的革命固然是资产阶级的利益，而于无产阶级也是有利益的。因此我们共产党应该出来联合全国革新党派，组织民主的联合战线，以扫清封建军阀，推翻帝国主义的压迫"。具体方法是：（一）"先行邀请国民党及社会主义青年团在适宜地点开一代表会议，互商如何加邀其他各革新团体，及如何进行"；（二）"运动倾向共产主义的议员在国会联络真正民主派的议员结合民主主义左派联盟"；（三）"在全国各城市集合工会农民团体商人团体……等组织'民主主义大同盟'"。决议案特别强调在联合战线中保持无产阶级政党的独立性，在多处提到，联合、援助民主派"决不是投降附属与合并"，无产阶级政党要将革命力量集合在"共产党旗帜之下，独立做自己阶级的运动"，"应该号召全国工人农人在本党旗帜之下去加入此种（反帝反封建）战争"，"在战争中不可忘了自己阶级的独立组织"。②

中共二大改变了一大会议文件中关于不同其他党派建立任何联系的规定，这是中共在革命统一战线方针策略上的一大跃进。

会后，中共领导人李大钊、陈独秀等同孙中山等国民党领导人会晤，商谈两党合作问题。

陈炯明"六一六"兵变事件发生后，中国共产党公开谴责陈炯明，并强令支持陈炯明的广东支部负责人立即改变立场，还给了陈公博、谭植棠等人以处分。中共为什么这样做？党史研究专家杨奎松教授给出的解释是：注意到越飞、马林等来自共产国际和苏俄的代表正在积极谋求与孙中山的合作，中共中央支

---

① ［苏］C·A·达林：《中国回忆录》（1921—1927），中国社会科学出版社 1981 年，第 90 页。
② 中央档案馆编：《中共中央文件选集》（1921—1925），第 65、66 页。

持孙中山，赞同与国民党合作，实乃大势所趋。[1]

1922年8月，共产国际执委会发出《给共产国际驻中国特派代表的指示》，内称："共产国际执委会认为国民党是一个革命的政党，这个政党坚持辛亥革命的使命，并渴望建议成立一个独立的中华民国。""共产党人为完成他们的任务，必须在国民党内部和在工会中组成从属于他们自己的团体。在这些团体之外，建议成立一个宣传机构，宣传与外国帝国主义做斗争，创建民族独立的中华民国以及组织反对中外剥削者的阶级斗争的主张。""这一机构的建立要尽可能得到国民党的同意，当然，它应保持完全的独立性。……"[2]

共产国际8月指示的精神，明确批准了马林"党内合作"的倡议，确定中国共产党必须在国民党内部建立组织，进行活动，但同时必须保持自己完全的独立性。

根据马林的提议，中共中央执行委员会于8月29日至30日在杭州两湖举行秘密会议，讨论与国民党建立统一战线的问题。马林传达了共产国际关于中国共产党党员加入国民党的指示，提议中共党员以个人身份加入国民党，以此推动民族民主革命的发展。他的理由是：第一，中国在很长时期内，只能有一个民族民主革命，不能有社会主义革命，而且无产阶级力量、作用还很小；第二，孙中山的国民党是中国现在最有力量的民族民主革命党，是一个各阶层革命分子的联盟，不能说是资产阶级政党；第三，孙中山只能容许共产党员加入国民党，决不会与中共建立一个平行的联合战线；第四，中共须学习共产国际推行的欧洲各国共产党加入社会民主工党以建立联合战线的经验；第五，共产党员加入国民党后可以谋求革命势力的团结，促使国民党革命化，尤其可以影响由国民党领导的工人运动，将其从国民党手中夺过来。

在讨论时，张国焘、蔡和森反对马林的主张，认为国民党是一个资产阶级政党，中共加入无疑是混合，会丧失独立性，主张与国民党建立党外联合战线，组织一个联合战线委员会，可推孙中山为主席。除与国民党建立联合战线外，更应注意争取广大工人和农民以壮大自己的力量。陈独秀也反对马林的主张，

---

[1] 杨奎松：《孙中山与共产党——基于俄国因素的历史考察》，《近代史研究》2001年第3期。
[2] 中国社会科学院现代史研究室组织选编：《马林在中国的有关资料》，第65页。

但当马林说明这是共产国际既定决策后，他表示只有孙中山取消加入国民党须打指模及宣誓服从孙中山的原有入党办法，并根据民主主义原则改组国民党，中共才能加入进去。李大钊支持马林，认为党外合作的联合战线不易实行，采取加入国民党的方式是实现联合战线的易于行通的办法。他向与会人员解释，说明有条件地加入国民党和中共少数领导加入国民党可成为两党合作的桥梁，是实现第二次全国代表大会关于建立联合战线的既定政策，并避免与马林乃至共产国际发生严重争执的两全办法。结果，会议未以文字而以谅解形式，原则上确定接受共产国际提议。[①] 据陈独秀回忆，当时中共中央的 5 个委员对马林全体共产党员加入国民党的提议，"都一致反对此提案，其主要理由是：党内联合乃混合了阶级组织和牵制了我们的独立政策。最后，国际代表提出中国共产党是否服从国际决议为言，于是中共中央为尊重国际纪律遂不得不接受国际提议，承认加入国民党"。[②]

会议前后，陈独秀、李大钊分别拜访了陈炯明兵变后避居上海的孙中山。9 月，陈、李等人加入了国民党。

中共西湖会议的召开和中共中央主要领导人的加入国民党，揭开了第一次国共合作的序幕，标志着中共中央在国共合作政策上的又一次变更，意义重大。

1923 年 6 月 12 日至 20 日，中国共产党第三次代表大会在广州召开，主要议程是讨论共产党员加入国民党的问题。负责指导会议工作的马林与中共部分领导人之间再度发生争论。马林认为：中国革命目前的中心任务是国民革命，它包括一切，如在国民革命之外去强调阶级斗争，无疑就是放松国民革命，中国无产阶级无论从哪方面说，都是脆弱的，至少 5 年内中国不会有一个真正有实力的共产党，而国民党却是合乎理想而具有实力的国民革命的政党，中国国民党内集合了中国优秀分子，因此中共党员加入国民党用不着按民主方式改组等条件，应老老实实，服从纪律，中共全体党员加入国民党，在党内积极工作，

---

① 张国焘：《我的回忆》，东方出版社 1981 年，第 235、238、241—245 页。
② 陈独秀：《告全党同志书》（1929 年 12 月 10 日），解放军政治学院党史教研室编印：《中共党史参考资料》第 5 册，第 394 页。

一切工作归国民党，张国焘、蔡和森承认反帝反封建的国民革命是当前中国革命的重要任务，但反对全体共产党员特别是产业工人加入国民党，认为那样会丧失独立性，主张担任中共各级领导的党员及工人运动党员不必加入国民党，或加入后不担任实际领导职务。认为职工运动是中共领导的独立的运动，而不能成为国民党领导的职工运动，不能把工人运动送给国民党。① 大会通过的陈独秀起草的《关于国民运动及国民党问题的决议案》指出："半殖民地的中国，应该以国民革命运动为中心工作"，"宜有一个势力集中的党为国民革命运动之大本营"，因目前"工人阶级尚未强大起来，自然不能发生一个强大的共产党"，"只有国民党比较是一个国民革命的党"，"是国民革命之中心势力"，"因此，共产国际执行委员会议决中国共产党与中国国民党合作，共产党员应加入国民党，中国共产党中央执行委员会曾感此必要，遵行此议决，此次全国大会亦通过此议决"。议决案最后指出："我们须努力扩大国民党的组织于全中国，使全中国革命分子集中于国民党，以应目前中国国民革命之需要。同时我们特别的工作，须努力促成全国总工会之独立组织，从事经济及政治的争斗。"②

在共产国际推动、督促下，中共中央决定采取共产党员以个人身份加入国民党的形式实现国共合作，这是当时能够为孙中山和国民党所接受的唯一合作方式。

从以上所述可以看出，在正式确立第一次国共合作前，中共曾有过三次非常重要的政策性转变，其中第一次转变是从中共一大提出的排斥其他一切政党团体到中共二大主张建立民主联合战线，第二次是从中共二大提出的"党外联合"到西湖会议勉强接受"党内合作"的转变，第三次是从西湖会议提出的少数党员（不包括工人党员）加入国民党到中共三大确立的全体党员以个人身份加入国民党的转变。经过前后三次政策的转变之后，中共在认识和处理统一战线问题上逐步形成较为正确、积极的观点，并将其运用到实践当中，及时纠正

① 蔡和森：《党的机会主义史》（1927年9月），中央档案馆编：《中共党史报告选编》，中共中央党校出版社1982年，第79页。
② 中央档案馆编：《中共中央文件选集》（1921—1925），第146—148页、165页。

一些工作上的偏差，为第一次国共合作的达成贡献了重要力量。

成立不久的中国共产党为什么很快就克服内部纷争，走上与中国国民党合作的道路了呢？

一是由于当时中共刚刚成立，自身力量和社会影响确实还十分弱小，不足以独自承担起民族、民主革命的重任，必须寻找联合力量。中共召开一大时，全国有50多名党员，二大时有195名，三大时也只有420名，因而在数量和规模上，中国共产党是无法与同时期的国民党相比的。1923年2月，吴佩孚镇压了京汉铁路工人大罢工，使1922年1月开始的工人运动高潮很快低落下去。"二七"惨案使中共进一步认识到民主革命任务单靠工人阶级孤军奋战是难以完成的，"吴佩孚不仅是工人阶级的敌人，乃是全国争自由的人民的敌人"[1]。工人阶级应赶快"组成一个极大极强的团体，再联合农民商界学界，同心努力，打倒大家的公共敌人军阀，建设真正的民主共和政治来代替军阀政治"[2]。中共开始酝酿同社会上可以联合的力量进行合作，建立革命统一战线壮大革命力量。毛泽东曾指出："中国无产阶级应该懂得：他们自己虽然是一个最有觉悟性和最有组织性的阶级，但是如果单凭自己一个阶级的力量，是不能胜利的。而要胜利，他们就必须在各种不同的情形下团结一切可能的革命的阶级和阶层，组织革命的统一战线。"[3]

二是共产国际的督促、指导甚至是命令。中共是在苏俄和共产国际的支持和帮助下建立起来的，且在第二次全国代表大会上作出加入共产国际的决议，成为共产国际领导下的一个支部，有义务服从共产国际的指令。那么，苏俄和共产国际为什么热衷于促成中共与国民党的合作呢？主要是因为新生的苏俄政权在实施"东方战略"以谋求突破帝国主义列强的封锁包围困境的过程中，认为中共力量太过弱小，不能成为其在中国可以依靠的强大盟友，这一点可以从列宁的民族殖民地问题理论、共产国际派驻中国的代表对中共的评议以及共

---

① 《中国共产党为吴佩孚惨杀京汉铁路工人告工人阶级与国民》，中央档案馆编：《中共中央文件选集》（1921—1925），第130页。

② 《中国劳动组合书记部为"二七"惨案告全国工人书》（1923年2月7日），解放军政治学院党史教研室编印：《中共党史参考资料》第2册，1979年，第388—389页。

③ 《毛泽东选集》第二卷，人民出版社1991年，第645页。

产国际的相关决议中清晰地观察出来。例如，共产国际代表马林一直认为中共势力太弱小，称"我们的团体还一直这么小，谈不上是一个政党。几乎没有工人党员，党组织只是在一些大城市的工会里与工人有些联系。党员人数还不足250名，大部分是学生。知识分子中间产生了许多问题，组织得不到发展"。

"中国如此之落后，要在当前建立一个（真正意义上的）共产党，只能是一种乌托邦。"① 列宁也曾称赞国民党代表着一种"进步的、战斗的、革命的资产阶级民主革命"②。1922 年 11 月，共产国际第四次代表大会通过的《关于东方问题的总提纲》指出："如果说在西方，在有组织地积蓄革命力量的过渡时期，提出过工人统一战线的口号，那么现在，在殖民地东方，就必须提出反帝统一战线的口号。这一口号之所以适宜，是由于要对世界帝国主义进行漫长而持久的斗争，而这种情势要求把一切革命因素动员起来。"为此，工人运动"首先应在整个反帝战线中争取成为一个独立的革命因素，……而且有必要同资产阶级民主派达成暂时的妥协"③。而共产国际执委会于 1923 年 11 月 12 日作出的关于中国共产党与国民党的关系问题的决议则更明确地指出："一、中国唯一重大的民族革命集团是国民党，它既依靠自由资产阶级民主派和小资产阶级，又依靠知识分子和工人。二、由于国内独立的工人运动尚不强大，……而工人阶级又尚未完全形成为独立的社会力量，所以共产国际执行委员会认为，国民党与年青的中国共产党合作是必要的。三、因此，在目前条件下，中国共产党党员留在国民党内是适宜的。"④

苏俄、共产国际不但为中国共产党的建立提供了组织、思想和干部等各个方面的帮助，而且在指导、促成共产党与国民党合作，达成国民革命的统一战线方面发挥了重要影响。

---

① 《致共产国际执行委员会、红色工会国际、共产国际执行委员会东方部和东方部远东局——关于中国形势和 1923 年 5 月 15 日至 31 日间的工作报告》（1923 年 5 月 31 日）；《马林致布哈林的信》（1923 年 5 月 31 日），李玉贞主编：《马林与第一次国共合作》，光明日报出版社 1989 年，第 190—191 页、196 页。
② 《列宁选集》第二卷，人民出版社 1995 年，第 426 页。
③ 《共产国际有关中国革命的文献资料》（1919—1928），中国社会科学出版社 1987 年，第72、73 页。
④ 《共产国际有关中国革命的文献资料》（1919—1928），第 76 页。

三是孙中山晚年在民主革命道路上的不懈探索以及思想认识上的提高，令中共对他领导下的国民党持更多正面的看法。例如，中共曾多次指出："中国现存的各政党，只有国民党比较是革命的民主派，比较是真正的民主派。""国民党虽然有许多缺点与错误，然终为中国唯一革命的民主派，自然算得民主的联合战线中重要分子。"①

二、孙中山对与苏俄合作态度的变化

"联共"就要先"联俄"，"联俄"是国民党与中共能实现联合的前提。以孙中山为首的中国国民党确立联俄的政策，有一个转变立场、统一思想的过程。这其中孙中山的态度起了决定性作用。

在苏俄最初与孙中山接触时，孙中山对苏俄和共产国际伸出的橄榄枝并没有积极回应。1920 年 11 月间，共产国际使者维经斯基到上海与孙中山会面，这是共产国际与孙中山的第一次当面接触。在谈到怎样才能把"中国南方斗争，同遥远的俄罗斯的斗争结合起来"时，孙中山表示虽然想与苏俄联系，但抱怨广州所处位置难以实行，只建议在海参崴或满洲设置大功率无线电台与广州联系②。次年 12 月，马林应邀到桂林与孙中山会晤，孙中山明确表示，在北伐胜利之前与苏俄建立联系会招致列强干涉，待北伐取得胜利后，他会提议与苏俄建立公开联盟。有关这时孙中山对马林建议的态度，留下来的资料不多，但孙中山对自己的信念和力量充满自信，无意与共产党联合的心态表露明显。在桂林，孙中山明确告诉马林：他对苏俄革命的成功经验很感兴趣，但对中国一些青年知识分子刻意模仿苏俄的做法却不以为然，因为这些年轻人只对社会主义感兴趣，"他们的小集团对于中国的政治生活却毫无用处"③。他甚至直截了当地表示不赞成从西方引进马克思主义。他直率地对马林的翻译中共党员张太

---

① 陈独秀：《中国共产党对于目前实际问题之计划》（1922 年 11 月），中央档案馆编：《中共中央文件选集》（1921—1925），第 121 页。
② 陈锡祺主编：《孙中山年谱长编》（下册），中华书局 1991 年，第 1317 页。
③ 马林：《向共产国际执委会的报告》（1922 年 7 月 11 日），《马林与第一次国共合作》，第 72 页。

雷说："为什么青年要从马克思那里寻求灵丹妙药？从中国的古典著作中不是也能找到马克思主义的基本思想吗？"①1922 年 4 月，达林在广州拜见孙中山，孙中山表示香港就在旁边，如现在承认苏俄，英国人必将采取行动反对他，待北伐军占领汉口时，再谈承认苏俄、与苏俄结成联盟问题。

1922 年 6 月，陈炯明"六一六"兵变发生后，孙中山离粤赴沪，9 月 18 日发表《告国民党同志书》，言："文率同志为民国而奋斗垂三十年，中间出死入生，失败之数，不可缕数。顾失败之惨酷，未有甚于此役者！"

陈炯明兵变对孙中山的打击很大。在以往长期的革命生涯里，孙中山一直寄希望于能从列强那里得到支持，但一直未能如愿，尤其是当兵变事件发生后，英国不但援助陈炯明，而且以白鹅潭是通商口岸和毗邻沙面租界为借口，要求支持孙中山的舰队驶离白鹅潭，要孙中山离粤。美国政府口头答应支援孙中山，实则支持陈炯明。真正支持孙中山的，只有苏俄政府。苏俄政府全权代表达林，在孙中山被困在广州军舰上时，即通过孙中山密友陈友仁转达慰问之意，祝愿他斗争成功。②离行时，又转告孙中山"尽管有此次令人惋惜的事件，我对中国革命事业的胜利深信不疑"。孙中山通过陈友仁转告达林："在这些日子里，我对中国革命的命运想了很多，我对从前所信仰的一切几乎都失望了。而现在我深信，中国革命的唯一实际的真诚朋友是苏俄。"又说："倘我不得赴苏俄，……将于此地斗争下去终此一生。但我确信，苏俄甚至在危难之中也是我唯一的朋友。我决定赴上海继续斗争。倘若失败，我则去苏俄。"③列强的绝情和苏俄的热情，令处于事业低谷的孙中山加快了向苏俄靠拢的脚步。

孙中山到上海后，1922 年 8 月，苏俄政府驻中国全权特使越飞立即派马林代表他携函与孙中山会晤，秘密商讨以俄为师、苏俄帮助中国革命的问题。

就这样，在苏俄的主动联络下，孙中山转变了思想观念，由幻想英美支持，转而联俄。在与英国记者阿瑟·索兰姆的谈话中，孙中山沉痛地描述了他的转变过程与处境："国民党是我的孩子，现在眼看就要淹死。……我向英美呼救，

---

① 马林：《和孙中山在一起的日子》（1926 年 2 月），《马林与第一次国共合作》，第 373 页。
② 达林：《中国回忆录（1921—1927）》，中国社会科学出版社 1981 年，第 124 页。
③ 《中国回忆录（1921—1927）》，第 126 页。

它们站在岸上嘲笑我。这时漂来一根俄国稻草，我在快要灭顶的时候就抓住了它。英国和美国站在岸上向我大喊，叫我千万不要抓那根稻草，但是，他们帮助我吗？不。……我知道这是一根稻草，可是总比什么也没有好。"① 在这种处境和心情支配下，孙中山与越飞建立了联系，进行了秘密谈判。

8月23日，根据中共中央指示，李大钊与林伯渠一起会见了刚到上海不久的孙中山。李痛陈时局之险恶，表示愿与孙合作，共同进行国民革命。孙对李极为钦佩，希望他能加入国民党。经过李大钊、陈独秀、马林等人与孙中山交谈，孙中山充分认识到"国民党正在堕落中死亡，因此要救活它就需要新血液"②。他明确表示同意共产党员以个人名义加入国民党，以实现国共合作。当李大钊坦率地告诉他自己是第三国际的党员时，孙中山说："这不打紧，你尽管一面作第三国际的党员，一面加入本党帮助我。"③

9月4日，中共主要领导人陈独秀、李大钊、蔡和森一起由张继介绍，孙中山亲自主持，加入了国民党。

1923年1月，苏联政府特命全权大使越飞到达上海，与孙中山会面。经过几次谈判，双方发表了《孙文越飞联合宣言》。宣言的发表，表明孙中山开始消除对美英等国的幻想，把注意力转到依靠苏俄。随着联俄方针的确定，孙中山与苏俄的关系日益密切，并在苏俄顾问鲍罗廷的指导下对国民党进行改组。

促使孙中山改组国民党的因素、背景有三个方面：

首先是陈炯明的叛变。陈的背叛是对孙中山的一次沉重打击。该事件让他认识到，国民党仅靠主义、道义及本人声望为维系内部团结的原则是不够的，必须健全组织，严密纪律。必须努力宣传，使国人和党员明了主义。必须有一支真正为主义奋斗的党军。

其次，苏俄革命的成功，强有力地吸引着孙中山，他决心以俄为师，改造国民党。"俄国革命之发动，迟我国六年，而俄国经一度之革命，即能贯彻他

---

① ［英］珍尼·德格拉斯：《共产国际文件》第二卷，东方出版社1986年，第8页。
② 《宋庆龄选集》，中华书局1965年，第109页。
③ 《中国国民党第二次全国代表大会政治报告》，《政治周报》第5期，广州政治周报社1926年出版。

们之主义，且自革命以后，革命政府日趋巩固。……故吾等欲革命成功，要学俄国的方法、组织及训练。"① 当孙中山的革命事业遭遇重大挫折时，苏俄政府的代表达林、越飞等，向他伸出同情、支持、援助之手。中国共产党人不仅公开谴责了陈炯明，在道义上支持孙中山，还发表文章帮助他总结革命经验和教训，使之找到正确方向。从共产党人身上，他看到国民党的不足，决心改组。

最后，在中国共产党领导下，从 1921 年下半年开始，工人运动在全国范围内开展起来。在 1922 年 1 月到 1923 年 2 月出现的持续 13 个月之久的第一次工人运动高潮，大小罢工 100 多次，参加人数 30 万人以上。特别是京汉铁路工人大罢工，给了帝国主义及其走狗吴佩孚以沉重打击。这一形势使孙中山看到了工人的力量，他决心改组国民党，向民众敞开党门，吸收新生力量，扩大党的势力。

罗家伦主编的《革命文献》对孙中山确立"联俄"政策、改组国民党的过程及原因有明确的记述："陈炯明叛变，总理蒙难广州，北伐之师折回受挫，总理于八月十四日偕同志抵上海，筹划革命大计，审察当时国际之局势，本党失败之症结，国内青年思想之变动，与民众对于政治改革之要求，八月间苏俄代表越飞亦派员来沪晋谒，商讨中俄新关系，遂下改组本党之决心。"②

孙中山从被动到主动向苏俄靠拢，有一段犹豫过程，伴随着这一过程的，正是孙中山的革命事业处于低谷时期。生存环境的突然恶化，是孙中山转向"联俄"的主因。可以说孙中山"联俄"，既是为现实困境所迫而采取一种实用主义的应对策略，同时又是他不断总结革命经验教训思想认识日渐升华的结果。

三、国民党内部反对国共合作的声音及孙中山等人的应对

在孙中山实施"联俄"、"容共"策略的过程中，不断遭到一些党内同志的阻挠和非议。1923 年 11 月 29 日，国民党第一次全国代表大会前夕，邓泽如、

---

① 《孙中山选集》（下卷），人民出版社 1957 年，第 483 页。
② 中国国民党中央委员会党史史料编纂委员会编辑，罗家伦主编：《革命文献》第 8 辑，1956 年初版，台北"中央文物供应社"经售，1978 年影印本，总第 1039 页。

林直勉等人以国民党广东支部名义上书孙中山，对苏俄支持国民党改组的动机表示怀疑，攻击共产党"替国民党起草政纲，阴谋瓦解国民党"，反对国民党改组。他们攻击共产党员加入国民党实行国共合作，是"借国民党之躯壳，注入共产党之灵魂"；"以打倒帝国主义、打倒军阀为标语"，并将其写进宣言，制为政纲，宣示世界，如此"则我党永无获得国际上同情之一日，使我华侨党人在海外无复立足之余地"。上书中还说："我党对于军阀之攻击，只限定于曹锟、吴佩孚。今陈独秀替我党立宣言，则连及于张作霖、段祺瑞，务使国中实力派因此而与我党决裂，使我党陷于孤立无援之地。此陈独秀共产党对于我党阴谋之纲领也。""故此次改组，陈独秀实欲藉俄人之力，耸动我总理，于有意无意之间，使我党隐为彼共产党所指挥，成则共产党享其福，败则吾党受其祸。"①

12月3日，孙中山在呈文上批示："此稿为我请鲍罗廷所起，我加审定，原为英文，廖仲恺译之为汉文。陈独秀并未与闻其事，切不可疑神疑鬼。"对于联俄的原因，孙中山解释道："我国革命向为各国所不乐闻，故尝助反对我者以扑灭吾党，故资本国家断无表同情于我党，所望为同情只有俄国及受屈之国家及受屈之人民耳。此次俄人与我联络，非陈独秀之意也，乃俄国自动也，若我因疑陈独秀而连及俄国，是正中陈独秀之计，而助之得志矣。"对于邓泽如等人提到的共产党对国民党批评的言辞，孙中山解释说："此乃中国少年学生自以为是及一时崇拜俄国革命过当之态度，其所以竭力排挤而疵毁吾党者，初欲包揽俄国交际，并欲阻止俄国不与吾党往来，而彼得以独得俄助而自树一帜与吾党争衡也。乃俄国之革命党皆属有党政经验之人，不为此等少年所遇［遏］，且窥破彼等伎俩，于是大不以彼为然，故为我纠正之，且要彼等必参加国民党与我一致动作，否则当绝之；且又为我晓谕之谓民族主义者正适时之良药，并非过去之遗物，故彼等亦多觉悟而参加吾党。俄国欲与中国合作者只有与吾党合作，何有于陈独秀？陈如不服从吾党，我亦必弃之。"②

---

① 中国国民党中央委员会党史史料编纂委员会编辑，罗家伦主编：《革命文献》第9辑，总第1271—1272页。

② 广东省社会科学院历史研究所等编：《孙中山全集》第八卷，中华书局1986年，第458—459页。

正常的党派团体之间的合作，应该是在彼此承认对方独立性的前提下，谋求共同利益的合作，彼此间既要承担一定的责任和义务，同时又应享有相应的权益。但从孙中山的此番批语中却只能明显地看出，孙中山的"容共"是有条件的，即共产党要"与吾党一致动作"，"服从吾党"。这显然不是两个政党间的正常、平等的合作关系。

为了打消党内同志对"联俄"、"容共"策略的疑虑，孙中山力图从解释其民生主义与共产主义的关系方面着手。1924年1月21日，他在国民党一大会议上作民生主义的说明时说："本党多数同志对此重要主义，向不甚留心研究，故近日因此主义而生误会，因误会而生怀疑，因怀疑而生暗潮，刻既有此现象，恐兆将来分裂，发生不良结果。故本总理对于此主义，必须再行剖解，庶几本党同志因此主义发生之误会、怀疑、暗潮，可以完全打破，而成一最有力量之国民党。"①"本党全体同志现在思想可分两种：一属于老同志，一属于新同志。老同志为稳健思想，新同志为猛进思想；稳健者可说是不及，猛进者可说是太过。其实过与不及之两种思想，均未明白民生主义之真谛。""本总理前闻北京一班新青年非常崇拜新思想。及闻俄国共产之主义，便以此为世界极新鲜之主义，遂派代表往俄，拟与之联合，并代俄宣传主义，认定'共产主义'与'民生主义'为不同之二主义。我们老同志亦认定'民生'与'共产'为绝对不同之二种主义，于是群起排斥，暗潮便因之而生。然揆诸民生主义之真谛，双方均属误解。譬如在新青年一方面者，各代表抵俄后，俄人对之，便极力称赞国民党新主张之三民主义，故彼党遂悉心研究三民主义，认定救国大计，非此不可，于是诚心悦服本党三民主义，改共产党为国民党。本党旧同志骤闻共产党员纷纷加入本党消息，顿起怀碍〔疑〕。盖恐本党名义被彼利用。对于此事，怀疑尤甚者为海外同志。本总理曾接到海外华侨数次函电，询问此次改组，是否为〔改〕国民党为共产党？如改成共产党，则华侨同志决不赞成。盖华侨处于帝国主义政府管辖之下，深受帝国主义国家宣传破坏俄国革命论调之毒，故发生种种怀疑，不能自释。""俄国既为各国所承认，故就利害而言，

---

① 《关于民生主义之说明》，《孙中山全集》第九卷，第110页。

本党与之联合，将来必能得中俄互助之益，决无大害，此为海外同志所宜放心者也。"①"本党既服从民生主义，则所谓'社会主义''共产主义'与'集产主义'均包括其中。"②"至共产主义之实行，并非创自俄国，我国数十年前，洪秀全在太平天国已经实行，且其功效较俄国尤大。"③

1924 年 1 月 28 日，国民党一大开议《中国国民党章程（章程审查委员会报告）案》第二次修正案，广州代表方瑞麟发言，略谓本党党员不得加入他党，应有明文规定，主张在第一章第二条之后增加"本党党员不得加入他党"一条文。此案明显是指共产党员加入国民党之事，用意是反对共产党员加入国民党，既加入则须脱离共产党。既是共产党员又是国民党员的跨党形式，应明文规定禁止。由此引起激烈争论。

共产党员、审查委员李大钊对对方的发言逐一进行了辩驳。他说："我们加入本党是来接受本党的政纲，不是强本党接受共产党的政纲。试看本党新定的政纲，丝毫没有共产主义在内，便知本党没有因为我们一部分加入，便变成共产党了。"又说："我们加入本党，是一个一个的加入的，不是把一个团体加入的，可以说我们是跨党，不能说是党内有党。""中国国民党只能容纳我们这一班的个人，不能容纳我们所曾加入的（第三）国际的团体。""我们可以加入国民党去从事于国民革命的运动，但我们不能因为加入中国国民党便脱离了国际的组织。我们若脱离了国际的组织，不但于中国国民党没有利益，且恐有莫大的损失 。因为现代的革命运动是国民的，同时亦是世界的。有我们在中国国民的组织与国际的组织的中间作个联络，作个连锁，使革命的运动，益能前进，是本党所希望的，亦是第三国际所希望的。"而且"本党总理孙先生亦曾允许我们仍跨第三国际在中国的组织，所以我们来参加本党而兼跨固有的党籍，是光明正大的行为，不是阴谋鬼祟的举动。"最后，李大钊郑重声明："我们既经参加了本党，我们留在本党一日，即当执行本党的政纲，遵守本党的章程及纪律；倘有不遵本党政纲、不守本党纪律者，理宜受本党的惩戒。""本

---

① 《孙中山全集》第九卷，第 111 页。
② 《孙中山全集》第九卷，第 112 页。
③ 《孙中山全集》第九卷，第 112 页。

党既许我们以参加，即不必对于我们发生疑猜，而在加以防制。"①

李大钊的发言，态度诚恳，言之有理、有据，博得大多数代表赞成，主席团成员叶楚伧、廖仲恺、胡汉民等人先后发言支持李大钊。廖仲恺即谓："本席反对方君提案，吾人要问我党是不是国民党，是否有主义、要革命的。如对于我们的主义能服膺，革命能彻底，则一切皆可不生问题。且加入本党的人，只认他个人的加入，不认他团体的加入。只要问加入的人是否诚意来革命，此外即不必多问。此次彼等之加入，是本党一个新生命，是与我们同做国民革命的，不是来拖累我们的。"胡汉民说："大家的议论，在怕违反本党党义和违反党德党章。此种顾虑，只要在纪律上规定即可。现在纪律已订有专章，似不必在章程上用明文规定何种取缔条文，惟申明纪律可也。"最后付表决："党员不得加入他党，不必用明文规定于章程,惟申明纪律可也。"大多数举手赞成,通过。②

国民党一大召开后不久，邓泽如、刘成禺、谢英伯、冯自由等数十人集会，反对共产党员加入国民党，又准备了警告书，警告李大钊不得"攘窃国民党党统"。警告书尚未发出，廖仲恺、李大钊、鲍罗廷等人已向孙中山指名控告刘成禺、谢英伯、徐清和、冯自由四人，称他们不守党员纪律挑拨国共感情。孙中山召集四人到大本营讯问，严厉斥责他们反对改组国民党、扶助农工与实施"联俄联共"的三大革命政策。据冯自由忆述："2 月 16 日之夜，弟等奉召赴大本营时，公且声言'反对中国共产党即是反对共产主义，反对共产主义即是反对本党之民生主义，便即是破坏纪律，照党章应革除党籍及枪毙'等语。"③冯自由等人其后被迫写书面检讨进呈孙中山，孙中山阅后于 3 月 1 日致函国民党中央执委会，"通告各同志，刘成禺、冯自由、徐和清、谢英伯四人之解释，本总理已甚满足，此事当作了息。但望同志以后不得再起暗潮。如有怀疑，当来直问总理为是。"④

---

① 《革命文献》第九辑，总第 1243—1246 页。
② 《中国国民党全国代表大会会议录》，第 12 号，见中国人民政治协商会议广东省委员会、广州市委员会、广东革命博物馆、广东人民出版社合编：《广东文史资料》第 42 辑 "中国国民党 '一大' 史料专辑"，1984 年。
③ 《冯自由致孙中山先生函稿》，《档案与历史》1986 年第 1 期。
④ 《致国民党中央执行委员会函》，《孙中山全集》第九卷，第 538 页。

1924 年 6 月 18 日，国民党右派中央监察委员会委员邓泽如、张继、谢持向国民党中央执行委员会提出"弹劾共产党案"。弹劾书以《中国社会主义青年团第二次大会议案及宣言》（1923 年 8 月 25 日刊）、《团刊第七号》（即扩大执行委员会特号，1924 年 4 月 11 日刊行）等印刷品为证据，指责"中国共产党党员及中国社会主义青年团员之加入本党者，实以共产党党团在本党活动，其言论行动皆不忠实于本党，违反党义，破坏党德，确于本党之生存发展，有重大妨害。""认为绝对不宜党中有党"，"非速求根本解决，不足以维持本党之存在及发展"，"希从速处分"。[1]企图取消共产党在国民党内的党团组织，限制共产党人的行动。

继张继、谢持之后，"检举""弹劾"共产党的风气在各地蔓延，北京、上海、澳门都有人提出类似弹劾案，要求开除"跨党"分子，取消共产党，制裁同情共产党的国民党员。"弹劾"之风，令两党关系陷入紧张。

7 月 3 日，国民党中央执行委员会开会讨论邓泽如等人的弹劾案，认为对此事应有表示态度之宣言，并呈请孙中山决定。7 月 7 日，国民党发表党务宣言，声明容纳共产党人的原则。宣言中指出："数月以来，党内党外多有误会。以为已加入本党之共产派党人，其言论行动尚有分道而驰之倾向。于是反动派得借此而肆其挑拨，同志间遂由怀疑而发生隔阂。社会群众之莫明真相者，更觉无所适从，减少其对革命运动之同情及赞助。此种情状，若不亟事矫正及补救，恐直接影响于党务之进行者，亦间接影响于全民革命之发展，关系实至深且巨。""本党即负有中国革命之使命，即有集中全国革命分子之必要。故对于规范党员，不问其平日属何派，惟以其言论行动能否一依本党之主义政纲及党章为断。如有违背者，本党必予以严重之制裁，以整肃纪律。"[2]

8 月 15 日至 23 日，国民党中央一届二中全会在广州召开，重点讨论对共产党的"弹劾案"。在 19 日的会议上，张继列举案中所列事实，说明共产党派在国民党中从事党团活动，"革命党人应有自尊之精神，以俄为挚友则可，

---

[1] 《革命文献》第 9 辑，总第 1284—1285 页。
[2] 萧继宗主编：《革命文献》第 69 辑，第 97—98 页。转引自桑兵主编、敖光旭著：《孙中山史事编年》第十卷，中华书局 2017 年，第 5511—5512 页。

以俄为宗主则不可"，主张"以分立为要"。委员覃振支持张继立场，主张国民党员不得任意加入其他政党，"凡共产党员加入本党者，应专从本党工作"。同时，须在组织上确定，凡关于第三国际及本党共产派之一切任务，均由本委员会为中心，以期共济，"庶几成为有实力有系统之进行"。中共党员瞿秋白以中央执行委员会候补委员身份，针对"弹劾案"中最核心的中共党团问题，进行了辩解。他说所谓党团作用，即加入本党的党员、团员一致行动。既准跨党，党外有共产党存在，则国民党内便不能使共产派无一致之行动；况且既为之派，则思想言论必有相类之处，既有党外之党，则其一致行动更无可疑。若其行动有违反宣言及章程之处，则彼等既以个人资格加入本党，尽可视为本党党员，不论其属于共产派与否，概以本党纪律治之，否则只有取决于跨党之决议。若此次会议决分立，大可谓共产派之发展足以侵蚀国民党；若不分立，则共产党之发展即系国民党中一部分之发展，何用疑忌。[1]8 月 21 日，全会通过《中国国民党与世界革命运动之联络问题》《国民党内之共产派问题》两个决议案，前者决定在国民党政治委员会内设国际联络委员会，要求共产党人将其所进行的与国民党有关的活动通报于该委员会，以便能为国民党人所了解。后者规定，凡党员之行动并未违反党章者，"本党殊无干涉之必要"。"中国共产党乃中国正在发展之工业无产阶级在自然的阶级斗争中涌现出的政治组织，既如此，则不能不为国际无产阶级政治组织之一部。故本党对于加入本党之共产主义者，只问其行动是否符合于国民党政纲，而不问其他。"[2]

孙中山在会议结束前最后发言，在说明"容共"政策有时势之需要后，对张继进行了批评、劝导，说："希望你让我试一试这个既定政策，如果失败了，再请你来主持党务，如何？"张继当场抗辩说："请遵总理之命，从明天起，我自动停止党权，暂时不问党务，以免总理增加困扰。"[3]"弹劾案"风波自此暂告平息。

---

① 罗刚编著：《中华民国国父实录》第 6 册，台北财团法人罗刚先生三民主义奖学金基金会 1988 年，第 4734—4735 页。

② 邹鲁：《中国国民党史稿》第 1 册，中华书局 1960 年，第 368 页。

③ 王成圣：《中国珍闻》，台北："中外图书出版社"1978 年，第 51—52 页。

四、孙中山极力维持国共合作的原因

在国共合作的进程中，波折不断。一方面，孙中山对国民党右派阻挠破坏国共合作的活动进行过尖锐批评，如他曾对极力反对共产党员加入国民党的右派分子说，"你们怕共产党，不赞成改组，那就解散国民党，我个人可以加入共产党"。① 对于反对改组最为激烈的冯自由，孙中山甚至开除了他的党籍。另一方面，他对一些共产党员由衷地佩服，甚至与其结下深厚的革命友谊，如李大钊。据宋庆龄回忆："孙中山特别钦佩和尊敬李大钊……孙中山在见到这样的客人后常常说，他认为这些人是他的真正革命同志。他知道，在斗争中他能倚靠他们的明确的思想和无畏的勇气。"② 同时，孙中山坚决维护国民党的利益和形象，不允许身为国民党员的中共领导人公开批评国民党。他曾对马林愤怒地表示："像陈独秀那样在他的周报上批评国民党的事再也不许发生。如果他的批评里有支持一个比国民党更好的第三个党的语气，我一定开除他。如果我能自由地把共产党开除出国民党，我就可以不接受财政援助。"③ 他还曾经明白告诉共产国际代表："共产党既加入国民党便应服从党纪，不应该公开地批评国民党，共产党若不服从国民党，我便要开除他们；苏俄若袒护中国共产党，我便要反对苏俄。"④

透过孙中山的这些矛盾表态，我们可以看出，他之所以极力维持与苏俄、中共的这种合作关系，有着比较复杂的政治背景和他自身的周密考量。

其一，陈炯明叛变后，孙中山的事业深陷困境，在向列强各国求助遭拒后，他决定师从苏俄，联合苏俄，其中最关键的因素在于苏俄可以给予他财力、武器、军事政治顾问等方面的援助。而联俄首先就要联共，因为中国共产党是共产国际的下属支部，一定程度上可以说是在中国代表了共产国际、列宁、来华

① 何香凝：《我的记忆》，尚明轩、余炎光编：《双清文集》（下卷），人民出版社 1985 年，第 937—938 页。
② 宋庆龄：《孙中山和他同中国共产党的合作》，《人民日报》1962 年 11 月 12 日。
③ 《马林致越飞和达夫谦的信》(1923 年 7 月 18 日)，中国社会科学院马列所、近代史研究所编辑：《马林与第一次国共合作》，光明日报出版社 1989 年，第 294 页。
④ 中国社会科学院马列所、近代史研究所编辑：《马林与第一次国共合作》，第 294 页。

的共产国际代表、苏俄政府代表，他们都再三提议国共合作，孙中山当然明白这里面的意思。"联共"是"联俄"的具体表现，只有"联共"才能取得苏俄的信任和支持。苏俄在人力与物力上对国民党的巨大援助，坚定了孙中山与苏俄结盟的决心；而与苏俄结盟的意愿促使国民党加快了与中国共产党合作的步伐。从国民党的角度来说，"联共"更多的是为了"联俄"，换言之，倘若没有《孙文越飞联合宣言》所达成的有关中俄两党合作的一致意见，国共两党是否能达成合作将是一个未知数。

其二，通过接触观察，孙中山认识到年轻的共产党虽然人数少，但有严格的组织和纪律、高昂的革命热情和干劲，这些都是改造精神涣散、缺少活力的国民党所迫切需要的。只有吸收共产党人，将工农力量充实到自己的力量中，才能使国民党获得新生。当决定同共产党合作后，宋庆龄曾问孙中山为什么做出这个决定，孙回答说，国民党可比作是一个就要死的人，国共两党这种合作将会加强和恢复国民党的血液的流动。对此有学者解释：在革命事业严重受挫之后，孙中山也已经深切地感觉到"振兴国民党以振兴中国"之必要了。"他接受共产党员，在一定程度上也多少含有想要借助于俄国的革命经验，振兴国民党的意图。这正是为什么他不仅"容共"，而且一上来就赋予共产党人相当职务和权力的重要原因之一。因为，从俄国人介绍的成功经验和自己革命的种种教训中，他不能不意识到，单靠政治和军事的手段还不够。要振兴中国，就必须振兴国民党；要振兴国民党，就必须在组织和宣传方面下功夫。要做到这一点仅靠国民党自身的干部显然没有可能。吸收共产党员加入国民党，正是孙中山试图利用共产党，以汲取俄国经验的一种尝试。毕竟，在宣传组织方面，共产党人更具奋斗精神。"[1]特别是到1924年底，他已注意到国共合作后，共产党员在国民党组织、宣传等各级部门中工作勤奋，成绩斐然，因而更坚信引入共产党员确有必要。他为此严辞斥责上海各区分部执行委员石克士等对共产党持异议者，称："十三年来，民国绝无起色，党务并不进步，皆由尔等不肯奋斗之过。……尔等不奋斗而妒他人之奋斗，殊属可耻。彼等破坏纪律，吾自

---

① 杨奎松：《孙中山与共产党——基于俄国因素的历史考察》，《近代史研究》2001年第3期。

有办法，与尔等何干？"①

其三，长期的革命经历造就的领袖地位，令孙中山对自己的革命理论和权威地位高度自信，对自己的党也有高度自信，认为一切革命力量都应归于国民党的麾下。孙中山认为"在他的革命旗帜下，可以包容一切革命分子"，"他代表革命的大圈子"，"应当将革命的小圈子放他那个大圈子里面"，中国共产党"既要革命，就请加入国民党。"②1924年3月2日，孙中山发出《致全党同志书》，勉励党员精诚团结，勿再非议共产党员加入国民党之事。强调："有好造谣生事者，谓本党改组后已变为共产党。此种谰言，非出诸敌人破坏之行为，即属于无意识之疑虑。欲明真象，则本党之宣言、政纲俱在，复按可知。""至于社会主义青年团之加入本党，在前年陈炯明叛变，本党经一度顿挫后，彼等认为共同革命，非有极大之结合，事不克举，故欣然同趋一致，以期有益于革命之实行。本总理受之在前，党人即不应议之于后。来者不拒，所以昭吾党之量能容物，而开将来继续奋斗之长途。吾党之新机于是乎在。彼此既志同道合，则团体以内无新旧分子之别。在党言党，唯有视能否为本党、为主义负责奋斗而定其优劣耳。"③为了消除对引进共产党人的疑虑，孙中山曾多次做解释说明工作，如国民党一大召开后的第二天，他就专门发表民生主义的讲演，说明民生主义与共产主义其实并无不同，"共产主义与民生主义毫无冲突，不过范围有大小耳"，民生主义与共产主义是好朋友，"本党既服从民生主义，则所谓社会主义、共产主义与集产主义均包括其中"。"国民党员既是赞成了三民主义，便不应该反对共产主义。因为三民主义之中的民生主义，大目的就是要众人能够共产。不过我们所主张的共产，是共将来，不是共现在。"④

其四，与孙中山对党的功能的认识有关。长期以来，孙中山始终认为，党不过是传播主义的工具，多一些人入党，就多一些主义的传播者和同情者。比较孙中山以往经常宣布接受整队的军阀军队的士兵入党，而不在意这些士兵实

---

① 《与石克士等的谈话》（1924年11月21日），《孙中山全集》第十一卷，第357页。
② 张国焘：《我的回忆》，第247页。
③ 《致全党同志书》，《孙中山全集》第九卷，第542页。
④ 《三民主义民生主义》，《孙中山全集》第九卷，第389—390页。

际上仍在军阀势力指挥控制之下的做法，不难想象他对共产党员加入国民党，也会有同样心理。①

　　国共第一次合作没有有效的合作机制。共产党方面靠组织纪律和来自共产国际的压力等因素来维持这一合作，国民党方面则是主要靠孙中山的领袖权威来推行，所以在孙中山逝世后，国民党内各种"反共"活动接连出现。从某种程度上说，第一次国共合作是一次基础并不十分牢固的策略性合作。

　　（李振武，《广东社会科学》杂志社总编辑、研究员）

① 畅奎松：《孙中山与共产党——基于俄国因素的考虑》，《近代史研究》2001年第3期。

第一次国共合作与近现代苏北地区的
社会转型

罗 志

摘要： 在 1924—1927 年第一次国共合作期间，苏北地区的共产党和国民党基本上处于地下活动状态，兼具着打倒列强除军阀、实现国民革命的政治任务和传播新思想、改造旧社会的社会转型任务。这一时期，国、共两党在苏北地区进行政治组织建设，传播新思想，领导工人、农民、市民等阶层开展革命斗争，推动民主、法治、教育、妇女解放、水利等方面的社会改造。第一次国共合作时期的革命洗礼和社会转型尝试为后来中国共产党在苏北地区的革命斗争和建设事业提供了实践经验。

关键词： 第一次国共合作 苏北地区 国民党 共产党 社会转型

今天的徐州、淮安、连云港、宿迁、盐城一带，在行政区划上习惯被称为"苏北地区""淮海地区"。民国时期的苏北地区范围更大，泛指整个江苏省的长江以北的广大地区，本文讨论的"苏北地区"是较为狭义的徐州、淮安、连云港、宿迁、盐城五个地市范围。就地理位置言，苏北属于沿海地区，且与近现代西方资本主义在中国的辐射源——上海仅一江之隔，相对容易感受到国内外社会经济文化等方面的剧烈变化。但是自清代晚期以来，苏北地区的社会发展却十分落后，在大运河淤塞、河道漕运盐政废弛①、太平军捻军战乱、津浦铁路改道皖北等因素共同影响下，苏北地区呈现出的是一幅交通闭塞、经济凋敝、乡村社会经济濒临破产②、社会文化落后，虽处沿海而如同内陆落后地区的发展景象③。因此，从社会经济文化发展的角度看，近代以来，苏北一直是中国发达地区中的欠发达区域，面临着苏北地区的社会转型、经济振兴和秩序重建的多重和复杂的时代任务。在 1924 年至 1927 年第一次国共合作期间，苏北地区的共产党和国民党基本上处于地下活动状态，兼具着打倒列强除军阀、实现国民革命的政治任务和传播新思想、改造旧社会的社会转型任务。对于苏北地区这一段历史时期的研究成果较少④，且多从中共党史或者纯社会史角度，笔者以第一次国共合作时期国、共两党在苏北地区的活动为主要视角，对这一时期苏北地区社会转型中国、共两党的革命性作用，包括政治组织的建设、新思想的传播和工人、农民、市民等阶层革命斗争的兴起，民主、法治、教育、妇女解放、水利等方面的社会改造，等等，作一些史实的梳理。

一、国、共两党在苏北地区进行组织建设

江苏省是同盟会革命活动的重要策源地，是辛亥革命风起云涌的核心地带，苏北地区在民国初年同盟会的势力也比较大。然而随着北洋军阀势力的南下和孙中山领导"二次革命"的失败，苏北地区同盟会的力量便土崩瓦解。因此在很长一段时期内，国民党在江苏境内几乎没有活动。正如省党部在国民党第二次全国代表大会上的报告中所说："在辛亥光复以前颇有同盟会分子，光复后

---

① 汪汉忠：《灾害、社会与现代化——以苏北民国时期为中心》，社会科学文献出版社 2005 年，第 102 页。

② 陈明胜、王玉洁：《南京国民政府乡村治理的转型与困境——以江苏省农民银行为例》，《民国档案》，2020 年第 4 期。

③ 李巨澜：《失范与重构：1927—1937 年苏北地方政权秩序化研究》，中国社会科学出版社 2009 年，第 4 页。

④ 代表性著述如：汪汉忠：《灾害、社会与现代化——以苏北民国时期为中心》，社会科学文献出版社 2005 年；李巨澜：《失范与重构：1927—1937 年苏北地方政权秩序化研究》，中国社会科学出版社 2009 年；马俊亚：《被牺牲的"局部"：淮北地区社会生态变迁研究》，北京大学出版社 2011 年；等等。

成立国民党，亦颇形活动。惟投机者多，革命之真义已失，故一经癸丑失败后即销声匿迹，各自别寻门路，混入绅士官僚之林。"①

1913 年，孙中山在日本组织中华革命党，但并没有立即在江苏建立组织。直到 1919 年 8 月，中华革命党才在南京建立了支部。苏北地区一些希望改良政治的知识分子加入国民党，但在军阀统治下，很难活动。直到 1924 年 1 月中国国民党第一次全国代表大会举行，孙中山"联俄联共"改组国民党后，江苏地区的国民党组织才重新建立起来。

在国民党一大代表中，即有苏北代表刘云昭（籍贯安徽萧县，原属江苏）等人。②1924 年 7 月，国民党员杨克被委任为淮安特派员，回到家乡进行革命活动，从设在淮安县北乡横沟寺的淮安县立乙种农业学校发展教师、横沟寺人陈治平参加国民党。同年 11 月，国民党江苏省临时党部委员范炳燮建立国民党淮安县党部，发展地方知识分子，活动秘密。1925 年 3 月 12 日孙中山逝世后，海州省立第十一中学等地师生开展悼念活动，旋成立国民党东海县等地党部。③

1925 年 8 月 23 日，国民党江苏省党部于上海正式成立。到 1926 年初，江苏省的国民党员人数达 3500 人。不过，这时，在全省 2 个市党部、9 个县党部、2 个临时县党部和 14 个区党部或者区分部中，位于今苏北地区的仅有铜山、睢宁、宿迁、萧县（今属安徽）、邳县（今邳州市）5 个县党部，组织力量极为薄弱。④1926 年 7 月，为迎接和响应国民革命军北伐，国民党加强了在苏北的组织力量，委派特派员在一些条件较好的地区建立党部、发展党员。是年 11 月，共产党员陈治平以国民党江苏省党部淮六属（即原淮安府属淮、淮、涟、泗、盐、阜六县）特派员的身份返归苏北家乡，召开党员大会，到 1927 年 4 月，淮安县国民党员已发展到 284 名。⑤沭阳县孙德培、谢仑仙等人于 1927 年 2 月至 4 月，在武汉参加国共合办，"四一二"反革命政变后，先

---

① 《中国国民党江苏省党部报告》，1926 年 1 月，陈鹤锦：《第一次国共合作在江苏》，《民国档案》，1994 年第 4 期。
② 刘怀德、刘训浩：《刘云昭先生事略》，《江淮文史》，1998 年第 2 期。
③ 周建章：《追忆东海县二、三十年代的往事》，《连云港市文史资料》第四辑，1986 年，第 14 页。
④⑤ 《中国国民党江苏省党部报告》，1926 年 1 月，陈鹤锦：《第一次国共合作在江苏》，《民国档案》，1994 年第 4 期。

后回乡揭露政变真相。①另外，时属安徽的盱眙也在 1924 年以后建立了汪、胡两派的国民党县级组织。②

　　与之对应的是，江苏是中国共产党最早建立组织并开展革命活动的地区之一，苏北地区中共党组织的发展起步晚，但是势头较快。1920 年下半年，徐州马克思学说研究小组的骨干成员便秘密组成徐州共产主义小组，1921 年春，北京共产主义学院小组代表陈德荣到徐州通知徐州共产主义小组推举代表去上海参加中共一大，徐州代表陈安家因故未能参加会议。③从 1922 年春中共陇海铁路徐州（铜山）站支部成立起，到 1927 年 6 月，江苏各地陆续建立和发展了不少党的组织。1925 年 6 月，中共徐州小组改建为中共徐州支部，吴亚鲁任书记，支部与团中央直接联系。1926 年 4 月，中共江浙区委将徐州特别支部改为中共徐州独立支部，书记为贾绿芸。至 1927 年 5 月，中共徐州地委便下辖铜山县 8 个支部，并领导邳县（今邳州市）、睢宁、萧县（今属安徽）、宿迁等县党组织，党员人数百余人。④东台、淮安、灌云、沭阳、海州、盐城等苏北其他地区也已有共产党员的活动。

　　中国共产党于 1923 年 6 月 12 日至 20 日在广州召开第三次全国代表大会，正式决定共产党员以个人身份加入国民党，实现国共合作。同年 7 月 9 日，领导江苏、浙江、上海等地党的工作的中共上海区委（由上海地委兼任，全称为中共上海地方兼区执行委员会）召开会议，贯彻中共三大关于国共合作的决议精神，作出了两项决议：一、要求本区共产党员"在最短期内全体加入国民党"；二、在区委内"设立国民运动委员会"。⑤到了 1924 年国民党一大以后，南京和江苏其他地方的共产党员和青年团员都以个人身份加入了国民党，从组织上实现了第一次国共合作，给江苏各地的国民党组织注入了新的血液。

　　改组以后的国民党"有了鲜明政纲，严密的组织方法，党务进行有了轨道，

①　沭阳县地方志编纂委员会：《沭阳县志·大事记》，江苏科学技术出版社 1997 年，第 26 页。
②　盱眙县县志编纂委员会：《盱眙县志》第二十一章《党派社团》，江苏科学技术出版社 1993 年，第 505 页。
③　王成雷：《中共徐州早期党组织成立》，《世纪风采》，2021 年第 3 期。
④　王成雷：《中共徐州早期党组织成立》，《世纪风采》，2021 年第 3 期。
⑤　中央档案馆：《中共中央文件选集（1921—1925）》，中央党校出版社 1989 年，第 553 页。

故各代表回来后更形活动"①，组织建设上发展较快。共产党员、青年团员在苏北地区的国民革命运动中始终站在斗争的前列，共产党员成为第一次国共合作中苏北各地国民党组织的中坚力量。

二、国民革命旗帜下领导革命斗争

1924年到1927年，苏北地区处于北洋军阀奉系张作霖、五省联师孙传芳等控制下。1924年的江浙战争，齐燮元联合福建的孙传芳击败了浙江的卢永祥，收编卢永祥的北洋第10师，同时将第5混成旅扩编为第4师，陈调元任师长。随后第二次直奉大战后，奉军山东的张宗昌南下击败齐燮元，占领江苏。随后孙传芳组织五省联军打败奉军，重新控制江苏。1927年2月至3月，国民革命军北伐相继占领南京等苏南地区，共产党领导上海工人第三次武装起义占领上海。而在苏北地区，北洋军阀和北伐军形成拉锯局面。1927年5月，北伐军一度完全占领苏北徐州、淮阴各地，到了8月，又被孙传芳军队反攻占领。一直到1927年12月，北伐军才重新攻占徐州，克复苏北。

因此，在整个第一次国共合作时期，共产党人和国民党人在苏北地区始终处于"地下党"活动状态。共产党人和国民党左派团结战斗，很快打开了江苏人民反帝国主义、反封建军阀的新局面。

由于共产党早期工作重点在城市工人运动，因此发展基础较好的徐州等地工人运动很快兴起。苏北地区的徐州是津浦铁路、陇海铁路交汇处，是全国著名的交通枢纽，由于铁路工人纪律性强、革命觉悟较高，因此徐州一直是国民革命时期苏北地区工人运动的中心。1921年11月，徐州到洛阳全段陇海铁路工人举行罢工并取得胜利。1923年2月"二七大罢工"失败后，陇海铁路徐州站工会和津浦铁路徐州站工会均被军阀摧毁。1927年3月，徐州第一个地方工会——徐州总工会成立，旋因为国共合作破裂、北洋军阀和国民党右派联

---

① 《中国国民党江苏省党部报告》，1926年1月，陈鹤锦：《第一次国共合作在江苏》，《民国档案》，1994年第4期。

合镇压革命而于年底解散。[①]

　　民国时期，苏北地区自然灾害频繁，军阀在此多有混战，农村凋敝，土匪横行，[②] 贫富分化极端严重，贫民群体对豪绅地主的人身依附关系较强。[③] 因此，苏北地区的农民运动如星星之火，具备蓬勃开展的客观条件。但由于当时苏北地区共产党和国民党左派的组织能力不强，农民发动得较晚，因此国共合作下领导苏北地区的农民运动开展的规模和层次均不如同时期的苏南，更不如两广、两湖、江西等南方其他省份地区。1926 年 9 月，中共江浙区执委决定将第六届广州农民运动讲习所毕业的 10 名江苏籍学员，分别派往苏南的无锡、丹阳、江阴和江北的徐州、泰兴、如皋等地，开展农民运动工作，并要求各级党组织加强对农运的领导。[④] 1926 年下半年，苏北睢宁等地发生了大规模抗租抗税运动。[⑤] 1927 年春，淮安县东北乡农民数千人手执钢枪、土炮、大刀、长矛，在时家庵集会，反对征收二角亩捐，并举行了示威游行。[⑥] 徐州、海州等地也发生了规模大小不等的农民群众抗租斗争，中共徐州特支郭潜飞耐心说服东乡农民组织红枪会总领黄守正积极配合党组织和当地农民协会，与奉军做斗争。[⑦] 国民党江苏省党部对各地农运工作也进一步做了布置，提出反对劣绅恶董、反对苛捐杂税、实行减租减息、成立农会、解放农民等口号，推动农民运动进一步发展。[⑧]

　　以"五卅运动"为代表，苏北地区掀起了群众性反帝爱国运动的一次小高潮。早在五四爱国运动中，苏北淮阴、淮安、宿迁等地学生、商人、工人、士绅乃至军政界人士都参与过声势浩大的支援运动，有着较好的群众基础。

①　徐州市地方志编纂委员会：《徐州市志》卷首《大事记》，中华书局 1994 年，第 26 页。
②　孙芝瑶：《第一次国共合作时期淮安的革命形势》，《淮安文史》第 8 辑，1993 年，第 127 页。
③　马俊亚：《区域社会发展与社会冲突比较研究——以江南淮北为中心（1680—1949）》，南京大学出版社 2014 年，第 466—469 页。
④　中共江苏省委党史工作办公室：《中共江苏历史大事记》（上册），中共党史出版社 2014 年，第 71 页。
⑤　《中国国民党江苏省党部报告》，1926 年 1 月，陈鹤锦：《第一次国共合作在江苏》，《民国档案》，1994 年第 4 期。
⑥　荀德麟：《淮阴史事编年》，江苏科学技术出版社 1993 年，第 166 页。
⑦　《中共江苏历史大事记》（上册），第 76 页。
⑧　《中共江苏历史大事记》（上册），第 76 页。

1925 年 5 月"五卅惨案"发生后，群众性的反帝爱国运动迅速席卷全国，苏北地区同样形成声援上海人民的"五卅运动"。苏北徐州、海州、淮阴、淮安等地社会各界纷纷成立后援会、宣传演讲团等，举行集会游行、宣传演讲，工商界发表停电、募捐援助上海工人、查禁英日洋货等活动，支持"五卅运动"。①6月中旬，共产党员恽代英在淮阴县西坝盐务运商公立小学讲演，揭露"五卅惨案"的真相和帝国主义的种种罪行，号召淮阴各界支援上海工人的斗争。②7 月1 日，在淮阴县城召开规模空前的江北市民大会，来自各县的与会代表上万人齐集赞化宫前门广场，与会者听取上海工商学联合会代表的报告、讲演，并举行大会游行。北京大学海州籍冯逸农等人也在暑期回乡宣传"打倒帝国主义、封建军阀，中国才能得救"的进步思想，传播革命书刊。③

"五卅运动"在北洋军阀统治下的苏北兴起，极大地提高了苏北人民爱国主义热情，也使马列主义得到传播，促进了知识界的进一步觉醒，使苏北地区的社会转型产生了新的思想萌芽。

在北伐战争进行过程中，国共合作下的国民党苏北地方组织也积蓄力量，进行了一些零星的游击战斗。1927 年 5 月，孙传芳手下的部队从南京龙潭战败后向苏北溃退，其残部经过淮安北乡和东乡的时候，共产党员陈治平和秘密设立在乙种农校的国民党县党部领导群众给予猛烈的攻击，缴获了一些枪支弹药。民国《淮安县志稿》记载这次战斗云："民国十六年六月，孙传芳败北，革命军进展至淮安，孙残部过淮北乡，将趋掠涟水，党员纠合同志猛击，残部向东北溃走。""其偏师经淮安东乡北退，沿途颇不靖。寻革命军第一军何应钦至淮，乘势北伐。"④这些零星革命活动也成为 1927 年大革命失败后，共产党领导苏北工农群众开展武装暴动反抗国民党统治的先声。

---

① 徐州市地方志编纂委员会：《徐州市志》卷首《大事记》，中华书局 1994 年，第 25 页。
② 王卫华：《恽代英与淮阴》，《淮海晚报》2019 年 12 月 29 日 A2 版。
③ 周建章：《追忆东海县二、三十年代的往事》，第 17 页。
④ 王长庚等：民国《淮安县志稿》卷三《纪事·民国以来之纪事》，民国二十五年抄本，淮安市淮安区档案局 2014 年影印。

三、国共两党推动的社会改造活动

清末民初的苏、皖两省，南北差异极大，苏南地区和淮河流域的社会发展有天壤之别。对于苏北地区社会民生凋敝的状态，当时多有舆论的声音，如1927年《申报》报道："淮河以南，一切尚与江南无大悬殊，逾淮以北，则因地势迥异，而民众生活状况，与其风俗习惯、社会组织，不同江南之处甚多。"[①] 1928年，中共徐海蚌特委报告："徐海蚌本系封建残余豪绅地主势力最雄厚的地方，一切风俗习惯、政治、文化保留了极浓厚的封建色彩。"[②] 因此，在第一次国共合作时期，进步的国民党员和共产党员对于苏北地区从民主、法治、教育、妇女解放等方面也进行了一些有益的尝试，也做出了一定的牺牲。

国民党打败军阀占领苏北地区的时间要比苏南、两湖为迟，因此在"四一二"反革命政变后，在苏北个别地区依然存在愿意进行社会改造的进步政权。如1927年5月，北伐军占领淮安县，县知事胡恩溥仓皇逃窜，原承审员曹文渊被推举代行县知事职务，负责维持社会秩序。随后，国民政府委派翟培衔任县长，成立淮安县政府，实施了一些新政：释放旧监狱关押的一批所谓"罪犯"，组织淮安县民选委员会，建立"反动分子及土豪劣绅审判委员会"，专门审理农民控告地主豪绅的案件，查办惩处反动分子和土豪劣绅。[③] 然而，没多久，孙传芳军队卷土重来，进行社会改造的新气象很快消失。

传播革命思想是苏北地区国共合作的重要内容。从1924年7月开始，国民党在淮安县的秘密县党部机关即设在淮安县横沟寺的淮安县立乙种农校内，除发展组织外，其主要工作是开办平民学校，在淮安、涟水等地组织"读书会"，宣传孙中山三民主义和马列主义。苏北各地的先进知识分子开始接触和宣传马列主义，建立读书组织，宣传马列主义，如吴丽石等人在淮安成立"共进学社"，胡安邦等人在淮安成立"江西党小组"，吴苓生在沭阳、宿迁、海州一带组织

---

① 君左：《徐州通讯：火车中之一瞥》，《申报》1927年7月9日，第9版。
② 《徐海蚌特委报告（1928年11月）》，《萧县党史资料》第1辑，1985年，第64—65页。
③ 孙芝瑶：《第一次国共合作时期淮安的革命形势》，《淮安文史》第8辑，1993年，第127页。

"共进学社"、编辑出版《共进周刊》，^①滕仰之、陈经珊等人在海州成立"乙丑"学社，^②薛树芳等人在盐城成立"共进社"，叶实夫等人在东台成立"知社"、编辑出版《海日》^③，等等。他们学习马列著作和李大钊、陈独秀等人著述，宣传苏俄"十月革命"，为共产党在地方党组织的诞生和共产党员的进一步活动奠定了初步的思想基础。^④后来，北伐战争时期，因为受到军阀迫害，党员大多外出活动。^⑤

为培养苏北的革命青年，国共合作时期徐州、淮安等地不少青年学生参加黄埔军校。如黄埔一期同入黄埔受训的徐属八县青年就有贾韫山、张世希、蔡敦仁、王仲廉、王家修、郭建鸣等人，其中萧县（今安徽萧县）王仲廉、沛县王家修、丰县王敬久并称"徐州三王"。1924 年 12 月，国民党淮安县党部常务委员陈治平偕同高鹤飞、厉百川、范鸿儒等人，到上海环龙路 44 号黄埔军校招生委员会应考黄埔军校第三期，取得证明信件和路费后，即奔赴广州，跨进军校，接受革命军政教育。1925 年 2 月，赵心权、杨济干、董毓宾、董毓之等 24 位淮安青年，在杨克的陪同下，到上海与其他地方的几十位青年会合后，向广州进发，投奔黄埔。他们行至汕头，被军阀陈炯明部队捕获，不久逃回淮安。同年 10 月，淮安青年厉冰心亦进入黄埔军校，为第四期学员。^⑥

当然，这一时期苏北地区社会动荡，"教育救国"的星星之火难以燎原，甚至常遭扼杀。如江苏省立第九中学（即江苏省淮安中学）校长李更生，辛亥革命后江苏省第一届议会议员，在扬州、淮阴等地兴办教育，做过多所新式学校校长，倾向革命，1927 年 4 月 5 日，因筹备迎接北伐军进城，遭地方反动势力暗算，遇刺身亡。^⑦

在苏北社会转型的大背景下，因受国民革命思潮的影响，广大妇女群众的

---

① 荀德麟：《淮阴史事编年》，江苏科学技术出版社 1993 年，第 164 页。
② 周建章：《追忆东海县二、三十年代的往事》，第 14 页。
③ 王琳玲：《马克思主义在盐城的早期传播（1919—1927）》，《盐城工学院学报》，2019 年第 3 期。
④ 《淮阴市志》编纂委员会：《淮阴市志》卷一（上册）《史略》，上海社会科学院出版社 1995 年，第 25 页。
⑤⑥ 孙芝瑶：《第一次国共合作时期淮安的革命形势》，《淮安文史》第 8 辑，1993 年，第 127 页。
⑦ 蒲德欣：《"竖起脊梁担事"的李更生先生》，《江苏教育》，1989 年第 9 期。

解放活动也开始兴起。1924 年 7 月，淮阴城西增祥蛋厂女工罢工，要求加薪，同时要求取消污辱妇女的搜身行为。①1924 年，国民政府在广州开展"三八"国际妇女节的纪念活动，不仅成为中国首次公开的"三八"节纪念活动，还使苏北地区的妇女解放斗争也逐渐开展起来。1925 年 8 月 23 日，国民党江苏省党部妇女部成立，随后在全省各地建立起 23 个市、县党部妇女部。②1926 年 3 月 8 日，共产党领导的共青团徐州地执委为纪念"三八"国际妇女节，在第三女子师范附小举行演讲会，吴亚鲁、朱务平在会上发表演说，号召妇女联合斗争，促成国民会议的早日召开。③

民国初年，治理淮河是振兴苏北的关键议题，孙中山在《建国方略》中便提出了宏伟设想。1913 年 12 月，全国水利局成立，国民党元老柏文蔚、著名实业家张謇等人先后积极筹划导淮工程。不过在第一次国共合作期间，政局纷扰，当局者无暇顾及建设，这一有益于苏北人民福祉的浩大工程尚停留在口头，一直到 1928 年国民政府导淮委员会成立后，一系列导淮工程才陆续动工。而孙中山认可的"江海分疏"的导淮原则，也一直作为 20 世纪 30 年代苏北地区导淮工程的指导思想。

四、结语：大浪淘沙

1927 年 4 月 12 日，以蒋介石为首的国民党右派在上海发动反革命政变，7 月 15 日，以汪精卫为首的武汉国民政府下令"分共"，轰轰烈烈的第一次国共合作失败。从南京"四一〇"事变起，国共两党在江苏的第一次合作便已经完全破裂。这时的苏北广大地区，由于尚在军阀统治之下，国民党地方组织仍然需要和共产党员合作，短暂地利用共产党人的力量和才能来帮助治理地方。④随着以蒋介石为首的国民党右派在南京建立了反革命的国民党中央和国

① 荀德麟：《淮阴史事编年》，江苏科学技术出版社，1993 年，第 161 页。
② 江苏省地方志编纂委员会：《江苏省志·大事记（中）》，江苏古籍出版社 2001 年，第 135 页。
③ 《中共江苏历史大事记》（上册），第 64 页。
④ 《中国国民党江苏省党部报告（1926 年 1 月）》，陈鹤锦：《第一次国共合作在江苏》，《民国档案》，1994 年第 4 期。

民政府后，江苏省成为反动统治的中心，江苏共产党人和革命者在白色恐怖笼罩下，进行了坚忍不拔的长期斗争。

第一次国共合作给全国带来了一场国民革命的洗礼，也为苏北地区这样相对落后的地区进行社会改造提供了组织上、实践上的基础条件。国民革命教育和锻炼了各革命阶级，为后来中国共产党领导的土地革命战争奠定了群众基础。在大革命中，党的组织得到迅速发展，党的自身建设得到加强。^①对于苏北地区而言，第一次国共合作带来了新政党的生根发芽，新思想的逐渐传播，政治、教育、文化等方面的改造尝试。虽然在随之而来的国民政府时期苏北地区社会转型依然停滞不前，但是到了第二次国共合作时期，中国共产党领导下的苏北根据地政权迅速产生、扩大并巩固，并成为后来解放战争时期重要的解放区，苏北地区的社会转型也最终在中国共产党领导下，在新中国成立以后走上了一条崭新的发展道路。

（罗志，江苏省社会主义学院三级主任科员，民革党员）

---

① 《中国共产党简史》，人民出版社、中共党史出版社 2021 年，第 33 页。

第一次国共合作在盐城的历史考察
与经验启示

孙宗一

摘要：在第一次国共合作时期，江苏省盐城县虽然远离革命风暴中心，但也无法自外于社会变革的时代潮流。中国共产党人完全主导了第一次国共合作在盐城的进程，并直接影响了北伐战争后盐城地方革命进程的发展。第一次国共合作在盐城的这一段"微观历史"，可以为民革坚守合作初心、加强自身建设提供经验与启示。

关键词：国共合作　国民革命　盐城　历史经验

20世纪20年代的第一次国共合作与国民革命浪潮深刻影响了近代中国的发展前途和方向，第一次国共合作研究也历来是中国近现代史研究中的热点问题，围绕这一问题，此前学术界的研究大多聚焦于国共合作和革命风暴的"中心地带"——广东和长江中下游地区，第一次国共合作在广州、长沙、武汉、上海等大城市的发展历程和相关问题，尤其受到学者的关注，取得了丰富的研究成果。在此前研究的基础上，从区域史的视角，聚焦当时远离革命风暴中心的江苏省盐城县，对第一次国共合作在盐城的历史进行考察，将有助于认识那一段波澜壮阔的历史的全貌。

一、第一次国共合作前后盐城的社会政治环境

民国时期的盐城县位于江苏省的东北部，黄海之滨，相较于广东、湖南、湖北、沪宁地区等国民革命风暴的"中心地带"而言，盐城虽然属于典型的"边缘地带"，但也无法自外于时代潮流。因此，第一次国共合作前后，盐城的社会政治环境同国内其他地区一样，呈现出社会变革时代的典型特征。

（一）政局腐败动荡，民众望治心切。民国初年，军阀割据混战，江苏曾长期为直系军阀所控制。进入20世纪20年代，当国共两党实现合作、国民革命运动兴起之际，直系、皖系、奉系等各派军阀为争夺江苏这一富庶之地和财源之区，在1924年至1925年间先后进行了三次大规模的混战，导致全省政局动荡不安。就盐城县而言，从1924年至1927年，短短四年间就先后更换了11位行政首长，政府主官皆不久于任，致使县政荒废、建设滞后、盗匪横行，有的主政者以军阀武力为后盾，恣意妄为、贪酷暴虐，民众深受其害，如1926年1月，庞宗吉由直系军阀孙传芳控制的江苏省公署派任盐城县长兼理司法，到任后"凡临讼审案，唯以敲诈为目的，毫不顾及是非曲直，亦不论当时律令"。庞宗吉任职不到一年的时间，就敛财20余万银圆，卸任后即化名匿居南京买房置地，"俨然富翁矣"。①

1927年3月，北伐军攻克沪宁地区以后，孙传芳、张宗昌所部直鲁联军沿范公堤北撤过境盐城，"始则征索粮秣供张，将去则征索夫役骡马舟车"，有的军阀部队甚至以"借饷"为名敲诈勒索，"现金搜刮一空，实属穷于应付"，到了6月，最后一批直鲁联军终于离境，北伐军进抵盐城，见到北伐军的旗帜，全县民众"为之大慰"，足见民心望治之殷。②

（二）经济结构落后，社会发展缓慢。近代以前，盐城是淮南盐区（淮河以南、长江以北的江苏沿海地区）重要的海盐产地，到了清朝末年，沿海滩涂不断

---

① 孙玉泉：《庞宗吉贪赃见闻》，载中国人民政治协商会议盐城市郊区委员会文史资料委员会编：《盐城文史资料》第1—2辑，1984年，第151—152页。

② 张逸笙：《一九二七年盐城过兵记略》，载中国人民政治协商会议盐城市郊区委员会文史资料委员会编：《盐城文史资料》第1—2辑，1984年，第41—43页。

淤涨，淮南盐区的海盐产量大不如前，江苏盐业生产的重心转向淮北盐区。20世纪初，江苏沿海的"废灶兴垦"事业兴起，各地绅商纷纷集资在旧盐区的沿海滩地上成立盐垦公司，经营棉花种植。盐垦公司是仿照近代股份制企业建立的，雇佣佃农采取资本主义"大农业"的生产方式，但是，当时盐城县境内的海岸线不长，可供开发的滩涂荒地并不多，据 1924 年的统计，在江苏沿海滩涂创办的盐垦公司共有 42 家，其中盐城县境内只有 4 家。① 因此，"废灶兴垦"并没有从根本上改变盐城县传统的经济结构，县内主要的农业耕作区集中在离海岸较远的西部湖荡地带，仍然采用小农生产方式，而且种植结构较为单一，以粮食作物为主。此外，盐城的工业基础也极其薄弱，除了几家规模较小的鸡蛋加工厂和碾米厂采用机器生产外，"全县无近代式之工厂组织"。② 凭借着内河航运的便利，盐城的商业尚称繁荣，到 20 世纪 20 年代已经成为区域性的商品集散地，但是，受战乱等因素的影响，传统的商业经济表现出很大的波动性和脆弱性。由于经济结构的落后，长期以来盐城地方社会近代化的进展比较缓慢。

（三）新式教育发达，引领变革风潮。盐城自古以来就有崇文重教的传统，清朝末年废除科举，地方人士开始提倡"废庙兴学"，大力发展新式教育。1906 年，留学日本归来的季龙图、马为珑、陈启晴等人创立了盐城学会，后改名盐城教育会，到辛亥革命以后，地方士绅以教育会为基地，纷纷加入创办新式教育的行列，在全县城乡各地兴办学校，一时间蔚然成风。到 20 世纪 20 年代，"盐城的教育，在江苏的江北，要算发达的一县"，③ 全县拥有公私立中学、小学 300 余所。此外，盐城的学子在本地接受了新式的教育后，思想得到启迪，视野因而开阔，纷纷走出家乡继续深造，寻求新知。据 1931 年的统计，盐城县在全国专科以上高等学校就读的学生有 193 人，超过文教发达的南通、常熟等地，位列江苏省 61 县（当时包括后来划归上海市的 10 个县）的第

---

① 李积新：《江苏盐垦事业概况》，载《东方杂志》1924 年第 21 卷第 11 期。
② 吴福保：《盐城县政府实习总报告》，1931 年，第 70 页。
③ 竞存：《闲话盐城》，《长城半月刊》1934 年第 1 卷第 20 期。

8 位。① 由在外求学的学子和在乡就读的学生构成的新式知识分子群体在盐城日益壮大，这一群体思想进步、富有朝气，当五四运动、抵制日货、"五卅运动"等全国性的爱国民主运动兴起之际，他们或回乡发动，或率先响应，成为引领地方社会变革风潮的中坚力量。

二、第一次国共合作在盐城的历史特点

第一次国共合作开创了中国民主革命的新局面，在短短数年间，国民革命的浪潮席卷全国。回顾第一次国共合作在盐城形成和发展的历史，可以看到鲜明的时代印记，亦能发现显著的区域特点。

（一）第一次国共合作在盐城的发展进程缓慢。当第一次国共合作在国民革命的策源地广东正式形成之时，江苏全省还处在北洋军阀的统治之下，在中共江浙区执行委员会（负责中共在江苏、浙江、上海等地的领导工作）和部分国民党人士的共同努力推动下，1925 年 8 月，国民党江苏省党部在上海成立，标志着第一次国共合作在江苏形成。到 1926 年 1 月国民党二大召开前夕，江苏全省已经成立了 13 个国民党县、市党部，还有 14 个县成立了区党部或区分部。② 此时，盐城县还没有国民党组织的活动，时任国民党江苏省党部执行委员会常务委员的中共党员侯绍裘指派上海法政大学的盐城籍学生仇一民回乡，负责筹建国民党的组织。仇一民回到盐城后积极奔走，宣传三民主义，发展国民党员。盐城县西南乡大冈小学教师吴广文经仇一民发展加入国民党以后，利用其父吴兆山在盐城县警备队任职中队长的社会关系和影响力，先后发展了100 多名进步青年加入国民党，并受仇一民的委托，在大冈镇以"青年协进会"的名义，成立了国民党盐城县第一区分部，进行公开活动。到 1926 年 5 月，国民党在江苏省已有县、市党部 27 个，而盐城县直到第一次国共合作破裂也未成立国民党的县级党部。

（二）盐城的第一次国共合作由中国共产党人完全主导。中国共产党是第

---

① 江苏教育厅编审室编印：《江苏教育概览·第四部》，1932 年，第 6 页。
② 陈鹤锦：《第一次国共合作在江苏》，载《民国档案》1994 年第 4 期。

一次国共合作和国民革命运动的中坚力量，然而，国民党右派早在国共合作的酝酿阶段就开始反对与共产党合作，在孙中山先生逝世后又加紧行动，破坏国共合作。在国民党江苏省党部所在地的上海和江苏省内的南京、无锡等地，就曾多次发生国民党右派挑起事端、制造分裂、破坏国共合作的事件。而在盐城，情况有所不同，第一次国共合作自始至终都由中国共产党人完全主导，国民革命的统一战线内部也不存在复杂的斗争。此前，盐城曾在辛亥革命后成立了国民党支部，由地方士绅宋泽夫任部长，"二次革命"爆发以后，袁世凯下令解散国民党，宋泽夫也遭到地方当局通缉，一度避居外地，后来回乡后致力于地方教育事业，未再与国民党有组织联系。由于第一次国共合作以前国民党在盐城缺乏组织基础，奉派到盐城筹建国民党组织的仇一民又是共产党员，在他的影响下，在盐城新加入国民党的几位骨干成员吴广文、梁开甲、乐葆生、邹渐余等人也都加入了共产党，并成立了盐城县第一个中共党支部，以仇一民为首的共产党人，成为国民革命运动在盐城的领导力量。

（三）第一次国共合作直接影响了北伐战争后盐城地方革命进程的发展。1927 年 4 月 10 日，南京发生了"四一〇"事变，侯绍裘和时任中共南京地委书记谢文锦等人遭到逮捕杀害，国共合作建立的国民党江苏省党部解体，第一次国共合作在江苏宣告破裂。但是，"苏北某些地区，由于尚在军阀统治之下，国民党人仍然需要和共产党人合作"，当国民党完全掌握江苏政权以后，"个别地区当政的国民党左派，也曾利用共产党人的力量和才能来帮助治理地方"。[①]在盐城，仇一民等共产党人在国共合作破裂后仍以国民党的名义组织了欢迎北伐军的运动。1928 年中共盐城县委成立后，只有一位委员系工人出身，"余均系智识分子，并都兼任国民党党部及各团体委员"，[②]这些经过国共合作和国民革命洗礼的共产党人，成为北伐战争后中共在盐城领导开展革命运动的骨干力量，他们在中共活动转入地下的情况下，对外以国民党员的身份公开活动

---

① 共江苏省委党史工作委员会编印：《第一次国共合作在江苏（1923—1927）》，1995 年，第 13—14 页。

② 《视察盐阜区六县报告（1928 年 9 月）》，载中央档案馆、江苏省档案馆编印：《江苏革命历史文件汇集（特委县委文件）1926 年—1934 年 11 月》，1989 年，第 13 页。

（有的人后来还参加了汪精卫的"改组派"），并善于利用国民党内部的派系矛盾，掩护革命工作。仇一民牺牲以后，吴广文、梁开甲等共产党人继续利用在国民党内的公开身份，乘国民党江苏省党部忙于争权夺利、一度无暇"清党"之机，通过国民党盐城县党部组织开展"废约运动"（废除不平等条约）大游行、破除迷信毁神像等群众运动，有力地推动了地方革命形势的发展。

三、第一次国共合作在盐城的经验启示

在国民革命的洪流中，盐城只是大革命中的"小单元"，但我们依然可以从第一次国共合作在盐城的这一段"微观历史"中，得到一些重要的经验与启示。

（一）中国共产党人是孙中山革命事业的真正继承者。第一次国共合作开始后，在原有的国民党员中，只有南京高等师范学校的盐城籍学生夏燧城在毕业后回乡活动。夏燧城在1925年孙中山先生逝世后创办了私立中山公学，作为国民党在盐城活动的基地，以办学为掩护，宣传三民主义，但旋即遭到盐城教育界守旧势力的反对和排挤，一年多后，中山公学即被孙传芳的"五省联军总司令部"下令查封。[①] 这样，在经济落后、思想保守的盐城真正打开局面，领导和开展国民革命运动的任务，也就历史地落到了中国共产党人的肩上。事实证明，中国共产党人很好地完成了这一艰巨、复杂的任务。被誉为"盐阜革命先驱者"的共产党人仇一民，通过艰苦卓绝的努力，在军阀统治下的盐城开创了国民革命的新局面,使孙中山革命的三民主义在盐城真正得到广泛的传播。

（二）共同的政治基础决定了中国共产党与中国国民党民主派必然走向合作。孙中山革命的三民主义是国共两党实现第一次合作的共同政治基础。民国初年担任过国民党盐城支部部长的宋泽夫，在"二次革命"以后就未再参加国民党的组织活动，但他一直关注着孙中山领导的革命事业的发展。国民党一大召开、第一次国共合作开始后，宋泽夫对孙中山"联俄、联共、扶助农工"的

---

① 唐秉玄：《城西回忆》，载《江苏文物》，1977 年第 1 卷第 1 期。

三大政策寄予很大期望，孙中山先生逝世后，他撰写了挽联："渔夫（即宋教仁）在天，忽逢知己；列宁死后，几见斯人？"[①]表达了对孙中山革命的三民主义的真诚信仰和拥护国共合作的鲜明立场。第一次国共合作破裂以后，宋泽夫认清了南京国民党政权的本质，与国民党统治集团划清了界限，到了抗日战争期间，新四军到达盐城，宋泽夫在中国共产党统一战线政策的感召下，参加了盐阜区抗日根据地的民主政权，在中国共产党的领导下为抗战救国事业献计出力，被誉为"苏北的鲁迅"。从宋泽夫的经历，我们可以看到中国共产党与中国国民党民主派走向合作的历史逻辑和历史必然。

　　（三）统一战线事关人心向背、力量对比，统战工作的本质要求是大团结大联合。"四一二"反革命政变后，第一次国共合作开始走向破裂，当时在盐城领导国民革命运动的共产党人面临着极其复杂的局面：一方面，在南京"四一二"事变中，中共在江苏省的领导机关遭到严重破坏，国共合作的国民党江苏省党部也宣告解体，国民党右派在其控制的苏南各地已经开始大规模"清党"，捕杀共产党人和革命群众；另一方面，盐城尚在北洋军阀的控制之下，孙传芳、张宗昌所部直鲁联军在沪宁地区溃败以后，开始陆续北撤过境盐城，军阀部队的勒索盘剥令盐城民众苦不堪言，连当地士绅阶层也不堪其扰。在这样的情况下，是要立即与南京国民党政权划清界限、组织工农暴动反击国民党右派的进攻，还是要继续举起国民革命的旗帜、团结广大民众反抗军阀统治，对盐城的共产党人来说是一个十分艰难的选择。最终，盐城的共产党人坚持从统一战线的大局出发，利用尚在掌握之中的国民党地方组织，广泛发动群众，在全县城乡各地张贴标语传单，策反军阀部队，并在北伐军到达后组织欢迎活动。通过开展反对军阀部队过境和欢迎北伐军的运动，盐城的共产党人顺应了主流民意诉求，团结教育了广大民众，并为中共活动转入地下以后继续利用国民革命和三民主义的旗帜开展革命斗争创造了有利条件。习近平总书记曾经指出："人心向背、力量对比是决定党和人民事业成败的关键，是最大的政治。

---

① 还珏：《宋泽夫》，载中国人民政治协商会议盐城市郊区委员会文史资料委员会编：《盐城文史资料》第1—2辑，1984年，第5页。

统战工作的本质要求是大团结大联合，解决的就是人心和力量问题"，^①盐城共产党人在历史关口的毅然抉择，正是对这一重要论述的生动诠释。

四、结语

今年是中国共产党建党 100 周年，习近平总书记要求，"各民主党派和无党派人士要结合庆祝中国共产党成立 100 周年，全面回顾同中国共产党团结合作的奋斗历程，发扬光荣传统，坚守合作初心，加强自身建设"。^②民革是与原中国国民党有历史渊源的民主党派，第一次国共合作正是中国共产党与中国国民党民主派团结合作的历史原点和逻辑起点，国共两党的革命先辈们在孙中山革命的三民主义旗帜下真诚合作、共同奋斗的光辉历程，可以为民革坚守合作初心、加强自身建设提供丰富的"案例库"和"参照系"。

（孙宗一，江苏省盐城师范学院盐城地域文化与社会治理研究院执行院长，新四军研究院综合办公室主任、副教授，民革盐城市支部党员）

---

① 习近平：《深刻认识做好新形势下统战工作的重大意义（2015 年 5 月 18 日）》，载中共中央文献研究室编：《十八大以来重要文献选编（中）》，中央文献出版社 2016 年，第 556 页。
② 《习近平同党外人士共迎新春》，《人民日报》2021 年 2 月 2 日，第 1 版。

中国共产党
与第一次国共合作

第一次国共合作前后中共对孙中山的认知与抉择

胡　波

摘要： 第一次国共合作前后，年轻的中国共产党虽然受共产国际和苏俄的领导，但能审时度势、扬长避短、积极作为，不仅实事求是地客观评价孙中山及其思想主张，有理有据地为孙中山的三民主义辩护，不断地凸显孙中山三民主义的革命性和战斗性，还敢于面对风险和挑战，有策略、有组织地去应对和化解。在组织上保持严密性和思想上保持革命性的前提下，支持孙中山改组国民党，实行"联俄、联共、扶助农工"三大政策，在斗争中求团结，在实干中求合作，主动作为，大胆作为，不断地把国民革命推向新的高潮。

关键词： 国共合作　中国共产党　孙中山

1924 年 1 月 20 日至 30 日，中国国民党第一次全国代表大会在广州召开，大会通过了《中国国民党第一次全国代表大会宣言》和《中国国民党党章》，《宣言》重新阐释了孙中山的三民主义，确定了"联俄、联共、扶助农工"的三大政策，确认了共产党员和共青团员以个人身份加入国民党的原则，选举了中国国民党中央执行委员会，共产党员李大钊、谭平山、于树德、毛泽东、林祖涵、瞿秋白、张国焘、于方舟、韩麟符、沈定一当选中央执行委员或中央候补委员，约占委员总数的四分之一。^①成立不到四年、党员不到 400 名的中国共产党，竟成为国民党内一支重要的组织力量，并进入国民党领导机关的最高层，^②这一现象虽然与苏俄和共产国际的强力支持分不开，但也与早期中共党员对孙中山及其领导的国民党的理解和认同有着密切的关系。

目前，已有不少专家学者注意到中共对孙中山及其国民党的态度，甚至专题讨论了中国共产党话语体系中的孙中山，^③从宣传策略的角度考察了孙中山逝世前后中共的宣传策略，^④还有学者从国民党的组织形态和社会文化视野下的民国政治的角度，探讨中共在第一次国共合作前后对孙中山及其国民党的不同态度，^⑤更有学者从国民党与共产国际关系的角度，考察了孙中山与共产国际的交往以及共产国际对孙中山的认识，为我们了解中共对孙中山的认识提供了重要线索。^⑥但是，中共在国共合作前后对孙中山的态度，直接影响着国共合作的深度和广度，甚至对中共后来的发展亦产生持久的影响。本文试图从中共在国共合作前后对孙中山的认识和理解这一侧面，考察中共对孙中山的态度变化及其特点，为读者了解中共在首次国共合作中的作用和影响提供一点参考。

一、革命认同：革命的孙中山与落伍的国民党

现代中国革命话语的形成，最初与孙中山领导的辛亥革命有关。民国初年短暂的民主宪政一度冲淡了"革命"的主题，但经孙中山的不断推动，"革命开始由过去的一党独导发展为多党竞举的局面"。^⑦最典型的是国民党的"国

---

① 中共中央党史研究室：《中国共产党历史》第一卷（1921—1949）上册，中共党史出版社 1991 年，第 116 页。
② 杨奎松：《中间地带的革命：国际大背景下看中共成功之道》，山西人民出版社 2014 年，第 74 页。
③ 张克荣：《中国共产党话语体系中的孙中山》，武汉大学博士学位论文，2019 年 5 月。
④ 王建伟：《孙中山逝世前后中共的宣传策略》，《中共党史研究》2016 年第 9 期。
⑤ 王奇生：《党员、党权与党争：1924—1949 年中国国民党的组织形态》，华文出版社 2011 年；《革命与反革命：社会文化视野下的民国政治》，社会科学文献出版社 2010 年。
⑥ 李玉贞：《国民党与共产国际（1919—1927）》，人民出版社 2012 年；《孙中山与共产国际》，台北："中央研究院"近代史研究所 1996 年。
⑦ 王奇生：《革命与反革命：社会文化视野下的民国政治》，社会科学文献出版社 2010 年，第 67 页。

民革命"，共产党的"阶级革命"与青年党的"全民革命"，在 20 世纪 20 年代几乎同时并起,"革命"迅速成为一种具有广泛影响而又逐渐凝固的普遍观念,"革命是救亡图存、解决内忧外患、实现国家统一和推动社会进步的根本手段,改良及其他救国途径（如教育救国、实业救国、学术救国等）被视为缓不济急和舍本逐末之策。革命高于一切,甚至视革命为社会行为的唯一规范和价值评判的最高标准"。[①]

中共对近代意义的"革命"的认知,并不是苏俄和共产国际的宣传引领,而是孙中山发动和领导的辛亥革命。陈独秀、李大钊、董必武、林伯渠、张国焘、张太雷、毛泽东、叶挺、杨殷、苏兆征、林伟民等中共党员就曾程度不同地参加过辛亥革命,并与孙中山有过直接的交往。[②]其对中国革命的目的和任务,以及方式和方法等的认识,自然不可避免地受到孙中山的影响。

陈独秀早期追随孙中山的民主革命。民国初年孙中山组织的反袁、护法和护国等运动,在陈独秀看来是最"富于革命性"的,[③]认为陈炯明背叛孙中山的行为就是反革命的表现。[④]尤其是在南方参加孙中山护法斗争的李大钊,对孙中山及其思想主张有了更深刻的认识,[⑤]甚至为维护孙中山的革命地位,对日本中岛端发行《支那分割之运命》诋毁孙中山的语句逐条批驳,明确指出孙中山就是"造时势的英雄"[⑥]。

不过,共产党人最初是在参与和反思中认同辛亥革命的。1919 年 8 月,毛泽东在《民众的大联合》中使用了"辛亥革命"的词语,并指出辛亥革命的局限在于没有发动群众。1923 年,毛泽东在《外力、军阀和革命》一文中指出,孙中山建立的国民党属于革命民主派的主体。[⑦]1920 年 11 月 1 日,陈独秀在《新青年》上发表《国庆纪念底价值》一文,认为"十月革命,废黜君主,建设共和,

---

① 《革命与反革命：礼会文化视野下的民国政治》第 67 页。
② 何锦洲：《孙中山与中外共产党人》，政协广东省中山市委员会文史委员会编：《中山文史》第 58 辑。
③ 《陈独秀文章选编》（中），三联书店 1984 年，第 35 页。
④ 《陈独秀文章选编》（中），第 265 页。
⑤ 朱成甲《李大钊早期思想与近代中国》，人民出版社 1999 年，第 519—521 页。
⑥ 《李大钊全集》第一卷，河北教育出版社 1999 年，第 285 页。
⑦ 《毛泽东文集》第一卷，人民出版社 1993 年，第 10 页。

在中国历史上不能说不是空前的盛举。在这一点上看起来，我认为全中国人都
应该觉得双十节的确是中国历史上唯一的纪念日"①。陈独秀所指的"十月革命"
就是辛亥革命，称辛亥革命是"中国历史上唯一的纪念日"，表明他对孙中山
及其领导的辛亥革命的充分肯定。1922 年 6 月 15 日，中共中央第一次发表对
于时局的主张，不仅再次使用了"辛亥革命"的提法，还充分肯定了辛亥革命
使封建政治下的改良运动进步到民主革命运动，推倒了几千年因袭的帝制，"在
中国政治史上算是开了一个新纪元"。②虽然这些较少涉及对孙中山个人的评
价问题，但孙中山与辛亥革命是紧密联系在一起的，肯定辛亥革命也就是肯定
了孙中山的革命性。

　　但是，中共也对辛亥革命的局限性做了深刻反思。早在 1921 年 5 月，施
存统就撰文指出："辛亥革命，自有被历史上的价值：吾人断不当因为彼没有
成功，就根本否认彼底价值。至于造成袁世凯等专制魔王，其实乃是社会底罪恶，
断难归咎于民主主义者，尤其不能归咎于辛亥革命；因为这些东西早已存在了。
'越革命越坏'乃是一般反对国民党人无常识的话。"强调"我所不满意于辛
亥革命的，乃因为彼是不彻底的革命，不完全的革命"，"我们现在的问题，
决不是过去革命好坏问题，乃是将来革命如何问题"。③张太雷则进一步认为，
"不管其手段是用武力的"，但总归"是把清朝推倒了，不能说其在国民革命
上有重大意义"，彭述之也说："辛亥革命是完全失败了的，至少可以说没
有成功"。④显然，"反思辛亥革命的经验教训，则为早期共产党人建构革命
话语提供了重要资源"，⑤也为国共合作和国民革命的推进找到了相同、相通
的思想话语和精神动力。1919 年，董必武就感慨地说，"同朋友们对照辛亥

---

① 　《国庆纪念底价值》，任建树、张统模、吴信忠编：《陈独秀著作选》第二卷，上海人民出
　　版社 1993 年，第 180 页。
② 　《中国共产党对于时局的主张》，中共中央文献研究室、中央档案馆编：《建党以来重要文
　　献选编（1921—1949）》第一册，中央文献出版社 2011 年，第 88 页。
③ 　张太雷：《辛亥革命在中国国民党革命上之意义》，《张太雷文集》，人民出版社 1981 年，
　　第 78 页；彭述之：《辛亥革命的原因与结果》，《向导》1924 年 10 月第 86 期，第 703 页。
④ 　施存统：《我们要怎样干社会革命？》，中共中央宣传部办公厅、中央档案馆编研部编：《中
　　国共产党宣传工作文献选编（1915—1937）》，第 317—318 页。
⑤ 　《董必武年谱》编纂组编：《董必武年谱》，中央文献出版社 2007 年，第 42 页。

革命以来的经验教训，切磋中国革命的方向和道路"，才逐渐认识到"中国的独立，走孙中山的道路行不通，必须走列宁的道路"①。

虽然国共合作时期，国共双方在合作的方式和工作的侧重点上有所争论，甚至产生分歧，中共对国民党内部的反共、排共的言行和孙中山"联俄""容共"等举措也有尖锐的批评，②但是并不影响中共对孙中山的积极评价和对国共合作的支持态度。

1924年8月21日，国民党中央全会讨论国共党员纠纷问题，会议决定在国民党中央政治委员会之下设立国际联络委员会，负责协商中国共产党的活动与中国国民党有关系者的联络方法。上海中共中央获悉这一消息后，马上致电广州鲍罗廷和瞿秋白，禁止在国民党的会议上进行任何有关共产党问题的辩论，不同意瞿秋白以党的名义在国民党的会议上发言，拒绝承认国民党中央为解决两党间的问题而设立的国际联络委员会。③在1924年9月7日写给维经斯基的信中，陈独秀指出，国民党中央执行委员会"利用反动派施加的压力和他们的反共宣传来压制我们"，"目的在于把中国共产党置于国民党的领导之下，或至少使中国共产党对它开放"，"中国共产党执行委员会绝对不同意这个建议，并指出，鲍罗廷同志上了孙中山等人的圈套"。④

当时的孙中山，的确并不认为国共关系是一种党际之间的对等"合作"关系。其时，孙中山只愿意和苏俄政府谈合作。因为当时的孙中山，不仅对苏俄抱有好感，还求助于任何一个愿意给他提供帮助的列强。实用主义和理想主义交织在一起的孙中山，对刚刚成立而又力量弱小的中国共产党缺乏了解和信任，在当时也是可以理解的。但必须肯定的是，尽管孙中山和国民党人在不了解新生的中国共产党的情况下，低估了中国共产党的能量，轻视中共作为一个政党的存在，但并没有影响孙中山对年轻有为的中共党员个人的重用，更不会影响中

① 陈金龙：《中国共产党纪念活动史》，社会科学文献出版社2017年，第228页。
② 《党员、党权与党争：1924—1949年中国国民党的组织形态》，第三章从"容共"到"容国"。
③ 《中共中央致鲍罗廷、瞿秋白电》（1924年8月27日），转引自杨奎松《陈独秀与共产国际——兼谈陈独秀的"右倾"问题》，《近代史研究》1999年第2期，第92页。
④ 《陈独秀给维经斯基的信》（1924年9月7日），《联共（布）、共产国际与中国国民革命运动（1920—1925）》，第528—529页。

共对孙中山及其国民党的态度。因为年轻的中国共产党的"国际性"所带来的优越感，使他们觉得比"国内性"的国民党要高出一筹。1924 年陈独秀就不无调侃和自信地说："以一个革命的党要取消别个革命的党，已经是不应该，何况中国共产党是共产国际的一个支部！中国国民党若认真因为中国共产党党员加入了国民党之故，便要取消中国共产党；并且中国共产党若也因此自己承认取消，这岂非中国人在世界革命史上要闹出特别新奇的笑话！"①

正是年轻的中国共产党人基于对自己组织的国际性和革命性的高度自信，以及对孙中山及其领导的国民党的深刻认识，早期中国共产党人在面对具有 20 年党龄拥有 20 万党员的中国国民党时，并没有感到压力和自卑，而是牢记自己的初心，为了共同奋斗的目标，保留对国民党和孙中山的看法，服从大局，积极融入国共合作和国民革命的大潮之中，并真心拥护孙中山的领导，承认孙中山在国民革命中具有无上的地位，认为他是"伟大的革命领袖"②，"中国民族解放运动唯一的指导者"，③"中国历史上第一个革命家"，④"一个实际的革命家，世界革命人才"，⑤在思想上和行动上对孙中山及其倡导的革命事业保持认同和支持。

二、思想审视：辨析三民主义与拥护三大政策

像众多同盟会员和革命党人对孙中山的三民主义思想有不同层次的认识一样，早期共产党人也有一个从认识到实践，再由实践到认识的发展过程。虽然已有研究者从思想内涵、精神品质、历史地位和话语逻辑等方面，对中共话语体系中的孙中山进行了初步的梳理，认为在中共话语体系中，孙中山的思想概念主要表现为三种形态，即中山主义、孙文主义和三民主义，并指出中山主义、孙文主义逐渐淡出中共话语体系，三民主义最终成为中共指称孙中山的思想精

① 陈独秀：《我们的回答》，《向导》1924 年 9 月第 83 期。
② 《陈独秀文章选编》（下），三联书店 1984 年，第 29 页。
③ 《李大钊全集》第五卷，第 130 页。
④ 《瞿秋白文集政治理论编》第三卷，人民出版社 2013 年，第 75 页。
⑤ 《邓中夏全集》（中），人民出版社 2014 年，第 945 页。

要的基本概念。^① 其实，除了孙文主义带有歧义或意识形态倾向外，中山主义或孙中山主义^②之思想核心，仍然不出"民族、民权、民生"三民主义的范围。历史地看，中共不仅对孙中山的三民主义内涵在不同时期有不同的解读，还真正认同和继承的则是孙中山的革命的三民主义，即"联俄、联共、扶助农工"的三大政策。可以说，中共早期对孙中山思想主张的认识和理解，是在不断总结、反思和争论中逐渐形成的。

20世纪初期的中国，各种新思潮蜂拥而至，在如何选择上，人们不免会有不知所措，甚至片面理解和盲目吸收的现象。胡适对陈独秀以"德先生"和"赛先生"概括新文化运动的性质和意义就颇不以为然。他认为"新思潮的根本意义只是一种新态度。这种新态度可叫做'评判的态度'。而'重新估定一切价值'八个字便是评判的态度的最好解释"。"这种评判的态度，在实际上表现时，有两种趋势。一方面是讨论社会上、政治上、宗教上、文学上种种问题，一方面是介绍西洋的新思想、新学术、新文学、新信仰，前者是'研究问题'，后者是'输入学理'。这两项是新思潮的手段。"^③事实上，无论是三民主义、共产主义、民生主义，还是国家主义、社会主义、无政府主义，也无论是国民革命、阶级革命，还是全民革命，在20世纪20年代各自都获得了一大批青年知识分子的支持和响应。^④在比较和研究中，经过民初政治乱象冲击的知识分子和青年学生，逐渐开始转向革命的社会主义。毛泽东就得出结论说："绝对的自由主义、无政府主义，以及德莫克拉西主义，依我现在之看法，都只认为理论上说得好听，事实上是做不到的。"因此，"我看俄国式的革命，是无可如何的山穷水尽诸路皆走不通了的一个变计，并不是有更好的方法弃之不采，单要采这个恐怖的方法"。^⑤虽然俄国革命带有暴力色彩，但通过大革命，去"革政府的命"，"革阶级的命"，革种种落后风俗、制度和不道德的心理和行为的命，^⑥是当时立志改造中国的一批诸如陈独秀、李大钊、瞿秋白等革命的知

---

① ② 张克荣：《中国共产党话语体系中的孙中山》，第85页。
③ 胡适：《"新思潮"的意义》，《新青年》第7卷1号。
④ 《革命与反革命：社会文化视野下的民国政治》，第91页。
⑤ 中国革命博物馆等编：《新民学会通信集》，人民出版社1980年，第148—149页。
⑥ 真风：《流血》，《闽星》1920年3月第3卷第1号。

识分子和青年学生认定的方式和手段，选择社会主义，以俄为师，已成为多数
革命的知识分子和青年学生的共识。

　　但是，孙中山的三民主义也是当时革命的知识分子和青年学生不能回避的
问题。尤其是当十月革命后的苏俄和共产国际向孙中山及其领导的国民党伸出
橄榄枝时，年轻的中国共产党人就不得不重新审视孙中山的三民主义及其思想
主张。陈潭秋在回忆中共一大时，透露中共一大就曾对孙中山采取何种态度发
生过激烈争论。一种观点认为应当把孙中山当作敌人看待，因为孙中山所代表
的阶级与共产党所代表的阶级具有敌对关系；另一种观点认为可以把孙中山当
作朋友，因为孙中山是革命的和进步的。最后采取折中办法，"对中山主义，
采取批评态度；而对于某些进步的运动，则采取党外合作的形式来援助他"。[①]

　　随着国内和国际形势的变化，尤其是苏俄和共产国际与孙中山的频繁交往，
年轻的中国共产党人也不得不认真审视孙中山的"民族、民权、民生"三大主义。
1922 年 1 月，在远东各国劳动者代表大会上，列宁率先考虑到共产国际和苏
俄与孙中山的关系，希望中国共产党与国民党合作，这在客观上改变了中国共
产党人对孙中山的思想主张和对三民主义的看法。虽然在早期共产党内关于孙
中山三民主义思想产生的原因众说纷纭，出现过"经济状况"说、"反映社会"
说、"问题"说、"根基"说、"维持生存"说、"个人生长地域"说等不同
的看法，[②] 但中国共产党人对三民主义的认识与理解，在随着革命形势变化而
不断拓展。首先，认为民族、民权、民生三民主义是孙中山的发明创造，在中
国国民革命中独树一帜；其次，认为孙中山的三民主义有一个发展和不断完善
的过程。陈潭秋就认为，"三民主义在兴中会已植其基"，而于同盟会时才定
为革命团体之纲领；[③] 最后，认为三民主义政治纲领主要内容，就是寻求民族
解放和民主自由。张闻天说："孙中山的三民主义，基本上是民族民主革命的
政治主张和政治纲领，其中有很丰富的为民族、为民主、为大众而斗争的政治

---

① 　陈潭秋：《陈潭秋文集》，人民出版社 1997 年，第 214 页。
② 　张克荣：《中国共产党话语体系中的孙中山》，第 89—90 页。
③ 　《陈潭秋文集》，第 21 页。

思想。"① 许多共产党人甚至开始为孙中山的三民主义辩护。② 李大钊从辛亥革命时起，就对孙中山及其思想持开放态度，并在 1922 年西湖会议后第一个加入国民党。 1922 年 9 月 20 日，陈独秀也一改过去的批判态度，开始对孙中山的思想主张和国民党的性质等作正面解释："中国国民党是一个代表国民运动的革命党，不是代表哪一个阶级的政党；因为他的党纲所要求乃是国民的一般利益，不是哪一个阶级的特殊利益。党员的分子中，代表资产阶级的知识者和无产阶级的工人几乎势均力敌。"③

中共党员对孙中山的思想和主张进行正面解读和积极辩护，一方面说明随着形势的变化和革命的需要，必须不断地调整视角和立场；另一方面表明孙中山的"三民主义思想有着丰富内涵和积极进步的倾向"。有论者就明确指出，"中国共产党人通过为孙中山的思想、政策做辩护，一方面提高孙中山的思想受众面，提高孙中山革命思想的号召力；另一方面，引导民众接受革命思想，吸引民众进入革命阵营，壮大中国革命力量"，同时还锻炼了共产党人的队伍，提升了党的战斗力，实现了党的职任，扩大了党的影响。④ 更重要的是为遵照共产国际和苏俄的指示，实现国共两党的真诚合作，提前做了思想认识上的准备。在中共三大上，甚至正式决定共产党员可以个人名义加入国民党。与此同时，孙中山及其领导的国民党也改变了对年轻的中国共产党的看法，并吸纳共产党中的优秀人才，增强改组国民党的力量。共产党人李大钊、谭平山、瞿秋白等就参与了国民党改组的策划、文件起草和翻译等工作。当时就有人明确指出："孙中山在沪召集了一些进步分子（当时陈独秀也在内）起草国民党改组计划。"⑤

1924 年，国民党第一次全国代表大会审议通过的《中国国民党第一次全国代表大会宣言》，对三民主义作出新的解释，在民族主义中突出反对帝国主义的内容，民权主义中强调民主权利应为"一般平民所共有"，民生主义则以

---

① 《张闻天文集》（三），中共党史出版社 2012 年，第 29 页。
② 张克荣：《中国共产党话语体系中的孙中山》，第 181—183 页。
③ 《陈独秀文章选编》（中），第 210 页。
④ 张克荣：《中国共产党话语体系中的孙中山》，第 183 页。
⑤ 张闻天编著：《中国现代革命运动史》，中国人民大学出版社 1987 年，第 173 页。

"平均地权""节制资本"为两大原则，会后又提出"耕者有其田"的口号，在事实上确立了"联俄、联共、扶助农工"的三大革命政策。国共合作后，孙中山又曾多次对其三民主义进行专题演讲，并注入了新的思想内涵，尤其是增加了反对帝国主义和军阀势力、废除不平等条约、耕者有其田等方面的内容，进一步明确了"联俄、联共、扶助农工"的三大政策，使三民主义的革命性质更加突出。这种将"革命的三民主义和革命的三大政策结合起来，革命的原则和革命的方法结合起来"的结果，便是"三大政策成了三民主义的革命灵魂"[1]，并"树立了三民主义的新生命"[2]。

1925 年孙中山逝世后，国民党内反对孙中山三大政策的声音甚嚣尘上。中国共产党认真研判了孙中山逝世对国民革命的影响，采取了积极应对的措施，于 3 月 15 日发布《中国共产党为孙中山之死告中国民众》书，呼吁中国国民党中的革命分子承继孙中山遗嘱，领导中国的民族自由革命运动；呼吁全国民众继续孙中山的国民会议和废除不平等条约运动，肃清南方反动势力，保卫革命根据地。[3] 其实，在孙中山逝世前一个多月，中国共产党组织就着手布置"孙中山逝世后之宣传问题"，规定"宣传中山的三民主义，应以一九二四年一月（国）民党大会宣言、党纲、政纲为根据"；"切戒拿三民主义与共产主义或社会主义作比较，对于民生主义亦不可多作解释"。[4]1925 年 11 月 25 日，中共中央在通告中更明确地指出："在宣传上，我们应改变以前的态度，变消极的不谈三民主义而为积极的解释三民主义，各地可在国民党党员中组织三民主义学会，根据国民党一次大会宣言，及我们的理论，解释三民主义。"[5] 随后又再次强调"不宜宣传空洞抽象的三民主义，更不要宣传什么建国方略和五权

---

[1]　《中国现代革命运动史》，第 181 页。

[2]　《中国现代革命运动史》，第 180 页。

[3]　中央档案馆编：《中共中央文件选集》第 1 卷（1921—1925），中共中央党校出版社 1982 年，第 324—325 页。

[4]　《中央通告第五号——关于孙中山逝世后之宣传问题》（1925 年 2 月 5 日），中央统战部、中央档案馆编：《中共中央第一次国内革命战争时期统一战线文件选编》，档案出版社 1991 年，第 91—92 页。

[5]　《中共中央通告第六十五号——与国家主义及国民党右派斗分问题》（1925 年 11 月 25 日），第 151 页。

宪法"，"宜宣传孙中山的革命策略，如联俄、联共、拥护工农利益的民生主义"等。①

在孙中山的讲话和国民党的有关文件里，虽然没有具体的"联俄、联共、扶助农工"的完整表述，②但"联俄、联共、扶助农工"的思想倾向和革命实践的色彩非常明显。1927年4月8日《广州民国日报》副刊《现代青年》刊载《我们为什么要拥护三大政策——联俄、容共、扶植农工》一文，称："近年党内的同志和友党的人们都高叫起拥护三大政策来了！"国民党左派甘乃光认为，共产党分子内存在着两种成分，一种是纯粹的共产党，一种是跨党的共产党。而国民党既"联络共产党纯粹分子，又不容纳共产党跨党分子"③。因此，有学者指出：1926年底至1927年初，"联共"与"容共"虽在国民党报刊上交相出现，但称"联共"者渐多，提"容共"者渐少，意味着国民党人亦逐渐认同"联共"的提法。④

不过，国民党报刊上逐渐增多"联共"的话语，主要还是与中共积极宣传三民主义，坚决拥护孙中山的"联俄、联共、扶助农工"的"新三民主义"有关。1926年1月，邓中夏代表中华全国总工会欢迎国民党二大代表，肯定孙中山在国民党一大制定三大政策的正确性，反对那些否认孙中山正确政策的国民党内部人士，促使孙中山正确政策的执行。⑤瞿秋白在上海大学讲授现代民族问题时，也认为孙中山民族主义政策具有革命性。⑥陈独秀专门写信给戴季陶，并撰写大量文章批驳戴季陶及国民党内对孙中山三民主义的错误认识，驳斥他们歪曲孙中山的思想，抨击他们分裂国民党，排斥共产党，批判他们破坏国共合作的理论基础，要他们坚定不移地维护孙中山所定的三大政策。李大钊也认为："孙中山先生所指导的国民革命运动，在中国民族解放全部历史中，实据

---

① 《中央关于国民党中工作方针的决议》（1926年11月3日），第280页。
② 《党员、党权与党争：1924—1949年中国国民党的组织形态》，第52—62页。
③ 甘乃光：《我们现在对于一般革命分子的态度》，《现代青年》1927年1月11日第13期。
④ 《党员、党权与党争：1924—1949年中国国民党的组织形态》，第62页。
⑤ 《邓中夏全集》（中），第846页。
⑥ 《瞿秋白文集政治理论编》第三卷，人民出版社2013年，第494页。

有中心的位置，实为最重要的部分。"①1927 年 7 月，中共中央发布对时局的宣言，认为坚持三大政策的三民主义是孙中山的遗训，离开三大政策就是背叛孙中山的三民主义思想。②

可见，中国共产党在国共合作期间，在思想上牢牢把握宣传的主动权，不仅充分发挥自己在思想理论方面的研究和宣传优势，按照共产国际和苏俄的要求，积极推动孙中山改组国民党和赋予三民主义以新的内涵和革命的意义，而且有原则、有策略地同各种错误的甚至反动的思想行为作斗争，维护孙中山革命的三民主义的引领地位，坚定不移地宣传和拥护孙中山的"联俄、联共、扶助农工"三大政策，把国民革命推向了新的阶段。

三、行动自觉：帮助孙中山改组和推进国民革命

最初，中国共产党人并不同意共产国际和苏俄关于共产党员加入国民党实行"党内合作"的办法，认为这样贬低了中国共产党的地位。1922 年 4 月 6 日，陈独秀给维经斯基去函，明确提出六条反对的理由，包括宗旨不同、政策主义不相容、国民党形象太差、其内部矛盾甚多，且"对新加入之分子，绝对不能容纳其意见又假以权柄"等。③但在充分领会共产国际关于通过党内合作、利用国民党的组织来"为强大的群众性的共产党准备基础"的意图之后，④尚处于初创而且弱小的中国共产党在力保独立自主的前提下，积极支持孙中山，助推孙中山改组国民党和实现国共合作。

首先，中国共产党成立后，致力于组织领导工人运动，不仅成立了职工运动的总机关——中国劳动组合书记部，出版《劳动周刊》，还创办工人学校，

---

① 《李大钊全集》第五卷，第 125 页。
② 中央文献研究室、中央档案馆编：《建党以来重要文献选编（1921—1949）》第四册，中央文献出版社 2011 年，第 333—340 页。
③ 中央档案馆编：《中共中央文件选集》第一卷，中共中央党校出版社 1989 年，第 31—32 页。
④ 中国社会科学院近代史所翻译室编译：《共产国际执行委员会关于中国共产党与国民党的关系问题的决议》（1923 年 1 月 12 日），《共产国际有关中国革命的文献资料》（1）（1919—1928），中国社会科学出版社 1981 年，第 77 页。

组织产业工会，开展罢工斗争。在党的领导下，以 1922 年 1 月香港海员罢工为起点，1923 年 2 月京汉铁路工人罢工为终点，掀起了中国工人运动第一次高潮。在持续的 13 个月里，全国发生大小罢工 100 余次，参加人数在 30 万以上。其中，安源铁矿工人大罢工，开滦煤矿工人大罢工最具代表性。在领导工人运动过程中，中国共产党的自身建设也得到加强，一批优秀的工人运动领导人如苏兆征、史义彬、项英、邓培、王荷波等纷纷参加了中国共产党。[①]与此同时，年轻的中国共产党开始到农村开展农民运动。1921 年 9 月，中国第一个新型农民组织在浙江萧山衙前村宣告成立。1922 年 7 月，彭湃在广东海丰县成立第一个秘密农会。到 1923 年 5 月，海丰、陆丰、惠阳三县很多地方建立了农会，会员达 20 多万人。9 月，湖南衡山县白果区农民在水口山工人运动的鼓舞和中国共产党的领导下，成立岳北农工会，开展了一系列斗争，树起湖南农民运动第一面旗帜。中共还组织了青年运动和妇女运动。这些工农运动初步显示了工人阶级坚定的革命性和坚强的战斗力，为掀起全国规模的大革命提供了条件。[②]

但是，在系列工农运动中，年轻的中国共产党也看到了帝国主义和封建势力的强大，开始认识到结成最广泛的统一战线的重要性。在充分观察和了解当时中国各阶级各党派的实际情况后，尤其是在共产国际和苏俄的指令下，中共把目光集中到了孙中山和他所领导的国民党身上。共产国际和苏俄领导人从一开始就希望中共能够在推动中国走上反帝革命的道路上发挥作用，"特别是在国民党上层几乎只有孙中山等极少数人能够接受反帝革命影响的情况下，让共产党人成为国民党内孙中山等人的支持者，尤其具有特别重要的意义"。[③]

年轻的中国共产党人的确不负共产国际和俄共领导人的厚望，积极主动地帮助孙中山改组国民党，迅速成为国民党内一支重要的组织力量。国民党一大时，中共党员及青年团员的人数仅占国民党在册党员人数的 3%，出席一大的人数却已占到大会代表总人数的 10% 左右。在大会产生的中央执行委员会委员中，中

---

① 《中国共产党简史》，人民出版社、中共党史出版社 2021 年，第 18 页。
② 《中国共产党简史》，第 18—19 页。
③ 杨奎松：《中间地带的革命：国际大背景下看中共成功之道》，第 74 页。

共党员所占人数达到了全体委员的 25%。而在大会后产生的国民党权力机关中央党部的 7 个部中，中共党员占据了两个部长和三个秘书的席位，并且在中央执行委员会常委中占据了 1/3 的发言权。加上鲍罗廷的顾问身份，共产党方面在国民党决策层中，自然就成为举足轻重的力量。[1] 不过，要把国民党拉到共产国际指定的轨道上来，年轻的中国共产党人不得不极其小心谨慎地行事，一方面主张争取领导权，一方面又告诫党员"做法要自然，不要暴露自己的用意"；一方面主张在国民党内组织中共党团，统一行动，一方面又担心中共代表集中活动，可能产生消极后果，故不得不秘密集会。[2] 应该说，年轻的中国共产党以其真诚合作和精明强干，还是得到了孙中山及国民党多数人的认可。

既坚决接受孙中山的领导，在斗争中求团结，又在坚持原则前提下保持党的独立性，是中国共产党在国共合作过程中的基本态度。

事实上，在与国民党合作期间，中国共产党人很快发现，国民党与共产党在许多问题上，仍然存在重大分歧。他们深信国民党的领导人，包括孙中山在内，"只是中派，而不是左派"，断言在国民党内，"如果说还有一些左派的话，他们都是我们的同志"，令他们担忧的是国民党右派已经"控制了国民党的全部机构"[3]。对此，陈独秀十分不满地告诉维经斯基：国民党的国内政策有"许多劳工反对的东西"，其"对外政策中则有许多反俄的东西"，如果听任这种情况继续发展，并且无限制地给予支持，将会对远东革命产生巨大的影响。他要求共产国际根据实际情况，制定新的政策，再"不应当毫无条件地或无限制地支持国民党"了。[4]1924 年 7 月 21 日，中共中央甚至发布了《对国民党右派的斗争》的通告，明确指出："自吾党扩大执行会后，国民党大部分党员对我们或明或暗的攻击，排挤日甚一日，意在排除我们急进分子，以和缓列强及军阀对于国民党的压迫。"并采取针锋相对的策略：公开谴责右派，并在国民党内形成派别斗争；今后凡非表示"左"倾的分子，不应介绍加入国民党，同

① 《中间地带的革命：国际大背景下看中共成功之道》，第 74 页。
② 《中间地带的革命：国际大背景下看中共成功之道》，第 76 页。
③ 《陈独秀致维经斯基的信》（1924 年 8 月 13 日），中国共产党第二、三次代表大会资料选编：《"二大"和"三大"》，中国社会科学出版社 1985 年。
④ 《"二大"和"三大"》。

时努力争取"指挥工人农民学生市民各团体的实权",以巩固和加强共产党人的力量,削弱右派势力;准备迅速组织"国民对外协会",使其成为社会运动一种独立团体,以便必要时取代旧国民党而做"未来的新国民党之结合"①。8月21日,国民党中央执行委员会专门讨论了国民党中监委提出的弹劾共产党案,形成了关于共产党应将自身的活动,尤其与国民革命和国民党有关者,全部公开通报给国民党的决议,并决定设立国际联络委员会,以便直接负责了解和协商共产党的有关活动。②对于强调党组织独立性和斗争性的中共中央来说,国民党人干预自己内部事务,是不可容忍的。因此,中共中央不仅致电鲍罗廷和瞿秋白,表示强烈反对,同时陈独秀还向维经斯基通报了这一情况,对鲍罗廷的妥协和包容国民党的态度表明了中共中央的立场。③广州商团事件后,蔡和森更尖锐地指出:"一个革命党只有积极促成全国革命形势的成熟才能夺得全国的政权,只有夺得全国的政权,才能实施其政纲以系民众的信任。""所以革命党不拿政权则已,要拿便要拿一个全的,部分的政权不仅于革命党无益,而且有害,前前后后的广州革命政府便是铁证。"④

1925年1月举行的中共第四次代表大会,通过了一系列旨在重申和强化1924年5月执委会扩大会议方针的决议:坚决彻底的反帝,争取中派,反对右派的策略;建立独立的工农组织,特别是把产业工人掌握在自己手里。为此,中共党员及其领导下的产业工人,今后一般不再加入国民党。⑤可以说,中共四大"成功地改变了中共党员自国共合作以来一直存在的激烈的愤懑情绪,以及要求国民党放弃广东根据地,放弃军事斗争,甚至要求从国民党中央乃至整个国民党中退出来的强烈愿望。中共中央开始从被动消极的防御态势,转入积极进取的进攻态势"⑥。尤其是孙中山逝世后,中共中央立刻意识到形势的变化,

---

① 《中共中央文件选集》第一卷,第225页。
② 荣孟源主编:《中国国民党历次代表大会暨中央全会资料》(上),光明日报出版社1985年,第72—75页。
③ 《"二大"和"三大"》。
④ 蔡和森:《商团击败后广州政府的地位》,《向导》1924年10月24日第88期。
⑤ 《中共中央文件选集》第一卷,第271—297页。
⑥ 杨奎松:《中国地带的革命:国际大背景下看中共成功之道》,第91页。

要求全党注意借孙中山逝世之机为国民党"征求党员",不惜改变四大关于在产业工人中一般不发展国民党员的决定。在他们看来,若能趁此机会"扩大国民党左派的宣传和组织",就可以使中共在"该党第二次全国代表大会中和右派、中派竞争"①。虽然中共中央的态度得到共产国际执委会的高度评价和充分肯定,但由于当时的中国共产党实力有限,且产业工人在全国人口总数或城市人口中所占的比例微不足道,因此要在短时期内取得国民革命的领导权和反帝斗争的胜利,显然是不可能的。

但十分难得的是,中国共产党人在支持孙中山改组国民党,拥护孙中山的三大政策,实现国共合作,推动反帝反军阀的国民革命向全国发展的同时,始终保持党的独立性和革命的战斗精神,敢于向错误思潮发起攻击,勇于面对各种困难和风险,善于抓住历史机遇迎难而上,不仅以年轻的弱小的党组织在国共合作中发挥了积极的甚至主导的作用,而且也使新生的中国共产党在合作与斗争中迅速成长壮大起来。

总之,在第一次国共合作前后,年轻的中国共产党虽然受共产国际和苏俄的领导,但能审时度势、扬长避短、积极作为,不仅实事求是地客观评价孙中山及其思想主张,有理有据地为孙中山的三民主义辩护,不断地凸显孙中山三民主义的革命性和战斗性,而且敢于面对风险和挑战,有策略、有组织地去应对和化解。在组织上保持严密性和思想上保持革命性的前提下,支持孙中山改组国民党,实行"联俄、联共、扶助农工"三大政策。在第一次国共合作期间,年轻的中国共产党充满自信、在斗争中求团结,在实干中求合作,主动作为,大胆作为,不断地把国民革命推向新的高潮。

(胡波,广东省中山市政协专职常委,广东省台湾研究中心中山台湾研究所所长、教授,中国辛亥革命研究会、民革中央孙中山研究学会常务理事)

---

① 《中共中央文件选集》第一卷,第328—332页。

孙中山实现国共合作的历程
与中国共产党的支持

谢永芳

摘要：孙中山是坚定的革命者，其所以为 20 世纪三大伟人之一，不仅在于他领导并取得辛亥革命的胜利，推翻了封建帝制，更大的成就在于他领导和实现了国共合作，将国民革命推向了新的高潮。孙中山在国共合作方针确定的过程中，经历了内忧外患，破灭了种种幻想，经过苏俄和共产国际的帮助，最重要的是中国共产党的最大支持，终于实现历史性突破，开辟了前无古人后无来者的新局面。

关键词：孙中山　国共合作　中国共产党

一、孙中山与俄国革命者的接触

（一）中俄革命者之间的共鸣

沙俄帝国是侵占清朝领土最多的国家。以 1858 年签订的《中俄瑷珲条约》为例，该条约将中国乌苏里江以东广大地区划为"中俄共管区"，继而签订的《中俄北京条约》《中俄勘分东界约记》等条约，割走了中国乌苏里江以东黑龙江口至图们江口 40 余万平方千米领域及图们江出海口。"俄国人已占有了黑龙江以北的领土和该河南岸满洲的大部分土地；他们在那里建筑了工事，进行了铁路线的勘查工作并预定了未来的城市和港口的地点。"①1900 年，沙皇尼古拉二世出兵侵占江东六十四屯，掠夺中国土地 3600 平方千米，屠杀中国居民 6000 多人。

孙中山看到清朝的腐败无能和帝国主义在华巧取豪夺，毅然决然放弃从医"治民"，转为从政救国。1895 年秋天广州起义失败，孙中山受到清政府的通缉，被迫流亡海外。1896 年 10 月 11 日上午，孙中山在伦敦街头前往教堂途中被清朝驻英使馆诱捕，后经孙中山的老师康德黎博士营救脱险。孙中山被捕的消息引起伦敦舆论关注，各路媒体纷纷前往其住所采访。后来孙中山将这段经历写成《伦敦被难记》，刊登在本地报纸上。在孙中山被释放几周后的一个星期三，孙中山与几位记者晤谈，其中有一位《俄国财富》的记者在场。1897 年初，这位记者将孙中山的《伦敦被难记》和《中国的现在和未来——革新党呼吁英国保持善意的中立》译成俄文分别刊登在《俄国财富》第 5 期和第 12 期上。②其中《伦敦被难记》的俄文标题是：《比神话还要离奇：中国医生孙逸仙叙述他在伦敦被拘禁的经过》。

1897 年 3 月 15 日，孙中山就《中国的现在和未来》一文复信俄国一个名叫伏尔霍夫斯基的人，从当时的情形看，这位"伏尔霍夫斯基"也许就是《俄国财富》的记者，是孙中山先生接触的第一个俄国人。③

1904 年日俄战争爆发，俄国境内掀起的反对尼古拉二世、要求社会改革的呼声日益高涨，大规模的革命运动鼓舞了同盟会会员。同盟会机关报《民报》连篇累牍介绍俄国革命涌现出来的人物和描述俄国革命的文章。如宋教仁撰写了《革命之端绪》《农民之暴动》《十月之大同盟罢工》，介绍俄国民情与军队情况。1906 年，孙中山在日本认识了俄国社会活动分子、《民意报》的主编鲁塞尔，二人在思想认识上有很多相通之处，交谈甚欢，相见恨晚。这位俄

---

①　恩格斯：《俄国在远东的成功》，《马克思恩格斯全集》第二卷，人民出版社 1972 年版，第 37 页。

②　广东省社会科学院历史研究室、中国社会科学院近代史研究所民国史研究室、中山大学历史系孙中山研究室编：《孙中山全集》第一卷，中华书局 1981 年，第 87 页。

③　《孙中山全集》第一卷，第 107 页。

国革命者写了一本书，书名叫《中国之谜》，书中表达了作者对中国革命的深切同情和希望中国革命早日成功，人民早日走向幸福生活的愿望。1910年2月28日，孙中山在旧金山丽婵戏院的演说中，分析、比较了中俄两国革命国情的不同：俄国的革命者，有"百折不回之志，欲以百年之时期而摧倒俄国之专制政体"，决心大；而相对俄国的情况，中国要简单得多，"中国之革命有此种种之易，革命直一反掌之事耳。"①

（二）俄国革命者对孙中山革命的支持

俄国布尔什维克党的合法报纸《星报》，在辛亥革命爆发以后，设立了"中国革命"专栏，有人以《苏醒的龙》为题，写诗讴歌新生的中国。列宁在孙中山就任中华民国临时大总统后，撰写了《关于中国革命的决议》一文，在俄国社会民主工党的大会上通过。列宁在会议上强调，中国人民的革命斗争有世界意义，使世界得到解放，并正在破坏欧洲资产阶级的统治。大会祝贺中国的革命共和，为他们感到欢欣鼓舞，向他们表示全心全意的同情。同时，孙中山的文章《中国革命的社会意义》被翻译成俄文，刊登在列宁领导的出版物《涅瓦明星报》上。著名作家高尔基看到了孙中山的文章，在意大利卡普里岛给孙中山写了一封信，表达了自己对中国革命真挚的感情：

尊敬的孙中山：

我，一个俄国人，也和您一样，为同一个思想而奋斗。不管这些思想在哪里获得胜利，我都和您一样，为其胜利而感到欢欣鼓舞。祝您的事业成绩辉煌。全世界所有正直的人都怀着关切、喜悦和敬佩的心情注视着您的事业，中国的格尔库列斯。

我们，俄国人，追求的正是您已经做到的事业。我们与您心心相印，志同道合。可是俄国政府及其奴仆使俄国人民与中国人民为敌。

我们，社会主义者，笃信，全世界现在和将来都能够和睦相处。我们岂能容许那些贪婪愚蠢的人去助长种族仇恨，从而在社会主义的道路上造出一堵恩

---

① 恩格斯：《俄国在远东的成功》，《马克思恩格斯全集》第二卷，人民出版社1972年，第37页。

昧而坚硬的大墙?

相反,对于我们的敌人,对于那些世界上一切美好事物的敌人,对于那些妄图一手遮天,以便为所欲为,去干卑污自私勾当——把仇怨撒向人间行施压迫的人——对于这些人,我们将竭尽全力粉碎他们的恶毒用心。

我们,社会主义者,必须尽可能宣传这样一个思想:世界上存在敌对的政府,但是不存在由统治阶级的贪欲而引起的平民百姓间的敌对情绪。

尊敬的孙中山,今函请您撰文一篇,题目是中国人民对全欧资本的侵略行径特别是对俄国资本家和政府的侵略行径持何态度?他们干了哪些勾当?贵国人民又是如何回敬他们的?

倘使您无暇亲自秉笔,请委托友人代写,由您过目。希望您使用某一种欧洲语言,按照我的地址寄来即可。万望您玉成此事。因为必须让俄国人根据正直的中国人的介绍去了解中国的复兴,而不能听信为资本利益效劳的欧洲记者。

我知道您在《社会主义运动》上刊出的那篇文章,读过您的笔记,对您深为敬仰,相信您会欣然应我之请。

M. 高尔基[①]

二、孙中山内外政策的转变

(一)孙中山致信列宁对十月革命胜利表示祝贺

1917 年 2 月,俄国社会在反对沙皇封建制度中达成共识,发生二月革命,建立了以克伦斯基为首的资产阶级临时政府,形成了与以列宁为首的工兵代表苏维埃两个政权并存的局面。随后列宁写了著名的《四月提纲》,提出俄国革命的时机已经成熟,要建立纯粹的无产阶级政权。他根据马克思《共产党宣言》的思想写了《国家与革命》一书,向布尔什维克党全体党员重申,要建设崭新的国家政权,就必须砸碎所有的旧国家机器。十月革命一举成功,以列宁为领导的工农兵代表苏维埃成立。新政府颁布了《和平法令》和《土地法令》等一

---

① 李玉贞:《孙中山与共产国际》,"中央研究院"近代史研究所 1996 年,第 16 页。

系列法令，在巩固政权的同时大力解决农民土地问题，发展经济，获得民心。同时苏维埃政权在最早版本的《和平法令》中承诺废除秘密外交，一切谈判都在公开化的状态下进行，并公布临时政府成立以来所批准和缔结的全部秘密条约。苏俄外交人民委员部也向中国提出解决中东铁路问题的建议。苏维埃新政权的这些举措，对中国人民彰显了其正义与公道，获得了广大青年知识分子的好感。

苏维埃政权成立，第一次世界大战的协约国采取不承认的态度，并且在不久之后对苏俄发起武装干涉。北京政府站在协约国的一边，并在1918年5月与日本签订了《中日共同防敌军事协定》，直接加入了干涉苏俄政权的行列。以孙中山为大元帅的南方非常国会和全国进步学生站在一起，通电反对北京政府与日本签订协议。尽管孙中山对苏维埃新政权不是十分了解，但以反对帝国主义为己任的孙中山，从苏维埃新政权颁布的和平外交政策当中，感受到丝丝友善。孙中山的通电及时送到了苏俄外交人民委员契切林的手上。从对苏联外交政策有好感这点出发，孙中山在1918年春夏之间致信列宁，对苏十月俄革命的成功表示祝贺。在面对帝国主义层层封锁打压的情形下，列宁和苏维埃新政权接到孙中山辗转海外送来的祝贺信，满怀感激也深受鼓舞。[①]

（二）共产国际对华工作思路

列宁与第二国际决裂后，在《四月提纲》中明确提出要建立新国际的口号。1919年3月2日，共产国际第一次代表大会在莫斯科举行，大会号召东方殖民地国家也要立即行动起来，建立劳动人民苏维埃。孙中山致信苏俄领导人，也被苏俄领导人误认为他是完全拥护苏维埃制度和赞成苏维埃革命的。

第一次世界大战结束，中国作为战胜国，却没有享受到战胜国应有的权利，反而丧失了自己的主权和领土完整，以青年学生为代表的中国知识分子终于觉醒，爆发了轰轰烈烈的五四运动。在此期间苏俄政府发表《对中国人民和中国南北政府的宣言》，该宣言首次向中国人民和全世界宣布，苏俄政府愿意放弃沙皇时代在中国的侵略所得，与中国人民一起为幸福共同奋斗。一时之间，上

---

① 《孙中山与共产国际》，第36页。

海《新青年》杂志、《民国日报》、北京《晨报》纷纷宣传刊登这一宣言内容。
这与列强瓜分中国的行径形成鲜明的对比，得到了中国各阶层的一致拥护。在
共产国际第二次代表大会上，列宁提出了殖民地半殖民地国家的无产阶级应该
与资产阶级合作，共同谋求国家独立和民族解放。同时通过旅俄华工组织——
旅俄华工联合会同孙中山联系。作为苏俄政府直接支持的工人组织，旅俄华工
联合会在苏俄积极开展活动，维护华工权益，宣传孙中山领导的革命事业。联
合会主席刘泽荣多次致电孙中山，请求孙中山及早承认苏俄劳农政府，邀请孙
中山前往苏俄访问，并希望国民党政府准许在俄华工返国时能通行无阻。①

　　孙中山对刘泽荣的回信是很谨慎的，对一些问题的回答甚至是模棱两可的。
此后，苏俄政府正式非正式地派出了不少人与孙中山联络，向孙中山宣传苏俄
模式。1921年4月7日，国会非常会议在广州举行，参众两院联合会议通过了《中
华民国政府组织大纲》，选举孙中山为中华民国大总统。5月5日，孙中山就
任非常大总统，撤销了军政府。在美国、英国、德国均不承认广州政府的情况
下，孙中山对苏俄抛出的橄榄枝还是婉拒了。他在1921年8月28日写给苏俄
政府的回信中表示，愿意与莫斯科的朋友建立私人联系，对苏维埃的组织，军
队和教育的组织很感兴趣，对立即建立外交和经贸关系表示为时尚早，因为他
有他自己的想法。

（三）孙中山"联俄""联共"思想的确立

　　中国共产党第一次全国代表大会于1921年7月23日在上海法租界内举行，
12位正式代表，加上共产国际代表马林、尼克尔斯基和陈独秀指派的代表包
惠僧，共15个人参加会议。会议最后一天因租界巡捕介入，会议中断后转移
到浙江嘉兴南湖的船上举行。大会选举陈独秀为书记，张国焘为组织主任，李
达为宣传主任。

　　1921年7月，以美国为首的国家在华盛顿召开太平洋会议。为了与之相
抗衡，共产国际决定邀请中国、朝鲜、爪哇、日本、菲律宾等国代表在莫斯科
同时召开远东人民代表大会。中国组成了由共产党和国民党以及其他党派、工

① 《孙中山全集》第五卷，中华书局1981年，第285页。

农代表共 44 人组成的最庞大的代表团，以张国焘为团长。会议期间，列宁亲自接见了国共两党的代表，询问了两党的情况，并直接提出国共合作的建议。国民党代表张秋白和共产党代表张国焘均向列宁表示合作没有问题。同时张国焘也指出，共产党刚成立不久，很多工作正在学习着开展，合作过程当中可能会出现一些困难，但是这些困难是可以克服的，会努力促进反帝国主义的革命势力的团结。[①]

1922 年，正当孙中山踌躇满志、北伐取得初步胜利的时候，号称孙中山"左臂右膀"的陈炯明发动叛乱，炮轰总统府，孙中山避难永丰舰。北伐军被迫从江西回师广东，在韶关全面失利，孙中山不得不离开广州经香港退却上海。后滇、粤、桂联军共同努力，把陈炯明驱离了广州。经此事件，孙中山深刻地反思了中国国民党作为革命党存在的致命问题：党内一盘散沙，目标不一致，党员干部思想涣散，拉帮结派，没有自己强有力的军队，没有工农群众基础和稳固的根据地。在这种情形下要统一中国，非常艰难。同时孙中山始终抱有强烈希望的欧美诸帝国主义，不可能为孙中山统一国家、振兴经济提供无偿援助，相反，他们始终对华虎视眈眈，唯利是图。因此，孙中山调整了自己对内对外的政策，在思想上逐步打开了"联俄"、"联共"的口子。

三、孙中山推进国共合作

（一）孙中山着手考虑国共合作问题

1922 年 5 月，中国共产党劳动组合书记部在广州召开全国劳动大会，公布了《劳动法大纲》，深入发动工人队伍，开展宣传教育，全国各大城市工人运动蓬勃开展。同时在共产国际的推动下，中共二大专题讨论了民主主义联合战线的问题。中共中央发表了《中国共产党对于时局的主张》，指出为了完成无产阶级当前最迫切的任务，现在最重要的是同国民党等革命党派和其他的革命团体，联合起来反对帝国主义和封建军阀。[②]

---

① 《孙中山与共产国际》，第 116 页。

② 郭德宏、张明林：《李大钊传》，红旗出版社 2006 年，第 244 页。

与此同时，中国共产党的机关刊物《向导》周报在上海创刊。《向导》周报一方面介绍苏俄革命形势，宣传共产国际的战略策略；另一方面指出中国国民党目前存在的种种问题，强调中国革命需要一个强有力的领导核心，国民党应该联合一切可以联合的力量，将革命推向新的高潮。对于《向导》周报的言论，孙中山一方面觉得有点恼火，另一方面认为言论实实在在地反映了国民党现状，也是言之有理。因此，孙中山主动派张继代表自己与共产国际代表马林商讨国共合作问题。9 月 4 日，孙中山亲自召集张继等 53 人召开会议，专门讨论国共合作的具体事项。9 月 6 日，孙中山指定丁惟芬、管鹏、张秋白、陈独秀等 9 人组成国民党改进方略起草委员会，李大钊、张太雷、张国焘等人协助配合。陈独秀与马林一起商量，亲自撰写，很快就形成了初稿。①

1922 年 8 月，苏俄政府特使越飞到达北京，北京大学校长蔡元培和李大钊、胡适等名教授在东方饭店举行隆重的欢迎仪式。越飞一方面跟北京政府谈判，另一方面与孙中山保持密切的联系，同时还与日本谈远东地区问题。1923 年 1 月，越飞从北京来到上海，经李大钊、林伯渠的联络和介绍，会见了孙中山，与孙中山进行了长达六天的会谈，进一步商讨以俄为师、改组国民党和苏俄援助中国革命等问题，并在 1 月 26 日发表了《孙文越飞联合宣言》，标志着孙中山"联俄"政策的初步形成。越飞前往日本之后，孙中山派廖仲恺、张继继续与其深谈，讨论后续工作细节问题。

1923 年 6 月底，苏俄政府派出加拉罕为苏俄驻中国全权代表，接替越飞同中国政府谈判，以保持两国关系正常化，同时派出鲍罗廷到广州政府作为孙中山的顾问。鲍罗廷很有经验，他对孙中山很尊重，与孙中山无话不谈，特别是讨论陈炯明的问题、军事问题、工人组织问题、农民发动问题和国民党改组问题等，鲍罗廷分析问题有见地，能够站在孙中山的立场看待问题，很快获得孙中山的信任，他的很多观点也被孙中山逐步接受并付诸实践。

（二）孙中山与中国共产党高层的接触

孙中山与陈独秀可谓相交已久，早年陈独秀担任安徽都督柏文蔚都督府

---

① 何锦洲：《孙中山与中外共产党人》，《中山文史》第 58 辑，2006 年 11 月，第 6 页。

秘书长，后来又积极进行反袁斗争。孙中山曾经两次出面营救陈独秀：一次是五四运动期间，陈独秀在街头散发革命传单时被军警逮捕，北大师生发起了营救活动，孙中山当时在上海知道消息后立即约见了北洋军阀徐世昌的代表许世英，要求许释放陈独秀；另一次是在 1921 年 10 月，陈独秀被法租界巡捕拘捕，连《新青年》等印刷品一并被搜去，李达专门致电在广州担任非常大总统的孙中山，希望孙中山致电上海法租界领事释放陈独秀，后来法庭宣判罚款 100 元，销毁查抄书刊，释放了陈独秀。在 1922 年 9 月 6 日，孙中山指定成立由陈独秀等 9 人组成的起草委员会，负责起草国民党党纲和总章草案，陈独秀亲力亲为，很快完成任务。1923 年 1 月 2 日，孙中山在上海召开改进国民党党务会议，指定陈独秀等 21 人为国民党参议；4 月 10 日，孙中山以大元帅的名义任命陈独秀为大本营宣传委员会委员，然后又被该委员会推选为委员长。①

1923 年 10 月，李大钊受党组织委托，在北京迎接鲍罗廷，并邀请其参加北京党组织负责人会议，讨论国共合作问题。杭州西湖会议以后，李大钊受党的委派，担负同国民党主要领导人联络的重任。他从杭州返回上海后登门拜访了孙中山，孙中山很高兴地接待了李大钊，在一周的时间里进行了多次交谈，具体讨论"振兴国民党以振兴中国"等问题。通过深入的交谈，孙中山认为李大钊有思想见地，知识渊博，分析问题精准透彻，而且有情怀志向，充满睿智和活力，从其身上可以看到知识分子振兴中华的真诚愿望，看到中国共产党蓬勃的生机和活力。孙中山表示愿意亲自介绍李大钊加入中国国民党。几天以后由张继介绍，孙中山亲自主盟，李大钊、陈独秀以及张太雷等以个人身份正式加入国民党，成为最早加入国民党的共产党人。孙中山委任李大钊、廖仲恺、汪精卫等 5 人为国民党改组委员会委员，并密电邀请其到沪会商改组事宜。在国民党一大召开前夕，孙中山指定李大钊为大会宣言审查委员会、章程审查委员会、宣传审查委员会的成员，是大会任职最多的一个人，对于大会宣言和党章两个主要文件的撰写，李大钊倾注了许多心血。12 月中旬，孙中山派李大钊返回北京，负责北京地区国民党的改组工作。②

---

① 《中山文史》第 58 辑，2006 年 11 月，第 6 页。
② 《李大钊传》，第 251 页。

（三）中国共产党全力支持国共合作

1922 年 7 月，中共二大制定了反帝反封建的民主革命纲领，正式通过了《关于民主的联合战线的议决案》，并通过了《中国共产党加入第三国际决议案》。党的二大确定了同国民党实行合作的原则，但是合作的形式不够详细具体。因为在早前的沟通中，孙中山认为共产党和国民党的合作，不以党与党组织合作的方式开展，而是共产党员以个人身份加入国民党的形式合作。有关合作方式问题，在中国共产党内部也有不同的意见，为此共产国际代表马林建议召开专门会议研究讨论。

1922 年 8 月底，中共中央执行委员会在杭州西湖举行特别会议，专题讨论共产党员加入国民党的问题。陈独秀、李大钊、蔡和森、张国焘、高君宇以及马林、张太雷出席了会议。会上争论很激烈，很多同志接受不了加入国民党的事实，认为国民党是代表资产阶级的政党，鱼龙混杂、一盘散沙，共产党员加入国民党，无异于将白绫投入染缸，会丧失本身独立性、先进性。张国焘、蔡和森意见最大，陈独秀对加入国民党需要按手模向领袖孙中山宣誓的方式很反感，认为这是封建家长式的一套东西。马林阐述国民党不是一个资产阶级政党，而是各阶级联合的党，无产阶级应加入进去改造这个政党，以推动革命向前进。李大钊、张太雷同意马林的观点。在双方争执不下的时候，李大钊提出一个建议，让共产党员有条件地加入国民党，并以少数领导人的率先加入作为两党实现合作的桥梁。李大钊分析说，联合战线不易形成，采取党员个人加入国民党的方式是实现联合战线最易于行通的办法，国民党的组织松懈，需要按照民主主义原则去改组，实现合作后，中国共产党应保持自身的独立性，保持自己的组织和报纸，继续在工人中建立自己的活动和组织中心。经过李大钊的一番论述，大家思想上总算达成了一致。[1]

1923 年 6 月，中国共产党第三次全国代表大会在广州举行，大会的中心议题是讨论国共合作问题。大会依然有不同意见，李大钊在发言中指出，要壮大革命力量，就必须利用统一战线去发展工农运动，建立以工农为基础的革命

---

[1] 《李大钊传》，第 245 页。

力量。李大钊的讲话结合形势旁征博引，得到与会者的认同。会议通过了《关于国民运动及国民党问题的议决案》《中国共产党第三次全国大会宣言》等文件。会议指出，国民运动是党在现阶段的中心工作，党内合作的形式是现阶段最好的合作方式，保持共产党在政治上和组织上的独立性前提下，共产党员以个人身份加入国民党，同国民党建立联合战线，努力扩大国民党的组织，使全中国革命分子集中起来，形成领导国民革命的核心力量。①

（四）孙中山力排众议推进国共合作

1923 年 10 月，孙中山委派谭平山为国民党临时中央执行委员会委员，李大钊为候补委员。参加国民党一大的代表有一部分由孙中山指派，有一部分由党员互选。李大钊、谭平山、毛泽东、于树德等人还分别担任了各个审查委员会委员。

1924 年 1 月 20 日，国民党第一次全国代表大会在广州开幕，出席代表197 名，其中共产党员代表 24 名。大会通过了《中国国民党第一次全国代表大会宣言》《中国国民党章程》，重新解释了三民主义的内涵，接受了中国共产党提出的反帝反封建、联合工农大众的主张，形成了以"联俄、联共、扶助农工"三大政策为主要内容的新三民主义。大会选举产生的国民党第一届中央执行委员、候补中央执行委员中，有共产党谭平山、李大钊、林祖涵、毛泽东、张国焘、于树德、于方舟、沈定一、瞿秋白、韩麟符共 10 人；李大钊是大会 5 人主席团的成员之一。在孙中山主持召开的一中全会上，推定出常务委员和各部负责人，共产党员谭平山成为 3 个常务委员之一，8 个部的部长，中共党员谭平山出任组织部长、林祖涵出任农民部长。除此之外，共产党员杨匏安、冯菊坡、澎湃分别担任组织部、工人部、农民部的秘书。②

在大会讨论《中国国民党章程》时，部分代表仍然坚持反对共产党员加入国民党，广州代表方瑞麟提议章程加上"本党党员不得加入他党"的条文，引起激烈争论，大会印发了《北京代表李大钊意见书》，严厉驳斥了这种观点。国民党一大闭幕后不久，邓泽如、冯自由等人提出"警告李大钊等不得利用跨

---

① 《李大钊传》，第 248 页。
② 刘曼容：《孙中山与中国国民革命》，广东人民出版社 1996 年，第 186 页。

党机会以攘窃国民党党统案"，孙科、黄季陆等人向国民党中央执行委员会提出"请制裁共产党案"，张继、谢持等人以中央监察委员名义向孙中山和中央执行委员会提出"弹劾共产党案"。他们纷纷指责共产党与国民党的合作，会严重妨碍国民党的生存和发展，要求中央迅速处理。[①]早在1923年11月29日，邓泽如、林直勉等11名国民党员就以国民党广东支部的名义联名上书孙中山，认为共产党员加入国民党，是"借国民党之躯壳注入共产党之灵魂"；他们认为共产党利用《向导》周报批评指责国民党存在种种不足，都是有预谋的，会"使我党隐为彼共产所指挥，成则为共产党享其福，败则吾党受其祸"[②]。

孙中山对邓泽如等人的来信十分重视，认真进行了回复。回信中解释了为什么让陈独秀参与党纲党章的起草、陈独秀等人在《向导》周报批评国民党以及对苏俄顾问鲍罗廷的看法，都一一进行了说明。孙中山劝导邓泽如等人要摒弃前嫌、心胸开阔团结中国共产党人，不应该因为一些小事耿耿于怀。在国民党一大召开前后，孙中山排除了种种干扰，为团结全党做出了很大的努力，保证了大会的正常进行。孙中山认为党内反对联共的主要是老同志，他们反对的原因主要是对党的主义理解不够透彻、断章取义。他在一大开幕会上说："当研究问题之时，必须个人虚心，不可以无意识的问题来挑拨意见，如果生出无谓的争论，会中的大问题就恐怕十天也解决不了，我们这个会的成绩便不好，所以我们要提防、要警戒。"[③]孙中山就民生主义的含义，反复在各个场合强调，希望本党同志要清楚共产主义与民生主义不是冲突对立的，理解透彻了"新旧同志因误会怀疑而生之暗潮，从此便可打消"[④]。在1924年3月2日，孙中山发表了《就国民党改组原因致海内外同志书》，分析了问题、目标与任务，驳斥了一些不正确的观点，提到"顾有好造谣生事者，谓本党改组后变为共产党。此种谰言，非出诸敌人破坏之行为，即属于毫无意识之疑虑"。"故为上说者，不特不知本党之主义，并未识本党之历史，亦徒见其谬妄而已。"

①　《孙中山与中国国民革命》，第187页。
②　《孙中山与共产国际》，第301页。
③　黄彦：《孙文选集》下册，广东人民出版社2006年，第385页。
④　《孙文选集》下册，第398页。

孙中山还解释了社会主义青年团加入国民党的问题："彼此既志同道合，则团体以内无新旧分子之别。在党言党，唯有视能否为本党、为主义负责奋斗而定其优劣耳。"①

（谢永芳，广东省中山市石岐街道教育和体育事务中心主任，中国辛亥革命研究会、民革中央孙中山研究学会理事）

---

① 《孙文选集》下册，第440页。

共产国际的影响与中共"理论排斥"政策的调整

程舒伟

摘要：中国共产党成立初期，在共产国际的指导下，逐步改变了对国民党的排斥政策。随着共产国际"远东战略"的实施及对孙中山三民主义的认识的加深，要求中国共产党与国民党合作，促成第一次国共合作的建立，掀起了轰轰烈烈的国民革命的高潮。

关键词：共产国际　中共"理论排斥"　政策调整

中国共产党成立初期，改变对国民党的排斥政策，继而与国民党合作，可以说与共产国际有很大关系。中国共产党是共产国际的一个支部，在政策上受共产国际的指导，因此 1920 年共产国际二大后，随着共产国际东方战略的逐渐形成及其在中国的实施，也使得刚刚成立的中国共产党改变了之前的态度，帮助国民党改组，与其建立了合作关系，促进了第一次国共合作的形成。

一、共产国际的"东方战略"的提出及实施

共产国际"东方战略"的提出开始于 1920 年的共产国际第二次代表大会，根据列宁的《民族和殖民地问题提纲初稿》，共产国际在《关于民族和殖民地

问题的补充提纲》中对东方革命提出了具有指导意义的策略：

一、"殖民地的分离和本国的无产阶级革命，将推翻欧洲的资本主义制度。因此，共产国际应当扩大自己的活动范围。共产国际应当与目前政治上和经济上被压迫各国参加推翻帝国主义的革命力量保持密切的接触。为了世界革命的完全成功，这两种力量的共同行动是必要的。"①

二、"帝国主义各国的共产党，应当与殖民地的无产阶级政党在工作中有密切的接触，通过它们给予一般革命运动以物质的和精神的帮助。"②

此后，在共产国际第三至第四次代表大会、远东人民代表大会等会议上，共产国际对东方问题都进行了探讨，进一步完善了有关东方革命的战略策略。具体讲，到共产国际第四次代表大会为止，东方战略经过不断地探索和变化，与以往已有了很大不同：

第一，关于共产国际二大提出的与共产国际结盟的策略，到共产国际四大已有了更进一步的解释，指出："落后国家之所以必须同先进国家的无产阶级结成联盟，这不仅是由于共同反对帝国主义的需要，而且是由于东方各国工人为了发展本国落后的生产力，只能从先进国家获得胜利的无产阶级那里取得无私的援助。同西方无产阶级结成联盟开辟了通向世界苏维埃共和国联邦的道路。对于落后民族来说，苏维埃制度是由原始的生活状况向共产主义高度文明过渡的最无痛苦的形式，而共产主义的使命，就是要在整个世界经济中取代资本主义的生产和分配方式。已经获得解放的、原帝俄殖民地所取得的苏维埃建设的经验，就可以证明这一点。"③

第二，共产国际要求殖民地和半殖民地国家的共产党和工人党，"一方面，他们要力争最彻底地解决资产阶级民主革命的任务，以求得国家政治上的独立；另一方面，他们又要利用民族主义的资产阶级民主阵营内的种种矛盾，把工人和农民群众组织起来，为实现他们的特殊阶级利益而斗争。"④

----

① 中国社会科学院近代史研究所翻译室编译：《共产国际有关中国革命的文献资料（1919—1928）》第一辑，中国社会科学出版社 1981 年，第 30 页。版本下同。
② 《共产国际有关中国革命的文献资料（1919—1928）》第一辑，第 31 页。
③ 《共产国际有关中国革命的文献资料（1919—1928）》第一辑，第 70 页。
④ 《共产国际有关中国革命的文献资料（1919—1928）》第一辑，第 71 页。

第三，提出反帝统一战线口号。共产国际在四大上指出："如果说在西方，在有组织地积蓄革命力量的过渡时期，曾经提出过工人统一战线的口号，那么现在，在殖民地东方，就必须提出反帝统一战线的口号。这一口号之所以适宜，是由于要对世界帝国主义进行漫长而持久的斗争，而这种情势要求把一切革命因素动员起来。由于本国统治阶级想要同外国资本妥协并不惜为此而牺牲人民群众的利益，这种动员工作就尤其必要。"①

第四，共产国际指出反帝统一战线的一项最重要的策略任务，就是"向广大劳动群众阐明同国际无产阶级和苏维埃共和国联合的必要性"，"只有同先进国家的无产阶级革命联合起来，殖民地革命才能取得胜利，并保持其胜利果实"。"同无产阶级苏维埃共和国紧密团结的要求，是反帝统一战线的旗帜。"②

第五，要求"占有殖民地的国家的共产党，都应当担负起这一任务：在思想上和物质上不断帮助殖民地的工人运动和革命运动"③。

总之，列宁的有关民族和殖民地问题的理论创立后，通过共产国际对于有关民族和殖民地问题理论的不断探索，随着其援助东方各国民族解放运动实践的展开，共产国际在对东方殖民地国家革命的策略上发生了一系列变化，由共产国际一大所强调的建立无产阶级专政、反对一切资产阶级的策略，转变为强调建立反帝反封建的、各阶级联合的统一战线的策略，而这一策略很快就在中国得以实施，可以说，中国共产党与国民党的第一次合作，是共产国际将列宁的民族和殖民地理论和其"东方战略"付诸中国革命实践的必然结果。

共产国际二大后，根据列宁的民族和殖民地理论，共产国际把"东方战略"的重点放在了中国，开始向中国派出使者，寻找革命的同盟者。

20世纪初的中国，哪一派是能够与之联盟的比较革命的民主派，共产国际的认识经历了比较曲折的过程，同时也影响到了中国共产党。实际上，在中共二大之前，苏俄和共产国际比较倾向于吴佩孚和陈炯明，而不是后来联合的

---

① 《共产国际有关中国革命的文献资料（1919—1928）》第一辑，第72页。
② 《共产国际有关中国革命的文献资料（1919—1928）》第一辑，第73页。
③ 《共产国际有关中国革命的文献资料（1919—1928）》第一辑，第75页。

孙中山。五四运动期间，吴佩孚和陈炯明曾一度伪装民主和进步，吴佩孚标榜爱国，陈炯明甚至以"社会主义者"自居，同时，苏俄经过比较认为他们的军事实力都强于孙中山，所以共产国际最初选择同吴、陈结盟，而疏远了孙中山。事与愿违，1922 年 6 月陈炯明发动了推翻孙中山的叛变，北方吴佩孚与苏俄的关系由于中东铁路的权益而日益恶化，1923 年吴佩孚更是制造了"二七惨案"，经历挫折和血的教训之后，共产国际改变了联合吴佩孚和陈炯明的政策，决定全力支持国民党，促成国共合作。

    1923 年 1 月 23 日，苏俄人民外交委员会副委员长越飞同孙中山发表了著名的《孙文越飞联合宣言》，同月，共产国际也通过了《共产国际执行委员会关于中国共产党与国民党的关系问题的决议》，阐述了中共与孙中山国民党合作的必要性，决议指出："中国唯一重大的民族革命集团是国民党，它既依靠自由资产阶级民主派和小资产阶级，又依靠知识分子和工人。""由于国内独立的工人运动尚不强大，由于中国的中心任务是反对帝国主义者及其在中国的封建代理人的民族革命，而且由于这个民族革命问题的解决直接关系到工人阶级的利益，而工人阶级又尚未完全形成为独立的社会力量，所以共产国际执行委员会认为，国民党与年青的中国共产党合作是必要的。""但是，中国共产党绝对不能与它合并，也绝对不能在这些运动中卷起自己原来的旗帜。"①

二、共产国际对三民主义的认识

    共产国际决定与国民党合作后，共产国际代表虽然多次与孙中山会晤，但直到 1923 年 8 月，孙中山派遣蒋介石访问莫斯科之前，共产国际对孙中山的三民主义思想并未加以重视，此前共产国际的决议里以及共产国际远东局主要成员之间的往来书信中都甚少能看到有关三民主义的只言片语。在 1921 年 6 月至 1923 年 10 月，马林是共产国际派驻中国的正式代表，虽然他与孙中山进行了多次会晤，但对孙中山的三民主义思想却很少论及，只是在给共产国际执

---

① 中共中央党史研究室第一研究部：《共产国际、联共（布）与中国革命文献资料选辑（1917—1925）》，北京图书馆出版社 1997 年，第 436—437 页。版本下同。

委会的报告中提到："国民党的党纲……它主要的性质是民族主义的。它有三项原则：反对外国统治；争取民主；争取公民的人的生活。最后一条由孙中山和意见与他相同的人解释为社会主义。"①不过，在马林对国民党党纲的描述中，虽然他对三民主义只字未提，但已可以看到孙中山三民主义的影子了。

1923年8月，孙中山派蒋介石率领代表团访问莫斯科。10月18日，蒋介石经由共产国际远东部部长维经斯基，向共产国际执委会递交了一份关于中国国民运动和国民党的报告。这份报告介绍了中国的经济结构、国内的政治关系、中国国民革命的特点、国民党的纲领、国民党的改组计划等情况，并阐述了国民党与俄共（布）合作的必要性。在介绍国民党纲领时说："早在1911年以前，国民党就通过了作为自己纲领的三民主义。这些主义就是民族主义、民权主义和民生主义"，接着报告又对三民主义作了简单解释。

11月26日，共产国际执委会召开会议，蒋介石被邀出席，在发言中他提到在中国革命的第一个阶段，"政治口号不应该是共产主义口号，而应该是'（建立）独立的中国'和'人民政府'口号"，其原因有三点："第一个原因是30年前开始革命时，孙逸仙博士就使用三民主义作为革命的口号。因此，大部分中国人民在很大程度上都了解三民主义，如果我们继续使用这些口号，我们就较容易取得成功。另一个原因是，由于我们长期使用三民主义口号，中国军阀不特别注意这类宣传工作。他们对三民主义不像对共产主义口号下的宣传工作那样给予很多的注意。还有一个原因是小农阶级和小资产阶级不会在革命运动中反对我们，我们可以把他们作为我们革命力量中的因素"。②

共产国际执委会主席季诺维也夫对国民党希望继续保持三民主义这一口号，基本上是给予肯定的，他说："至于国民党的三个口号，我们知道，这些口号并不是共产主义的口号。然而我们也承认，这些口号反映了处于开始阶段的争取国家解放的运动"，但是，季诺维也夫认为三民主义的口号应该更具体、更明确。具体来讲：

---

① 中国现代革命史资料丛刊：《马林在中国的有关资料》，人民出版社1980年，第17页。
② 中共中央党史研究室第一研究部：《联共（布）、共产国际与中国国民革命运动（1920—1925）》，北京图书馆出版社1997年，第331—332页。版本下同。

第一，"民族主义口号在很大程度上取决于对它怎样理解，民族主义意味着什么。人们已经把它理解为争取中国独立的强大的运动，但同时它又应该怎样来实行，不为新的资本家阶级、新的资产阶级在中国的兴起提供可能。它不应用中国资本家阶级的统治去取代外国帝国主义的统治。另一方面，正确地运用民族主义也不应该是为中国那一部分占主导地位的居民争取独立开展运动和压迫中国国内其他民族。民族主义不应该导致建立中国一部分居民对另一部分居民的霸权地位。它无论如何不应该导致对生活在中国境内的各民族的压迫"。

第二，"至于民权主义，我认为，同志们都知道，民权主义在欧洲已经成了反动的口号，民权主义不赞成革命。与此同时，共产国际知道，中国的运动还不够发展，在中国民权主义也许还是一个进步的口号。然而，它能否成为这样一个进步的口号，主要看它能在多大程度上保障居民中的劳动群众有可能捍卫自己的权利，并把自己的事业推向前进。只有在这种情况下，中国运动中的民权主义才真正是一个进步的因素，而不像在欧洲国家那样成为一个反动的因素。"

第三，"至于民生主义，在这个问题上未必有必要进行详细的讨论。如果把它理解为致力于把劳动群众，如耕种土地的庄稼人从赋税重负和其他这类引起抱怨和不满的压迫下解放出来，那么对它也不可能有反对意见。当然这完全不是真正的社会主义，但如果它被这样来运用的话，那么它有可能导致真正的社会主义目标的发展"。①

11 月 28 日，共产国际正式通过了《关于中国民族解放运动和国民党问题的决议》，该决议吸收了季诺维也夫对三民主义的意见，对三民主义做出了比较详细的解释：

关于民族主义，共产国际认为，一方面"对于中国广大人民群众来说，在民族主义口号下进行斗争的全部含义是，既要摆脱帝国主义的压迫，也要不致遭受本国资产阶级的压迫"。民族主义的另一方面应当是"中国民族运动同受中国帝国主义压迫的各少数民族的革命运动进行合作"。关于民权主义，《决

---

① 《联共（布）、共产国际与中国国民革命运动（1920—1925）》，第 336—337 页。

议》指出："民权主义，不能当作一般'天赋人权'看待，必须看作是当前中国实行的一条革命原则。""国民党在向群众灌输民权主义的原则和解释其含义时，应使其有利于中国劳动群众，即只有那些真正拥护反帝斗争纲领的分子和组织才能广泛享有这些权利和自由，而决不使那些在中国帮助外国帝国主义者或其走狗（中国军阀）的分子和组织享有这些自由。"关于民生主义，《决议》认为："如果解释为把外国工厂、企业、银行、铁路和水路交通收归国有，那它才会对群众具有革命化的意义，才能在群众中得到广泛的反响。"至于中国的民族工业，"国有化原则在现在也可适用于它"。对于土地问题，"民生主义也不能解释为国家实行土地国有化。必须向缺乏土地的广大农民群众说明，应当把土地直接分给在这块土地上耕种的劳动者，消灭不从事耕作的大土地占有者和许多小土地占有者的制度。""国家还应当减轻农民的赋税负担，应当大力帮助农民解决灌溉、由人口稠密地区向人口稀少地区移民、开发荒地等问题。"①

在此前国民党提交的报告中，国民党对三民主义的解释是："民族主义意味着所有民族一律平等，一方面，我们应该为捍卫我们的独立而同外国帝国主义做斗争，另一方面，我们应该帮助弱小民族发展他们的经济和文化。民权主义是指每一个人都有一些权利，而这些权利不能因其能力大小而有所区别。所以每个人都有言论、结社、集会、出版等的自由，而政府必须来自人民，取得人民的帮助并为了人民。第三个主义正确地译成西方语言就是国家社会主义。所有的大工业企业和所有土地都应属于国家并由国家管理，以便避免私人资本主义制度的危害。由于现时的经济条件在中国立即实行共产主义是不可能的，民生主义对当前中国来说是最能被接受的经济制度，也是通向共产主义的第一步。"②

显而易见，共产国际关于三民主义决议的基本原则与会前中国国民党提交的关于中国国民运动和国民党的报告和蒋介石演讲的内容是一致的，而且与以往共产国际文件相比，在此决议中更加突出了国民党起领导作用的思想。在此，

---

① 《联共（布）、共产国际与中国国民革命运动（1920—1925）》，第342—344页。

② 《联共（布）、共产国际与中国国民革命运动（1920—1925）》，第301页。

我们把共产国际的决议与国民党报告比较一下：

第一，为了让共产国际认同三民主义，国民党的报告本身有"迎合"共产国际的成分，从中可以感受到共产国际方针的影响。共产国际东方战略之一就是要在东方落后国家建立反帝、反封建的统一战线，为了"迎合"共产国际的反帝原则，国民党的报告中在民族主义部分也明确提出了为捍卫我们的独立而同外国帝国主义作斗争，这与以前不敢公开反帝的民族主义截然不同。在民生主义方面，虽然指出现在在中国立即实行三民主义是不可能的，但也同时指出民生主义是通向共产主义的第一步，另外，"国民党认为，中国缺乏足够的根据把农业—农民问题作为首要的革命措施，应该把地主，特别是小地主吸收为自己在革命中的同盟者，这种观点在某种程度上缓和了共产国际在农业—农民问题上的激进情绪"。①

第二，共产国际决议对三民主义的解释较之国民党提交的报告，更为具体，而且还有新的内容。在民族主义方面凸显出反帝主义的性质；指出民权主义，不能当作一般"天赋人权"看待；强调民生主义要考虑解决农民的土地问题，等等。这些对三民主义所增加的解释，总体上比较符合中国革命的客观要求，可以说对当时正在改组的国民党而言具有一定的指导意义，同时对推动以三民主义为政治基础的国共合作起到了很大作用。

第三，共产国际决议对三民主义的解释主要是基于国民党所提交的书面报告，在某些方面不符合中国实际国情。其中，在民族主义中，它指出"对于国内各劳动阶层来说，……不仅要消灭外国资本的残酷剥削，而且也要消灭本国资本的残酷剥削"，即共产国际把消灭本国资本主义也作为了民族主义要求的一部分；至于民权主义，共产国际认为，民权主义在资本主义社会可能已成为压迫劳动群众的制度和工具，所以它对中国的民权建设对革命及以后国家的发展重视不够；民生主义方面，强调中国的民族工业实行国有化等。从共产国际的这些决议内容中，可以看出它对中国国情不了解，脱离或者超越了中国革命的发展阶段，不利于联合民族资产阶级、小资产阶级等建立统一战线。

---

① 中共中央党史研究室第一研究部：《"共产国际、联共（布）与中国革命"国际学术研讨会论文集》，中共党史出版社 2006 年，第 96 页。

另外，值得注意的是，在这次决议中，共产国际对国民党的认识存有偏差，在《决议》中共产国际说："共产国际相信，革命政党国民党将更多地考虑中国工人运动日益发展的情况，为了加强全国的解放运动，将放手发动工人阶级的力量，全力支持它的经济组织及其政治组织——中国共产党。"① 从决议可以看出，共产国际觉得国民党能够听命于它，并且对此很有信心。但事与愿违，其实孙中山同意国共合作主要是希望得到来自共产国际的军事援助，发展工人运动一直不是国民党所关注的重点，后来国共合作后国民党不仅一直致力于军事行动，还对应该予以支持的工农运动进行了镇压，最后甚至对共产党发动了政变，导致第一次国共合作破裂。

三、中共"理论排斥"政策的调整

1922 年前后，中国共产党对其他党派的"理论排斥"政策开始发生转变，并且逐渐接受了国民党及其三民主义理论，迈出了国共合作的重要一步。在短短的时间里，中国共产党的态度发生了如此大的变化，究其原因：

第一，共产国际的政策指导。1922 年 7 月 16 日至 23 日，中国共产党第二次全国代表大会召开，通过了《中国共产党加入第三国际决议案》，决定中国共产党加入共产国际，作为共产国际的"中国支部"。自此之后，中国共产党在政策上受共产国际的影响很大。

1922 年，在共产国际理论和政策的指导下，中国共产党对中国国情、革命性质等重要理论问题进行了研究，认识到要完成社会主义革命，一定要先经过民族民主革命的阶段，即把反对帝国主义和封建主义作为现阶段的主要革命任务，而为了更好地完成民主革命这一历史任务，中国一切愿意反帝反封建的阶级、阶层必须联合起来结成统一战线。6 月 15 日，中共中央发表了《中国共产党对于时局的主张》，指出：在"中国现存的各政党"当中，"只有国民党比较是革命的民主派，比较是真的民主派"，因而建议"邀请国民党等革命

---

① 《联共（布）、共产国际与中国国民革命运动（1920—1925）》，第 344 页。

民主派及革命的社会主义各团体开一个联席会议……共同建立一个民主主义的联合战线，向封建式的军阀继续战争"①。1922 年 7 月，中共二大召开，重新调整了现阶段革命目标，制定了反帝、反封建的民主革命纲领。同时，中共提出了建立"民主联合战线"的主张，表示要"联合全国革新党派，组织民主的联合战线，以扫清封建军阀，推翻帝国主义的压迫，建设真正民主政治的独立国家为职志"②。

不过，由于中国共产党是共产国际的一个支部，二者之间是领导与被领导的关系，这就造成了中国共产党几乎没有独立自主的空间，因此在很多重大决策方面，中国共产党很少有独立作出决策的空间。

第二，共产国际在思想理论方面的引导。中共二大后，中国共产党对于建立革命统一战线和与国民党合作已有了一定认识，而且也改变了之前的排斥态度，但是对于加入国民党，接受国民党的三民主义理论，一些共产党人还是存有顾虑的，党内思想并没有完全统一。这一顾虑在陈独秀身上表现得尤为突出。众所周知，陈独秀一开始反对共产党和青年团加入国民党，他在思想理论方面考量的原因就是："（一）共产党与国民党革命之宗旨及所据之基础不同。（二）国民党联美国、联张作霖段祺瑞等政策和共产主义太不相容。（三）国民党未曾发表党纲，在广东以外之各省人民视之，仍是一争权夺利之政党，共产党倘加入该党，则在社会上信仰全失（尤其是青年社会），永无发展之机会。"③从陈独秀的想法来看，当时的中国共产党人对孙中山的三民主义理论还不甚了解，害怕加入国民党后，失去原有的共产主义信仰和共产党独有的特性。这一顾虑，即使到了1922 年 8 月的杭州西湖会议也没有打消。据陈独秀回忆："当时中共中央五个委员：李守常、张特立、蔡和森、高君宇及我"都一致反对马林提出的"党内合作"的方式，然而，"国际代表提出中国共产党是否服从国际决议为言，于是中共中央为尊重国际纪律遂不得不接受国际提议，承认加入国

---

① 黄修荣：《第一次国共合作》，上海人民出版社 1986 年，第 51 页。
② 《中共中央文件选集（1921—1925）》，第 66 页。
③ 《中共中央文件选集（1921—1925）》，第 31—32 页。

民党"。①

中国共产党人是在共产国际的帮助下，真正在思想上明白加入国民党、接受三民主义理论这些问题的。1922 年 11 月 5 日，陈独秀率中共代表团出席了共产国际第四次代表大会，在这次大会上，陈独秀阐述了反对国共党内合作的意见，引起了共产国际的高度重视，在共产国际领导人思想工作下，陈独秀同意党内合作。于是，在中共代表刘仁静做的《关于中国形势的报告》的发言中，中共正式宣布："要在中国消灭帝国主义，就必须建立反帝的统一战线，我们党根据这一原则，已决定和国民革命的政党即国民党建立统一战线，其形式是我们共产党员以个人名义参加国民党。"②这是中国共产党第一次正式向世界宣布与国民党合作，建立统一战线。

1923 年 1 月 12 日，共产国际执行委员会又通过了《关于中国共产党与国民党的关系问题的决议》，《决议》指出："中国唯一重大的民族革命集团是国民党"，"由于国内独立的工人运动尚不强大，由于中国的中心任务是反对帝国主义者及其在中国的封建代理人的民族革命，而且由于这个民族革命问题的解决直接关系到工人阶级的利益，而工人阶级又尚未完全形成为独立的社会力量，所以共产国际执行委员会认为，国民党与年青的中国共产党合作是必要的。""因此，在目前条件下，中国共产党党员留在国民党内是适宜的。""只要国民党在客观上实行正确的政策，中国共产党就应当在民族革命战线的一切运动中支持它。但是，中国共产党绝对不能与它合并，也绝对不能在这些运动中卷起自己原来的旗帜。"③这个《决议》是应该给予肯定的，它不仅指出了国民党是中国唯一重大的民族革命党，和国共两党在当时历史条件下合作的必要性，同时，它还强调中国共产党在国共合作后要保持政治上和组织上的独立性，这对于帮助共产党人加深对建立革命统一战线的认识，加快国共合作的步伐起到了重要作用。但这个决议也存在着对国民党估计过高，对工人阶级力量估计过低的错误观念，这些都对后来大革命的失败产生了影响。

---

① 任建树、张统模、吴信忠：《陈独秀著作选》第三卷，上海人民出版社 1993 年，第 87 页。
② 《共产国际有关中国革命的文献资料（1919—1928）》第一辑，第 62 页。
③ 《中共中央文件选集（1921—1925）》，第 577—578 页。

第三，"二七惨案"使中国共产党人认识到国共合作的必要性。1923 年 2 月 7 日，发生了军阀吴佩孚镇压京汉铁路工人大罢工的"二七惨案"，"二七惨案"使中国共产党人在实践中更加清醒地认识到目前最强大的敌人是帝国主义和封建军阀，因此在革命的现阶段主要的不是与资产阶级的斗争，而是与帝国主义和封建军阀进行斗争。现在无产阶级的力量还很弱小，要争得无产阶级的利益和地位，现阶段只能联合其他被压迫阶级，共同反帝反封建，相应地，建立革命统一战线的第一步就是与国民党合作。可以说，"二七惨案"加速了国共合作的步伐，它一方面彻底断绝了共产国际联合吴佩孚的想法；另一方面，使中国共产党对于共产国际的国共合作的建议，由理论接受转变为实践上的行动，开始积极投身到帮助国民党改组的行动当中。

1923 年 6 月 12 日—20 日，中国共产党在广州召开了第三次全国代表大会，陈独秀在会上指出，在党内"起初，大多数人都反对加入国民党，可是共产国际执行委员会的代表说服了与会的人，我们决定劝说全体共产党员加入国民党"[①]。以此为基调，大会围绕"党内合作"还是"党外合作"展开了激烈的讨论，最后通过《关于国民运动及国民党问题的决议》，决定全体共产党员、社会主义青年团员以个人身份加入国民党，同时保持共产党在政治上、组织上的独立性，这样就正式确立了国共合作的政策。第一次国共合作的形成，促进了革命高潮的到来。

（程舒伟，东北师范大学教授，中国辛亥革命研究会、民革中央孙中山研究学会理事）

---

① 时光等：《"二大"和"三大"》，中国社会科学出版社 1985 年，第 170 页。

谭平山的政党理念及其在第一次国共合作期间的实践

李穗梅

摘要：谭平山是民革的发起人之一。他的一生曲折离奇，热衷于政党政治，早年曾提出政党理论，很快成为广东地区早期共产党组织的领导人；他深受孙中山、廖仲恺的信任，成为国民党改组的操刀手。谭平山在20世纪20年代初期提出政党理论并付诸实践，抓住了当时中国社会的主要问题，他是推进中国历史发展进程中重要关节的重要一员。

关键词：谭平山　政党组织　第一次国共合作

20世纪20年代，国民党与共产党的党内合作，改变了近代中国历史的发展走向，体现出政党政治从萌芽走向成熟，以政党引导缔造社会，最终影响了中国政治体制。而选择这次合作的两党引领者——国民党之孙中山与共产党之共产国际固然重要，但具体的实施运作者更值得我们书写，民革前辈谭平山是其中的佼佼者。在中国共产党早期党员中，他是较早阐述政党内涵并付诸实践的。谭平山的人生经历略有些传奇，曾加入同盟会，任广东临时议会议员后加入国民党；五四运动干将之一，在陈独秀指导下创建了广东共产党组织；国共合作后，高居国民党组织部长、农民部长之职；国共合作失败后被国共两党开除，后再创中华革命党、三民主义同志联合会，终成为中国国民党革命委员会发起人之一。终其毕生，热衷政党组织的创立与活动，以此作为实现理想与目标的手段。本文围绕谭平山在 20 世纪 20 年代初期对政党理论的探索与实践展开论述。

一、提出政党理论，并在广州初步实践其思想

谭平山（1886—1956），原名谭鸣谦，字诚斋，号聘三、诚齐，广东高明人。他于 1917 年考入北京大学，专攻哲学、历史。彼时，陈独秀在北大任文科学长，陈、谭二人一见如故，常一起交流时政，切磋文学。1919 年五四运动爆发，谭平山积极参加运动，被捕入狱。在北京期间，谭平山发表多篇政论文章，成为一名初具社会主义思想的知识分子。1920 年 3 月，谭平山发表《中国政党问题及今后组织政党的方针——根本的革新政治之第一步》一文①，文章分析了中国政党组织从民初的兴盛到衰微直至失败的原因：

1. 不以主义为结合中心，而专以权利势力两种为钓饵。2. 不以国家生存、社会安宁、人民幸福三点为基础，而以政党机关为个人的敲门砖。3. 立党无切实、一贯、特殊的主张，无实在有把握的计划。4. 无奋斗的精神和独立的志向，不得不倚赖那种不正当的势力以为护符。5. 无共同的志趣，无共同的精神，党员犹不能互相了解。6. 攻击异己，排挤倾轧，无所不至；无容纳他党的度量。7. 专向政治那方面讨生活，未了解政党的性质。8. 轻视社会各种问题，未明白政治和社会的关系。

谭平山从以上八个方面深刻指出了民初政党政治的弊端，可谓鞭辟入里。文中还介绍了世界各国政党的最新潮流，特别指出"俄国自政体改革以来，全国政权移于'劳农政府'之手"，列宁的"'布尔塞维克派'确有统一俄国的把握，恐将来他的主义，会弥漫全世界"。提出"政党尤为达到政治目的工具之工具"。最后，他提出了组织政党建设的十大方针，"其中关于结合中心的有一项（第一项），关于组织内容的有两项（第二和第三项），关于党纲的有

---

① 《谭平山文集》编辑组：《谭平山文集》，人民出版社 1986 年，第 88—105 页。

三项（第四、第五和第六项），关于政党所应持的态度的有四项（第七、第八、第九和第十项）。"这十大方针，开宗明义"当以一定的主义做结合中心"，但谭平山强调"无阶级的区别，无职业的区别，无男女的区别，无地域的区别，都得为结合分子"，"今后的政党不可偏向政治讨生活"。可见此时他心中的政党还不是他后来加入的以无产阶级为核心的共产党。但他又强调"今后政党的政纲当以我国为对象……如我国是农业国，当以'劳农政策'为根本政策，又如我国今日文化衰敝，当提倡新文化运动之类"，将农民问题提高到基本国情问题。正因为对农民问题的重视，谭平山在后来的革命生涯中，写了诸多有关农民问题的文章，且积极发动农民投身国民革命。显然，谭平山对中国根本问题是清楚的。他的政党理论形成与他的出身和在政治中心北京的学习及五四运动的洗礼有密切的关联。

1920 年 7 月，谭平山从北京大学毕业回到广州，在广东高等师范学校任哲学教授。此时的广州是中国另一个政治中心，孙中山多次尝试在此建立政权，冀图北上统一中国，以解决辛亥革命以后未能完成的任务。孙中山以政党——中国国民党来聚拢志同道合者，并广泛吸纳有用之才。新文化运动旗手陈独秀受邀来到广州，担任广东教育委员会委员长，谭平山任副委员长。陈独秀不公开的身份是中国共产党早期领导人，又曾是谭平山北大的老师，这对师生一起为第二次在广州建立政权时期的孙中山部属广东省省长陈炯明服务。陈独秀对已在广州发起组织社会主义青年团的谭平山等人说："现在孙中山、陈炯明在广东已建立了政府，正是开展民众运动的最好机会。但是，领导民众运动，个人的领导是比不上组织的领导的，就是一个小团体，也担负不起领导民众运动的历史责任，为使广东民众运动获得更大的发展，必须建立一个领导组织。"陈独秀还说："北京、上海各地已有共产主义集团的组织，名称就叫共产党。我的意见，广东也应该建立一个共产党组织，去担负起领导民众运动的任务。"①1921 年 3 月，在陈独秀的指导下，谭平山与陈公博、谭植棠等人"开始组织真正的共产党"，即共产党广东支部，陈独秀离粤后谭平山出任书记。当时广

---

① 谭天度：《广州党史资料》第一期，1981 年 7 月 1 日。

州左翼青年受无政府主义影响较深，谭平山认为："除了马克思主义，其他主义都救不了中国。"嗣后，广州共产党早期组织创办宣传员养成所，作为宣传马克思主义、培养革命干部的阵地。与此同时，谭平山深入工人中去开展工作，组织工人夜校，自任夜校董事会董事长，并建立广州土木建筑、茶居等行业工会。同年 7 月，中国共产党在上海召开第一次全国代表大会，陈独秀与谭平山皆因筹集广东大学经费没有出席，广东派陈公博参加。会后成立中国劳动组合书记部，负责领导全国工人运动，谭平山被选任南方分部主任，他与陈独秀、许崇清等人发起创办广州机器工人补习学校。8 月，中国共产党广东支部正式成立，谭平山担任书记。是年，他组织土木工人总罢工和支援广州车缝工人的罢工斗争，取得胜利。1922 年 1 月，香港海员工人进行大罢工，中国共产党广东支部发表《敬告罢工海员》的声明传单，支持海员工人罢工斗争。5 月 1 日，劳动组合书记部在广州召开第一次全国劳动大会，谭平山被推为主席团成员之一，领导组织这次大会。与此同时，谭还加强对广东社会主义青年团、共产党的领导工作，4 月他被选为青年团书记，5 月 5 日，全国青年团一大在广州召开，谭平山在大会上报告广东社会主义青年团的情况。他努力吸纳先进分子为中共党员，6 月谭平山出任中共广东区委书记，当时共有党员人数 32 人。7 月，谭平山参加了在上海举行的中共二大，被选为中央委员。

从谭平山提出政党理论，到他成为中国共产党广东地区早期领导人，并开展工人运动看，他是勇于实践的行动派。此时他和其他共产党人已俨然成为中国新兴的工人阶级的代表。谭平山用行动践行他的政党观，即政党"以一定的主义相结合"。但他对政党阶级成分的认识也发生转变，从强调政党"无阶级的区别"到认定政党代表一定阶级，并为其利益而奋斗。

二、以中共三大为契机，谋求政党近期目标的实现

中国共产党正式成立后不久，国共合作已开始列入共产国际的议题。1922年 1 月，列宁对参加远东各国人民代表大会的国共两党代表当面提出国共两党

合作的建议。① 共产国际代表马林考察广东工人运动后，感慨广州的工运是他"熟悉的那种工人运动"，比上海等其他城市"大有可为，而且能够成功"②。同年 8 月底，中共中央召开"西湖会议"，马林出席并力劝中共与国民党进行党内合作，还建议将中共总部迁移到广州。会后陈独秀、李大钊、谭平山等个别中共党员加入国民党。在孙中山与陈炯明分裂后，由于谭平山领导的广东支部等曾一度支持对工人运动抱有同情态度的陈炯明，谭本人被中共中央调离广东，在北京仍继续为组织的发展而努力，参与发起劳动立法运动。1923 年 2 月，孙中山第三次在广州建立政权后，谭平山在 3 月也回到广州，与再次来穗的陈独秀一起协助孙中山陆海军大元帅大本营宣传委员会的工作，这是陈谭师生两人再度为孙中山在广州建立的政权服务。5 月，中共中央局迁往广州，陈谭合作率领广州中共党员为中共三大的顺利召开做好了组织、思想和阶级的准备。

1923 年 6 月，中共三大在广州召开，中心议题是与国民党合作，建立反帝反封建军阀联合战线。对于应以何种形式与国民党合作，大会存在分歧，张国焘、蔡和森等人承认反帝反封建的国民革命是当前中国革命的重要任务，但是认为共产党还有它的特殊任务，就是领导工人运动，与资产阶级斗争，这两个任务同等重要，应当同时进行。他们反对全体共产党员加入国民党，认为那样就会削弱共产党的独立性，把工人运动送给国民党。而共产国际代表马林和中共书记陈独秀则认为，中国革命目前的任务，只是进行国民革命，不是进行社会主义革命；国民党是代表国民运动的党，共产党和无产阶级的力量还很弱，还没有形成一个独立的社会力量，应加入国民党。大会经过激烈辩论，最终决定：共产党员以个人名义加入国民党，帮助孙中山改组国民党，建立国民革命的联合战线。

1923 年 8—9 月间，谭平山在《广州民国时报》连载《国民革命与国民党》一文，高度认可马林与陈独秀等人的看法。该文分为"概论"和"国民革命之意义"两章，在"国民革命之意义"一章中，谭平山比较详尽地论述了国民革命之意义、特性、对象及依靠力量等，指出"国民革命，即抱有一定之主义，

① 张国焘：《我的回忆》第一册，东方出版社 1998 年，第 198 页。
② 李玉贞：《马林与第一次国共合作》，光明日报出版社 1989 年，第 77 页。

尤须是有严密之组织，坚持一定之主义，从事严密之组织，以实行革命者，即革命的政党是也。"指出"伟大的群众""共同的目标""统一的组织""领袖的政党"四者具备，"则国民革命之成功，不能谓其毫无把握矣"，而前三者须有后者指导之，"领袖政党，不独指导群众，而且常出生入死，不畏危险，为群众而牺牲，所以能获群众之同情及信仰，而为群众之领袖，同时亦为各政党之领袖也。夫前日之革命同盟会即今日之中国国民党，既创造民国于先，拥护共和于后，始终为群众而牺牲，早已为一般国民所同情。然今日我国受异族之侵略如故，受军阀之压迫如故。是国民革命之在今日，已成为普通人民的需要。"①"国民革命，固是一种政治革命，但非单纯的政治革命。是集中各阶级被压迫的人民而成联合战线，以打倒共同之敌人之一种复合的政治革命也。"②正是谭平山与参加中共三大的大部分代表在看待中国革命问题上能客观与理性，充分认同国民党在国民革命中的作用，使得三大通过了《关于国民运动及国民党问题的议决案》，决定全体中共党员以个人身份加入国民党，用党内合作的方式与国民党结成反帝反封建军阀的革命联合战线，从而开启了一个新的历史时期。

三、以穗沪为试验田，开启国民党改组进程

国民党改组的成败是国民革命能否成功的关键，1923 年 2 月孙中山第三次在广州建立政权后，将改组提到议事日程。谭平山及他率领下的中共广东支部为此做了大量扎实的工作。

谭平山在中共三大上当选中央执行委员会委员、中央局委员。不久，中央局从广州迁回上海，谭平山被任命为驻粤委员，参与国民党改组的具体工作。1923 年 10 月，共产国际代表鲍罗廷来到广州，召集谭平山等中共党员负责人开联席会议，就国民党的组织结构和孙中山对国民党的领导提出询问，谭平山介绍了孙中山大元帅大本营的情况："孙中山大本营即好比是国民党中央，即

---

① 《谭平山研究史料》，广东人民出版社 1989 年，第 34—46 页。版本下同。
② 《谭平山研究史料》，第 39 页。

好比是孙中山为领袖的国民党总部。"并认为："国民党无任何组织可言。"①
会后，鲍罗廷向孙中山提出按苏联共产党模式改组国民党，孙中山任命他为国
民党组织教练员。10 月 25 日，孙中山召开了国民党改组的特别会议，参加者
100 余人，谭平山等 5 位中共党员出席。谭平山等人呼吁成立临时中央执行委
员会，指导改组工作。28 日，委员会成立，谭平山被指定与廖仲恺、林森、
邓泽如、胡汉民、杨庶堪、陈树人、孙科、吴铁城共 9 人一起为临时中央执行
委员会委员，他被选为这个委员会的书记兼组织员，鲍罗廷为顾问。国民党一
大召开前，谭平山主持临时中央委员会召开了 28 次会议，做出了 400 多项决
议案，出版了以报道国民党改组消息为主的《中国国民党周刊》，他还撰写了《国
民党改组中应注意诸点》，提出"这回国民党改组唯一的目的，是希望将国民
党造成一个健全而有力的革命党，造成一个全国民中的革命分子所集中的国民
革命的大本营，实现我们全国民中革命分子理想上所有完全无缺的国民党"。
还对国民党的代表性、阶级性、革命性和纲领性都做了清晰的阐述："国民党
是国民中被压迫阶级中之最进步、最能干，而且最有革命精神、最愿意牺牲、
最有远见的分子所集合起来的。所以在这回改组中对于党员的搜罗，应当要严
格，不要徒然要求党员的'量'多，要求党员革命的'质'大。""国民党不
是'一阶级'的党。"他认为"国民党是为国民中被压迫的阶级而奋斗"，包
括"爱国的中小阶级，觉悟的劳动阶级，革命的知识界分子"，他们是中国国
民党之三大柱石。"国民党是一个革命的政党，故必须要注重政治经济等专门
人才的养成，以及党员的政治研究和国内的政治训练，然后方能够达到以'党
治国'的目的。""中国国民党是根据三民主义而结合的；是因为想实现三民
主义才组织的；且要使一般党员，时时感觉到不明了三民主义，不配称中国国
民党党员；不为三民主义而奋斗，不能冒称中国国民党党员。"②这种将国民
党信奉的基本纲领作为国民党党员的基本要求，有利于统一思想与行动。为此，
在国民党一大发布的宣言中，对三民主义的内涵作了新的界定，使它更适合因
国民革命而改变的国民党。国民革命需要一个能代表多个阶级利益的政党，共

---

① 《谭平山研究史料》，第 441 页。
② 《谭平山文集》，第 252—255 页。

产党尚不足以担负这个重任。

1923年10月，国民党改组工作进入实践阶段，开始起草国民党改组的宣言、党纲、党章，建立讲习所，训练各区分部执行委员，等等。依据改组特别会议的决定，以上海、广州为试点，建立国民党市党部、区党部和区分部。国民党临时中央委员会为此进行了大量的指导工作。国民党过去没有一套严密的政治体系，总部由总理决定一切，缺少民主集中制程序。各省只有支部，而无基层组织。因此，要改组国民党，需要从组织制度上大力整顿和改造。11月16日，国民党临时中央执行委员会发表了《中国国民党改组宣言》，指出："中国今日政治不修，经济破产，瓦解土崩之势已兆，贫困剥削之病已深。欲起沉疴，必赖乎有主义有组织有训练之政治团体，本其历史的使命，依民众之热望，为之指导奋斗，而达其所抱政治上之目的。"同时，临时中央执行委员会还公布了《中国国民党党纲草案》《中国国民党章程草案》《广州市区党部区分部组织案》《上海执行部设置案》《筹办本党军官学校案》等。党纲草案提出：采用"三民主义五权宪法"，对中央到地方的各级组织机构，都做了详密的规定，将区分部一级组织作为"党之基本组织"。这是国民党组织建设的一项重大改变。党纲、党章草案是鲍罗廷、廖仲恺、谭平山等人协助孙中山制定出来的。

国民党改组是先以穗沪两地作试验田，谭平山认为："章程之运用，非实地实验不可。故以广州市内及上海两地为章程本案试验场；且训练党员，尤应当以实际运动工作为训练课本，故广州市内及上海两地之实地组织，尤刻不容缓"①。广州政局较为稳定，群众基础也好，虽然中共中央已搬回上海，但谭平山等广东党团组织成员努力执行共产国际和中共中央的决定，因此广州作为国民党章程草案的试验地，是十分合适和可行的。

党章草案的试验工作，是从党员登记开始的。临时中央执行委员会要求在广州市内居住的党员，必须在规定的时间内重新办理登记手续，以确定党籍。1923年11月2日至11日，10天内登记了党员3649人。11月11日，广州市举办了国民党全体党员大会，与会者有2000多人，会上部署了基础党部的组

---

① 《谭平山文集》，第272页。

建工作。随后，广州市依据党章草案的规定，自下而上组建区分部、区党部、市党部。按临时中央执行委员会的指示，广州市按警察区域划分，成立 12 个国民党区党部，并选举产生执行委员会。中共广东区委和青年团广东区委、广州地委十分重视国民党章程草案的试验工作，发动党团员参加国民党基层党部的建设和选举。同年 12 月，广州市各区的国民党区党部、区分部基本上建立起来。至 1924 年 1 月国民党一大召开时，广州市国民党党员总数达 8218 人，两个月内增加了一倍多。广州市内成立了 9 个国民党正式区党部，3 个代理区党部，66 个区分部，3 个特别区分部。谭平山代表国民党临时中央执行委员会肯定了广州市的成绩："所增加之分子，多是青年学生与一般有职业之工人。又因依据党章草案所组织，将从前自上而下的组织，变成自下而上的组织，基础较为稳固。各位同志，又多得机会从事于实际上运动，以扩充党的势力。此是党章在广州市内试验之结果。"①谭平山还指出："国民党广州市党部所属党员，十分之六都是工人。" 这是谭平山与共产党人联合国民党左派骨干积极发动的成果。诚如谭平山所认为的：国民党通过改组已"逐步转变为左派分子的党"。

11 月底，谭平山还受孙中山的委托，与廖仲恺专程赴上海，筹组成立国民党上海临时执行机构，指导上海国民党的党务改组工作，仿照广州市办法，"十分顺利"。回来后，向临时中央执行委员会报告了穗沪两地的改组工作情况。穗沪两地试验田的经验，为国民党在全国展开改组工作奠定了良好基础。

四、身居要职，完善国民党组织架构

1923 年 12 月，全国各地开始选举国民党一大代表，深得孙中山信赖的谭平山被指定为广州特别区代表。1924 年 1 月初，李大钊、张国焘等人经上海赴广州参加大会，中共中央在上海召集了中央会议，讨论共产党人在国民党一大中应采取的态度。陈独秀提议由李大钊、张国焘会同已在广州的谭平山、瞿

---

① 《谭平山文集》，第 273 页。

秋白等 4 人组成指导小组，指导出席国民党一大的中共党员。

1924 年 1 月 20 日至 30 日，中国国民党第一次全国代表大会在广州文明路广东高等师范学校钟楼礼堂（现文明路 215 号内）正式开幕，出席大会的代表有 165 人。谭平山被大会推举为组织章程、组织党务两个委员会审查委员。他向大会做了《国民党临时中央执行委员会报告》特别指出："此次之改组，其精神在于组织之严密，及党员之训练两点。欲组织之严密，必须先有严密的组织法，故本委员会所决议之章程草案，即应此之需要者也。"①大会选出中央执行委员会委员 24 人，其中谭平山、李大钊、于树德是共产党员。大会闭幕的翌日，国民党召开全会，推廖仲恺、戴季陶、谭平山三人为常务委员，处理日常事务。中央执行委员会设秘书处、组织、宣传、工人、农民、青年、妇女、调查、军事 9 个机关。廖仲恺提议将原由他担任的组织部长改由谭平山兼任。从临时中央执行委员会的组织员到一大推选出来的中央执委委员兼组织部部长，谭平山正式进入国民党的核心团队之中，参与主导国民党的改组工作。

谭平山认为国民党应是"爱国的中小阶级、觉悟的劳动阶级、革命的知识界分子"之政党，"是各阶级的革命力量的联合组织，我们应该促进国民党的进一步发展，并借助它来坚持不懈地进行民族革命"。②为了这个目的，他在国民党一大召开前发起推动成立"国民运动委员会"，委员会实际是共产党的外围组织，它团结国民党左派成员，推动工农运动的深入进行。组织部秘书是共产党人杨鲍安，"这一部的工作人员差不多都是共产党员……内部有一个职工运动的组织，是阮啸仙、刘尔崧在那里负责"。③为了统一共产党员、共青团员在国民党内的言行步调，中共中央局任命谭平山为驻国民党中央的党团书记。谭平山以身兼国共两党要职的地位，操办着国民党改组中的具体事宜。

国民党一大后，改组工作正式在全国展开。为培训得力的干部推进国民党改组工作，设立党员干部训练班，谭平山讲"国民党组织工作的理论和方法"一课。经过两年的努力，取得了瞩目的成绩，据 1926 年 1 月谭平山代表组织

---

① 《谭平山文集》，第 272 页。
② 《谭平山文集》，第 383 页。
③ 《谭平山研究史料》，第 425 页。

部向国民党二大所作的《党务总报告》，已正式成立省党部的有广东、湖南、江西、山东、直隶、河南、察哈尔、内蒙古、绥远、热河等省份，正在筹备省党部的有广西、福建、奉天、浙江、吉林、四川、甘肃、安徽等省份，已成立的特别市委有广州、北京、汉口、哈尔滨等市，共发展党员 20 万人[1]。在国民党二大上谭平山仍当选中央执委委员和中央组织部部长，继续完善国民党的组织架构。据 1926 年 10 月的统计资料显示，国民党在全国约 90% 的省区和将近 25% 的县份，分别建立了省级和县级党组织；国民党员增至 54.4 万余人，其中国内党员占 82%。建立了从中央党部、省党部、县党部至区分部的各级机构。显然，在改组以后两年多的时间里，国民党由一个偏隅海外的狭隘组织，发展成为一个具有相当规模的以国内民众为基础的革命党。[2]

五、结语

国民党改组前对外号称有党员 10 万人，但绝大多数党员和党部都在海外，这与其历史渊源有关。孙中山早年在海外创建兴中会、同盟会，后来创建的中华革命党、中国国民党，主要靠孙中山本人有足够的人格魅力和思想体系吸引一批想要改变现状的追随者，但这些政党并不是严格意义上的政党。谭平山曾加入过同盟会及中国国民党，其在 1920 年发表的对政党问题有深度思考的《中国政党问题及今后组织政党方针》一文中，却以一位旁观者的心态说："我现在又不是那一政党的党人"。[3] 其实那时他已受到俄国十月革命影响和五四运动的洗礼，方会在同一文中有"借助政党，以发挥我政治的能力"的宏图大志。他先在陈独秀指导下组建广州共产党组织，后以个人身份加入国民党。他认为："政党的组织，是国民一种政治的团体，就是全国国民中依共同的志趣，共同的精神，构成协同的能力，而营政治生活的团体。"[4] 谭平山等共产党人对国

① 《谭平山文集》，第 331—344 页。
② 王奇山：《党员、党权与党争——1924—1949 年中国国民党的组织形态》（修订本），华文出版社 2013 年，第 42 页。
③ 《谭平山文集》，第 88 页。
④ 《谭平山文集》，第 88 页。

民党组织制度的整顿和改造，实现了国共两党的"共同的志趣，共同的精神"，使国民党由一个相对封闭的、精英型的革命党变成一个具有广泛群众基础和全国影响力正规的政党，成为国民革命运动的引领者，为北伐奠定了基础。

国民党改组成功是 20 世纪中国最重大的历史事件之一。孙中山采取的"联俄""联共"政策，重用谭平山等一批有理想、有朝气的共产党员，使国民党组织形态臻于完备，国民党拥有前所未有的生命力。谭平山是国共合作的践行者，不仅是因为他有同盟会员的资格，与同是粤籍的孙中山、廖仲恺有着良好的关系，两度为孙中山的南方政府服务，才干获得赏识，更是他对政党政治有清晰的路径思考，善于将政党的近期目标与远期方向作结合，解决社会主要矛盾。但是两个政党的党内合作，总不会一帆风顺，两党关系在孙中山逝世后终走向破裂，而为两党做出卓著贡献的谭平山在先后被国共两党开除党籍的情况下，仍矢志不渝，为政党政治而奋斗，分别为中华革命党、三民主义同志联合会的成立建言献策。1948 年 1 月，谭平山与李济深、何香凝等原国民党政要联合组建中国国民党革命委员会，民革成为他继续实现政治理想的政党组织。

1986 年 9 月 28 日，在北京举办的纪念谭平山诞辰 100 周年座谈会上，时任中央政治局委员的习仲勋高度评价了谭平山的一生："谭平山先生是著名的民主革命家，是一位杰出的具有马克思主义信仰的爱国主义和政治活动家。他为了追求民族独立和祖国富强贡献了毕生精力。他的革命思想和爱国精神，是值得我们永远学习和纪念的。"

（李穗梅，民革广东省广州市委会原副主委，广州市文史馆馆员，民革中央孙中山研究学会常务理事）

第一次国共合作时期的黄埔军校
与贵州籍将士探讨

邓文淼　李震雷

摘要：伟大的民主革命先驱孙中山先生为推翻封建专制、创建民主共和国进行了不懈的斗争，虽历经挫折和磨难而矢志不移。在孙中山革命生涯最困难的时刻，苏俄、共产国际和中国共产党给予他诚挚、热情的帮助和支持。在他们的帮助下，孙中山改组国民党，与共产党合作，促成第一次国共合作。本文探讨了第一次国共合作时期黄埔军校的创办过程，梳理了第一次国共合作时期黄埔军校一至五期中贵州籍学生的情况，阐述了第一次国共合作时期黄埔军校贵州籍主要将士的奋斗历程，旨在从历史中汲取力量，从榜样中汲取动力，发扬团结奋进、拼搏创新、苦干实干、后发赶超的新时代贵州精神，为中华民族的伟大复兴、为贵州事业的跨越发展再立新功、再创佳绩。

关键词：第一次国共合作时期　黄埔军校　贵州籍将士

　　黄埔军校是第一次国共合作时期[①]，中国民主革命的伟大先驱孙中山先生在苏联和中国共产党的帮助下创办的军事学校。创建时名称为中国国民党陆军军官学校，主要培养军队干部。学校校址因设在广州黄埔长洲岛上而亦称黄埔

----

① 第一次国共合作时期：是指1924年至1927年中国国民党与中国共产党合作的时期。

军校。黄埔军校既是国民党军队发育的摇篮，也是共产党军事人才成长的重要土壤。黄埔军校与美国的西点军校、英国的桑赫斯特皇家军事学院以及苏联的伏龙芝军事学院被世人称为世界历史上的四大军校。黄埔军校对于国共两党、对于中国近现代史的影响都是重大而深远的。黄埔军校为何有如此巨大的影响力？黄埔军校与偏远的贵州有没有关系？黄埔军校有哪些贵州籍名将？他们经历了怎样的奋斗历程？带着这些问题让我们回到一百年前那段战火纷飞、风云激荡的岁月。

一、黄埔军校是第一次国共合作的重要成果

出生于清王朝末年的孙中山先生面对的是一个政权腐败、外国入侵、民不聊生的国家。为了改造中国，为了救国救民，为了创建民主共和国，孙中山先生进行了不懈的斗争。辛亥革命之前，他创建兴中会、同盟会，带领革命志士发动了多次武装起义，给清王朝和帝国主义以沉重打击。辛亥革命之后，为维护共和、保护约法，他又带领革命党人发动护国、护法等多次运动和革命，粉碎了袁世凯企图复辟的美梦。但国家政权仍然被军阀把持，共和名存实亡。

十月革命一声炮响，不仅给中国送来了马克思主义，还使孙中山开始关注列宁和俄国的十月革命。1921 年初，共产国际代表马林来到中国，12 月应上海国民党总部张继邀请，由上海起程经武汉、长沙到桂林会见孙中山。在两人的两次长谈中，马林向孙中山提出三点建议：一是改组国民党，与社会各阶层联合；二是创办军官学校，建立革命军的基础；三是谋求中国国民党和中国共产党合作。这些建议对孙中山有很大的启发。而最终促使孙中山下定决心改组国民党和创建军事学校的事件是陈炯明叛变。1922 年 6 月 16 日，孙中山寄予厚望的广东革命政府陆军部长陈炯明突然发动武装叛乱，炮轰总统府。孙中山措手不及，连夜登上"永丰"舰避难。他未想到"祸患生于肘腋，干戈起于肺腑"。这是孙中山一生中所遭受的最痛苦的一次失败。与此同时，美、英、日等国不但没有向孙中山提供帮助，反而落井下石。避居上海的孙中山感到依靠一派军阀去打另一派军阀之路行不通。旧军阀和帝国主义是一丘之貉，都是

靠不住的。他开始重新思考革命的出路，寻找新的革命同盟者。

在孙中山革命生涯最困难的时刻，苏俄、共产国际和中国共产党给予他诚挚、热情的帮助和支持，多次派代表同他协商中国革命的道路和方法，研究国民党和共产党合作的问题。1922 年 8 月中旬，马林在上海与孙中山就国共合作、苏俄支持孙中山统一中国，以及军事合作等问题进行了认真的会谈。8 月 23 日到杭州出席西湖特别会议①的中共领导人李大钊在上海会见孙中山，这是国共两党领导人第一次会面。两人一见如故，畅谈甚欢。李大钊与孙中山讨论了"振兴国民党与振兴中国"的问题。对孙中山表示积极的支持和热情的声援。孙中山在谈话中表达了他力求把国民党改组为群众性政党的坚强决心。8 月 29 日至 30 日，中国共产党中央委员会在杭州西湖举行特别会议，讨论共产党员加入国民党的问题。会上，马林根据共产国际的指示，建议中国共产党党员以个人身份加入国民党，实现国共合作。西湖会议后不久，中共党员李大钊、陈独秀、蔡和森、张国焘等人首先以个人身份加入国民党。9 月，国民党改组工作开始启动。1923 年 1 月，孙中山会晤苏联政府代表越飞，发表《孙文越飞联合宣言》，公开确立国民党的"联俄"政策。3 月，孙中山回到广州成立名为"大元帅大本营"的广州革命政府。8 月，孙中山委派蒋介石率领"孙逸仙博士访问团"，赴苏联考察军事、政治和党务，并洽谈苏联援助等事宜。10 月，应孙中山邀请，苏联政府代表鲍罗廷到达广州。此后，国民党的改组进入实质性阶段。在共产国际和中国共产党的建议和帮助下，在鲍罗廷的具体指导下，孙中山克服重重障碍，积极推进国民党的改组工作。他多次发表演讲，总结中国革命一再失败的教训，反复强调学习俄国革命经验、改组国民党的必要性。

1924 年 1 月，孙中山在广州主持召开国民党第一次全国代表大会，确定了"联俄、联共、扶助农工"的三大政策，对民族、民权、民生等概念作了新的解释，把旧三民主义发展成为新三民主义。新三民主义成为国共两党合作的重要政治基础。国民党一大的召开，"标志着国民党改组的完成和第一次国

---

① 西湖特别会议：1922 年 8 月 29 日至 30 日中共中央执行委员会在杭州西湖召开的一次会议。会议讨论了共产党员加入国民党的问题。

共合作的正式建立。这是中国共产党实践民主革命纲领和民主联合战线政策的重大胜利，也是孙中山晚年推进中国革命的一大历史功绩。"[1]

孙中山在改组国民党的同时，也在积极酝酿创办一所军官学校。鲍罗廷到广州后，孙中山向他表示国民党的首要任务是按照苏联红军的式样建立一支革命军队。1924年1月24日，国民党一大正式议决创办中国国民党陆军军官学校。孙中山自任校总理，委任蒋介石为校长，廖仲恺任党代表，先后聘请加伦等苏联军官为军事顾问。校址经孙中山多次勘察，最后确定黄埔长洲岛为黄埔军校校址。

黄埔军校招考的第一期学员采用秘密招生方式。当时除在广州可以公开进行外，其余各省因都在军阀统治下，不能在这些地区公开招生，所以出席国民党一大的各省代表被委托回原籍后秘密物色、选拔考生到校应考。为了保证学员的政治质量，每一名考生录取时要有两名担保人。报考者一般要经过三关，第一关是各省区的初试，第二关是大地区范围内的复试，第三关是军校的总考试。1924年3月27日至30日，来自各地的1200多名考生在广东高等师范学校参加考试。4月28日，考试成绩揭晓，正取350名（也有说360人或372人），备取120人（也有说117人或100余人）。5月5日，经过考试选拔的第一期学生正式入校上课，编为4个队接受新兵训练。

1924年6月16日，黄埔军校举行隆重的开学典礼。孙中山以大元帅兼军校总理的身份亲自主持开学典礼，对全体师生作了热情洋溢的演讲。

他说："我们今天要开这个学校，是有什么希望呢？就是要从今天起，把革命的事业创新来创造，要用这个学校内的学生做根本，成立革命军。……所以今天在这里开这个军官学校，独一无二的希望，就是创造革命军，来挽救中国的危亡！" "所以革命事业，就是救国救民。我一生革命，便是担负这种责任。诸君都到这个学校内来求学，我要求诸君，便从今天起，共同担负这种责任。"[2]紧接着，军校举行了隆重的阅兵仪式。孙中山亲自为军校制定了"亲

---

① 中共中央党史研究室著：《中国共产党历史第一卷（1921—1949）》，中共党史出版社2011年，第117页。

② 尚明轩，唐宝林：《孙中山传》，甘肃文化出版社2009年，269—270页。

爱精诚"的校训。他还亲自批准将这样一副对联贴在军校大门上：升官发财请往他处，贪生怕死勿入斯门。孙中山还宣布训词："三民主义，吾党所宗，以建民国，以进大同，咨尔多士，为民前锋，夙夜匪懈，主义是从，矢勤矢勇，必信必忠，一心一德，贯彻始终。"此训词后来成为国民党党歌及军官学校校歌。军校开学后，孙中山一直牵挂着军校师生。在半年多的时间里，他不顾颠簸劳顿，又连续四次踏上军校的土地，过问军校的教学、学生的学习和训练情况……

"苏联政府对黄埔军校给予大力支持，资助 200 万元作为开办费用，还运来 8000 支步枪和 200 万发子弹等军需物资，并派遣了一批有丰富经验的军事教官。"①

以主义建军，是孙中山开办黄埔军校的一条主要原则。为了贯彻落实这条原则，采取了以下措施：一是借鉴苏联红军的经验，建立了中国军队史无前例的党代表制度。二是设立政治部，负责学校的政治思想教育工作。三是严格选拔学员，保证学员的质量。黄埔军校的最大特点是把政治教育提到和军事训练同等重要的地位，注重培养学生的爱国思想和革命精神，这是它不同于一切旧式军校的根本地方。第一次国共合作时期，黄埔军校用先进的教学思想、教学理念，严格的教学管理、军事训练，培养出了一批具有革命理想、爱国情怀和牺牲精神的现代革命军人，铸造了爱国、革命、团结、牺牲、负责的黄埔精神，为国家和民族做出了巨大贡献。这正是黄埔军校蜚声海内外，产生巨大影响力的根本原因所在。

二、第一次国共合作时期黄埔军校中的贵州籍学子

黄埔军校的创办，是第一次国共合作的重要成果，也是这一时期的重大历史事件。这一重大历史事件对地处偏远的贵州有没有影响？黄埔军校招生的消息是如何传到贵州学子中的？当时有多少贵州学子考入了黄埔军校？他们是一

---

① 中共中央党史研究室著：《中国共产党历史第一卷（1921—1949）》，中共党史出版社 2011 年，第 119 页。

群怎样的人？通过梳理第一次国共合作时期黄埔军校一至五期中贵州籍学生的情况，使这些问题有了大致的答案。

从前面的叙述中我们已经知道，黄埔军校创建伊始就是高起点、宽领域的全国范围内招生。学生要经过初试、复试和总考试三关，而且要有介绍人。孙中山先生虽没有到过贵州，但他的革命思想通过贵州籍的同盟会员早已传播到贵州。1905 年，为培养人才，清朝贵州巡抚林绍年选派了 151 人到日本留学，其中，平刚、杨荩诚、周恭寿、钟昌祚、安健等数十人在日本加入了同盟会，成为孙中山先生的追随者。1908 年，张百麟、黄泽霖等人组织成立的贵州自治学社，由平刚联络，集体加入同盟会，接受同盟会的领导，代行同盟会贵州分会职责。辛亥革命爆发时，贵州同盟会员、自治学社会员积极响应，发动起义，推翻了清王朝的专制统治，成立了大汉贵州军政府，走上了民主主义道路。因此，贵州虽地处偏远、交通不便，但有一批走出去的革命党人遍布各地，消息并不闭塞。第一次国共合作时期黄埔军校招生的消息，通过贵州籍老同盟会员、国民党党员以及中共党员的相互传递很快就传到了贵州籍学子耳中，并在他们的介绍和牵线搭桥下，一批批贵州籍学子迈进了黄埔军校的大门，在中国革命的道路上留下了他们的印迹。

据目前一些学者的考证，在黄埔军校一至五期中共有贵州籍学生一百多人，但在具体数据的表述上不太一致。据徐丽飞考证认为共有 163 人。第一期 15 人，第二期 13 人，第三期 26 人，第四期 25 人，第五期 84 人。[①]据《黄埔峥嵘》一书中的贵州籍黄埔同学名录记载是 159 人。第一期 15 人，第二期 13 人，第三期 26 人，第四期 24 人，第五期 81 人。尽管这两种观点在总人数表述上不同，但前三期的人数是相同的，只是四期、五期的人数表述不一样。笔者认为随着黄埔军校相关历史资料的进一步挖掘，研究的进一步深入，数据的精确度会越来越高。通过黄埔一期开学后由学校组织学生填写的一份个人情况调查表，我们可以了解到黄埔军校一至五期贵州籍学子的具体情况以及他们的入校介绍人。

---

① 徐丽飞：《早期贵州籍黄埔学生考释》，《贵州文史丛刊》，2017 年第 2 期，第 84 页。

黄埔军校一期贵州籍学生基本信息表 ①

序号	姓名	籍贯及住址	受教育程度	入校介绍人
1	罗毅一	贵州赤水	贵州省立中学卒业	凌霄、王度、李元箸
2	凌光亚	贵州贵定	南明中学肄业	凌霄、胡思舜
3	牟廷芳	贵州郎岱	初级师范一年，南洋中学年半	安健
4	杨伯瑶	贵州大定	孙大元帅特许，只知中国文字	安健
5	蔡光举	贵州遵义	厦门大学文科修业	靳经纬、鲁纯仁
6	刘汉珍	贵州普定	安顺中学毕业	靳经纬、恽代英
7	伍文涛	贵州黎平	贵州南明中学卒业，南京东南大学补习	靳经纬、韩觉民
8	陈泰运	贵州贵定	东南大学肄业	靳经纬
9	宋思一	贵州贵定	中学毕业后自费留日，考入大同大学数学科至今已二年	靳经纬、恽代英
10	石美麟	贵州后坪	北平大学肄业	谭熙鸿、李大钊、丁惟汾、谭克敏、石瑛
11	陈铁	贵州遵义	贵州遵义县立中学毕业	刘尔崧
12	王慧生	贵州贵定	四川成都强国中学校毕业	何应钦
13	王文彦	贵州兴义	上海大同大学英文专修科	李烈钧
14	何绍周	贵州兴义	南明中学修业三年	范石生
15	冯剑飞	贵州盘县	贵州模范中学毕业，大同、东吴、厦门三大学肄业	自行投考

---

① 徐丽飞：《早期贵州籍黄埔学生考释》，《贵州文史丛刊》，2017 年第 2 期，第 82 页。

从上表中可以看出，这15位贵州籍学生除冯剑飞是自行投考外，其他人都有入校介绍人。最少的有一位介绍人，最多的有五位介绍人。这批学生的入校介绍人按照他们当时的身份可以分为以下五类：

1. 贵州省的国民党一大代表。他们是由贵州省党部推选的代表凌霄和简书，由孙中山指派的代表王度、周仲良和李元箸。凌霄、王度和李元箸分别是罗毅一和凌光亚的入校介绍人。其中，凌霄是凌光亚的父亲。

2. 非贵州省的国民党一大代表。谭熙鸿、李大钊、谭克敏和石瑛是国民党一大北京特别党代表，丁惟汾是山东代表，他们是石美麟的入校介绍人。石美麟在北平大学读书因而由北京的代表介绍入校。

3. 广州大本营参议安健。安健是牟廷芳和杨伯瑶的入校介绍人。安健是贵州郎岱人，家为世袭水西土司。早年加入同盟会，追随孙中山先生从事革命事业。牟廷芳也是贵州郎岱人，杨伯瑶家是世袭水西土司。因这层关系，安健成为他们的介绍人。

4. 国民党的军事教官或军事将领。何应钦、李烈钧和范石生分别是王慧生、王文彦、何绍周的入校介绍人。然而，这三位贵州籍学生都是因为何应钦的关系而报考黄埔军校的。何应钦是贵州兴义人，时任黄埔军校战术总教官。王慧生是何应钦妻子的外甥，王文彦是何应钦妻子的堂弟，何绍周则是何应钦的侄子。

5. 中国共产党党员。他们是李大钊、恽代英、刘尔崧、靳经纬、鲁纯仁和韩觉民。其中，靳经纬单独或与恽代英、韩觉民、鲁纯仁（贵州贵阳人）一起，共介绍了宋思一、伍文涛、刘汉珍、蔡光举、陈泰运5位贵州籍学生进入黄埔军校。冯剑飞虽是自行投考，但是他的入党介绍人是靳经纬和韩觉民。刘尔崧是陈铁的入校介绍人。李大钊、恽代英、刘尔崧是著名的共产党员。韩觉民与鲁纯仁的中共党员身份也比较明确。而靳经纬的生平及中共党员身份则比较隐蔽，目前可查到的资料不多。

从介绍人看，在黄埔一期的15位贵州籍学子中，有7位报考黄埔军校与中国共产党有关系，他们是陈铁、宋思一、伍文涛、刘汉珍、蔡光举、陈泰运和石美麟。有3位是何应钦的直系亲属。另有3位由国民党一大代表介绍入校，还有 2 位由大本营参议安健介绍入校。从报考地点看，在黄埔一期的 15 位贵州籍学子中，绝大部分学生是在外省求学，受中国共产党的影响而报考了黄埔军校，仅有少部分是从贵州省报考的。从学历看，在 15 位学生中，有 7 人受过大学教育，除杨伯瑶外，其他人都受过中学教育，反映出黄埔军校第一批贵州籍学生有良好的文化素质。同时，我们也可以看出这些学生的家境良好，有财力支持他们外出求学。这些家境良好的学生之所以要离开舒适的环境，千里迢迢报考广州黄埔军校，有的是为了信仰三民主义，有的是要尽国民党员的义务，有的是想要改造社会，改造国家。

在国共第一次合作时期，自贵州籍第一批学生考入黄埔军校后，黄埔军校紧接着迎来了贵州籍的第二期、第三期、第四期和第五期学生。他们与第一期的学生类似，大多在外求学，为实现理想、报效国家而报考黄埔军校。例如，黄埔二期的周逸群和胡秉铎，当时在上海创办《贵州青年》，黄埔三期的车鸣骧在北京读书后参加工作，与其他留京的贵州籍学生 10 余人，一起奔赴广州。黄埔军校前四期的贵州籍学生的人数相差不大，但第五期贵州籍学生人数突增至 84 人，远超其他期别的人数。这主要原因是国民党员安健的努力。安健认为贵州由于交通不便，国民党在贵州尤其是在青年中的宣传工作做得不够。他希望带出更多的青年到黄埔军校学习，不仅学习军事，更重要的是还会学习政治党务，将来能为贵州的国民党党务做出贡献。

三、第一次国共合作时期黄埔军校贵州籍主要将士的奋斗历程

第一次国共合作时期，在黄埔军校前五期的一百多名贵州籍学生中，走出了一批知名将领和风云人物。他们在国民革命、土地革命、抗日战争以及后来的解放战争中都有不俗的表现，在中国近现代历史上，在贵州历史上留下了自己的革命事迹。有的在战斗中献出了年轻的生命；有的成长为国共方面的高级将领；有的起义投诚成为民革贵州的创建者和重要领导人。

1. 血洒革命疆场，献出年轻的生命

在第一次国共合作时期，刚刚成立不久的黄埔军校参加了平定广东商团叛乱、东征、北伐等一系列战斗。年轻的黄埔军校师生士气高涨、纪律严明、英勇善战，所向披靡，表现出了革命军人的优秀素质。在这些战斗中许多贵州籍黄埔学子血洒疆场，献出了年轻的生命。蔡光举（贵州遵义人），黄埔军校第一期学生，在第一次东征淡水战斗中壮烈牺牲。车鸣骧（贵州贵阳人），黄埔军校第三期学生，在第二次东征的华阳战役中牺牲。张忠熙（贵州贵阳人），黄埔军校第二期学生，在第二次东征的惠州战役中牺牲。陆玉障（贵州安顺人），黄埔军校第三期学生，在北伐时期的南昌战役中牺牲。曹润群（贵州平坝人），黄埔军校第二期学生，在北伐时期的江西铜鼓战役中牺牲。黄文昭（贵州郎岱人，黄埔军校第二期学生）和张议远（贵州遵义人，黄埔军校第三期学生）也牺牲在北伐的战场上。在抗日战争中，他们为抵抗外侮、保卫国家主权而英勇献身。刘眉生（贵州遵义人），黄埔军校第五期学生，1937 年 10 月 28 日牺牲于山西忻口。杨家骝（贵州荔波人），黄埔军校第五期学生，1939 年 3 月 21 日牺牲于江西马回岭。柳树人（贵州安顺人），黄埔军校第五期学生，1942 年 4 月 23 日牺牲于缅北。

2. 成长为国民党方面的高级将领、贵州民革领导人

在第一次国共合作时期，一批黄埔军校中的贵州籍学生，经历了北伐、抗日战争的磨炼逐步成长为国民党方面的高级将领。其中一些人在解放战争前夕发动起义，走向新生，成为民革贵州领导人。这方面主要有牟廷芳、何绍周、宋思一、陈铁、刘伯龙等人。

牟廷芳（贵州郎岱人），黄埔军校第一期学生，毕业分到国民革命军教导第一团任少尉排长。在北伐战争中，先后任第 14 师营长、上校团长。1937 年，全面抗战爆发，牟廷芳率部与 103 师共同防守江阴要塞，部队多次打退敌人的进攻。1938 年任 121 师师长，成为第六战区 94 军江防主力，多次受到嘉奖。1939 年 7 月，与新四军在大洪山区取得联系，配合作战，取得应城田店作战胜利。1940 年任 94 军副军长兼 121 师师长，1941 年 10 月升任军长，率部转战湖北、湘西、桂北，屡建战功。1947 年退役，1953 年在香港逝世。

何绍周（贵州兴义人），黄埔军校第一期学生，国民革命军陆军中将。历任中国远征军总预备队新编第八军军长、云南警备总司令、第五集团军副总司令、第六编练司令部司令官兼第四十九军军长、贵州省绥靖公署副主任、川黔边绥靖公署主任、第十九兵团司令。在第八军军长任内，指挥松山战役获胜，获青天白日勋章。1980 年在美国病逝。

宋思一（贵州贵定人），黄埔军校第一期学生，毕业后任教导第一团中尉副官。1926 年任国民革命军独立第 4 师政治部主任，参加北伐。1938 年春任军政部第 8 补训处处长，率部参加台儿庄战役，有力打击了日军侵华气焰。8 月调任第 37 军 140 师师长，参加武汉会战。1939 年 6 月，被委任为国民革命军中央军事委员会中将高级参谋。1944 年 11 月，挺身而出，阻止了"火烧贵阳"事件的发生。1949 年任贵阳绥靖公署副主任。12 月，通电拥护云南卢汉起义。中华人民共和国成立后，任贵阳市云岩区人民代表。1975 年后任贵州省政协常委，民革贵州省委副主委。

陈铁（贵州遵义人），黄埔军校第一期毕业。参加了北伐战争。历任国民党军营长、团长、第 14 军第 85 师师长。1935 年 4 月授陆军少将。抗战时期，任第 14 军军长、第 4 集团军副总司令兼第 14 军军长、第 36 集团军副总司令、第 19 集团军副总司令。1938 年 5 月授陆军中将。抗战胜利后，任第 1 集团军副总司令、东北"剿总"副总司令、第 8 编练区司令、贵州省绥靖公署副主任等。1949 年底率部起义。中华人民共和国成立后，历任西南军政委员会委员、全国政协委员、民革中央委员等。1982 年 2 月去世。

刘伯龙（贵州龙里人），黄埔军校第三期毕业，国民革命军陆军中将。历任黄埔同学会纪律股股长、复兴社中央干事会干事、国民政府军事委员会别动总队参谋长、代理总队长、新编第二十八师中将师长、第八十九军军长等职。1940 年 12 月任第六十六军二十八师师长，赴缅作战。1948 年底率部驻防贵州。1949 年冬，被时任贵州省主席兼保安司令谷正伦袭杀。

3. 成长为共产党方面的杰出将领、优秀中共党员

经过军校的艰苦训练和残酷战火的洗礼，一批贵州籍黄埔学生成长为共产党方面的杰出将领、优秀共产党员，如周逸群、胡秉铎、练国梁、蒙九龄、杨

至成等人。

周逸群（贵州铜仁人），黄埔军校第二期学生。中国共产党的优秀党员，杰出的无产阶级革命家、军事家。贺龙同志的入党介绍人，早期中国共产党军队的缔造者之一，湘鄂西革命根据地和湘鄂西红军的创建者之一。1919年赴日本留学。1923年回国在上海创办《贵州青年》。1924年10月入黄埔军校第二期学习，同年11月加入中国共产党。1926年参加北伐战争，在国民革命军贺龙部任师、军政治部主任。1927年8月参加南昌起义。1928年，与贺龙赴湘西北地区开展武装斗争，先后任中共湘西北特委书记、鄂西特委书记。1930年2月领导组建中国工农红军第6军，兼政治委员。与贺龙领导创建以洪湖为中心的湘鄂西苏区。1931年5月，在湖南岳阳遭国民党军伏击，英勇牺牲，时年35岁。2009年9月14日，被评为100位为新中国成立做出突出贡献的英雄模范人物之一。

胡秉铎（贵州榕江人），黄埔军校第二期毕业，中国共产党早期党员，革命烈士。曾任《贵州青年》编辑，黄埔军校中国青年军人联合会负责人，《青年军人》周刊总编辑，国民革命军第一军军部机要秘书。东路军总指挥部第一科上校科长、参谋处参谋、第一师政治部主任。两次参加东征，随后参加北伐。"四一二"反革命政变后，被何应钦派人秘密杀害。

练国梁（贵州榕江人），黄埔军校第二期毕业。1925年2月参加"中国青年军人联合社"，同年加入中国共产党。曾参加第一次东征和平定滇军、桂军叛乱战役。1925年11月，担任共产党直接掌握的国民革命军第四军独立团机枪连连长。1926年7月，独立团参加北伐。8月在第四军攻打汀泗桥、贺胜桥战斗中表现神勇、立下战功。1927年1月，升任七十五团第三营营长。1927年"四一二"反革命政变中，他率全营英勇参加武昌保卫战，战斗中他身先士卒，不幸中弹牺牲。

蒙九龄（贵州荔波人），黄埔军校第三期学生，中共党员。参加了北伐战争、南昌起义和湘南起义。在跟随朱德、陈毅转战粤北湘南的极其艰苦的日子里，部队从2000多人锐减到800多人，周围强敌围困，环境异常险恶，蒙九龄不畏艰难、不怕牺牲，坚定跟随朱德、陈毅进军湘南。在湘南起义中，亲任教导大队副大队长、第七师第三团团长，率部扫除顽敌，巩固新生人民政权。1928年4月8日，为掩护湘南党政军撤向井冈山，实现"朱毛会师"，他率领三团殿后阻击追兵，在与敌激战中，壮烈牺牲，年仅25岁。

杨至成（贵州三穗人），黄埔军校第五期学生，中共党员。1926年春考入黄埔军校。同年经周逸群介绍加入中国共产主义青年团。1927年春在武汉转入中国共产党。后在贺龙任军长的国民革命军第20军3师任连政治指导员。同年8月参加南昌起义。1928年，在反"围剿"极为艰难的条件下，负责伤病员管理和给养医药供应。1934年10月随红一方面军长征。1938年冬因病到苏联就医，后入苏联军事院校学习。解放战争时期，任东北野战军军需部部长，为辽沈、平津战役提供了物资保障。1949年起任华中军区、中南军区军需部部长，中南军政委员会轻工业部部长，高等军事学院副院长等职。1955年被授予中国人民解放军上将军衔，获一级八一勋章、二级独立自由勋章和一级解放勋章。1967年2月在北京病逝。

结　语

2021年是辛亥革命胜利110周年，是中国共产党成立100周年，是第一次国共合作和黄埔军校创建97周年。习近平总书记讲，回顾历史是为了更好地面向未来。100年前，在苏联和中国共产党的帮助下，孙中山先生决心改组国民党，确立"联俄、联共、扶助农工"的三大政策，创办黄埔军校，开启国共合作、并肩战斗、铲除军阀的国民革命崭新征程。孙中山先生的爱国、革命、不断进步的精神，与黄埔军校的爱国、革命、牺牲、团结、负责的精神是一致的，与中国共产党人为中华民族谋复兴、为中国人民谋幸福的初心使命也是一致的。今天的中国正在为实现中华民族伟大复兴而奋斗，今天的贵州正在为建设百姓福、生态美的多彩贵州新未来而奋斗。作为中华儿女，作为贵州民革党员，回顾第一次国共合作的历史，回忆黄埔军校创建的历史，纪念第一次国共合作时期黄埔军校中的贵州籍将士，就是为了传承、弘扬革命前辈爱国、革命、不断进步的进取精神；就是为了传承、弘扬革命先烈牺牲、团结、负责的献身精神；就是为了传承、弘扬民主党派与中国共产党通力合作、共谋伟业的优良传统。我们要从历史中汲取力量，从榜样中汲取动力，发扬团结奋进、拼搏创新、苦干实干、后发赶超的新时代贵州精神，为中华民族的伟大复兴、为贵州事业的跨越发展再立新功、再创佳绩。

（邓文淼，民革贵州省委会专职副主委、贵州省政协副秘书长、中国辛亥革命研究会理事，民革中央孙中山研究学会常务理事；李震雷，贵州工程应用技术学院教授，民革毕节市工委委员）

中共和苏俄帮助国民军打击北洋军阀联军之战

——第一次国共合作领导的北方战场 [①]

吕植中

摘要： 在中国共产党的帮助与苏俄的援助下，1926 年，冯玉祥领导的国民军与北洋军阀联军在北方的决战，沉重打击了北洋军阀的政权和军队，在战略上配合了第一次国共两党合作发动和领导下的北伐战争的胜利进军。是以李大钊为首的中共北方区委对旧军队进行兵运工作的典范，是大革命的北方战场，是孙中山"联俄、联共、扶助农工"三大政策的首次实践。

关键词： 南口大战　国民军　北洋军阀联军　第一次国共合作北伐战争

在中国共产党的帮助下，1924 年 1 月 20 日，中国国民党在广州召开了第一次全国代表大会。大会通过的《宣言》，重新解释了三民主义，明确提出了反帝反封建的政治主张，成为国共两党合作的共同纲领。大会的召开，标志着

---

① 本文参考了由本文作者与中共中央党校何仲山教授，中共中央党史研究室刘友于研究员，中国人民大学张同新教授、唐曼珍教授，中共湖北省襄樊市委党校周振刚教授合编的《国民军与南口大战——大革命的北方战场》，中国文史出版社 2011 年。

第一次国共合作的正式形成。从此，推翻北洋军阀的反动统治，成为中国人民和国共两党领导的大革命的主要任务。

一、国民军的诞生

1924 年 10 月 23 日，原直系第三军司令冯玉祥联合直军第三路援军司令胡景翼、京畿警备副司令兼陆军第十五混成旅旅长孙岳，发动震惊中外的北京政变，推翻了直系军阀曹锟、吴佩孚把持的北京政权；邀请孙中山北上主政；驱除废帝溥仪出宫。受国内高涨的革命形势的影响，25 日，冯玉祥将发动政变的队伍组建成中华民国国民军（以下简称国民军），由冯玉祥任国民军总司令兼第一军军长，胡景翼为副司令兼第二军军长，孙岳为副司令兼第三军军长。从此中国北方出现了一支从直系军阀中分化出来的倾向国民革命的军队。虽然这支军队在中国历史上仅存在了两年多的时间，但却使中国政局发生了重大变化，对于中国北方革命运动以至全国政治军事形势的发展产生了深远影响。

二、国共两党和联共（布）、共产国际及苏联政府对国民军的影响和帮助

中共北方区委和李大钊对争取冯玉祥的工作十分重视。出席国民党一大的李大钊，从孙中山处了解到孙与冯交往的情况，回京后立即前往南苑陆军检阅使署访冯。李向冯介绍了十月革命和苏俄政府废除沙皇俄国与中国签订的一切不平等条约，以及同中国建立平等外交关系的情况。同时还谈到中国南方革命的形势和策略，赞扬孙中山的奋斗精神，以及在十月革命的影响和中国共产党的帮助下，孙中山认识到中国革命必须联合工农大众的经过。这些谈话，给冯很大的启发，冯高兴地说："教授一夕谈，胜读十年书。"[1] 之后李多次对冯宣传共产党的主张，并派遣大批共产党员到国民军中从事革命活动，在中下层

---

[1] 余华心：《冯玉祥与共产党交往片断》，《红旗飘飘》第 27 集，中国青年出版社 1983 年。

军官和士兵中建立和发展中国共产党的组织，从而对这支部队的政治倾向产生了深刻的影响。

北京政变前，冯玉祥与苏俄有关人士就已经建立了联系。在南苑期间，冯与北京社会和各国外交使节多有接触。这期间经李大钊等人介绍，冯认识了苏联第一任大使加拉罕。冯从加拉罕处"得到许多新的认识，觉得他们国家实在有伟大的前途"[①]。在蓬勃发展的北方工农革命运动的影响下，通过与李大钊、加拉罕等人的接触，冯的思想不断进步，表现出极大的革命热情与决心。

1925年1月，李大钊应胡景翼的邀请，在屈武的陪同下前往开封，就共产国际、俄共（布）和苏俄政府对国民军武器装备援助、派专家顾问、整肃军队和培养军事政治工作人员等问题同胡进行会谈。1月29日，李大钊安排并陪同胡景翼的代表到苏联驻华武官处，就军事援助的具体问题进行谈判。随后，共产国际派了由斯卡洛夫为团长的四十三人组成的军事顾问团，到达开封。中共北方区委还派曹靖华等人为苏俄顾问做翻译，并通过广东革命政府从黄埔军校选派徐向前等共产党员到国民军中工作。李大钊还向中央局建议，派王若飞、彭泽湘等人到河南，组建豫陕区委，王任区委书记，彭任区委宣传部长兼军事特派员，以便进一步加强党在国民军中的工作。遵照中共北方区委和李大钊的指示，王若飞等人帮助国民军创办了北方联合学校，对提高国民军的政治军事素质起到了一定的作用。中共北方区委还在国民军中创办了《国民军日报》，由共产党人蒋听松任主编。

由于冯玉祥决心走革命道路，致力于国民革命的诸多重要人物，如董必武、孙科、汪精卫、于右任、李烈钧、邵力子等人相继访问张家口，与冯会商，并谈及国际形势和中国革命的前景。中共北方区委根据斗争形势和冯玉祥的态度，进一步加强了在国民军中的工作。1925年3月，李大钊派共产党员宣侠父等人以国民党员的身份来到国民军中。他们一面与冯及其上层军官频频来往，一面利用办俱乐部、图书馆、训练班、军官学校等形式，上课、讲演、教唱歌曲，广泛接触国民军官兵，秘密宣传马列主义，发展党的组织。随后，中共中央局

---

① 冯玉祥：《我的生活》（下），黑龙江人民出版社1981年，第378页。

和北方区委又先后从北京等地选派多名共产党员到国民军，协助宣侠父等开展工作。在国民军总部设立宣传部，派出宣传员，对中下级军官宣讲"联俄、联共、扶助农工"三大政策，以及孙中山的建国方略、建国大纲等。宣传部还选派政工人员和政治训练中成绩优良者，到各基层部队及附近乡村宣讲。在共产党人的帮助下，国民军广大官兵的思想发生了很大的变化，交通闭塞的察哈尔、绥远等地，革命气氛很快浓厚起来。

1925 年 4 月，国民党北京市特别党部成立。党部由九人组成（其中共产党员三人），李大钊以国民党中央委员身份参与领导。5 月，李大钊再次应邀来到张家口，以国民党员身份向苏联顾问组建议，帮助冯玉祥提高在军队中进行政治工作必要性的认识。根据李的建议，苏联顾问组拟定了关于军队政治工作的计划，拟在国民军中建立十个俱乐部，使之成为政治工作基地。冯最终批准成立两个俱乐部，委托李大钊、徐谦负责筹建及领导工作。俱乐部成立后，李、徐派出了十二名干部出任教官，开办讲座，其中包括宣侠父和陶新畲。此外，共产党人在张家口还为国民军创办了《察哈尔国民新报》，在包头创办了《西北日报》（后改为《中山日报》）。[①]"五卅惨案"后，京津许多大中学生向往张家口，纷纷投奔国民军。这时，李、徐建议开办西北军干部学校，以吸收这些爱国学生。7 月初，冯接受此项建议，成立西北军干部学校。李大钊帮助筹办这座学校，并派宣侠父到该校工作。军干校先后招收七百名学生，编为五个中队，开有学、术两科，并设政治课，讲授内容包括革命三民主义以及"帝国主义对中国的侵略""中国的军阀统治"等专题。此外，还经常邀请一些知名人士如李烈钧等到校演讲。冯还允许国民党在军中公开活动，在军干校设立一个国民党支部，有党员一百八十余人。[②]西北军校的成立，为共产党输送干部到冯的部队提供了良好的条件。1925 年 9 月，冯玉祥派遣参谋长熊斌率军政代表团赴苏，考察政治、军事，同时，还选送十五名军官到基辅军官学校学习。李大钊、宣侠父等人为把国民军改造成为以国民革命为宗旨的新式

---

① 阎稚新：《李大钊与冯玉祥》，解放军出版社 1987 年，第 64—65 页。
② 于树德：《北方政治报告》（1926 年 1 月 6 日），《党史研究资料》第 13 期，中共中央党史研究室 1980 年，第 19 页。

军队，做了大量工作，取得了显著成效。

与此同时，1925 年 3 月 13 日，俄共（布）中央政治局召开会议，专门研究孙中山逝世后的中国局势，决定给国民军提供军事援助，认为"用我们的经费在中国（洛阳和张家口）由我们建立两所军事学校是适宜的"，"用我国的主要型号武器装备同情国民党的中国军队是可行的。装备应是有偿的"。"可以根据对方的支付能力立即拨给加拉罕一定数量的外国武器弹药。"① 3 月 19 日，俄共（布）中央政治局决定，"成立由伏龙芝、契切林、莫洛托夫和彼得罗夫（后由维经斯基取代）同志组成的委员会，监督日常援助国民党和同情它的团体的措施的执行情况"。② 这就是鲜为人知的直属俄共（布）中央政治局的权威部门中国委员会。3 月 21 日，苏联政府"考虑了中国同志们的意见"，"决定满足冯玉祥和其他将军的请求"，通过了"援助国民军武器和弹药并派遣顾问和教官的决议。这表明了，现在重要的问题不只是给予某些将军以技术上的援助，而是按照广州的实例建立起对革命运动的实际支持"③。4 月 17 日，俄共（布）中央政治局中国委员会召开会议，确定苏联政府向国民军提供援助的条件："（1）提供的援助应当是有偿的，或全部用货币偿还，或部分用货币、部分用原料偿还。支付的方式和条件根据主要的政治协定确定。运费在任何条件下都应立即算清。（2）在冯玉祥、外蒙古和苏联之间订立三方友好互助口头协议，冯玉祥作出关于接受我们对蒙古的计划和关于他的势力范围内向外国人提供任何租界的单方面书面保证。"会议还听取了隆格瓦关于在北京组建领导中心问题的报告，决定"为了领导中国的整个军事工作，在北京成立由苏联全权代表加拉罕同志（主席）、军事领导者格克尔同志和军政工作领导者沃罗

---

① 《俄共（布）中央政治局会议 52 号记录》（1925 年 3 月 13 日于莫斯科），载于中共中央党史研究室第一研究部译：《联共（布）共产国际与中国国民革命运动（1920—1925）》（1），北京图书馆出版社 1997 年，第 583 页。

② 《俄共（布）中央政治局会议第 53 号（特字第 40 号）记录》（1925 年 3 月 19 日于莫斯科），载于《联共（布）共产国际与中国国民革命运动（1920—1925）》（1），北京图书馆出版社 1997 年，第 589 页。

③ 苏联国防部档案，转引自［苏］维·马·普里马科夫：《冯玉祥与国民军——一个志愿兵的札记（1925—1926）》，中国社会科学出版社 1982 年，第 8 页。

宁（成员）组成的中心"①。

4 月间，为了把苏联援助的项目落实下来，经李大钊安排，广东革命政府最高顾问、共产国际驻华代表鲍罗廷在苏联驻华武官格克尔陪同下，专程由广州到张家口土尔沟冯玉祥的办公室，与冯进行了一天的会谈，顺利地达成了苏联对冯玉祥部队军事援助的协议。李大钊十分关注军队工作和军事斗争，是中国共产党内较早认识武装斗争重要性的领导人。他为争取冯玉祥和国民军，支持北伐做了大量的工作，同时也培养了一批中共军事人才。

在苏联顾问的帮助下，冯玉祥的军队里建立了炮兵、步兵、工兵、骑兵学校以及反间谍学校、小型通信学校等。苏联顾问编写教学大纲，制作教材教具等，全部教学过程由专家主持，并亲自授课。"9 月底，学校的第一批学员毕业了。冯玉祥军队接收了二百五十名骑兵，一百十五名炮兵。七十人毕业于工兵学校，三十八名高级和中级军官毕业于高等步兵学校"，"苏联专家们帮助重新装备了一些修理厂，在厂内安排了弹药的生产，培养了必要数量的技师。按照他们的图纸，在他们领导下，中国工人建造了第一批装甲列车"。②另外，还在张家口、丰镇、平地泉设立三个训练基地，均由苏联专家帮助训练部队。

5 月 29 日，俄共（布）中央政治局中国委员会召开会议，决定进一步扩大该委员会的权限，认为在冯玉祥（张家口）和岳维峻（开封）处各建一所"黄埔式的军政学校"是适宜的，学校完全由中国委员会管理。除四千支步枪和四百万发子弹已正在运输途中外，会议打算给冯部二至三辆小坦克、九千支步枪和九百万发子弹。所运物资在外蒙古境内由蒙古人民军护送，在内蒙古境内及取道库伦至张家口，则由冯玉祥部队护送。会议还决定拨款十万卢布组建混合运输公司来为库伦至张家口的军援物资运输服务。③

在李大钊的安排和帮助下，苏联军援物资源源不断地运达冯玉祥的军中。

---

① 《俄共（布）中央政治局中国委员会会议第 1 号记录》（1925 年 4 月 17 日于莫斯科），载《联共（布）共产国际与中国国民革命运动（1920—1925）》（1），第 603—604 页。

② 《冯玉祥与国民军——一个志愿兵的札记（1925—1926）》，第 9—10 页。

③ 参见《俄共（布）政治局中国委员会第 2 号记录》（1925 年 5 月 29 日于莫斯科），载《联共（布）与中国革命运动（1920—1925）》（1），第 623—627 页。《俄罗斯军事档案》（莫斯科），1993 年第 1 期，第 313—315 页。

　　从 1925 年 3 月至 1926 年 7 月，国民军从苏联得到步枪三万八千八百二十八支，日本步枪一万七千零二十九支，德国子弹约一千二百万发，七点六毫米口径步枪子弹四千六百二十发，大炮四十八门，山炮十二门，手榴弹一万多枚，配带子弹的机枪二百三十挺，迫击炮十八门及药品若干。这部分军火有一部分是无偿的。到 1926 年 10 月底，国民军根据协议又从苏联得到了三千五百支步枪，一千一百五十万发子弹，三架飞机，四千把马刀，十支火焰喷射器等。①

　　1925 年 6 月 5 日，俄共（布）中央政治局中国委员会会议还建议，在蒙古国境内组建一支国际部队，以便在战争爆发时支援冯玉祥。1925 年 9 月 28 日至 10 月 2 日，中共中央召开执委会扩大会议，根据共产国际执委会东方部关于中国共产党军事工作的指示精神和俄共（布）中央政治局中国委员会会议（8 月 21 日）的决定，作出了关于成立中共中央执委会军事部的决定，随后在广州、北京、河南等地成立了地方军事委员会，军事部由张国焘（部长）、王若飞和任弼时组成。该部工作实际上由赫梅廖夫领导。②

　　此时，在共产国际、联共（布）和苏联政府心目中，冯玉祥及国民军在中国革命运动中的地位，已上升到首位。《联共（布）、共产国际与中国国民革命运动（1920—1925）》（1）第五部分"冯玉祥与俄共（布）和共产国际对华政策新重点"的"前言"写道："1924 年底和 1925 年，中国发生了重大事件，明显改变了该国军政力量的配置和总的政治气氛。国民军成了中国军事政治斗争中新的独立因素。冯玉祥的政变、国民军的建立和孙逸仙的北上，以及伴随这次北上广泛开展的在民主和反帝口号下的宣传运动，惊动了中国舆论界，动摇了军阀制度。以冯玉祥的国民军为代表的北部军政因素开始被提到首位。对俄共（布）中央政治局的指令和其他文件的分析表明，从 1925 年起，苏联领导人越来越坚持下述看法：中国国民革命的决定因素是军事力量，而工人、农民、城市小资产阶级和知识分子的群众运动则是起辅助作用。"③

---

① 《冯玉祥与国民军——一个志愿兵的札记（1925—1926）》，第 10 页。
② ［苏］В．格卢宁：《国民革命前夕和革命时期的中国共产党》第 1 部，第 277 页。
③ 《联共（布）、共产国际与中国国民革命运动（1920—1925）》（1），第 544—546 页。

另有材料说明，1925 年 10 月 1 日至 1926 年 4 月 1 日半年时间里，苏联在华军政费用的预算共计三十八万三千九百三十三美元，其中国民军用费就达二十九万零七十美元，超过总预算的四分之三。①这就是说，国民军在国民革命中的战略地位和作用引起了共产国际、联共（布）和苏联政府的高度重视。共产国际、联共（布）和苏联政府在人员、经费和武器装备方面对国民军的援助大大超过了对中共和南方国民政府的总和。

10 月 30 日，苏联《真理报》在一篇题为《处于重大事件前夜的中国》的社论中指出："如果国民军在这场斗争中遭到失败，中国将要经历一个最为黑暗的反动时期。因此，我们的舆论必须密切注视中国事态的发展，从道义上支持为中国的民族解放而斗争的国民军。"②

1926 年 2—3 月间召开的共产国际执行委员会第六次扩大会议在《关于中国问题决议案》中指出："国民军在华北之成立及其反对封建军阀之斗争，乃是民族解放运动的重大成绩，它们与广州军队共同成为建立中国民族革命民主军队之基础。中国共产党和国民党的任务，应该是对于这个组织民主革命的军事力量的事业予以最坚决的维护，而同时又应该在军队本身的内部关系（它的编制、挑选和改造干部，严正的组织工作），以及在其与经常或临时驻扎区域的民众之相互关系上，进行革命化的最坚毅的和坚决的工作。"③

共产国际这一指示的要点，就是要把国民军改造成为一支革命的武装力量。同年 2 月间，苏联派遣了以联共（布）中央委员、红军政治部主任布勃诺夫为首的使团来中国，考察苏联顾问在国民革命军和国民军的情况。布勃诺夫说："革命阵线争取冯玉祥是值得的。""决定以更大的规模继续援助冯玉祥，力争给冯派一位像鲍罗廷那样的有经验的工作人员去担任政治顾问。"④3 月 2 日，

① 《共产国际与中国革命资料选辑》（1925—1927），人民出版社 1985 年，第 68—70 页。
② 社论：《处于重大事件前夜的中国》（1925 年 10 月 30 日），安徽大学苏联问题研究所、四川省中共党史研究会编译：《苏联〈真理报〉有关中国革命的文献资料选编》第 1 辑，四川省社会科学院出版社 1985 年，第 147 页。
③ 《共产国际与中国革命资料选辑》（1925—1927），第 109 页。
④ ［苏］亚·伊·切列潘诺夫：《中国国民革命军的北伐——一个驻华军事顾问的札记》，中国社会科学出版社 1981 年，第 330—331 页。

布勃诺夫在上海会见了陈独秀，"讨论了北伐的利弊和时间以及同国民军合作的可能性等问题。"①

上述事实充分说明，此时国共两党和联共（布）、共产国际、苏联政府已经把国民军反对北洋军阀的斗争看作国民革命的重要组成部分，把国民军看作真正的国民革命的武装力量。所以，才会在精神和物质上给予国民军如此强有力的支持和帮助。

三、国民军与北洋军阀联军之战

在第一次国共合作开始后的一年时间里，中国政局特别是北方政局发生了急剧变化，1925 年冬，倾向革命的国民军迅速壮大，北方革命运动空前高涨。面对蓬勃发展的中国革命形势和自身危机四伏的困境，各派军阀惊恐地发现，以苏联为首的国际无产阶级革命与中国民族解放运动已紧密地结合起来并日益高涨。现在已不是各派军阀之间谁胜谁负的问题了，而是各派军阀和人民革命力量之间谁胜谁负的问题了。各派军阀认识到如果不能扼制国民军与南方国民政府的发展，进而不能消灭这"南北二赤"，他们统治的根基就要动摇。各派军阀明白，单靠自身的力量已经无法应对中国革命风暴，建立各派军阀之间的"反赤"联盟已迫在眉睫。此时，帝国主义各列强在大力援助各派军阀势力的同时，亦力图促成各派军阀势力的联合。"同国民军作战的不仅是中国国内反革命的统一战线，登上舞台公开反对国民军的还有国际帝国主义的统一战线。"②

面对军阀联军对国民军的疯狂进攻，1926 年 3 月 19 日，李大钊在北京住

① M．C．贾比才等著，张静译：《中国革命与前苏联顾问（1920—1935）》，中国社会科学出版社 1981 年，第 143—144 页。

② 拉狄克：《帝国主义对中国的进攻》（1926 年 3 月 14 日），《苏联〈真理报〉有关中国革命的文献资料选编》第 1 辑，第 187 页。

所会见了在国民军中工作的苏联军事顾问埃凡斯和根里·阿连①等人。李向苏联顾问询问了前线的情况，听取了他们关于国民军今后战略方针的建议，会见结束后，李大钊邀请阿连，与国民党北方地区负责人一起召开会议，讨论研究了北方地区军事形势与战略方针。李大钊主持了这次会议，认为国民军当务之急是保存有生力量，以伺机策应广东国民革命政府的北伐。会议讨论了苏联顾问的建议，确定了国民军撤出北京、退守南口的作战方针。可见，国民军退守南口的战略方针，是国共两党北方负责人、驻国民军苏联顾问和国民军主要领导人经过周密分析和讨论，共同研究制定的战略决策。

1926年4月15日，军阀联军组成"讨赤联军"，从察北多伦至直隶易县并延伸到晋北的两千余里战线上，向国民军联合发起进攻。因其攻击的中心在京西南口，故称"南口大战"。除南口正面战场外，南口大战还包括晋北战役、多伦战役、西安保卫战、甘肃保卫战等一系列战事，为中国近代史上最惨烈的战争之一。当时全国军队兵力分布为：军阀70万人，国民军22万人，广州国民革命军不足10万人，中共没有自己的军队。在南口大战中，军阀联军参战的兵力59万人，国民军参战的兵力为22万人，双方参战总兵力达81万人，占当时全国总兵力100万的百分之八十以上。国民军坚守南口达四个月之久，最终因双方实力差距过大、战线过长等原因而失败。8月13日国民军开始放弃南口，8月26日以国民军全线失败宣告南口大战结束。

四、南口大战的历史意义

南口大战国民军虽然失败了，但是国民军与军阀联军进行殊死战斗，有效地抵御军阀联军优势兵力进攻达4个月之久，对于北伐战争和中国革命全局具有十分重要的意义。

第一，国民军在南口的战斗，沉重打击了北洋军阀的政权和军队，大大削

---

① 米罗维茨科说："阿连是张家口军事顾问组领导人——有才干的苏联军事首长普里马科夫的笔名。"参见［苏］维·马·普里马科夫：《冯玉祥与国民军——一个志愿兵的札记（1925—1926）》"前言"，中国社会科学出版社1982年，第1页。

弱了敌人的力量。

第二，南口大战是冯玉祥和国民军与北洋军阀集团彻底决裂，并分化出来，成为大革命的重要武装力量的主要标志。

第三，从战略上配合了国民革命军北伐并取得两湖战场的胜利进军。

1926年4月3日，蒋介石在《建议中央请整军肃党准期北伐》中指出："此后列强在华，对于北方国民军处置既毕之后，其必转移视线，注全力于两广革命根据地无疑。且其期限，不出于三月至半年之内也。……如不亟谋所以解决之方，则稍纵即逝，挽救莫及也。""如能于此三个月内北伐准备完毕，则北方之国民军不至消灭，而吴佩孚之势力亦不足十分充足之际，一举而占领武汉，则革命前途，尚有可为也。"①5月，李宗仁向蒋介石力陈应抓住时机从速北伐，他说："国民军一旦瓦解，吴的势力也必复振，既振之后，必乘战胜之余威，增兵入湘扫荡唐生智所部，从而南窥两粤。我们现在如不乘国民军尚在南口抵抗，吴军主力尚在华北，首尾不能相顾之时，予以雷霆万钧的一击，到吴坐大，在南北两战场获得全胜，巩固三湘之后，孙传芳也不敢不和吴氏一致行动，那我们北伐的时机，将一去永不复返，以后只有坐困两粤，以待吴、孙的南征了。"②所以，正是国民军在南口艰苦卓绝的战斗，才使广东革命政府下了北伐的决心。

为避免错过有利的战机，迅速制止北洋军阀的"南伐"，广州国民政府一面立即派出北伐军先遣队入湘增援，一面加速国民革命军全面出师北伐的准备。北伐军先遣队第七军第八旅和第四军叶挺独立团于5月5日和5月下旬先后进入湖南，与唐生智第八军会合后，进行了衡山、金兰寺、安仁等战役，揭开了北伐序幕。6月14日，国民党中央正式通过国民革命军出师北伐案。7月1日，国民政府军事委员会颁布北伐动员令，明确指出：出师北伐，"与我友军国民军会师，以期统一中国，复兴民族。"③7月4日，国民党中央委员会发布《中国国民党为国民政府出师北伐宣言》。7月9日，国民革命军在广州

---

① 秦孝仪：《总统蒋公思想言论总集》（别录），国民党中央党史委员会出版社1984年，第192—193页。
② 李宗仁口述，唐德刚撰写：《李宗仁回忆录》上册，广西师范大学出版社2005年，第301—302页。
③ 罗家伦主编：《革命文献》第12辑，第32页。

隆重举行阅兵典礼，正式誓师北伐。国共两党共同领导的北伐战争，从此全面展开。

国民军在南口的战斗，将北洋军阀主力吸引牵制在华北，直接加速了北伐军两湖战场的胜利进军。北伐军出师湖南时，正值吴佩孚主力陷于南口，处于南北两线作战中。此时，吴佩孚刚愎自用，仍看不起兵力不满十万的北伐军，打算荡平南口，抢夺头功后，再挥师南下。国民军从南口撤退时，北伐军已占领长沙。

冯玉祥在南口大战结束不久后曾说过："一失南口，一得武汉，其所失者少，所得者多。在同志方面计，实已战胜敌人。"①

南口大战，国民军的损失是巨大的。全军约二十二万人，及至撤离时仅剩五万余人。1926 年 9 月 17 日，在中国共产党及苏联顾问团的帮助下，冯玉祥在绥远五原誓师，将国民军改为国民军联军，冯任总司令。宣布国民军联军全体将士集体加入国民党，参加国民革命。冯发表《五原誓师宣言》说：

"现在我所努力的，是遵奉孙中山先生的遗嘱，进行国民革命，实行三民主义。所有国民党一、二两次全国代表大会宣言与决议案全部接受，并促其实现。今后将国民军建在民众的意义上，完全为民众的武力，与民众相结合。"②

中共中央机关报《向导》周报全文刊载了这一宣言，并发表题为《对于国民军再起的希望》的文章，指出："这个宣言是中国革命史上重要的文件之一，由这个宣言所产生的结果，将来必非常之大。"③ 五原誓师后，中共中央从国内外调派了大批干部到国民军联军中工作。其中，由莫斯科去的有邓希贤④、李林、肖明、王炳南、李大亲、潘自力等人，由国内去的有方仲如、贾宗周、李世乐、刘志丹、阎揆要、唐澍等人。⑤ 这些干部在国民军联军中受到广大官兵的热忱欢迎。邓希贤后任西安国民军军事政治学校政治部主任。在中国共产

---

① 《致张之江共图大计电》，载《冯玉祥政治要电汇编》卷 1，第 71 页。
② 按：《宣言》发表日期为"民国十五年九月十六日"，《向导》周报第 177 期。另《冯玉祥选集（上）》，人民出版社 1985 年版所载《宣言》注为"1926 年 9 月 17 日"。
③ 《向导》周报，第 177 期。
④ 即邓小平。
⑤ 王宗华、刘曼容：《国民军史》，武汉大学出版社 1996 年，第 219 页。

党的帮助下，国民军联军建立了国民军联军总司令部政治部和中国国民党国民军联军最高特别党部，为国民军联军出师北伐、参加国民革命提供了坚强的组织保证。

（吕植中，民革北京市委会原秘书长，中国辛亥革命研究会、原民革中央孙中山研究学会常务理事）

旅莫支部成员的入党之路与
中共早期组织建设 ①

孙会修

摘要： 1921—1926 年，中共旅莫支部成员在国内和西欧渐次加入中国共产党。这些革命者来源多样，入党情况各异，颇具代表性。入党前，他们普遍遭遇家庭和社会压迫、救国理想破灭、信仰迷失等情况；他们通过阅读书报宣传品、参加革命活动等渠道接触马克思主义后，逐渐产生共鸣，思想发生转变，走上无产阶级革命道路。这些革命者进入莫斯科东方大学中国班学习后，旅莫支部对他们进行了较为系统的培养，使其马克思主义素养和实践能力得到提升。从 1925 年 1 月中共四大召开至大革命结束，依托旅莫支部经验，中共对组织予以改造。在新的方针指引下，中共从中央到地方党组织，建立起权责明确的组织结构，党的规模得以扩大，中共的组织动员能力得到增强。

关键词： 中国共产党　旅莫支部　海外支部　莫斯科东方大学

留学苏俄的归国干部对中国共产党早期建设具有重要影响。派遣留学生与中共建党大致同步展开，1920 年 9 月，上海共产主义小组成立"外国语学

① 本文系国家社科基金青年项目"中共早期留苏学生群体研究"（18CZS047）和北京师范大学历史学院青年教师发展资助项目阶段性成果。感谢匿名外审专家的宝贵意见。

社"①，为派员留苏做准备。次年 10 月，第一批就读莫斯科东方大学（以下简称"东方大学"）的中共留学生成立中国班，开启革命留学潮流。年底，中共依托中国班成立第一个海外支部——旅莫支部。它受中共中央和共产国际双重领导，负责训练和教育党团员，是中共早期培养重要干部的基地。

旅莫支部成员是从各地选拔而来。在中共早期历史上，很少有地方组织集中了如此多样的革命者。他们入党经历各有不同，颇能代表 20 世纪 20 年代有觉悟青年的选择。② 已有研究呈现两个取向：一类研究强调时代背景促使先进知识分子建党或入党；③ 另一类聚焦革命者本身，或认为其受社会关系网络影响入党，④ 或认为精神世界的追求促使他们走向无产阶级革命道路。⑤ 但从青年人的境遇出发，结合中共吸收成员机制，揭示革命者入党和组织发展之间的关系，仍缺乏深入探讨。本文以俄罗斯国立社会政治史档案馆藏"东方劳动者共产主义大学（1921—1938）""中国共产党成员个人档案""中国劳动者共产主义大学（1925—1930）"卷宗为主，参以《中共中央文件选集》《共产国际、联共（布）与中国革命档案资料丛书》、各地《革命历史文件汇集》等资料，

---

① 《外国语学社招生广告》，《民国日报》1920 年 9 月 28 日，第 1 版。

② 现有关于旅莫支部的研究多关注其组织情况，甚少涉及支部成员的具体情况和入党问题。如 B.H. У coB，"Интернациональная помощь СССР В Деле подготовки китайских партийиых и революционных каров в 20-30-е годы." *Проблемы Далънего Востока*，NO.5，1987；张泽宇：《莫斯科东方大学旅莫支部述论》，《广东社会科学》2011 年第 4 期；孙会修：《旅莫支部归国干部与大革命期间中共组织制度的改造》，《中共党史研究》2015 年第 5 期。

③ 胡绳主编：《中国共产党的七十年》，中共党史出版社 1991 年，第 6—18 页；Arif Dirlik，*The Origins of Chinese Communism*，New York：Oxford University Press，1989.

④ 比较有代表性的论著有：Hans J. van de Ven，From Friend to Comrade：*The Founding of the Chinese Communist Party*，1920—1927，Berkeley：University of California Press，1991；Shakhar Rahav，"Yun Daiying and the Rise of Political Intellectuals in Modern China：Radical Societies in May Fourth Wuhan，"ph.D.dissertation，University of Califonia，Berkeley，2007；郭双林：《"宣传主义，吸收同志"：中共旅德支部成员武兆镐家书释读》，《历史研究》2013 年第 3 期；裴宜理：《安源：发掘中国革命之传统》，阎小骏译，香港大学出版社 2014 年。

⑤ XuXiaohong，"Belonging Before Believing：Group Ethos and Bloc Recruitment in the Makingof Chinese Communism，"American Sociological Review，Vol.78，No.5，2013，pp.773—796；许纪霖：《从疑到信：五四两代知识分子的精神世界》，《天津社会科学》2020 年第 5 期。

对旅莫支部成员入党和中共早期组织建设问题展开讨论，尝试提出新的论见。

一、旅莫支部成员群像

为推动世界无产阶级革命，共产国际于 1920 年 9 月召开东方各民族代表大会，决定建立东方大学，为包括苏俄境内的东方民族培养革命干部。次年 4 月，东方大学正式筹建。5 月至 8 月初，上海共产主义小组选派外国语学社的刘少奇、罗亦农、任弼时、萧劲光等 20 余名社会主义青年团团员，分批抵达莫斯科。10 月，东方大学正式开学。这些人组成中国班，并建立"旅俄中国青年共产团"[①]。年底，中国班已有学生 36 人，[②] 其中，罗亦家、刘少奇、吴芳等人由团员转为中共党员。同时，鉴于学生俄语水平不高，难以和校方及教员顺畅沟通，[③] 在共产国际支持下，中共中央依托中国班成立旅莫支部。到 1923 年 4 月，旅莫支部的工作机制趋于稳定，党支部负责制定制度和宏观管理，团支部负责训练党团员，并一同受东方大学外国班党委会及其检查委员会较为松散的管理和指导，[④] 直至 1926 年 5 月旅莫支部按组织要求解散。

作为最早且极为重要的中共留苏学生培养单位，东方大学中国班的总人数并不多，1921—1928 年前后共有 400 余名在籍学生。他们主要由中共中央从国内或旅欧支部分批选拔派遣。最初两年，中国班人数增长有限，1922 年下半年仅有 42 人。[⑤] 从 1923 年起，随着中共选派留学生力度加大，中国班人数迅速增长。1923 年 3 月，旅欧支部第一次派往东方大学留学的赵世炎、陈延年、陈乔年、王若飞等 12 人抵达莫斯科。11 月，旅欧支部选派的刘伯坚、李合林

---

① 《旅俄中国青年共产团团员调查表——罗觉》（1922 年 3 月），495—225—575，俄罗斯国立社会政治史档案馆藏。下文所引《自传》等旅莫支部史料均来源于俄罗斯国立社会政治史档案馆，后不详列。

② В.Н.Усов, "Интернациональная помощь СССР В Деле подготовки китайских партийиых и революционных каров в 20-30-е годы，" P.80.

③ 刘小中、丁言模编著：《瞿秋白年谱详编》，中央文献出版社 2008 年，第 92 页。

④ 罗觉：《旅莫中国青年团团员周记表》（1924 年 10 月 31 日），532—119。

⑤ В.Н.Усов, "Интернациональная помощь СССР В Деле подготовки китайских партийиых и революционных каров в 20-30-е годы，" P.81.

等 10 余人抵达莫斯科。① 次年 9 月，该支部又派遣聂荣臻、李林、熊味根、穆清等 27 人赴莫。② 这两年间，国内亦选派百余人赴莫，包括关向应、李求实、颜昌颐、武止戈等人。③ 到 1924 年 12 月，中国班人数达到 122 人，此后一直维持在百余人规模，占全校学生 10% 左右。④

1925 年 7 月，旅欧支部派往莫斯科的霍家新、陈声煜等 22 人进入东方大学中国班学习，另有朱德、邱少元、武兆镐等 30 人到莫斯科郊外的军事训练班等机构进行短期工作训练，党组织关系编入旅莫支部。⑤ 其中，朱德曾在中国班暑期学习两个月。⑥ 该年 9 月至次年 1 月，共有 72 人抵达莫斯科，国内主要有 10 月派来的涂作潮、侯玉兰等大约 20 人，⑦ 以及 12 月 30 日抵达的一批；⑧1926 年 1 月由旅欧支部派往莫斯科留学的有邓小平、傅钟等 20 人。⑨ 此外，还有一些小批次的派遣。如旅欧支部 1925 年初派李富春、蔡畅等 5 人到莫斯科学习。是年夏，留学勤工俭学生赵毅敏（刘焜）在参加中共旅欧支部举行的工人运动，被法国当局驱逐出境后，旅欧支部临时安排他和另外 3 名中共党员赴东方大学留学。⑩

旅莫支部成员男女比例较为悬殊。1924 年秋季前，中国班只有男性，之后才有 5 名女生入学。1925 年秋季学期女生入学人数增多，达到 9 名，在中

① 《旅莫中国共产党支部和中国共产主义青年团支部党员团员调查表——刘伯坚》（1925 年 4 月 29 日），495—225—823。
② 周均伦主编：《聂荣臻年谱》，人民出版社 1999 年，第 33 页。
③ 郝世昌、李亚晨：《留苏教学史稿》，黑龙江教育出版社 2001 年，第 118 页。
④ В.Н.УсоB，"Интернациональная помощь СССР В Деле подготовки китайских партийиых и революционных каров в 20-30-е годы，"P.81.
⑤ 杨奎松：《关于朱德去苏联学习的背景资料》，《党的文献》1994 年第 3 期；《旅莫中国共产党支部和中国共产主义青年团支部党团咒调查表——朱德》（1926 年 4 月 28 日），532-1-394。
⑥ 中共中央文献研究室编：《朱德年谱（新编本）》（上），中央文献出版社 2006 年，第 67 页。
⑦ 涂作潮：《"木匠"的回忆》，上海市邮电管理局编：《华东战时交通通信史料汇编·上海卷》，人民邮电出版社 1999 年，第 312 页。
⑧ 《旅莫中国共产党支部和中国共产主义青年团支部党员团员调查表——李德昭》（1926 年 1 月 2 日），495-225-703。
⑨ 《中国共产主义青年团旅欧地方团执行委员会通告第二号》（1926 年 1 月 7 日），中国革命博物馆党史研究室编：《党史研究资料》第 3 辑，四川人民出版社 1982 年，第 16 页。
⑩ 赵毅敏：《我最初遇到的共产党员》，《赵毅敏纪念文集》，出版信息不详，第 478 页。

国班占比近 10%。这些成员入校时的年龄亦有较大差别。生于 1886 年的陈启修是中国班历史上年龄最大的学生之一，他在 1924 年夏抵莫时已有 38 岁。晚一年入学的朱德则为 39 岁。年龄较小者中，任弼时入学时仅有 17 岁，罗亦农不过 19 岁。旅莫支部成员入校时的个人情况也颇为多样。

首先，地域来源多元，以南方人居多。1920 年 11 月上海外国语学社已有 29—30 人，均由南方的共产主义小组选派，其中湖南籍 16 人，浙江籍 7—8 人，安徽籍 4 人，江西、上海籍各 1 人。这与当时的留学取向有关，以北京大学学生为中心的北京共产主义小组成员倾向于留学欧美，尚未接受留苏学习革命。这导致最初旅苏的中国学生几乎都是南方人。作为东方大学中国班生源基地的旅欧支部，主要成员是来自四川和湖南的青年，其余主要来自福建、安徽、贵州等南方省份。它派遣的留苏党团员同样以南方人为主，如在 1923 年 3 月选拔的 12 人中，赵世炎、袁庆云、王凌汉是四川人，佘立亚和高风是湖南人，陈延年、陈乔年来自安徽，王若飞是贵州人，另有几人来自南方其他省份，仅有陈九鼎 1 人来自北方的河南省。从这年起，国内加大派员留苏的力度，北方人逐渐增多，但没有改变南方人为主的局面。在 1925 年秋季学期入学的 72 人中，除刘月桂、傅汝霖 2 人籍贯难以查证外，其余 70 人遍布 14 个省份，比较多的省份有：四川（含重庆）籍 15 人，湖南籍 10 人，河北（含京、津）籍 8 人，安徽籍 7 人，湖北、浙江、江苏（含上海）籍各 6 人，其余来源省份均低于 5 人，包括台湾籍 2 人。不难看出，中国班的生源地逐步扩展，但北方人仍旧较少。

这与近代以来南方对外交往相对较多，重要社会变革多起源于此有较大关联，也与中共早期革命活动多集中于南方相对应。1921 年，北方劳动组合书记部的干部在长辛店宣传工人运动时，工人常质疑："书记部大都是南方人，南方人为何要来北方革命？"这些干部不得不反复解释，"革命不分南北"，"南方人也自然可以在北方革命"，并奉劝工友要化除"南北界限"[①]。可见，建党初期，即便在北京，来自南方的革命者仍占多数。因此，1925 年 9 月共产国际批评中国革命"迄今为止仍局限于中国南部和部分中部的大的政治中心，

---

① 罗章龙：《椿园载记》，三联书店 1984 年，第 110 页。

而没有向各省扩展"①。

其次，知识水平和阶层分布差异较大。中共早期党员多具备中学或相当学历文化水平。来自上海外国语学社和旅欧支部的革命者普遍为中等文化水平。后来东方大学在国内的知名度提高，一些精英知识分子入学，提升了中国班学生的学历层次。1923年夏入学的林可彝来莫前在北京高校任教授；次年入学的李季毕业于北大英文系，他先留学德国，后转入东方大学；陈启修抵莫之前则是北大法商学院的教授。

1925年，全国相继掀起国民会议运动、"五卅运动"和省港大罢工，工人运动高涨，中共根据形势变化，开始增派工人赴莫留学。从1925年秋季入学的72名学生来看，工人出身者超过20人，如果将兼具学生和工人身份的留法勤工俭学生计入，人数将会更多。在72人中，33人有中学或师范等职业学校学历或在读，约占46%；24人有小学或私塾学习经历，约占33%；两者可视为中小知识分子，合占79%；15人有大学经历，占21%，他们多数就读于上海大学、北京平民大学、北京中法大学等普通大学，来自上海大学的达7人之多。出身精英大学的仅有洪乃溥，他是燕京大学的毕业生和柏林大学的肄业生。不难看出，旅莫支部成员以中小知识分子为主，这与当时"国共两党同以中小知识青年为骨干"的情况吻合。②与建党初期相比，此时中共的阶级构成已发生变化。

最后，革命者的家庭出身具有多样性，出身富裕家庭者居多。民国初年，教育远未普及，往往出身中等及以上经济条件家庭者方有机会读书。最早的成员中，罗亦农出身湖南湘潭县农村一个中等家庭；③刘少奇家有60亩地，农忙时雇零工。④他们的情况颇具代表性。由下表可获悉：第一，农村家庭出身者高达72.2%，出身于城市家庭的革命者仅占27.8%。第二，农村家庭中，相对富裕的中小地主和富农家庭出身者数量较多，超过总数一半；城市情况亦是如

---

① 《瓦西里耶夫给季诺维也夫的信》（1925年9月21日），中共中央党史研究室第一研究部译：《联共（布）、共产国际与中国国民革命运动（1920—1925）》第1卷，中共党史出版社2020年，第679页。

② 王奇生：《论国民党改组后的社会构成与基层组织》，《近代史研究》2000年第2期。

③ 《旅俄中国青年共产团团员调查表——罗觉》（1922年3月），495-225-575。

④ 中共中央党史和文献研究院编：《刘少奇年谱》第1卷，中央文献出版社2018年，第1页。

此，源于小商人家庭者居总数第 2 位。可见，这些人多出身于相对富裕的家庭。

东方大学中国班 1925 年 10 月—1926 年 1 月新入学学生家庭出身情况

城镇家庭	人数（个）	占比（%）	农村家庭	人数（个）	占比（%）
工人	7	9.7	中小地主、富农	40	55.6
小商人	8	11.1	小手工业者	3	4.2
职员	2	2.8	佃农	5	6.9
资本家	3	4.2	无田户、教员	4	5.6
合计	20	27.8	合计	52	72.2

资料来源：1925 年 10 月至 1926 年 1 月东方大学中国班 72 名入学者提交的《自传》。
说明：农村家庭经营状况复杂，往往多种经营，此处统计主业。

应当注意的是，北洋时期政局动荡、军阀混战，地方经济遭受严重破坏。据统计，在 1922 年第一次直奉战争中，奉系消耗军费约 2400 万元，每天的军费约等于 1918 年一个月的军费；[①] 至 1924 年第二次直奉战争，军费竟是两年前的 2 倍多。[②] 社会经济凋敝，不少旅莫支部成员的家庭深受冲击。邓小平之父在民国初年以进步党党员身份任四川广安县警卫团总办，生活"可谓丰满已极"。后因进步党势力在四川衰败，邓父下台，"逃难在外约七八年之久"，家庭"逐渐破产"[③]。这种变动使青年的政治意识较为敏感。王同荣、王同根兄弟家本是大地主，土地由佃农耕种，不过税收畸重，加上家中有 3 人读书，每年学费高达 1500 元。由于王同荣参与政治活动被通缉，花费了大量活动资金，家庭几近衰败。[④]

1920 年前后，中国水旱灾害严重，尤其是 1920 年华北 5 省旱灾、1922 年江浙皖 3 省水灾和 1924 年南北 18 省水灾，加剧了民生困难。[⑤] 来自浙江兰溪农村的张作民家有 40 亩地，家中 5 人有劳动能力，正常情况下每年能收 40 余

① ［美］齐锡生著，杨云若、萧延中译：《中国的军阀政治（1916—1928）》，中国人民大学出版社 2010 年，第 142 页。
② 《奉张入关与北京政局》，《东方杂志》1925 年第 13 期，第 3 页。
③ 《邓希贤（自传）》，530-2-5。
④ 《王同根（自传）》，530-2-5。
⑤ 柯象峰：《中国贫穷问题》，正中书局，1935 年，第 157—158 页。

石粮食，够"敷衍"家用。但"历年岁凶"，家庭"负债约计三百余元"①。当时中国经济深受外国资本和商品冲击，亦影响了民生。江西修水县徐褐夫的父亲曾在县城经营 50 人左右规模的家庭手工业工场，后来受外国商品冲击破产，不得不回乡种田，结果没几年田产损失过半，又重新经营老本行。徐褐夫认为，在帝国主义国家商品冲击下，手工业和农村经济难寻生路，家庭经济终将彻底破产。②

此外，受医疗条件限制，时人平均寿命不高，③旅莫支部成员中出现家庭变故的情况较多。重庆青年何嗣昌之父是棉纱工厂主，每年收入"千元左右"，但其父病故后家庭只出无进，其母亦因"忧郁过度"去世，他与弟弟被分别寄养在姑母和姨母家，备尝寄人篱下之苦。④这些悲苦经历影响了青年人对社会的认识。刘月桂家本有"数十亩田地"，12 岁时父亲去世，田产被卖掉大半，其余被叔父"占领"。在叔父家生活的几年，她受到"虐待"，之后跑到工厂做工，已"无所谓家庭"⑤。有些人甚至出现悲观厌世的情绪，陈醒华出身于小手工业者家庭，后在商务印书馆工作，1924 年母亲去世加上工作不顺，其生活完全被"悲观""颓丧"占据。⑥

旅莫支部成员在赴苏前，多数是新人组织不久的团员，只有朱德、赵世炎、陈延年等部分人是党员。进入旅莫支部后，他们中的多数人顺利转为党员，仅有赵毅敏、李德昭等人因旅莫支部解散等原因未能转为党员。不过，在他们的认识中，入团即是入党。中共旅欧支部在赵毅敏赴苏途中即批准其为青年团员，并强调入团"也就是入党"⑦。这种情况在当时较为普遍。因建党初期的组织成员主要来自学生，存在党团不分的情况，以至中共中央 1924 年

---

① 《张作民（自传）》，530-2-5。
② 《徐褐夫（自传）》，530-2-5。
③ 根据金陵大学农业经济系 1928—1933 年对 16 个省约 20 万农村人口的统计，当时中国农村男性平均寿命为 34.85 岁，女性为 34.63 岁，详见游金生：《从广西生命统计史料看解放前我国人均寿命》，《人口统计》1991 年第 1 期，第 37 页。
④ 《何嗣昌（自传）》，530-2-6。
⑤ 《刘月桂（自传）》，530-2-6。
⑥ 《陈醒华（自传）》，530-2-6。
⑦ 赵毅敏：《我最初遇到的共产党员》，《赵毅敏纪念文集》，第 477 页。

5月批评党与团在青年运动上"未能分开"①，故本文所说的"入党"亦包括"入团"。

旅莫支部成员未入党前，是当时万千青年中的普通一员，为何他们愿意深入了解马克思主义，选择加入中国共产党？这个问题引起部分旅莫支部成员的思考。1924年10月，李林向同在支部的熊味根提出疑问：留法勤工俭学生生活在同一环境下，遭受同样的压迫，何以"有些毫不迟疑地走到无产阶级革命的旗帜之下"，有些则走到反革命或改良的道路上去？熊味根表示，无法把握未入党者的想法；他同时指出，"许多"已入党的同志接受马克思主义是"极缓慢"的，他对此种情况也存有疑惑。②事实上，促使当时青年走上革命道路的原因是较为多样的。

二、旅莫支部成员的境遇及其革命追求

辛亥革命后，中央权威丧失，军阀政治兴起，思想文化和社会潮流处在剧变之中。生长于这一时期的旅莫支部成员不断冲破限制、反抗压迫，这些经历影响了他们此后人生道路的选择。正如在莫斯科刚入党不久、任中国班助教的瞿秋白1921年11月所感慨的那样："人生的经过，受环境万千现象变化的反映，于心灵的明镜上显种种光影，错综闪烁，光怪陆离，于心灵的圣钟里动种种音响，铿锵递转，激扬沉抑。"③当时，旅莫支部成员面临的境遇主要有以下几个方面。

（一）遭受家庭和社会的压迫

直到20世纪30年代，中国多数省份男性的识字率仍低于50%，④女性识字率更低。旅莫支部成员相对幸运，均接受过教育，但受读书与仕途不再有直

---

① 《S.Y. 工作和 C.P. 关系议决案》（1924年5月），中央档案馆编：《中共中央文件选集》第1册，中共中央党校出版社1989年，第240页。
② 李林：《报告》（1924年10月22日、26日），532-2-119。
③ 瞿秋白：《赤都心史·序》（1921年11月26日），商务印书馆1924年，第1页。
④ 陈德军：《南京政府初期的"青年问题"：从国民识字率角度的一个分析》，《江苏社会科学2002年第1期。

接联系，以及新式学校费用高和家庭经济不稳定等因素影响，家庭供应子女读书动力不足。1925年秋季入学的72名革命者中，50人有过辍学或接近辍学经历，占比约69.4%。出生于四川石柱县小商人家庭的郎明钦，最初读书是为将来"博得到贤妻良母的美名"，此后，她获取知识的欲望增强，即便初小肄业仍坚持自学，并在16岁时插班至县女子高小读书。但刚读一学期，家里就以经济紧张为由令其退学。①家庭富裕者，求学之路也不免曲折。王若飞虽出身地主家庭，但父亲常年在外，庶祖母虐待他和母亲，其不得不在舅父创办的达德学校读书，却仍在16岁辍学。②相对前者，贫困家庭出身者求学难度更大。家境"极其贫苦"的关向应只能入读日本在大连所办有美化侵略性质的小学，因为就读这所学校花费较低，他在高小毕业后辍学。③然而，求知欲和上进心使青年人读书的意愿增强，他们利用多种方式争取求学的机会。

首先，与家庭抗争获取学习机会。孙发力来自湖南浏阳的地主家庭，在他读完6年私塾后，父亲认为读书没有出路，要其"业农"。他不想重复父辈的生命轨迹，"私自挑行李入小学"，"入学后经旁人劝解才得家中许可"。此后，孙在不断哀求中读完高小和中学，又在强烈坚持下赴法勤工俭学。④生于浙江农村的女生王宝英家境极为困难，读完初小后，重男轻女的祖母阻止她继续读书。王宝英"抑郁不爽"，至17岁竟"卧床不能起"。她告诉父亲："此生不能求学而自立，何必在世寄生，而为社会之蟊贼。"其父遂决心支持女儿复学，她得以在19岁"高龄"入读高小。⑤

其次，选择免费或收费较低的中等师范、军事、农业、艺徒、工读学校就读。旅莫支部成员中不乏曾就读师范学校者。徐褐夫先入读修水县师范学校，后升学进入江西省立第一师范学校读书，原因是师范生免除学费。⑥女子师范的出现为女性继续读书提供了可能。遭到家庭反对后，郎明钦通过个人努力，

---

① 《郎明钦（自传）》，530-2-5。
② 《王若飞文集》，人民出版社2014年，第248页。
③ 大连市史志办公室编：《关向应纪念文集》，大连出版社2002年，第6页。
④ 《孙发力（自传）》，530-2-6。
⑤ 《王宝英（自传）》，530-2-6。
⑥ 《徐褐夫（自传）》，530-2-5。

考入四川省立第二女师（位于重庆），成为一名官费生，得以延续读书理想。①
读免费的军校，成为军事统帅，也是一些年轻人的理想，但需要自费读完中学，
方有机会考取军官学校。

最后，通过工读互助方式求学。五四时期，工读互助思想流行，时人不无
夸张地称"工读互助团是新社会的胎儿"②，相关团体大量出现。陈国珍读到
中学第4年时，家庭已无力提供学费，于是便和同学组织"工读互助石印部"，
课余做工，勉强毕业。③1919年兴起的留法勤工俭学运动是工学互助潮流的高
潮，许多家庭多方筹借子女赴法路费，期待其拥有留学生的"金字招牌"和理
想的前途。④

但无论如何努力，旅莫支部大多数成员始终难以摆脱辍学威胁。王宝英后
来在舅父、报人邵飘萍的帮助下入读北京平民大学，"但时觉经济困难，甚至
房租膳费无着"。⑤朱世珩的家庭曾能收支平衡，但在其到北京平民大学读预
科后，平衡被打破，"家中每有不愿续学的表现"，长兄态度尤为决绝。预科
毕业后，朱世珩家里认为其"应该停止"读书，拒绝提供任何学费，并以父病
重为由限制他远行。最后，朱世珩以下南洋当小学教员为由，遵从党组织安排
赴莫斯科留学。⑥

包办婚姻是年轻人受到的另一层家庭压迫，旅莫支部成员亦无法摆脱。中
国旧式婚姻"向来是听父母之命凭媒妁之言而成的"，儿女同意与否"简直不
成问题"⑦。然而近代婚姻自由观强烈冲击包办婚姻，在青年人心中埋下了反
抗的种子。孙发力在18岁时家中就"替"他结了婚，而这和"大多数的中国
青年，有同样的运命"。他曾"严格的反抗"，但被家庭"压服"，留下巨大

---

① 《郎明钦（自传）》，530-2-5。
② 王光祈：《工读互助团》（1920年1月15日），清华大学中共党史教研组编：《赴法勤工俭学运动史料》第1册，北京出版社1979年，第277页。
③ 《陈国珍（自传）》，530-2-5。
④ 邵力子：《随感录·留学生底心理》，《民国日报·觉悟》1923年2月9日，第4页。
⑤ 《王宝英（自传）》，530-2-6；《方汉奇文集》，汕头大学出版社2003年，第376页。
⑥ 《朱世珩（自传）》，530—2-5。
⑦ 刘经苍：《歌谣中的婚姻问题——从歌谣看中国旧式的婚姻》，《妇女杂志》（上海）1924年第11期，第1699页。

的心理创伤，自称是"一生的痛苦"①。其中，婚姻自主、个人幸福和传宗接代、家族利益产生剧烈冲突，部分人的反抗异常激烈，家庭在他们心中负面化、有罪化，有人称自己的"家庭是反革命"的。② 出身湖北崇阳县地主家庭的沈尚平是父母在40余岁之时才生下的唯一的孩子，父母延续"香火"的愿望极强，在其十七八岁时便为他娶了"没受过教育"的妻子。沈对婚姻"很不满意"，立觉看到没有希望的生命尽头，很快便离家出走。③ 与男性相比，女性在包办婚姻面前的转圜空间极小，往往只能选择屈服或彻底反抗。出身小商人家庭的浙江临海县女生吴先清在杭州美专读书时，为拒绝包办婚姻与家庭断绝关系，随后"自己开始找面包"，生活极为艰难。④ 内陆地区思想相对保守，对抗家庭的压力更大。四川女生张亮的理想是读书，但由于"家庭非常困难"未能如愿。她15岁时被父嫁至巨富之家，丈夫"对于女子当玩具"，张亮被压迫得厉害，曾有逃离家庭的想法。在随夫到成都后，她受环境影响产生"思想革命"，开始"反对家庭压迫"。19岁时，张亮又随夫到上海读书，但丈夫于1921年弃其不顾回川。⑤

即便走出家庭、步入社会的青年人，同样难以躲避沉重的社会压迫甚至剥削，在工厂做工者感触尤深。出身河北小农家庭的张晋卿13岁辍学，18岁之前一直想着"发财"，后在天津裕元纱厂做工两年，由于无法忍受工头和职员对自己和工友的"压迫"，愤而回家种田，但因水灾又不得不回纱厂工作，继续忍受压迫。⑥ 现代工业发达的法国工厂管理较为规范，但勤工俭学生在工厂却从事重体力劳动，收入较低，缺乏安全保障。王若飞发现，勤工俭学生做得比较多的制模（翻砂）学徒工种，需要亲自倒铁水，稍有不慎铁水溅身，"轻则坏衣，重则肌肉尽烂"，而做工收入仍不够学费，前途渺茫。这些在工厂勤

---

① 《孙发力（自传）》，530-2-6；叶时修：《我底婚姻问题底过去与将来》，《民国日报·觉悟》1924年7月13日，第2页。
② 《侯玉兰（自传）》，530—2—6。
③ 《沈尚平（自传）》，530—2—6。
④ 《吴先清（自传）》，530—2—6。
⑤ 《张亮（自传）》，530—2—5。
⑥ 《张晋卿（自传）》，530—2—5。

工俭学的学生"时刻都在愁闷里面过日子",上班期间不是"数数"就是"看钟",无不期待着早点下班。①

（二）救国理想的破灭

民国前期国家危亡日蹙,各种救国思想流传甚广,正处在中国近代思想史上的转型时代。②社会思潮极为活跃,民族主义、社会主义、国家主义、无政府主义等竞相传播,在青年人心中掀起思想巨浪,他们的价值观和理想被不断重塑。

在众多主义和思潮中,民族主义的影响最为普遍。第一次世界大战后,中国民族主义思潮兴盛。刘光玉16岁读中学时,头脑被鸦片战争条约、《辛丑条约》、"二十一条"等国耻记忆填满,立志帮助国家"将外国人敢(赶)走"。国耻记忆激发出青年人的"复仇"使命感,意图建造比列强更强的新国家。刘光玉后来信仰国家主义,即是要让"中国比各国要强百倍,能使各国要年年来朝,可以使中国没有一个穷人"③。

在民族主义的自强情感驱动下,随着军绅政权的发展,④中国传统重文轻武的观念在近代发生转变,蒋智由有"吾国尚武之风零落数千年,至是而将复活"之预言。⑤1922—1924年,民意调查显示武人平均得票率达到29.2%,背后蕴含着对国家统一和强大的渴望。⑥部分旅莫支部成员入党前曾崇拜历史上力挽狂澜的英雄,体现出军事国家主义的思想倾向。徐褐夫曾将理想"完全集注在英雄主义上面",当学校让他选择心中的历史伟人时,他毫不犹豫地选了班超和终军。⑦

青年人怀有救国的崇高理想并为之努力,却因国内外环境影响时常承受理想幻灭之苦,留法勤工俭学生是较有代表性的群体。出国留洋后,许多人看

---

① 《王若飞文集》,第15、29页。
② 张灏:《幽暗意识与民主传统》,新星出版社2006年,第134页。
③ 《刘光玉(自传)》,530—2—5。
④ 陈志让:《军绅政权:近代中国的军阀时期》,广西师范大学出版社2008年,第5—6页。
⑤ 蒋智由:《中国之武士道·蒋序》,广智书局,1904年,第3页。
⑥ 参见杨天宏:《军阀形象与军阀政治症结——基于北洋时期民意调查的分析与思考》,《近代史研究》2018年第5期。
⑦ 《徐褐夫(自传)》,530—2—5。

到资本主义文明引起"思想剧变",认为要拯救中国,只有发展实业和科学。广西贺县的黄士韬曾游历日本,两国差距使其震撼,认识到"非把中国弄强不足以御外辱,欲求中国强盛更非努力求得工商业智识以发展中国富源不可"。1920 年他赴法后积极学习法文,"为将来求得科学智识一点一滴的改造中国",在长达一年半的时间里头脑"完全为'科学救国'四字所盘踞"[①]。但因环境和经济问题,勤工俭学之路并非坦途。因经费不足,1921 年 1 月,经济援助机构华法教育会宣布与勤工俭学生"脱离经济关系",后者失去主要经济依靠。在赴法邮轮上每想到将实现"把中国救起来"理想便激动不已的周玠琏,从马赛港登岸便听到这个消息,福祸倒转,他"受了很大的刺激"[②]。勤工俭学生利用社团发起群众运动表达诉求,以 2 月的"二八运动"影响最大,但遭到法国镇压,许多人被遣返回国。[③]陈毅在归途中写下"袖手空归的我呀,怎好,怎好还乡?去国的壮怀,只如今头垂气丧"的诗句,[④]显露出一批青年的绝望之情。蒲照魂为表达抗议甚至在医院自杀。

在残酷的现实面前,相当一部分人选择妥协。1920 年 7 月,20 余名在法新民学会会员开会,与会人员对改造中国与世界的方法产生分歧。蔡和森主张激烈的革命,肖子升等人主张无政府主义的温和革命,实际是坚持工学主义,本质是改良之路。后者的主张得到多数人认同。[⑤]为改变国家现状,部分青年人积极创办新型社团,却频频遭受现实打击。1923 年 7 月,商务印书馆工人陈醒华与有觉悟的几位工友愤恨于资本家的剥削,成立商务印书馆"中华劳动联合会"。因无经验,全凭几人热心张罗,组织不久即"水消瓦解"。陈不能理解工人为何不肯团结起来抗争,"愤激的情态"使其陷入痛苦之中。[⑥]安徽省学运领袖王同荣 17 岁读中学时正逢五四运动爆发,曾积极参加援助大游行。

---

① 《黄士韬(自传)》,530—2—6。
② 《周玠琏(自传)》,530—2—6。
③ 李维汉:《回忆新民学会》,《历史研究》1979 年第 3 期。
④ 陈毅:《地中海上》,刘德隆、刘璃编:《新中国的先声——中国无产阶级革命先驱诗存》,吉林文史出版社 2009 年,第 73 页。
⑤ 李维汉:《回忆新民学会》,《历史研究》1979 年第 3 期。
⑥ 《陈醒华(自传)》,530—2—6。

进入安徽法政专门学校后，他频繁带领学生发起政治运动。1923 年 10 月曹锟贿选，王同荣"领导群众捣毁猪仔议员住宅"，被安徽省政府通缉。逃亡上海期间，他经受了始料未及的冷漠，"教育界人们，以及旧识者，无一敢为营救，甚至反颜侍仇"，其中包括旧日共同斗争的同学。[①]

（三）从崇信"主义"到思想迷茫

在郁郁不得志的现实中，青年人不断寻找精神依靠。晚清以来，儒家基本价值观念受到极大冲击，全社会面临文化取向危机。新文化运动时期，知识界逐渐流行"对古今中外都质疑"的思潮，胡适"重新估定一切价值"的主张客观上又加重了这一风气。[②]受父亲影响，浙江温州农村的李德昭很小就成为基督徒，中学前两年课外看的书也多是宗教书籍，牧师非常器重他，打算让其到南京神学院读书，毕业后回乡接班"宣扬圣道"。新文化运动之风吹到温州后，李德昭的阅读兴趣逐渐由宗教转向文学。中学毕业后，他曾在教会中学担任一年助教，生活的艰辛使其彷徨，对基督教产生怀疑。[③]

国家和社会的惨淡现状，使"一般有血性有思想的国民正在陷于极端烦闷彷徨"的境地，[④]尤其当偶像光环消失时，幻灭感会更强。安徽铜陵人朱世珩中学时崇拜胡适，深信其"少谈些主义，多研究问题"的主张，认为"现在社会如此的龌龊，政治如此不良"，当"趁此时机求学，将来国家总不至于照现在这样，求出来学问，总归有用的地方"。但他到北京平民大学读书时，目力所及都是不平等，感到茫然无措，"对于人类知道多数人是受少数人的压迫，意欲改造，但不知应该如何改造的法子"，开始怀疑胡适和"不满意"社会，变得萎靡不振，陷入思想"抱悲的时期"[⑤]。

在上述背景下，无政府主义为悲观厌世的青年提供了心理依归，许多早期

---

① 《王同荣（自传）》，530—2—5。
② 周月峰：《折中的"重估"——从"重新估定一切价值"的提出看五四新文化的多重性》，《近代史研究》2020 年第 3 期。
③ 《李德昭（自传）》，530—2—6。
④ 常燕生等：《生物史观研究》，大光书局 1936 年，第 42 页。
⑤ 《朱世珩（自传）》（1925 年 11 月 9 日），530—2—5。

革命者曾深受无政府主义影响，^①一部分旅莫支部成员亦是如此。正因民族压迫并非短期可扫除，国家强大不能一朝实现，一些怀有高远理想的青年试图从文学中寻找慰藉，无政府主义随之进入他们的视野。王同根的思想曾有"打推一切之势，脑筋里装满了主意，可是风俗、人情、政治、法律，社会上一切制度，都是如故。那些新思想处处不适用，处处受到'此路不通'的困难"，此时家庭又逼迫其与一个素不相识的人结婚，在反抗未果后，他的思想最终"流到消极的一条路"。王同根希望从阅读中寻找答案，积极研究泰戈尔、托尔斯泰、克鲁泡特金的著作，表现出明显的无政府主义倾向。^②西欧是现代无政府主义思想的起源地，思想氛围浓厚。留法勤工俭学生傅钟偶然得到《克鲁泡特金思想》这本书，一读便"无抵抗的"相信了无政府主义，而后读了托尔斯泰的著作，开始坠入无政府主义的"黑雾"中。^③

由上观之，旅莫支部成员在入党前普遍为实现社会和个人价值而奋斗，如果用革命、改良来划分，几乎曾全部倾向于改良。这些青年的努力迭遭失败后，深感此路不通，开始陷入对个人和国家前途的迷茫。在此过程中，他们认识到个人或某个群体力量的渺小，"某个组织的份子，若无相当的训练，绝对无好结果的。"^④一位从事过妇女运动的旅莫支部成员便发出"做妇女解放运动，孤独的队伍是不可能的"之感慨。^⑤故而他们渴望通过有凝聚力和战斗力的团体力量彻底改变现状，此时新生的中共正努力宣传马克思主义，积极吸纳有革命意识的青年入党。这些抱有奋斗理想的青年随之受到吸引，革命思想就此萌生。

---

① 无政府主义在早期革命者中的影响较为广泛。1919年9月，恽代英表示自己信奉无政府主义"已经七年"。1920年底，广州共产主义小组前身"广州共产党"执委会的9名委员中，"七个是无政府主义者"。（《致王光祈》（1919年9月9日），《恽代英全集》第3卷，人民出版社2014年，第101页；《广州共产党的报告》，《中共中央文件选集》第1册，第20页。）

② 《王同根（自传）》，530—2—5。

③ 《傅钟（自传）》，530- 2- 5。

④ 《李俊杰（自传）》，530-2-5。

⑤ 《阮淑兰（自传）》，530-2-5。

三、旅莫支部成员的入党历程

从共产主义小组时期开始，中共即着重在青年中宣传并发展成员，这源于俄国革命经验。1901—1902 年，针对俄国社会民主工党内部争论不休、"经济主义"斗争思想导致组织"混乱和动摇"的问题，列宁提出影响深远的职业革命家理论。他认为，工人不会自发产生阶级和革命意识，只能从外部宣传，执行任务者就是"以革命活动为职业的人"，并由他们组成严密的革命党，也就是革命先锋队。[①] 这一论断也适用于发展知识分子和农民党员。故而，中共倾向利用多种方式吸收革命者。

首先，利用书报开展宣传。中共成立后，积极通过出版发行甚至赠阅报纸、小册子等宣传品的方式吸引革命者加入。1922 年彭干臣在安徽第一师范学校读书时，"竭力"阅读图书室新到书籍，中共党员柯庆施得知情况后，主动送其《向导》。彭干臣看后想再看新杂志，柯庆施于是赠送马克思主义书籍和《中国青年》。通过反复阅读，彭干臣对马克思主义信仰愈深，表示："若安庆有共产党的组织，我也愿意加入。"[②] 产业大工厂更是重点宣传之地。1922 年，胡子厚在株萍铁路火车房工作时，就发现中国劳动组合书记部"时时"寄给本厂宣传小册子。[③]

第一次世界大战后，西欧共产主义运动日益活跃。在此氛围下，蔡和森、赵世炎等人很早就在勤工俭学生中宣传无产阶级革命，建立工学世界社和劳动学会等马克思主义团体，使学习马克思主义成为潮流。1921 年 10 月至次年 6 月，在比利时勤工俭学的聂荣臻很容易就能看到《共产党宣言》《共产主义ABC》等小册子，并经常翻阅《向导》周刊，其思想发生重大变化。[④] 这些读物对邓小平转变为马克思主义者亦产生关键影响，他称："最使我受影响的是《新青年》第八、九两卷及《社会主义讨论集》。"[⑤]

---

① 《列宁全集》第 6 卷，人民出版社，2013 年，第 3、29、80、95、106 页。
② 《彭干臣（自传）》，530-2-5。
③ 《胡子厚（自传）》，530-2-5。
④ 《聂荣臻回忆录》，解放军出版社 1986 年，第 25—26 页。
⑤ 《邓希贤（自传）》，530-2-5。

　　其次，通过熟人关系宣传。在学校受同学影响加入组织是常见现象。王同根和朱世珩在北京平民大学学习时，同时由同学杨善南介绍入团，王同根又发展了同班同学王宝英加入组织。亲友、同乡关系同样是发展同志的重要途径。加入组织后，邓小平转变为共产主义的传播者，积极向族叔邓绍圣和同乡陈家齐宣传。陈家齐出身四川巴县的地主家庭，在法国到工厂勤工后，常阅读《新青年》《向导》等读物，也受到青年团员"不懈"宣传，但此时其思想中"小有资产阶级的色彩"甚重，对主义仍难接受。1923年始，他在巴黎做工时与邓绍圣、邓小平住在一起。经过邓小平的推介，陈家齐开始接触共产主义，信仰逐步发生变化，通过一段时间的考察，当确认陈家齐符合组织要求后，邓小平于1924年7月正式介绍他入团。①

　　最后，派人到新地区发展革命者。通过熟人关系发展党员的局限较为明显。1926年6月，中共上海区委发现组织存在对有党员的工厂"就尽力的注意发展"，没有的"就不十分注意"的现象，导致党员多的工厂就"益发增多"，另一方则"永远不能发展"。即使在同一工厂的不同车间亦是如此，有的几乎全是党员，有的因没有党员"就永远打不进去"②。这是一个追求普遍社会革命政党亟待解决的问题。中共积极挖掘未发展地区的社会关系，以便发展组织。1925年9月，团上海地委将没有团员的学校称为"白点学校"，派在相关学校有"认识的人"之同志去发展组织。③对完全陌生的地方，党组织常派特派员去发展成员。1924年春，中共中央特派员李震瀛到大连发展组织，经人介绍认识印刷工人关向应，遂介绍其入团，后者成为大连最早的团员之一，任青年团大连小组首任组长。④

　　外力宣传的效果如何，关键要看宣传对象的内心是否能够产生共鸣。马克

① 《陈家齐（自传）》，530-2-6。
② 《上海区委通告 枢字第六十三号——关于党的组织问题》（1926年6月1日），中央档案馆、上海市档案馆编印：《上海革命历史文件汇集》甲1，1986年，第219页。
③ 《团上海地委通知——关于向白点学校发展组织》（1925年9月27日），中央档案馆、上海市档案馆编印：《上海革命历史文件汇集》甲8，1986年，第119页。
④ 大连市史志办公室编：《关向应纪念文集》，第7页；《大连市志·人物志》，中央文献出版社2002年，第120页。

思主义从阶级斗争出发，追求公平正义，最高理想和最终目标是实现共产主义，并依靠执行"铁的纪律"的共产党予以贯彻实施。马克思主义具有系统的世界观和方法论，运用辩证唯物主义和历史唯物主义分析问题。它使青年人看到彻底改变国家和社会的希望。从成长经历出发，旅莫支部成员被它吸引，进而要求入党，完成了与马克思主义相遇、产生共鸣并最终结合的过程。

改变国家的理想破灭后，青年人逐渐认识到可以通过无产阶级革命实现民族解放。勤工俭学生在做工赚取学费的同时，也在思考自己陷入困厄境地的根源，国家主义信仰在这一过程中逐渐被推翻。1921年夏，北洋政府以滇渝铁路修筑权为抵押，向法国秘密借款。国人自清末起即对出卖路权极为敏感，"消息传出后，所有在法国的中国人都被激怒了"。勤工俭学生自然地将此事与自己无法上学联系起来，将根源归为政府腐败。他们召开"拒款大会"，举行示威游行，冲进驻法公使馆。[①] 许多青年认识到北洋政府是列强的代言人，抛弃了国家主义理想，产生了革命思想。

结合做工经验，留法勤工俭学生认识到阶级压迫的存在和阶级斗争的重要性：资本家唯利是图，"完全不顾及"工人的健康，并统治着整个社会。有人在日记中写道："人成的社会，岂能容有这样的怪物？要铲杀尽净。"[②] 傅汝霖20岁前"埋头读书不问世事"，到法后仅读书数月就被迫"勤工"，他在《自传》中坦陈："以多年学校的生活习惯，忽然摔入劳动群众中，不惟身体感觉不安，而精神亦多懊丧。"他在这种状态下工作了一年半多，后到巴黎做工，生活比以前明显变好，但"求学欲望仍属不能"。当时，与其接触的朋友中有马克思主义者，经过多次谈话和认真阅读，傅汝霖理解了阶级划分等"社会构造"情形，结合自身经历，逐渐认识到"要求自身解放，须从社会上着手"，认同阶级革命，并很快加入中共旅欧支部。[③]

中共自诞生之日起，就以强大的组织力和行动力改变了时人对政党的认识。民初政党勃兴，仅武昌首义至1913年底公开的党会就有682个，其中政

---

① 《聂荣臻回忆录》，第23页。
② 贺培真：《留法勤工俭学日记》（1921年2月21日），湖南人民出版社1985年，第57页。
③ 《傅汝霖（自传）》，530-2-6。

治性党会 312 个，[1] 但绝大多数因组织涣散很快消失，社会观感不佳，时人常以"党祸误国"予以抨击。[2] 中共的出现，让那些为改变国家而努力的青年看到了希望，进而要求入党。因组织学生运动逃亡到上海的王同荣认识到，"智识阶级乃'饭碗主义者'，非能为革命之勇将"，学生运动不可能实现"社会革命"，只有"解放被压迫群众"的革命才能推翻旧世界，"实有加入代表工农利益的共产党来活动之必要"。王同荣极为认同中共"铁的纪律"，认为"革命要有强固的组织"，于 1924 年 6 月正式加入青年团。[3] 工人陈醒华有同样的感悟。1924 年底，中共党员徐梅坤等人发起成立上海印刷工人联合会，陈参与其中。全新的组织生活使陈醒华焕发生机，他"努力"在商务印书馆工人中进行宣传，实现利用理论将工人组织起来的理想。徐梅坤仔细观察陈的言行，确定其是"一个热烈革命者，马克思主义的信徒"，于 1925 年 2 月介绍他加入青年团，此后陈担任了商务印书馆团支部书记。这被陈视为"走新生命路之开始"[4]。

马克思主义挽救了处于空虚迷茫阶段的青年，促使其向中共靠拢。未能完全摆脱宗教思想的李德昭在阅读《向导》《中国青年》后，思想"放了一线曙光"。他认识到，文学只配资产阶级的青年男女赏玩，无产阶级青年的彷徨失落都是由帝国主义侵略所造成，"非有彻底的革命不可"。"五卅运动"时，李德昭供职的教会学校全体学生退学，他也辞职到了上海。李进而反省其信仰，认为外国人传教办学是侵略的一种方式，"博爱"本质是虚假的。此后，他和另外几个朋友请求同乡、中共党员谢文锦介绍入团，温州也因他们开始出现中共的组织。[5]

盛行一时的无政府主义多是"感情用事"[6]，并未使青年人找到出路，反使其走向颓废。在反复比较与印证下，不少人转而信仰马克思主义。徐褐夫后

① 张玉法：《民国初年的政党》，岳麓书社 2004 年，第 32 页。
② 《时评》，《崇德公报》第 19 号，1915 年 10 月 3 日，第 13 页。
③ 《王同荣（自传）》，530-2-5。
④ 《陈醒华（自传）》，530-2-6。
⑤ 《李德昭（自传）》，530-2-6。
⑥ 江春：《无政府主义之解剖》，《共产党》第 4 号，1921 年 5 月 7 日，第 14 页。

来陷入思想空虚的境地,整日抱着佛经"字斟句酌",他回忆道:"这显然表示小资产阶级在这新旧社会嬗迁时期思想的反映",直至信奉共产主义,思想才不再飘荡。[①]留法勤工俭学的傅钟在工厂经受"实际的劳动生活",阅读来自友人的马克思主义书籍后,方"从那空灵的、烦闷的、不落实的浓雾中苏醒"。不久,周恩来、赵世炎等人发起旅欧中国少年共产党,傅钟很快加入。[②]当然,这一过程并不顺畅,孙发力曾钟爱"无政府主义",对其研究了"一二年",结果发现无政府主义是"大空想",且"无具体的方法和组织",转而认真研究马克思主义,迁延至1925年6月方始入团。[③]

正是由于共产主义高远的追求,秉持无产阶级正义立场,影响了生活无目标者的思想。陇海铁路洛阳东厂火车修理工李长福的理想是"维持生活"。1925年2月,他通过阅读《向导》,了解到"共产党是工人无产阶级的一个党",为实现共产主义而斗争,受到强烈吸引的李长福请求党员王中秀介绍自己入党。[④]安源路矿工人左振南同样被中共崇高的思想和行为震撼。他曾是个思想"很简单的青年工人",一直"是普通工人之想",当看到中共领导的安源路矿工人俱乐部动员罢工并取得"完全胜利",自己的工资由10元增至15元后,他深受触动,"自己觉得要在社会上要做一翻(番)大有名的事业"。左振南自知"能力和智识不足",决定通过加入中共实现理想。[⑤]

还有许多青年在反抗压迫中加入党组织。经过马克思主义学习,青年人开始以政治经济学的视角看待家庭和亲友关系。欧阳泰从公立师范毕业前为"不知经济时期",为赴法勤工俭学,家庭"数年多方筹措"。他深切感到社会的残酷,称:"每与殷实戚友借措,被拒不理,我亦深恨切齿。"到法国后因经济问题求学梦想彻底断送,他最终"梦醒","爱国观念、留学梦想通通打破了"。经友人介绍学习马克思主义后,欧阳泰以阶级革命理论分析社会:"什么是我们戚友,什么是我们国家,无经济一切计划是泡影,通财产则一切

---

① 《徐褐夫(自传)》,530-2-5。
② 《傅钟(自传)》,530-2-5。
③ 《孙发力(自传)》,530-2-6。
④ 《李长福(自传)》,530-2-6。
⑤ 《左振南(自传)》,530-2-5。

戚友皆睥睨，国家的经济也全是少数和洋资本家买卖行为，人民个人经济有何关系？"他认为解决问题的方法"非速谋世界经济革命不可"，随即加入旅欧支部。①

对于承受求学压力和包办婚姻双重压力的人来说，革命的决心更为坚定，"要想改革家庭，非先要把社会改革了不可"。②1923 年，正在女师读书的郎明钦生了一场大病，生理病痛触动心理的"苦痛"。缺乏求学费用一直困扰着她，她认为家中不支持其读书的根本原因是重男轻女，以男女"不平的待遇都足以刺伤我的心"来形容其内心感受；而后，她被父母"许给一个富家子弟"，这是其"最不满意"的事情。经过长久思考，她认为人的不幸"都是社会的制度不良"带来的，"非有一种革命不能改善生活"。次年 4 月，郎明钦在听过中共重庆地方组织创始人童庸生讲解马克思学说后，感到共产主义革命十分符合自身追求，随即加入青年团。③

一般而言，中共早期党员程序上入党并不意味着思想上已是党员，他们普遍对主义和党的认识较为模糊。关向应加入组织主要基于大连人民遭受日本殖民者的"压迫与污辱"，军阀"摧残"百姓的义愤，"然而怎样去革命，还是不明白"，也不能"彻底明了"共产主义。④即使革命经历相对丰富，受过训练的党员也是如此。1924 年，已入团、入党两年有余，在多地参与或领导革命斗争的工人党员胡子厚仍是"对主义稍稍知点"，"组织、训练、政策"等均不甚明白。他在安源党校接受"有组织的训练"后，始有改观，不过对主义仍不能"十分明了"⑤。显然，他们尚未完成入党之路，不具备无产阶级革命干部的能力，需要通过学习和训练成为符合革命要求的革命者。而旅莫支部在当时具备培养干部的优越条件。

---

① 《欧阳泰（自传）》，530–2–6。
② 《陈家齐（自传）》，530–2–6。
③ 《郎明钦（自传）》，530–2–5。
④ 大连市史志办公室编：《关向应纪念文集》，大连出版社 2002 年，第 7 页。
⑤ 《胡子厚（自传）》，530– 2–5。

四、旅莫支部发展对中共组织建设的影响

中共早期组织可分为国内、国外两大部分，国外部分包括旅莫支部、旅欧支部、东京支部、南洋支部等组织，其中，旅莫支部和旅欧支部承担着为组织培养干部的重要使命。不过，旅欧支部频繁遭受法国、德国、比利时当局打压，难以有效训练党员。1923 年初，陈独秀在莫斯科获悉旅欧支部的情况，与共产国际商定，有计划地选调其中的优秀分子到东方大学留学，^① 旅莫支部的重要性进一步凸显。在当时国内组织"受敌人的压迫"的情况下，旅莫支部在莫斯科颇受"保护"^②，它因此成为中共早期发展最为稳定的支部。依靠联共（布）经验，旅莫支部用马列主义政党的标准建设组织和训练干部，颇受认可。1926 年初，有成员称旅莫支部在"训练方面、理论方面、实际方面"有非常成熟的经验，超过专为培养中国革命干部新建的莫斯科中山大学。^③ 旅莫支部干部培养和组织建设的特点主要体现在以下几个方面。

第一，将入党教育放在首位。有些成员表示自己入党是"亲历的社会环境逼迫，生活不安使然"，"历史过程中的经济条件，证明我们除了此路，没有其他的路可走"。^④ 也就是说，他们受外界的逼迫入党，并非完全源于马克思主义的吸引。因此，旅莫支部告诫所属党团员："只凭一时感情冲动，跑到革命道路上来，是靠不住的"，"要养成纯粹革命的人生观，自觉的训练"。^⑤

为此，旅莫支部用马克思主义重塑成员的入党动机。在支部的入党教育中，共产主义既是信仰，也与革命者的言行相关，"一切言论、思想、行动，处处不离共产主义及阶级的利益，并要引导群众奋斗"。^⑥ 这自然引申出对共产党员的具体要求，也就是如何实现无产阶级化的问题。经过学习，旅莫支部成员总

---

① 《赵世炎文集》，人民出版社 2013 年，第 641 页。
② 连德生：《组员每周报告表》（1925 年 12 月 5—11 日），530-1-8。
③ 《陶伙芳（自传）》，530-2-5。
④ 廉文浩：《报告表》（1924 年 11 月 15 日），532-2-127。
⑤ 《旅莫中国共产党支部和中国社会主义青年团关于训练工作具体方针》，王焕琛主编：《留学教育——中国留学教育史料》第 4 册，台湾编译馆 1980 年，第 1729 页。
⑥ 《第九组组员每周报告表》（1924 年 7 月 27 日—8 月 2 日），530-1-5。

结认为，做到在思想上是进化的、极革命的、共产的、集体的、实际的、阶级的，在行动上是勇敢的、坦白的、踏实的、有牺牲性的，在个性上对党是"赤裸裸的"、诚实的、刚毅的、直爽的，对本阶级是友爱的，[①]方才是真正的共产党员。

接受入党教育后，旅莫支部成员普遍提升了对党的认识。1924 年 12 月，关向应进入东方大学中国班学习，接受半个月的训练后，他认识到："党是纯觉悟的份子与真有奋斗精神的作政治运动的先锋队，与无产阶级谋利益，率领无产阶级与资本家奋斗。"[②]不久，旅莫支部指出他存在对"主义认识薄弱"的突出问题。[③]关向应继续提升自己。到 1925 年 3 月底，旅莫支部的阶段鉴定显示，他"对团体忠实明了，思想行动均大有进步，工作努力且有成绩，能虚心地且积极地研究与活动"[④]。

第二，建有精密的组织。旅莫支部要求干部成长"必要有精密组织，严格严训的团体才可"[⑤]。故而，它在成立之初即摒弃一些人按"普通的团体组织法"建设的建议，采用民主集中制原则，实行支部委员会制度，[⑥]由罗亦农任负责人。1923 年 4 月，随着赵世炎、陈延年等人的加入，旅莫支部加快组织建设，设置半年一次任期的支部委员会，换届需经支部大会表决，彭述之、罗亦农、赵世炎组成第一届委员会，彭述之任书记。同时，设置训练部，由彭述之任党训练部主任，赵世炎任团训练部主任。此后，旅莫支部不断完善组织结构。第二期增设研究部，第四期又增设了"中国共产党策略问题研究会""国际状况问题研究会""苏俄现状问题研究会""职工运动问题研究会""编辑委员会""审查委员会"等部门，[⑦]服务于干部培养。

---

① 陈钧：《报告表》（1924 年 11 月 22 日），532-2-120。
② 关向应：《第十四小组组员第十二周报告表》（1924 年 12 月 21—27 日），532-2-123。
③ 《旅莫中国社会主义青年团员第十二期（一九二四年九月—十二月）之总批评》，532-2-1300。
④ 《第十三期各团员总批评》，532-2-130。
⑤ 曾涌泉：《报告表》，532-2-115。
⑥ 抱朴：《赤俄游记》，北新书局 1926 年，第 25 页。
⑦ 中共中央组织部、中共中央党史研究室、中央档案馆编：《中国共产党组织史资料》第 1 卷，中共党史出版社 2000 年，第 697—701 页。

第三，实行制度化的组织生活。旅莫支部强调，"我们的团体是有组织的，我们的个人是这组织中一部分，一切行动应当'集体化'"。①支部成立之初，即将党团员分成5至7人的小组。②之后，小组的作用逐步得到强化。旅莫支部认定"小组是团体的基本组织"，是精细化训练的关键，支部的方针政策要贯彻到基层，"非有小组的组织不可"。③支部将成员全部划入小组中，要求党团员积极训练，"须多多活动，从活动过程中除去有意或无意表现出来之毛病，并须常将自己除病方法及病之真相告诉别人，来互相监督及改勉"。④会议是旅莫支部组织生活的基本形式，分为小组会、小组联席会、组长会议、支委会会议、支部全体大会等。每次会议均有规范化的程序，如小组会一般先是对上次会议任务的反馈与总结，而后是对组员及组外人员的批评，然后进行专题学习和讨论，最后部署任务。

批评是旅莫支部最常见的组织生活方式，包括自我批评和批评同志，即后来国内组织所说的批评与自我批评。列宁1904年即提出党员应"进行自我批评，无情地揭露自己的缺点"⑤。在封闭的环境中，旅莫支部进行普遍、坚决的批评运动，将"批评"视为训练"最要紧的一步工作"，指出党团员"固执、怀疑、自大、虚荣等毛病"都是绊脚石，督促其"在行动上去努力改正"⑥。批评与团体训练杂糅互存，依托从小组到支部的各种会议和日常组织生活开展，以思想汇报、谈话、学习讨论为主要形式，言行举止成为发现问题的落脚点。旅莫支部强调"观察同志的方法"主要在"各方面谈话找得同志的错误"，而后给予正确的批评。⑦

第四，执行铁的纪律。旅莫支部以"铁的纪律"管理组织，要求党团员"每天把自己的毛病结一次总账"⑧，对改正不力者予以严厉惩治。1925年初，旅

---

① 子刚：《报告表》（1924年11月15日），532-2-121。
② 《中国共产党组织史资料》第1卷，第696页。
③ 胡子厚：《组员每周报告表》（1925年12月12—18日），530-1-8。
④ 《组员每周报告表》（1926年1月），530-1-8。
⑤ 参见黄道炫：《抗战时期中共干部的养成》，《近代史研究》2016年第4期。
⑥ 林修杰：《第二组组员每周报告表》（1925年9月13—20日），530-1-5。
⑦ 胡子厚：《组员每周报告表》（1925年11月21日），530-1-6。
⑧ 胡子厚：《组员每周报告表》（1925年11月21日），530-1-6。

莫支部借鉴联共（布）对付托派的方法，每月将各小组相互批评结果制成图表钉于墙壁上，每名成员前后变化和改正成绩一目了然。此法使多数人受到刺激或激励。经过训练，旅莫支部成员以严格的标准要求自己，潘锡光等人自勉道："旅莫团体是革命的制造所，在严格批评之下，要努力求进步。"[1] 当时旅莫支部的训练在中共党内相对严格和系统。李季达等人从西欧赴东方大学中国班学习，接受训练后感慨道："从前总感觉西欧团体的纪律太严，现在则以为西欧团体的纪律太宽。"[2] 为何严格的训练制度能够在青年革命者那里落地？来自国内的史静仪通过对比，认为旅莫支部的"训练都比国内团体好"，因为"莫中团是整个的，同志间都没意见"[3]。

经小组会和支部会逐级评议的个人阶段或最终鉴定，颇能反映个体能力的提升情况。罗亦农是旅莫支部创始人之一，他的能力提升极为明显，1924 年底支部对其阶段鉴定为"富有革命性，对团体极忠实，对于工作极努力负责，且有很好的成绩，有研究且有研究能力，并且有煽动与宣传的才能，和组织的工夫，判断力很敏捷与决事坚决。"李蔚农接受训练刚满一年，同样进步明显，"对团体忠实明了，当组长负责，能引导同志，服务极热心且有成绩，研究有进步，活动积极。"旅莫支部同时批评其存在有时工作态度暴躁、做事欠灵活等问题。[4]

此时，国内党组织发展却面临瓶颈，不但规模有限，而且机构不甚健全。1923 年 5 月，共产国际将"成为群众性的无产阶级政党，在工会中聚集工人阶级的力量"定为中共的"首要任务"[5]，但这一任务迟迟未能完成。秉持建党理念，中共在成立之初的几年坚持质量优先的发展组织方针，未积极主动地"努力去吸收工人"，体现出"过分严守，闭关主义"的特性，制约了组织规模的扩大。[6] 1925 年 1 月，中共建党已 3 年有余，却仅有 994 名党员。青年团

① 潘锡光：《组员每周报告表》（1925 年 9 月 13—19 日），530-1-5。
② 家珍：《第十三组每周报告表》（1925 年 1 月 16 日），532-2-116。
③ 静仪：《报告表》，532-2-126。
④ 《旅莫中国社会主义青年团员第十二期（一九二四年九月—十二月）之总批评》，532-2-130。
⑤ 《布哈林对共产国际执委会东方部给中国共产党第三次代表大会的指示草案的修正案》，《联共（布）、共产国际与中国国民革命运动（1920—1925）》（1），第 256 页。
⑥ 《党内组织及宣传教育问题议决案》（1924 年 5 月），《中共中央文件选集》第 1 册，第 244 页。

员人数相对较多，但增速缓慢，1923 年约有 2000 名成员，到 1924 年 10 月也仅有 2546 人。① 党团员人数少影响了中共推动革命。1925 年 8 月，维经斯基发现中共仍未达到对自发的群众运动进行控制和领导，更未达到"在斗争过程中把它组织起来的高度"，他认为关键原因在于党员"人数不多"，党未完成群众化。② 同时，党组织轮廓在中共三大之前一直不甚清晰，作为志在建立强大群众性政党的中共，尚没有专门的宣传部和组织部，中央没有固定办公地点，中央会议常在蔡和森或瞿秋白住处召开，这导致中央的权责不清，诸多工作靠陈独秀个人的威望和干部的革命热情去推动。

中共虽立志建立严密组织，但因党团员并不熟悉和适应"铁的纪律"，各地组织状况不尽如人意。1923 年 2 月，中共中央特派员吴慧铭发现，济南地方团工作"无人过问"，"简直要令人痛哭流涕！"③ 11 月，陈独秀指出，中国工人的"思想还完全是宗法式的，对政治持否定态度"，只有"极少数人"通过熟人间的"友好关系"入党，"懂得什么是共产主义，什么是共产党的人则更少"。④ 当时中共的工作重心在国共合作，对党组织建设缺乏必要投入。故中共四大提出干部不能以忙于国共合作"为满足"，要将发展组织视为"最重要的问题"⑤。

尽管身在莫斯科，旅莫支部成员极为关心国内组织的发展。1922 年 3 月，罗亦农提出，中共"要赶快整顿起来"，扩大组织规模，"入党的党员，对于智识阶级可以严格，对于工人阶级只要有阶级觉悟就可以。"⑥ 1924 年 7 月，旅莫支部召开大会，确定向中共四大的提案，并委派代表回国参加四大。支部

---

① 《中国共产党组织史资料》第 1 卷，第 51—52 页。
② 《维经斯基给拉斯科尔尼科夫的信》（1925 年 8 月 4 日），《联共（布）、共产国际与中国国民革命运动（1920—1925）》第 1 卷，第 636—637 页。
③ 《吴慧铭关于济南地方团工作情形致仲甫、存统信》（1923 年 2 月 1 日），中央档案馆、山东省档案馆编印：《山东革命历史文件汇集》甲 1，1994 年，第 10 页。
④ 《陈独秀给萨法罗夫的信》（1923 年 7 月 1 日），《联共（布）、共产国际与中国国民革命运动（1920—1925）》第 1 卷，第 262 页。
⑤ 《对于组织问题之议决案》（1925 年 2 月），《中共中央文件选集》第 1 册，第 379 页。
⑥ 《旅俄中国青年共产团团员调查表——罗觉》（1922 年 3 月），495-225-575。

提出，党的工作范围扩大，但党员"非常之少"，应加紧"扩大党的数量"①。至大革命结束，从苏联归国的彭述之、王若飞、任弼时等人担任中央重要干部，上海区委（罗亦农）、广东区委（陈延年）、北方区委（赵世炎、陈乔年）等重要地方组织由旅莫干部任书记或实际负责人，他们以旅莫支部经验积极改善组织工作。

第一，中央明确分工，确立民主集中制。中央建立独立的组织部和宣传部，陈独秀兼任组织部主任；同时设立中央秘书部，处理中央和央地联系等事务，王若飞任主任。②中共中央所在地的上海区委贯彻民主集中制较有代表性。1927年1月，在罗亦农的推动下，上海区委召开全区代表大会，由所属的江浙沪各地按比例选出代表，投票选举区执委。③此举具有首创意义，促进沪区成为上下贯通的整体，对中共地方组织建设具有重要意义。

第二，发展组织方针由质量优先向数量优先转变。"五卅运动"爆发出强大的革命能量，推动中共发展组织方式转型。中共中央认为党组织处在"极须发展之际"，1925年8月改变四大制定的入党程序，推行"变通办法"：将入党介绍人由两名半年以上的党员改为一名不限党龄的党员，"尽量缩短"候补转正期。④10月，中共彻底否定质量优先发展观，认为"这一错误观念乃是党的群众化之唯一障碍"，提出尽力吸收"社会上一切革命分子"，工人是"天然的共产党员，只要他有阶级觉悟及忠于革命，便可加入"，最终实现"数量上发展"。同时"对于革命的工人学生农民免除入党之手续上的繁重形式，工人农民候补期一个月，知识分子三个月"⑤。

第三，强化支部工作。马列主义政党强大的关键在于广泛分布的支部能够对所在地方产生影响。旅莫支部具有较强的支部工作经验，积极改变之前支部

① 《中国共产党旅莫支部对中国共产党第四次大会意见的提案》，http://sd1925.shhk.gov.cn/content/NewsNo05 7415908084.html，访问日期：2021年6月19日。
② 《中国共产党组织史资料》第1卷，第25—26页、42页。
③ 《上海区委通告 枢字第一〇三号》（1927年1月13日），中央档案馆、上海市档案馆编印：《上海革命历史文件汇集》甲2，1986年，第142—144页。
④ 《中央通告第五十三号——介绍新党员之变通办法，各团体中党团的组织与任务》（1925年8月31日），《中共中央文件选集》第1册，第450页。
⑤ 《组织问题议决案》（1925年10月），《中共中央文件选集》第1册，第474页。

工作散漫的情况。为便于精细化运转，缩小支部规模，中共四大将之前"有五人以上可组织一小组"修改为"有三人以上即可组织支部"①。1926年又提出"一切工作归支部"的口号，强调"党的基础是支部"，"支部是党在各种社会中的核心"，支委会要承担任务发挥作用，每名支部成员都要有工作。②

经过改造，中共的组织建设发生较大变化。全党实现了下级服从上级、全党服从中央，民主集中制得以落地，组织规模明显扩大。在旅莫支部1925年秋季入学的72名革命者中，26人在1925年加入组织，大部分在"五卅运动"后加入。1925年10月，中共党员达3000余名，比年初四大时的人数多出两倍有余；团员人数也达到9000余人。③在革命中心上海，"五卅运动"前5年共有党员295名，放宽标准后，在短短4个月增加了785人，④远高于全国平均增速。

1926年后，中共提出"从研究的小团体到群众的政党"口号，延续宽口径发展党员政策。在1925年10月基础上，1926年9月党员数增加"三倍以上"⑤。10月，陈独秀提出发展党员是组织和每位党员的义务，强调"不急谋党员数量上的增加，便是对党怠工，便是一种反动行为"。针对数量优先和质量优先之争，他提出"数量上的增加可以改善质量"的理念，大量工人和农民入党可"使党革命化"，可在实践中提高他们。故陈独秀要求到中共五大前，党员人数要由2万增加至"四万以上"，团员总数亦要增加1倍。⑥1927年4月五大时，党员人数已达57967名，团员人数已从一年前的10072名发展至37638名，⑦远超陈独秀的预期。

当然，组织改造之后也存在一些问题，主要表现在组织规模扩大提高了对

---

① 《对于组织问题之议决案》（1925年2月），《中共中央文件选集》第1册，第381页。
② 《赵世炎文集》，第567—568页。
③ 《中国共产党组织史资料》第1卷，第27、51—52页。
④ 《上海区委组织报告》（1925年9月27日），《上海革命历史文件汇集》甲1，第39—40页。
⑤ 《组织问题议决案》（1926年9月），中央档案馆编：《中共中央文件选集》第2册，中共中央党校出版社1989年，第179页。
⑥ 《陈独秀给各级党部的信——对于扩大党的组织的提议》（1926年10月17日），《中共中央文件选集》第2册，第635页。
⑦ 《中国共产党组织史资料》第1卷，第52—53页。

党员教育的要求，但党的"工作与教育缺乏启发式的精神，都是由上级机关纯用命令执行"，下级缺乏主动性和积极性。[①] 当时动员群众逐渐形成公式："群众只要简单的口号"，甚至出现让党员死记硬背工作方法的情况，瞿秋白批评这是"看轻群众"，"收效很少"。[②] 旅莫支部归国干部王若飞亦深有感触，他在1928年中共六大时，批评过去几年的组织政策"搬了些莫斯科的东西回去，实际上是几个名词"，因此未能真正建立组织基础，"只是命令式委派式的工作"。[③]

细加分析，这一问题与旅莫支部的训练有关。它严格训练干部，反对研究性学习，[④] 使成员对主义缺乏深入理解，助长了教条主义。莫斯科缺乏革命实践土壤，旅莫支部的批评运动陷入对成员生活琐事和个人品性的批评，最终使干部训练机械化。1925年秋，莫斯科中山大学开始办学，旅莫支部负责管理中山大学的中共选派学生。中山大学学生数量远比东方大学中国班多，他们认为旅莫支部的训练未能尊重学生，往往以个人批评名义控制学生日常生活，给很多人带来巨大心理压力。中山大学与东方大学不同校，学生有更多的表达渠道，他们通过各种方式反对旅莫支部式的训练，使旅莫支部训练严格的问题被放大。共产国际于1926年5月取消中共旅莫支部，中国班归联共（布）东方大学党支部局管理，中山大学学生由联共（布）中山大学党支部局负责训练。

结　语

旅莫支部成员选择加入中国共产党，虽有不同原因，但他们普遍遭遇家庭和社会压迫，有着救国理想破灭、信仰迷失等经历，这些情况是当时青年境遇

---

① 罗亦农：《最近政治党务的概况及今后上海工作进行之方针》（1926年12月25日），《上海革命历史文件汇集》甲2，第122页。

② 《瞿秋白文集·政治理论编》第4卷，人民出版社2013年，第526页。

③ 《第十号王若飞在组织报告讨论时的发言》（1928年6月30日），中共中央党史研究室、中央档案馆编：《中国共产党第六次全国代表大会档案文献选编》下卷，中共党史出版社2015年，第671页。

④ 《旅莫中国共产党支部和中国社会主义青年团关于训练工作具体方针》，《留学教育——中国留学教育史料》第4册，第1729页。

的缩影。旅莫支部成员通过各种渠道接触马克思主义后，逐渐产生共鸣，走上革命道路，彰显了觉悟青年的时代选择。面对这部分青年入党后普遍存在对主义和党了解不深的情况，旅莫支部进行入党教育，使其成为真正的马克思主义者。

处在莫斯科的旅莫支部按照联共（布）模式发展组织和训练干部。它建立精密的组织，执行"铁的纪律"，用制度化的组织生活训练党员。经过训练，旅莫支部成员的能力获得提升。1925 年中共四大后，在旅莫支部归国干部担任从中央到地方的重要干部后，中共进行组织改造。尽管改造也存在命令主义等问题，给后续党组织的发展带来一定负面影响，但经过改造，中共中央的分工得以明确，中央到地方的组织结构逐渐清晰，党组织规模显著扩大，党组织的动员能力得到增强，为之后党的发展壮大奠定了良好基础。

（孙会修，北京师范大学历史学院讲师）

第一次国共合作
的启迪

论第一次国共合作的昭示性

王 杰

摘要: 20世纪20年代的第一次国共合作,以1924年1月中国国民党第一次全国代表大会召开为标志,堪称近代中国旧民主主义革命向新民主主义革命过渡的"里程碑"事件,它推动了中国国民革命运动的高涨,谱写了新民主主义革命的不朽篇章。本文试图以"昭示性"切入,从三个层面从新审视国共合作的伟大功用:三大政策催生新民主主义革命的萌发,统一战线绽放民主革命奥区的"广州(东)制造",黄埔军校孕育了中国共产党建军的摇篮。旨在揭示——在广州发现世界的新视角,同时呈现了中国新民主革命运动开篇的新样态。

关键词: 孙中山 首次国共合作 三大政策 国民革命 "广州制造" 黄埔军校

1924年初,以中国国民党第一次全国代表大会为标志,拉开了第一次国共合作的大幕,推动了近代中国民主革命运动的高涨,谱写了新民主主义革命的不朽篇章。关于第一次国共合作推动中国近代民主革命发展的伟大意义的探讨,前人已取得了不少成果。本文从新审视,即试图阐释国共合作的伟大功用在于它的"昭示性"——三大政策催生新民主主义革命的萌发,统一战线绽放民主革命奥区的"广州(东)制造",黄埔军校孕育了中国共产党建军的摇篮——从而揭示在广州发现世界的新视角,同时呈现中国新民主主义革命运动开篇的新样态。

一、三大政策催生新民主主义革命的萌发

国民党一大标志性的伟大成果，是确立"联俄、联共、扶助农工"的三大政策。这一政策，作为时代的产物，乃是孙中山及其领导下的中国国民党顺应历史发展的潮流，适乎国、共、俄三方共同迫切的意愿和取向，切合时代革命和国共两党合作的政治基础，从而催生了中国旧民主主义革命向新民主主义革命发展的契机。

三大政策催生新民主主义革命的萌发，表现在三个层面：

一是"联俄"。"联俄"是孙中山三大政策思想的源头，是他首创三大政策的诱因。

从学习西方的角度说，乃是他第二次迎接西方前沿学说的冲击，无疑这又是一次全新的抉择，展现了孙中山与时俱进的精神风貌和先锋品格。

1916 年夏，袁世凯帝制复辟闹剧收场，孙中山苦心孤诣缔造的中华民国仍在军阀割据之中飘摇，为捍卫民主共和成果，继续振兴中华之愿，孙中山陷入了新的艰难探求之中，值此期间，苏俄传来十月革命胜利的喜讯 经过几年的互动、比鉴与思考，孙中山认定，"今日革命非学俄国不可"，"我党今后之革命，非以俄为师断无成就"。[1]

孙中山赞叹十月革命的成就缘由有："俄国革命在中国之后，而成功却在中国之前。其奇功伟绩，真是世界革命史上前所未有。"[2] 孙中山为之做过深刻的省思："同是革命，何以俄国能成功，而中国不能成功？盖俄国革命之能成功，全由于党员之奋斗。一方面党员奋斗，一方面又有兵力之帮助，故能成功。吾等欲革命成功，要学俄国的方法，组织及训练，方有成功的希望。"[3]

---

[1] 《致蒋中正函》，广东省社会科学院历史研究所等编：《孙中山全集》第十一卷，中华书局 1986 年，第 145 页。

[2] 《关于列宁逝世的演说》，《孙中山全集》第九卷，第 136 页。

[3] 《在广州大本营对国民党党员的演说》，《孙中山全集》第八卷，第 436—437 页。

孙中山由此找到困惑多年的症结。他进而指出，"列宁先生之思想、魄力、奋斗精神、一生的功夫，全结晶在党中"，[①] 这便是中国革命的楷模。

经过与苏俄代表的交往与沟通，孙中山对推崇苏俄道路有了进一步的认知。他认为："美国、法国、俄国都是世界上很强盛的国家，推原它们强盛的来历，都是由于革命成功的。就这三个革命成功的国家比较，成功最大的也是俄国。俄国革命的结果，不但是把政治的阶级打到平等，并且把社会上所有资本的阶级都一齐打到平等。"[②] 何为关键者？"推究俄国革命的发起人，是由于三种人，叫作农工兵。故俄国现时的政府，又叫作农工兵政府，是由于农工兵三界人民派代表所组织而成的。"[③] "应该指出，孙中山革命伊始，曾对美国和法国的民主模式充满憧憬，然而，经过民初年间的尝试，西方的民主范型并没有适应中国的水土，而新生苏维埃政权的取向给予孙中山无限的希望与信心（尽管他对苏俄还欠缺理性与科学的研究）。"因为"俄国革命，不但是皇帝的压迫要反对，就是列强的压迫也要反对，和全世界资本制度的压迫都一齐反对"[④]，这正是孙中山梦寐以求的救国坦途。

孙中山还从俄国对世界无产阶级社会主义革命的支持，领略到激励与信心，吸取了新的思想养分与鼓舞的力量。

联俄思想的确立，从时代特点和革命氛围上看，世界已经步入无产阶级社会主义革命的时代，恰好给中国旧民主主义革命指明了新民主主义的方向。孙中山领导下的国民党主动联俄，预示着孙中山领导的民主革命事业将要步入世界革命的范围，客观上正在孕育着新民主主义的胚胎，催生新民主主义革命的新宠儿。

二是"联共"。这是孙中山首创三大政策的动力，可以看作推动三大政策的外因。

从中国共产党方面而言，它的诞生，无疑得益于辛亥革命的推动及民初思

---

① 《关于列宁逝世的演说》，《孙中山全集》第九卷，第 136 页。
② 《三民主义·民权主义》，《孙中山全集》第九卷，第 289 页。
③ 《对驻广州湘军的演说》，《孙中山全集》第九卷，第 504—505 页。
④ 《对驻广州湘军的演说》，《孙中山全集》第九卷，第 504。

潮的孕育。在共产党人看来，孙中山是民主革命先导，又是民主革命盟友，现时的国民党不失为真正的革命政党。虽然，中国共产党的马克思主义理论基础和实现共产主义的奋斗目标与国民党的主义目的有区别，但是，由于中国处于半殖民地半封建社会，推翻帝国主义与封建主义的统治，完成民主革命的任务，是无产阶级进行阶级解放的首要任务与先决前提。中国共产党必须积极参与和领导完成这一任务。如果把民主主义革命分为"旧""新"两个阶段的话，就是首先要完成旧民主主义革命任务，而这一阶段的任务正好与国民党的任务相一致。因此，正待成长壮大的共产党有必要团结一切可以调动的革命民主派，尽早完成旧民主主义革命的任务。

为了推动民主主义革命力量的集结，1922年7月，中国共产党二大确立了民主革命"进行时"的纲领："（一）消除内乱，打倒军阀，建立国内和平；（二）推翻国际帝国主义的压迫，达到中华民族完全独立；（三）统一中国本部（东三省在内）为真正的民主共和国"。努力促成国内反帝反封建民主革命统一战线的形成。明确要与现时"比较是革命的民主派，比较是真的民主派"的、但有明显弱点"实有改变的必要"的国民党加强合作。翌月，中共中央在西湖召开特别会议，决定接受孙中山的要求，共产党员以个人身份加入国民党，以便在国民党内部协调改组。孙中山亲自为李大钊等共产党人参加国民党主盟，表示："你尽管一面做第三国际党员，一面加入本党帮助我。"①孙中山也确实以真诚的态度给予共产党员热情的信任，委以负责改组国民党事宜的重任，如参与起草国民党一大宣言、党纲和党章草案，协助各地方干部的训练等要职。共产党人也尽心尽力工作，为"振兴国民党以振兴中国"②。

中国共产党党员加入国民党，使共产党人的先锋模范表率作用得到淋漓尽致的发挥，无形中也焕发了国民党员为本党担当和牺牲的革命朝气，进而推动国民党扶助农工政策的实施。由于共产党人积极参与对农工运动的领导，以反帝反封建为目标的民主革命力量得到迅速的集结与壮大，从而为新民主主义革命运动逐渐夯实了革命的基础。

---

①　《中国国民党第二次全国代表大会政治报告》。
②　李大钊：《狱中自述》。

三是"扶助农工"。这是孙中山三大政策的内核，是孙中山和国民党人促成三大政策的内因。①

从孙中山及其国民党方面说，从新解释三民主义的理论，并把它当作党的新纲领，为旧民主主义革命向新民主主义过渡铺垫了正确的路轨。

孙中山不愧是中国旧民主主义革命的开创者和伟大旗手。他为了振兴中华，"致力国民革命，凡四十年"，然而，这毕竟是一条异常艰难的道路，辛亥革命推翻了清朝政府，结束了两千多年的君主专制政治，建立了不朽的历史功业。严酷的现实是，十三年过去，中国的政治文化生态依旧没有向着民主主义道路健康发展——帝国主义、封建主义统治中国的局面没有从根本上发生改变："去一满洲之专制，转生出无数强盗之专制，其为毒之烈，较前尤甚。"更为揪心的是，孙中山和他的战友"三十年来精诚无间之心，几为之冰消瓦解，百折不回之志，几为之槁木死灰"②。路在何方？

1917 年苏俄十月社会主义革命犹如一声春雷，开辟了人类历史的新纪元，为世界革命指明了航向。接着，中国爆发了五四运动。1921 年，共产党诞生，中国工人阶级开始登上政治舞台。中外政局的急剧变动，拨亮了孙中山的眼光，他于 1919 年 10 月将中华革命党改组为中国国民党，有意识加强党的思想与组织建设。③因为，以往革命没有获得彻底的成功，乃是缺乏一个具有明确的反帝反封建的纲领作为行动的指引，以及没有一个纪律严明的革命政党的坚强领导。

改组国民党工作走上正轨，以 1921 年 12 月下旬孙中山在桂林会晤马林为标志，马林向孙中山提出改组国民党、建立党的革命武装等建议。随后，廖仲恺被委以担任改组的主要角色。

适值孙中山等人着手推进改组国民党工作期间，曾被委以重任的陈炯明于 1922 年 6 月在广州发动兵变，围攻总统府，酿成"祸患生于肘腋，干戈起于

---

① 参见拙作:《论三大政策的时代性》,《孙中山和他的时代——孙中山研究国际学术讨论会文集》中册，中华书局 1989 年。

② 《孙文学说——行易知难（心理建设）自序》,《孙中山全集》第六卷，第 158 页。

③ 据廖仲恺回忆，此时已着手党务整顿："改组党务，为本党五六年来认为最重要之问题"。参见廖仲恺:《在上海党员大会上的发言》,《广州民国日报》1923 年 12 月 31 日。

肺腑……国事为所败坏，党义为所摧残，文以诸同志为所牺牲"[1]。沉痛的教训，使孙中山更加清醒地意识到，"国民党正在堕落中死亡，因此要救活它就需要新血液"。[2] 同时，他已真切地体会到新兴的中国共产党是国民党可以信任的同道和朋友——"这些人是他的真正的革命同志"，"在斗争中他能依靠他们的明确的思想和无畏的勇气"。[3] 从而他更加下定决心联合共产党人并肩奋斗。廖仲恺先后与苏俄特使谈及合作问题。他特别注重加强发展党的组织从下层做起："倘非从下层多做功夫，而徒拘泥于上层之干部，必不足以负此伟大责任。"[4]

至国民党一大召开前夕，国民党的改组事务"办理甚为完满"，廖仲恺的兴奋之情溢于言表："国民党近日之活动。甚有朝气。国内各小党如共产党较为著者，亦一致加入吾党，以图合作，则前途之顺通，可预卜也。"他信心满满："盖如本党改组后，积极进行，北方各省之革命风潮，益蓬勃而起，不可遏止。"[5]

国民党接受共产党员以个人的身份加入国民党，表明共产党员可以在国民党内发表政见，将共产党的某些积极的革命主张提交在国民党内讨论，甚至形成国民党的决议，有利于新民主主义的决议在国民党内贯彻，有效地推动了新民主主义思想的发蒙与施行。"联俄"，在一定意义上说，是与国际上的无产阶级携手建立统一战线，开拓了国外的联合阵营，为中国民主革命步入世界革命新阶段奠定了国际革命的统战基础。

二、统一战线绽放民主革命奥区的"广州（东）制造"

由国共合作掀起和推动的民主革命统一战线，首先在广东革命策源地得到实践和检验。这一伟大实践，得益于广东天时、地利、人和氛围的滋养与扶助，

---

① 《致海外同胞书》，《孙中山全集》第六卷，第 549 页。
② 宋庆龄：《儒教与现代中国》，《宋庆龄选集》，人民出版社 1992 年，第 109 页。
③ 宋庆龄：《孙中山和他同中国共产党的合作》，《人民日报》1962 年 11 月 12 日。
④ 《中国国民党十三年改组史料》，罗家伦主编：《革命文献》第 8 辑，1955 年，第 77 页。
⑤ 《广州民国日报》，1924 年 1 月 9 日。

换句话说，统一战线成果的绽放，也反哺了民主革命奥区的"广州（东）制造"。

"广州（东）制造"，可高度勾勒为三个层面：

一是推动了广东本土即"革命大本营"民主革命力量的升涨与革命运动的高涨，为东征平叛和北伐战争夯实了大后方的基础。

在中国共产党和共产国际的帮助下，统一战线的显著成果主要表现在"扶助农工"的举措上迅速扎根开花。孙中山在强调"唤起民众"的基础上，尤为强调农民阶级与工人阶级的参与和担当。他强调："农民是我们中国人民之中的最大多数，如果农民不来参加革命，就是我们革命没有基础。国民党这次改组，要加入农民运动，就是要用农民来做基础，要农民来做本党革命的基础。"①同理，在论述工人阶级在反对帝国主义、废除不平等条约斗争的地位与作用时，指出："工厂既有了团体，要废除中外不平等的条约，便可以做全国的指导，作国民的先锋，在最前的阵线上去奋斗。"②正是基于对时局走向和革命力量的认知，《中国国民党第一次全国代表大会宣言》认定，"国民革命之运动，必恃全国农夫、工人之参加，然后可以决胜"，阐明国民党的历史使命必须是"谋农夫、工人之解放"，"质言之，即为农夫、工人而奋斗，亦即农夫、工人为自身而奋斗也"。③为了强化统一战线的凝聚力与战斗力，孙中山强调对农团军、工团军灌输三民主义的教育，在农民工人中发展和壮大国民党党员的队伍，以进一步发挥国民党的先导作用。

有一则史料具体而真实地诠释了此间国民党迅猛发展的归因效应。时任广州市市长伍朝枢于 1925 年 7 月《训令五局各职员须一律加入国民党由》令饬：

为令遵事，查本厅暨所属各局，所有在职人员，均须加入国民党，历经办理有案，现值市政刷新，各局改组之际，亟应照案赓续办理，其办法如下：

（一）该局所属职员，如有先经入党者，须由局调验党证，填明入党年月日及号数，列表报厅；

---

① 《在农民运动讲习所第一届毕业礼的演说》，《孙中山全集》第十卷，第 555 页。
② 《中国工人所受不平等条约之害》，《孙中山全集》第十卷，第 149 页。
③ 《中国国民党第一次全国代表大会宣言》，《孙中山全集》第九卷，第 121 页。

　　（二）其未经入党者，限于文到后五日内，一律入党，仍照前列表呈报，以上办法，除分令外，合令仰该局，即便遵照办理，刻日具报毋违，切切此令。[①]

　　广州市政府训令政府职员国民党员化，有力地推动了广州市及广东省内国民党组织的发展壮大。同时，借助统一战线的推动，中共广东区委也有意识地不失时机地抓紧党的建设，办党校、出党刊，努力发展中共组织——中共的目标和纪律非常严明："我们加入国民党，但仍旧保存我们的组织，并须努力从各工人团体中，从国民党左派中，吸收真有阶级觉悟的革命分子，渐渐扩大我们的组织，谨严我们的纪律，以立强大的群众共产党之基础。"

　　当陈独秀于 1920 年 12 月在广州成立第一个马克思主义小组的时候，[②] 英雄的五羊城从此揭开了共产党历史的新篇章。相对而言，因为"在广州有充分的行动自由"，比较宽松的社会氛围有利于培育马克思主义中国化的最初成果。果不其然，借力于国共合作的东风，中共的党组织此间在广州得到了健康的发展。

　　广州是马克思主义运用于中国实际、与中国革命实践结合较早的地区。换言之，则是马列主义中国化最早的试验区。陈独秀此间三下羊城，把马克思主义理论运用于广东党组织的创建。共产党人积极参与黄埔军校的创建，在学生中宣传马列主义；运用马克思主义理论指导广东的工农运动，并将国民革命运动推向全国。1923 年至 1926 年间，毛泽东三临广州，出席中共三大、主办农民运动讲习所、代理国民党中央宣传部长和主编《政治周报》，得到了躬身实践的政治锻炼。在广州，毛泽东运用马列主义基本原理深入探讨中国的基本国情，对中国革命的特点及其道路进行了睿智的探索，对统一战线思想、无产阶级革命领导权、农民问题理论等方面进行了初步阐述，于 1925 年 12 月在广州《革命》半月刊发表了《中国社会各阶级分析》一文。该文开启了马克思主义中国化的尝试，奠定了毛泽东阶级分析的理论基础。不言而喻，广州（东）是

----

① 伍朝枢：《训令五局各职员须一律加入国民党由》（训令第一二号，七月十日发），广州市政府五局为财政局、公安局、工务局、卫生局、教育局。参见《广州市政府市政公报》1925年第 187 期，第 39 页。原件藏广州市国家档案馆。
② 陈公博：《我与共产党》，《寒风集》（甲），地方行政出版社 1945 年，第 225—227 页。

毛泽东提出新民主主义革命基本思想的重要实验场与孕育地。

其时，共产党领导人陈延年获悉鲁迅先生南下广州，并有创办书店的打算，即躬亲安排中山大学学生、共产党员毕磊主动与鲁迅先生接洽，既帮助鲁迅尽快熟谙广州地理、时局，也能使其与中共保持通畅融洽的关系。鲁迅将"北新书屋"开办在芳草街，此地乃是与中共首脑的集结地——距广州农民运动讲习所仅一巷之隔，二者之间是否有关系，以及其间关系深度如何，则有待日后相关史料的挖掘和研究。

中共广东区委发展的一个特点是党员人数多。有统计，1925 年 9 月至 1926 年 9 月一年间，广东的共产党员数量从 400 人发展到 1000 人；至 1927 年中共五大时，在全国共约 6 万名党员中，广东党员将近 1 万人，比例很高。另一个特点是管辖范围广，除广东、广西外，还统领福建、云南和南洋。再一个就是主持广东区委工作的干部力量比较强，从周恩来、陈延年到张太雷等人，都是党内很重要的领导干部。他们在广东的历练，从思想、组织和军事等方面，为后来中共独立自主地领导中国革命奠定了坚实的基础。

统一战线成立后，广州的工农力量蓬勃发展。

广州工人组织先是在行会的基础上建立工会组织。孙中山曾多次在工人中发表演说，并制定《工会条例》，指导和领导工会运动。孙中山还积极支持成立"广州工团军"。为了应对"商团"不断扩充军事力量的威胁，受孙中山之命，1924 年 8 月 27 日，中共在广州组建了"工团军"。这是广州地委领导的第一支革命军事武装，由广州工代会执行委员会直接指挥，共产党人施卜、刘公素、胡超等担任了工团军的正副团长。工团军的任务主要是保护工人利益、辅助革命政府。在同年 10 月商团事件中，工团军奉命参加相关平叛商团军的战斗。工团军平叛任务结束，即于当月底宣告撤销。

广州工会发展迅猛。据刘尔崧 1926 年 12 月在国民党广东省第二次全省代表大会上的报告记载，广东"总共工会 737 个，会员 466532 人"[1]。工人运动的发展，表现在行动起来的觉悟与力量。

---

[1] 卢权、褟倩红编：《广东早期工人运动历史资料选编》，广东人民出版社 2015 年，第 49 页。

省港大罢工（1925.6.19—1926.10.10）是震惊中外的反帝爱国运动，充分展示了国共合作统一战线的工人运动的伟大成果，也是中国共产党在广州领导中国工人运动的一个高峰。罢工伊始，特别是沙基惨案发生后，成立不久的黄埔军校多次发表宣言，明确表态支持和拥护省港大罢工；1925年6月24日，举行援助省港罢工工友大会，会上决定凡是军校人员月薪在30元以上者，需要捐献十分之一作为援助工友的费用。6月23日沙基惨案之后，工人阶级认识到掌握武装力量的重要性，1925年7月3日中华全国总工会省港罢工委员会决定成立工人纠察队，在省港工人纠察队组建过程中，黄埔军校给予了大力支持，黄埔军校人员徐成章担任罢工纠察队的总教练，还从黄埔军校第二期中抽调出15名教练员，全力支持工人武装队伍的训练。

省港大罢工是第一次国共合作下国共两党共同领导的一次成功的反帝斗争运动。此次大罢工沉重地打击了帝国主义，对巩固广东革命根据地和准备北伐战争，起了巨大作用。大罢工历时1年零4个月，是世界工运史上时间最长的一次大罢工。罢工委员会采取罢工、排货、封锁3项措施同英帝国主义做斗争，工人纠察队在各海口驻防，东起汕头，西至北海，对千里海岸线实行封锁，使香港经济活动陷于全面瘫痪，航运停顿，进出口贸易锐减，商业萧条，有效地打击了英帝国主义在香港的经济统治。罢工委员会还规定"特许证"制度，此举打破了各帝国主义一致对付广州的局面，并争取了广东商人的中立，稳定了广州金融，为巩固广东革命策源地奠定了坚实的基础。

此时，农民占全国人口的百分之八十以上，发展农民参加民主革命，乃是中国革命成功之基础。农民运动的发动与兴起，在很大程度上归功于广州农民运动讲习所的创办。自1924年7月3日彭湃主持第一届农民运动讲习所以后，共产党人在农民运动讲习所培养的革命骨干学成毕业，大多深入农村，"毕业后返回各地"，[①]以搞农民运动为工作重心。"十一月，炳辉以优异的成绩在农讲所结业，即被任命为中央农民部特派员，往郊区负责领导各县的农民运

---

① 中共广东省委党史研究委员会、中共广东省委党史资料征集委员会编：《中共广东党史大事记（民主革命时期）》（内部发行），广东省内部刊物登记号第63号1984年，第32页。

动"。①1925 年 5 月，广东省农民协会成立后，农民运动渐次升温。卢克文后人也记曰："一九二五年夏，卢氏从农讲所结业后，受命于省委，同彭湃、林苏一道到了海、陆丰工作，在此期间，经彭、林二人介绍加入了中国共产党"，②并没有意识到占据广州的重要性。农民运动讲习所第一届学员黄学增，是中共南路地方组织主要创建者，也是南路农民运动的拓荒者、著名领导人，在他的发动和领导下，吴川县 1926 年夏农会会员发展至 3 万人；是年底，广东南路（海康、遂溪、吴川、廉江、化县、电白、信宜、茂名等）15 个县农民运动发展迅猛，农协会员发展至 12 万人。③据记载，1926 年 12 月广东"全省农协会员已在一百万以上"④。

毋庸讳言，斯时的广州（东）确实成了中国民主革命的中心，有识之士向往的圣地。蔡和森曾于 1926 年上半年应莫斯科中山大学旅俄支部邀请作报告时，对广东的局势做过由衷的赞许："广东政府在中国的影响，就如苏联对世界资本主义国家影响一样……广东政府发展对中国革命前途有很大关系。"无疑，这是对"广州（东）制造"效应的最形象的比喻。

二是广州（东）的革命成果和经验辐射全国，同时输入内地，推动了全国民主革命运动的勃兴。

孙中山建立统一战线的目的，是推进国家的统一，完成民主革命大业。他指出："想推翻北方的军阀官僚，统一中国，想把中国变成很强盛的文明国家，不只南方革命党有这种思想，就是北方军队、学生和一般有觉悟的人民，都有这种思想，这就是全国人民现在的心理，这就是全国人民现在要做的大事。"⑤他告诫国民："统一是中国全体国民的希望。能够统一，全国人民便享福，

---

① 中共花县县委党史征集领导小组办公室编：《花县党史通讯》（内部资料），1988 年第 3 期。

② 中共花县县委党史征集领导小组办公室编：《花县党史通讯》（内部资料），1988 年第 5 期。

③ 《广东南路各县农民政治经济概况》，转引自吴川市革命老区发展史编：《吴川市革命老区发展史》，广东人民出版社 2021 年，第 31 页。

④ 广东省档案馆、中共广东省委党史研究委员会办公室编：《广东区党、团研究史料》（1921—1926），广东人民出版社 1983 年，第 495 页。按：此数目与本文下文之表格数目有出入，有待研究核定。

⑤ 《对驻广州滇军的演说》，《孙中山全集》第九卷，第 646—647 页。

不能统一便要受害。"①

　　遵循这一宗旨,在广州开办的全国农民运动讲习所,以第六届为例,学员来自全国二十个省区,计三百多人。学员毕业后,派往全国各地指导农民运动,有力推动了全国农民运动的兴涨。

　　在毛泽东等共产党人的发动和支持下,湖南农民运动发展迅猛(表1)。至1926年底、1927年初,农协会员发展到两百万,能直接领导的群众达一千万。湖南农民运动的发展与高涨,使广大农村发生了深刻的革命变化,给国民革命的北伐大业以有力的支持,推动了北伐军势如破竹的胜利进展。

几个主要省份农会会员人数表②

年份	1926 年 6 月		1927 年 6 月	
	会员数(人)	占全国百分比(%)	会员数(人)	占全国百分比(%)
广东	647766	66.0	700000	7.6
湖南	38150	3.9	4517140	49.4
湖北	4120	0.4	2502600	27.3
江西	1153	0.1	382617	4.2
河南	270000	27.5	245500	2.7
全国	981442	——	9153093	——

　　亲身参与领导和指导农民运动的毛泽东深有感触地说:"孙中山先生致力国民革命凡四十年还未能完成的革命事业,在仅仅两三年之内,获得了巨大的成就","这是两党结成了统一战线的结果"。③从中国共产党组织发展的角度看,亦是成果喜人,及至1927年中共五大召开,党员已达5万余人;在铁锤镰刀的旗帜下,"已经组织起来"280万工人和900万农民——"本党已成为群众的党了"。这局面是何等的惊人!

　　三是为亚洲国家昭示了民主革命的新路径。

---

① 《在神户与日本新闻记者的谈话》,《孙中山全集》第十一卷,第373页。
② 《第一次国内革命战争时期的农民运动资料》,人民出版社1983年,第65—66页。
③ 《国共合作成立后的迫切任务》,《毛泽东选集》第2卷,第335页。

孙中山在广东开创以"联俄、联共、扶助农工"三大政策为中心的统一战线，在客观上接受了社会主义发展的前途，体现了历史发展的必然，也给亚洲各国殖民地、附属国人民昭示了一条谋求民族解放和新民主主义的方向和路径，吸引了亚洲民主革命的领导（越南、朝鲜等）前来学习与培训，促进了亚洲地区被压迫人民民族解放运动的兴起。孙中山十分同情和支持东方被压迫民族和殖民地人民的民族革命，因而吸引了一批殖民地国家的革命志士不远千里，来到广东追求民族独立运动，广东地区也成为东方被压迫民族进行独立运动的培训基地。

1924 年 12 月中旬，胡志明从莫斯科来到广州，取名李瑞，公开职务是苏联顾问鲍罗廷的翻译。[1]1925 年 6 月，胡志明在改组越南革命组织"心心社"的基础上，成立了越南青年革命同志会，胡松茂、黎鸿峰等人是早期会员。[2]越南青年革命同志会是越南共产党的前身，是越南第一个以马克思主义理论为指导而成立的革命组织。[3]为了培养民主革命骨干，从 1925 年下半年到 1927 年，胡志明组织在穗越南青年开展政治训练，训练班举办了三期，第一期学员 5 人，第二期 15 人，第三期 30 人，越南革命领导人范文同、黄文欢等干部就是从这个训练班走出来的。[4]为了办好训练班，胡志明除了自己亲自撰写讲稿和授课外，[5]还邀请周恩来、张太雷、李富春、彭湃等人前往讲课，[6]同时，又挑选一批优秀青年进黄埔学校学习军事和政治，"在我们的学生当中有约 30 个越南人。他们都是很严肃的人，积极劳动，努力学习。他们知道，想建立工农的政权，就要拿着武器战斗，而且只有军事知识才能帮他们保卫政权"。[7]

韩国独立运动的主要团体，如广州中韩协会、留粤韩国革命青年会、《勇进》学会以及韩国独立党、朝鲜民族革命党和韩国国民党等团体或政党，也纷

<hr>

[1] ［越］胡志明：《中国革命与越南革命》，［越］《人民报》1961 年 7 月 1 日，［中］《人民日报》1961 年 7 月 3 日。
[2] 《致共产国际主席团函》，《胡志明全集》第 2 集，（河内）国家政治出版社 2000 年，第 141 页。
[3] ［越］越南共产党中央委员会：《党的前身组织》，（河内）党史研究班出版 1977 年，第 82 页。
[4] ［越］丁春林：《越南历史大纲》第 2 集，（河内）教育出版社 2000 年，第 267—268 页。
[5] ［越］怀青：《胡伯伯》；黎孟桢：《在广州和暹罗的日子》，（河内）越南外文出版社 1962 年，第 92 页。
[6] 张文和：《生活中的周恩来》，解放军出版社 1999 年，第 351 页。
[7] ［越］范生：《胡志明心中的孙逸仙》，越南历史科学会、河内综合大学历史系等编：《纪念辛亥革命 80 周年（10-10-1911-10-10-1991）研讨会论文集》，1991 年。

纷在广州展开独立运动培训。

　　20 世纪 20 年代伊始，韩国独立运动志士千里迢迢来到广州，实践着把韩国独立运动与中国革命联系在一起，积极投身中国民主革命洪流。留粤韩国革命青年会主要是由黄埔军校和国立中山大学的留学生于 1926 年在广州创立，包括黄埔军校韩国籍教官孙斗焕以及义烈团团长、黄埔军校学员金元凤、吴成崙、金山与中山大学的留学生金星淑等人。留粤韩国革命青年会，其成员以义烈团的主要人物为主，会员三百余名，为广东地区 1926—1927 年最有力的韩人独立运动团体。其主要活动，一是承担韩国流亡青年入学黄埔军校和中山大学的担保工作，金东轼、金镇东、金东秋、金正石、安偶生、徐义骏、金凤洙等韩国独立运动的骨干均是由留粤韩国革命青年会担保入读中山大学的。二是由金星淑负责创办留粤韩国革命青年会团体机关刊物《革命运动》，对韩国革命与中国革命、民族问题以及革命指导权问题等进行宣传，主张韩国革命家为了民族解放应该自觉参加中国大革命，以打倒中韩两国人民的共同敌人——日本帝国主义。三是，1927 年 4 月，在中山大学举行留粤韩国革命青年会临时第二次代表大会，中山大学的留学生马骏、郑有麟、徐义骏、李英俊、蔡元凯、李活、金东州、金山和金元植当选为执行委员。同年 5 月，留粤韩国革命青年会以金星淑为中心改组为大独立党，并组织广东促成会。11 月，郑有麟出席在上海召开的韩国独立党关内促成会联合会，以后又改为中国本部韩人青年同盟。

　　留粤韩国革命青年会的学生还参加了国民党领导的北伐战争和共产党领导的广州暴动。1926 年夏，北伐军从广东出征北伐，加入留粤韩国革命青年会的黄埔军校韩国留学生也编入学生军随军北伐。国共合作破裂以后，1927 年广州暴动失败，有 150 余名韩国留学生为中国革命壮烈牺牲。[1]

　　1924 年初，创建朝鲜义烈团的金若山，想方设法与中国国民党和孙中山取得联系，国民党一大期间，驻留广州的金若山先后与孙中山[2]和廖仲恺[3]见面

① 广东省政协文史委员会编：《广东义史资料》第 27 辑，广东省政协文史委员会 1980 年，第 255—258 页。
② ［韩］《金胜坤先生证言》，韩国精神文化研究院：《韩国独立运动证言资料集》，博英社 1986 年，第 43 页。
③ 韩国国会图书馆编：《韩国民族运动史料：中国篇》，（首尔）国会图书馆 1976 年，第 475 页。

会谈，希望国民党能够给予经费支持。[①]1925 年，广州革命形势迅速发展及两次"东征"胜利结束，在国内外引起较大反响，金若山等人深受鼓舞，朝鲜义烈团中央执行委员会于是年秋移驻到广州，并积极与国民党联络。[②]为了学习中国革命经验，金若山和朝鲜独立运动主要领导人孙斗焕积极求见蒋介石，[③]希望选派朝鲜人前往黄埔军校学习。[④]1926 年初，蒋介石同意他们作为第 4 期学员入校，[⑤]3 月，包括朝鲜义烈团团长金若山在内的 24 人便正式进入黄埔军校，参加相关训练和学习。[⑥]

一花引来百花开。国共合作首创的统一战线，令"广州（东）制造"不仅绽放于本土，还辐射于全国、影响于亚洲，扬播于海外，此亦可喻为"昭示性"之一斑！

三、黄埔军校乃孕育中国共产党建军的摇篮

自 1894 年创办兴中会到 1924 年国民党一大，垂 30 年，孙中山的革命事业始终直面一个亟待解决的问题，就是"依靠谁来搞革命"。他曾经倚重的力量主要有两种：（1）从依靠会党、新军到地方军阀，从民初讨伐袁世凯，到西南护法，再到陈炯明兵变，事实证明依靠军阀搞革命的道路行不通。（2）依靠党众闹革命。孙中山政党观迭次发生变化，从民初"革命党"转为"政党政治"，到中华革命党的组建，再到护法战争时期将国民党改组为"政党"，直到 1924 年将国民党"革命党"化，其归因乃是想借用党众力量来实现既定

① ［韩］《权泰杰先生证言》（1987 年 4 月 28 日），韩相涛：《韩国独立运动与中国军官学校》，文学与知声社 1994 年，第 206 页。
② 杨昭全：《朝鲜民族革命党与朝鲜义勇队》，吉林省社会科学院出版社 1997 年，第 57 页。
③ ［韩］《权泰杰先生证言》（1987 年 4 月 28 日），韩相涛：《韩国独立运动与中国军官学校》，文学与知声社 1994 年，第 218 页。
④ ［日］庆尚北道警察部：《高等警察要史》，"广东地区朝鲜人状况"，1929 年影印本，第 107 页。
⑤ 柳子明：《我的回忆》，辽宁出版社 1979 年，第 93 页。
⑥ 入黄埔军校学习学员名单：步兵科：朴孝三、朴建雄、王子良、尹义进、田义昌、李愚悫、李集中、李锤元、李箕焕、金钟、姜平国、柳远郁、崔林（金若山）、崔永泽、杨俭、户一龙、权睃。炮兵科：吴世振。工兵科：金洪默。政治科：文善在、朴益济、白红、劳世芳、卢建。见广东革命历史博物馆编：《黄埔军校史料》，广东人民出版社 1982 年，第 553—587 页。

的革命目标。革命一次次受挫给孙中山以深刻的教训：依靠旧军阀无法建设新民国；仅仅依靠政党也难以实现既定革命目标。

1924 年初，孙中山曾一度考虑新建民国政府，[①] 具体措施是凭借"党军"打天下，以改组后的国民党治理国家，[②] 由南向北，逐步建立奠基于国民党之上的"建国政府"（国民党第一次全国代表大会后改名为"国民政府"）。

孙中山在广州创办黄埔军校，乃是他革命 40 年梦寐以求的伟大创举与壮举。黄埔建军乃归因于天时地利：（1）受苏俄启发，"孙逸仙访问团"前往苏俄考察，侧重于党务、政治和军事。[③]（2）苏联顾问和中共的建议，此间，孙中山对苏联顾问极为倚重，鲍罗廷等人围绕在孙中山周围，孙中山很多决策大多基于鲍罗廷等人的建议。[④]（3）符合孙中山"党军打天下"和"党众治国家"的建国理念。[⑤]《建国大纲》是孙中山晚年党国理念文本的具体表述，从根本上规定了国民政府建国和治国的基本理路，[⑥]"作为国民政府建国施政的最高依据，内容凡二十五条，然于建国精神，建设程序，中央及地方政制，基本国策，地方自治等大经大本，无不有明确具体而进步的规定"。[⑦]宋庆龄说："先生《建国大纲》二十五条实为施行三民主义、五权宪法之基础，而图国家长治久安之至道也。"[⑧]大纲第六条明确规定，"政府一面用兵力扫除国内之障碍；一面宣传主义以开化全国之人心，而促进国家之统一"，实际上就是规定了党军和改组党员的任务。

孙中山创办黄埔军校的过程中，苏联顾问和中共发挥过重要作用，由是，黄埔军校也成为共产党活动的重要基地。黄埔军校在广州举办六期，据估算至

---

① 毛思诚编：《民国十五年以前之蒋介石先生》（三册），香港：龙门书局 1965 年（影印版），第 71 页。
② 《叶遐庵先生年谱》（手稿本），现存广东省立中山图书馆特藏部，第 217 页。
③ 蒋介石：《苏俄在中国》，台北："中央文物供应社" 1956 年，第 19 页。
④ 李玉贞：《联共·共产国际与中国（1920—1925）》第 1 卷，台北：东大图书股份有限公司 1997 年，第 389 页。
⑤ 《叶遐庵先生年谱》手稿本，现存广东省立中山图书馆特藏部，第 217 页。
⑥ 《孙中山发表建国大纲》，《清华周刊》1924 年第 321 期，第 38—39 页。
⑦ 李云汉：《中国国民党史述》，台北：中国国民党史委员会 1994 年，第 460 页。
⑧ 孙中山治丧处编：《哀思录》，初篇插页，1925 年，见《宋庆龄选集》（上），人民出版社 1966 年，第 35 页。

少有 800 名中共党员在其中工作、学习。^①其实，1924 年至 1927 年的黄埔军校，是共产党人藏龙卧虎之地，被称为"红色黄埔"或"赤黄埔系"。1927 年中共五大时，广东党员人数接近 1 万，其中在黄埔军校工作学习过的，有材料说有 1500 多人。有学人逐个查证，现已查出有姓名可考者 600 多人。这说明大革命时期在广东的共产党员到黄埔军校工作学习过的比例很高，其中重要人物也很多。^②这些在黄埔军校工作或学习的师生，在军事力量创办及军队原则、制度形成方面发挥过重要作用。换言之，可以说黄埔军校是孕育中共建军的摇篮。具体表现有：

第一，黄埔军校是中共掌握的第一支武装和第一支军队的嚆矢。

中共掌握的第一支武装力量是改组后的铁甲车队，第一支军队是第四军第 12 师第 34 团（叶挺独立团）。两者存在着内在联系，后者的组建原因有为了保存"前者"实力的意图。无论是铁甲车队，还是独立团，黄埔军校的学生和教官均有实质性的领导和参与。

1924 年初，广州革命大本营实际控制的地区有限，主要是京九线、粤汉线的一条狭长线路和珠三角部分地区，为了保障京九线路畅通及保卫孙中山安全，始有铁甲车队的创设。^③1924 年 11 月创建的铁甲车队，未能达到预期效果，经孙中山同意，中共广东区委和周恩来受命主持对铁甲车队改组。^④此间（冬间），周恩来在中共广东区委设立了军事运动委员会（即"两广区委军委"，又称"军事部"），这是中共于党内首次创建的军事工作机构。而铁甲车队改组以提升铁甲车队战斗力为名义，实际上是将铁甲车队改造成了中共领导的第一支武装力量。具体做法是：（1）改组铁甲车队的领导机构，建立以共产党

---

①　据曾庆榴研究，他本人在 2013 年修订《共产党人与黄埔军校》时，已考究六期学员有姓有名的共产党员近 600 人。按：已有史料，尚未发现中共党员的原始名单，由于党组织处于秘密活动状态，军校学制较短，教职员和学生流动性较大等原因，要弄清楚黄埔军校中共党员的情况，有如大海捞针。

②　参见《党史学人曾庆榴》，《南方》2021 年第 6 期。

③　《孙中山平定商团手令》（1924 年 10 月 14 日），《黄埔军校史料》，广东人民出版社 1982年，第 239 页。

④　《中共广东区委关于农民运动报告》（1926 年 10 月印），《广东革命历史文件汇集》甲6，中央档案馆 1983 年，第 212 页。

员为主的领导组织系统。周恩来从黄埔军校抽调徐成章任铁甲车队队长，廖乾吾担任党代表，周士第任副队长，曹汝谦任政治教官。[①]（2）壮大和充实铁甲车队队伍，除抽调黄埔学生参与外，[②] 还选调了百余名工人、农民和进步青年充实（迄今无足够史料证明个中人员如何入选，此间，广东农民运动讲习所开展得如火如荼，队员是否从农讲所中选拔，有待进一步研究）。（3）有意识地在铁甲车队建立中共小组，小组隶属于中共广东区委和周恩来，这种在基层建立党组织的做法，似是日后"党支部建在连上"的雏形。铁甲车队听命于广东区委和周恩来，不是因为行政指挥系统，而是该车队内部共产党组织的存在，铁甲车队领导人及领导机构"共产党员化"乃是伏笔。

　　第四军第12师第34团的组建，背后应该蕴含着周恩来希望保存铁甲车队的想法，是利用党军建制保存革命力量的一种手段。铁甲车队组建初衷之一是保护孙中山的安全，孙氏去世，铁甲车队自然就失却了存在的价值；加之，在东征过程中，国民党对共产党在军权上的排斥，引起了周恩来等人的警觉。关于这一点，周恩来曾提及两个事件，或可作为辨证：（1）周恩来曾派左派充任军校学生的队长，蒋介石"就大为不满，撤销任命"[③]；（2）1925年6月，工农运动高涨，国民党中央曾指令周恩来抽调军力前去示威助阵，周"从军队中抽出两个营，学校里抽出一个营去参加，蒋介石后来知道了，非常不满意，认为不应当游行示威"[④]。蒋介石之不满意，实际上跟参不参加游行示威没太大关系，周恩来能调动军力或许才是问题的核心。

　　为了有效保存铁甲车队力量及争取部分军权，周恩来推动了国民革命军第四军第12师第34团（即叶挺独立团）在肇庆正式成立。第34团成立后，铁甲车队被纳入该团建构，成为团营建制的骨干，铁甲车队领导担任了独立团的营、连级长官，排、班、司务长及其他职务也大多是由铁甲车队成员担任。为

---

① 《周士第回忆录》，人民出版社1979年。
② 加伦：《广州军务院日志·1924年11月5日—12月8日》，见［苏］亚·伊卡尔图诺娃：《加伦在中国》，中国社会科学出版社1983年，第84页。
③ 《关于1924至1926年党对国民党的关系》（1943年春），中共中央文献研究室第二编研部编著：《周恩来自述》，国际文化出版公司2009年，第168页。
④ 《关于1924至1926年党对国民党的关系》（1943年春），《周恩来自述》，第168页。

了提升独立团战斗力，周恩来先后数次从黄埔军校抽调共产党员充实到独立团的各级领导机构中，如独立团参谋、部分营长、连长和监视队长等均由黄埔军校毕业生充任。林彪就是这一时期被调入独立团担任见习排长的。

第二，黄埔军校培养了一批中共的将领，形成了"支部建在连上"的雏形。

从"昭示性"的意义上说，中华人民共和国的十大元帅中有4位出自黄埔军校：叶剑英、聂荣臻两位属于教官，林彪和徐向前是军校毕业生。此外，十名大将中有3位是黄埔军校出身，分别是黄埔一期的陈赓、五期的许光达和六期的罗瑞卿。57位上将中有8位是黄埔生，分别是一期周士第和陈明仁，四期萧克，五期张宗逊、杨至诚、宋时轮，六期郭天民、陈伯钧。开国中将还有9人是从黄埔军校走出。朱德曾经作过如是评说："大革命时代，许多进行军事运动的同志，当时中央军委的负责人周恩来、聂荣臻、李富春等同志，以及党所举办的秘密军事训练班的同志，对我军的创建是有功劳的。没有他们所进行的军事运动，就不能有独立团，就不能有南昌、秋收、广州、湘南等起义。"

"支部建在连上"的雏形是逐步演成的，前后分两个阶段：铁甲车队时，建立中共小组；独立团成立时，设立干事会。中共小组应该是"党支部建在连上"的最初雏形，廖乾五最早担任小组组长。在独立团建立中共支部干事会，是由中共广东区委和军委共同作出的决定，其核心目的是保障中共对该支武装力量的领导。干事会由吴季严任书记、团长叶挺、周士第和董仲明为干事，组成干事会的领导机构，干事会以团、营和直属队为单位，分别设置党小组。从"昭示性"的角度说，可以喻为"支部建在连上"之雏形。

第三，黄埔军校和东征时设置政治部，践行了军队政治工作制度。

共产党于黄埔军校及东征时期，在要不要设立政治部的问题上并没有决定权，国民党中央执行委员会是直接决策者。即便如此，共产党特别是广东区委还是做了一些相关的预备工作，如争取由共产党员出任政治部主任，以及在东征进程中积极开展军队政治工作。

周恩来到黄埔军校政治部担任教官、主任，有没有提前预设？——周恩来从法国回来，到广东负责中共广东区委军事工作，[①]之后，得张申府推荐[②]，经廖仲恺委任，进入黄埔军校。当时广东共产党员比较多，胜任搞政治工作的人不在少数，而让担任中共广东区委军职的周恩来前去黄埔军校，是巧合还是有意安排？广东区委军委工作主要是在黄埔军校和军队中开展党的工作，由担任广东区委军职的周恩来前往黄埔军校任职似乎是比较合适的。周恩来主管政治部，与当时国民党军政要人忽视政治部有很大关系。在黄埔军校初创期，政治部只是黄埔军校众多部委之一，且并非核心部门。政治部主任，与校长、党代表及苏联顾问相比，不是核心职衔。东征开始后，周恩来成为政治部直接领导人，主要原因大致有以下两点：（1）周恩来是黄埔军校的政治部主任，师道尊严是他在黄埔学生军中能够行使职权的责任之一；（2）周恩来与蒋介石同是江浙人士，符合蒋介石用人原则，是故，蒋介石对周恩来屡屡委以重任。

军队政治工作，第一次东征是起步阶段，第二次东征才是正式确定时期。

第一次东征，黄埔军校学生军是随军活动，属观摩团性质，周恩来以黄埔军校政治部主任身份参加东征，[③]主管政治宣传队工作。[④]第一次东征，政治部在一定意义上属"临时性"机构，服务对象仅局限于黄埔学生军（即两个教导团），权力范围有限，东征军的左路军、中路军和右路军许崇智部粤军均不在服务范围之内。即使是"临时"性质，政治宣传队还是做了不少工作，主要体现于：（1）协调学生军与地方之间的关系。"他经常派出宣传队走在部队的最前面。宣传队到处贴标语，向老百姓宣传，对争取人民群众的了解与支持，起了很好的作用"；另外，"本校更于校内设一政治委员会司理本校革命军驻在地域内一切政治工作之筹重施行，并收纳当地人民关于政治工作之建议，以期党军与人民得以声气互通，溶为一片，军为民用，民为军助而后吾革命军之职责方得

---

① 参见彭明治来信（1979 年 2 月 25 日），未刊稿，存广东革命历史博物馆。

② 《张申府先生谈话纪要》（1978 年 6 月 14 日、15 日），广东革命历史博物馆存，未刊稿。

③ 中共中央文献研究室编：《周恩来年谱（1898—1949）》（上），中央文献出版社 2007 年，第 75 页。

④ 中国第二历史档案馆：《蒋介石年谱初稿》，档案出版社 1992 年，第 301 页。

完成"。①（2）保障学生军参战迎战时的思想觉悟。他们对士兵进行政治思想教育，在每个士兵胸前所配符号的背面印着"爱国家、爱人民、不贪财、不怕死"的字样，"由各连党代表常对士兵讲解这四句口号的意思"。②

第一次东征时政治部发挥的作用，直接影响了第二次东征党军政治部的建立。第二次东征党军内部建立政治部完整建制，在东征军总指挥部设总政治部，"在政治工作方面，于是亦组成了总政治部。此总政治部，即设于总指挥部内，复由政治训练部给予指挥前方政治工作之全权"，③周恩来担任总政治部主任，"全权负责前方政治工作"，④各军、师、团及以下各级均设同级政治部。毛泽东说："那时军队设立了党代表和政治部，这种制度是中国历史上没有的，靠了这种制度使军队一新其面目。"⑤总政治部职权是由第一军政治部行使，两者是"两个班子、一套人马"的建制。⑥第二次东征，东征军政治部制定和完善了军队政治工作的相关制度，具体包括：（1）加强对士兵（特别是战时）的政治思想工作，让"主义"在士兵脑中扎根，"一定要遵守党的政策，打倒帝国主义"；（2）建立和完善军、师、团、营及连级政治机构，加强机构组织建设和完善，充分发挥组织在战时政治工作中的作用；（3）对士兵进行相关训育和开展战时政治工作。⑦这里的战时政治工作，包括协调军队与地方之间的关系，取得地方支持。同时，宣传群众、发动群众和武装群众也是政治工

① 中国国民党陆军军官学校：《告东江人民书》，《青年军人》1925 年第 2 期。转引自中共惠州市委统战部、中共惠州市委党史办公室编：《东征史料选编》，广东人民出版社 1992 年，第 31 页。
② 《广东前敌通信》，《向导》周报 1925 年 4 月 12 日第 110 期，第 7 页。
③ 张其雄编述：《东征时期之政治工作概略》，广州《军事政治月刊》1926 年 2 月第 2 期。转引自中共惠州市委统战部、中共惠州市委党史办公室编：《东征史料选编》，广东人民出版社 1992 年，第 678 页。张其雄是黄埔军校第一期学生，共产党员，为 1925 年东征军总政治部工作人员。
④ 中央文献研究室编：《周恩来年谱（1898—1949）》（上），中央文献出版社 2007 年，第 82 页。
⑤ 《毛泽东选集》第 2 卷，人民出版社 1991 年，第 380 页。
⑥ 王志伟、王杰：《第二次东征期间蒋介石与周恩来关系辨析》，《近代中国》2019 年第 20 辑，第 101 页。
⑦ 周恩来：《国民革命军及其军事政治工作——在国民革命军总政治部举办的战时政治训练班上的讲话（一九二六年七月）》，广东省革命历史博物馆：《第一次国内革命战争时期周恩来同志的文章讲话选辑（1924—1926）》，广东革命历史博物馆 1979 年，第 54—56 页。

作的"题中之意"①。

1925 年两次东征（3—5 月、9—10 月），是国民党一大后国共两党合作进行的首次国内战争，打垮了陈炯明系粤军，消除了自 1923 年以来长期威胁广州革命大本营安全的东江敌对势力，实现了广东统一和革命根据地的巩固。

黄埔长洲，一座小岛，一所军校，牵连着一个时代。此前，搞军事史研究的学人认为，中国人民解放军的历史应该从八一南昌起义算起，所以，军事史的著作对"红色黄埔"着墨不多。本文试图以上述三个层面阐释，对黄埔军校作为中共建军的摇篮作尝试性的探索，并以此就教高明。

道路决定命运。中国的民主革命经历了多次道路的抉择，正是在一次次血的教训中，第一次国共合作的正确路线方才得以被证明——新民主主义革命事业成为时代的必然取向。

（王杰，广东省社会科学院研究员，民革中央孙中山研究学会顾问）

---

① 周恩来：《现时广东的政治斗争》，见《我们现在为什么争斗》，人民周刊社印行 1926 年 12 月 30 日，第 16—23 页。

审时度势　长久之道

——第一次国共合作的历史教训与经验

王学斌

摘　要： 正是在共产国际、国民党和共产党三方都有利益考虑的基础上，国民党、共产党开展了第一次国共合作，并随之带领全国人民进行了轰轰烈烈的大革命。第一次国共合作是国民党、共产党和共产国际三方利益博弈的产物，在合作过程中，虽然发生了一些摩擦和矛盾，但是也取得了合作的成果，推进了国民革命的前进发展。展望未来的党派合作，搁置分歧、求同存异是国共合作的一条宝贵经验；合则两利、分则两伤是国共合作的基本经验；正确的政策和战略是保证统一战线正确、有效运行的条件。

关键词： 共产党　国民党　苏俄　共产国际　国共合作

第一次国共合作是在错综复杂的国际、国内环境下进行的。国际上，苏俄在十月革命胜利之后，成为世界上第一个社会主义国家，为了开展它的"东方战略"，打破帝国主义对苏俄的封锁，便开始着手指导中国的革命，而马林的来华加速了国共合作的进程。

从国民党角度来看，辛亥革命后，孙中山逐渐意识到国民党需要输入新鲜的血液，而中国共产党积极向上的革命乐观主义精神正是国民党所需要的，同时，通过与共产党合作，国民党可以获取共产国际对国民党在革命上的支持，以促进国民党领导中国革命向前发展。

从中国共产党的角度来看，中国共产党成立后，由于力量较为薄弱，经过一系列的失败斗争后，党内逐渐意识到必须联合国民党这样的大党，才能进一步宣传马克思主义和共产主义，才能壮大自己的力量，同时也能推动中国革命的发展。

正是在共产国际、国民党和共产党三方都有利益考虑的基础上，在共产国际的帮助下，国民党、共产党开展了第一次国共合作，并随之带领全国人民进行了轰轰烈烈的大革命。第一次国共合作是国民党、共产党和共产国际三方利益博弈的产物，在合作过程中，虽然发生了一些摩擦和矛盾，但是也取得了合作的成果，推进了国民革命的前进发展。

回顾既有研究，对第一次国共合作的探讨已极其丰富，灼见迭出，笔者私以为就国共合作期间的诸多矛盾进行分析，似尚略有余地。从理论上来看，开展这方面的研究，可以用矛盾的观点去分析第一次国共合作时期社会各阶级之间的矛盾，不但有利于进一步深化中国新民主主义革命的基本规律，而且有利于开辟研究第一次国共合作的矛盾新视角。从现实来看，开展这方面的研究，有利于正确认识第一次国共合作期间的各种矛盾，为目前中国特色社会主义的道路、理论、制度和文化提供强有力的经验总结和智力支持。

一、形势所迫，时不我待

第一次国共合作是在错综复杂的国际、国内环境下进行的。国际上，苏俄在十月革命胜利之后，建立了世界上第一个无产阶级专政的社会主义国家，为了打破孤立无援的国际环境和巩固新生的社会主义政权，苏俄不得不考虑寻求国际同盟者。国内，中国共产党在经过一系列失败后逐渐认识到仅仅依靠自己的力量难以完成革命任务，必须联合一切可以联合的力量，才能推动革命形势的发展；国民党方面，以孙中山为代表的国民党人在经历了护法运动的失败后，深刻地感受到国民党"正在堕落中死亡，要救活它，就需要新血液"①。另外，孙中山也发现英美并不是真正的朋友，迫使其不得不寻求国内外的其他合作伙伴。

众所周知，中国共产党召开第一次全国代表大会的时候全国共有50多名党员，到1923年6月12日至20日召开第三次全国代表大会且国共第一次合作前半年内，"出席大会的代表有30多人，代表全国420名党员"。②从军事方面来看，中国共产党成立后，虽然非常重视工人运动，有一定的群众基础，但是并没有发展自己的武装力量。这种情况下的中国共产党与同一时期的国民党相比，还是一个历史很短、人数很少、力量很小的政党。

然而，中国共产党的不少党员与国民党成员有着深厚的私谊。国共两党早期著名领导人物中的蔡元培、邵力子、陈独秀、李大钊等人私交甚笃，他们之间彼此熟悉、互相了解，如蔡元培和陈独秀、孙中山与李大钊等，还有部分领导人物有过跨党的经历，如林伯渠，这也为第一次国共合作起到了桥梁和沟通作用。

早在1904年，陈独秀就参加了蔡元培组织的暗杀团和光复会，给蔡元培留下了"一种不忘的印象"③，从此二人保持着经常联系。蔡元培被委任为北京大学校长时，就聘用陈独秀为文科学长，陈独秀创办《新青年》，蔡元培给予积极支持和无私帮助。孙中山与李大钊的情谊也非常深厚。陈炯明叛变时，李大钊专程去上海找孙中山广泛讨论"振兴国民党以振兴中国"④，给予孙中山鼓励和支持。孙中山还力主李大钊加入国民党主盟，表示"你尽管一面作第三国际党员，一面加入本党帮助我"⑤。这些言语充分表现出孙中山与李大钊之间亲密无间的友谊。林伯渠原来是国民党员，后来在与廖仲恺等人的交往中，思想发生了变化，就加入了中国共产党，因为林伯渠与国民党许多重要人物私

① 《宋庆龄选集》，人民出版社1992年，第223页。
② 中共中央党史研究室编：《中国共产党历史》（第一卷上），中共党史出版社2011年，第108页。
③ 《东方杂志》33卷第1号，1933年1月。
④ 《李大钊文集》（下），人民出版社1984年，第890页。
⑤ 中国国民党中央委员会党史史料编纂委员会：《中国国民党第二次全国代表大会政治报告》，《革命文献》第20辑，第1599页。

交甚笃，所以共产党委任他参加与孙中山的合作，对第一次国共合作起到了积极的作用。由此可见，国民党和共产党两党领导人之间的亲密关系为第一次国共合作的开展打下较好的感情基础。

中国共产党第三次全国代表大会以后，全党号召要积极帮助国民党进行改组，这一措施有力地推动了第一次国共合作。1923 年，中国社会主义青年团召开第二次全国代表大会，决定青年团员以个人身份加入国民党。同年 11 月 24 日至 25 日，党的三届一次中央执行委员会会议决定，"全党以扩大国民党之组织及矫正其政治观念为首要工作"，"在组织上努力扩大国民党"，"国民党无组织之地方，最重要的如哈尔滨、奉天、北京、天津、南京、安徽、湖北、湖南、浙江、福建等处，同志们为之创设"。[①]1923 年，中共中央发出《中央通告第十三号》，要求全体共产党员积极参加国民党改组工作。中国共产党在逐步确定帮助国民党的过程中，使得不少党员干部的思想发生了重大变化。在中国共产党的帮助下，孙中山克服重重困难，积极推进国民党改组工作。

与此同时，国民党此际的状态并不乐观。"早在 1896 年，孙中山就开始研读马克思主义相关著作，并研究社会主义，他在旅居伦敦期间，还敦促留学生研究马克思的《资本论》和《共产党宣言》并阅读当时的社会主义书刊。"[②]1911 年 12 月，孙中山从日本回国后，带回《社会主义之理想》《社会主义》《资本论》《共产党宣言》等一批关于社会主义学说的著作，并把这些书籍赠送给好友。孙中山还应邀参加了关于社会主义的专题演讲，他指出："社会主义者，人道之福音也，主张平等、博爱，即人道主义之根本也。"[③]

孙中山在广泛阅读关于社会主义的学说的基础之上，结合国民党与中国实际情况，创立了主观社会主义，也就是民生主义，他还曾经自称自己是社会主义者。

朱执信也是较早宣传社会主义的国民党领导人。1905 年，朱执信撰写了《德

---

①　《中共中央文件选集》第一册（1921—1925 年），中共中央党校出版社 1991 年，232 页。

②　《宋庆龄选集》，人民出版社 1992 年，第 537 页。

③　《孙先生之社会主义讲演录》，《民立报》1912 年 10 月 15 日、18 日。

意志社会科学家革命列传》一书，该书对马克思、恩格斯进行了介绍，还对《共产党宣言》《资本论》等社会主义的著作进行了系统的介绍，并第一次提出了科学社会主义。①虽然朱执信对社会主义的介绍有一些片面之处，但也起到了宣传马克思主义的重要作用。除此之外，国民党的早期领导人如廖仲恺、胡汉民、戴季陶等人也对社会主义进行宣传和介绍，虽然他们对社会主义的认识存在一定的偏差，但由于他们对社会主义的广泛宣传和介绍，加之他们在国民党内部地位显赫，很容易影响到他人，这就为第一次国共合作打下了一定的思想基础。

客观而言，当时的国民党是中国较为革命的政治力量。中国国民党是一个成分比较复杂、组织较为松散的资产阶级政党。1909 年 10 月，孙中山将其改名为中国国民党以后，虽然在规模上有所扩大，但是在组织上并没有完全统一起来，各地国民党的组织力量较弱，而且缺乏统一有效的指挥和领导。孙中山领导国民党进行资产阶级民主革命的过程中，虽然经历了很多挫折，但是仍然没有放弃其理想，与同一时期的南北军阀相比，中国共产党认为"中国现有的党，只有国民党比较是一个国民革命的党"②。因而，共产党对国民党抱以较为友好的态度。

反观共产国际，亦是在形势逼仄之下选择适时而为。第一次世界大战期间，各帝国主义忙于战争而无暇东顾，使得东方各国家的民族工业有了一定程度的发展。第一次世界大战结束后，帝国主义加强了对东方人民的压迫，激发了各殖民地、半殖民地国家人民的强烈反抗，因此在东方形成了反对帝国主义的社会基础。十月革命胜利后，苏俄成为世界上第一个社会主义国家，并宣布废除一切不平等条约，苏俄的友好使得包括中国在内的许多殖民地半殖民地国家看到了社会主义的希望。另外，由于苏俄亟须打破帝国主义的封锁、西方战略的失败等原因，苏俄把目标转移到东方，因而制定了东方战略。

---

① 朱执信：《德意志社会科学家革命列传》，广东省哲学社会科学研究所历史研究室编：《朱执信集》，中华书局 1979 年，第 17—18 页。

② 《关于国民运动及国民党问题的决议案》（1923 年 7 月），中央档案馆：《中共中央文件选集》（第 1 册），中央党校出版社 1989 年，第 146 页。

中国成为共产国际的盟友之后，共产国际积极促成第一次国共合作，1920年7月、8月间，共产国际召开了第二次代表大会，列宁起草了《民族和殖民地问题提纲初稿》，《提纲初稿》积极支持中国革命。1923年1月，孙中山会见苏联政府代表越飞，发表《孙文越飞联合宣言》，确立了国民党的联俄政策。10月，苏联政府派鲍罗廷到达广州，孙中山委派鲍罗廷担任国民党的组织教练员，参加对国民党的改组工作。在苏联政府的帮助下，孙中山对国民党的改组成效显著，全国范围内凡是有党员的地方和组织都进行了改组。

由上不难看出，是一战后的时局与形势促使中国共产党、国民党与共产国际的三方合作，此时与势的因素至为关键。

二、时移世易，须知顺逆

从中国共产党的角度来看，合作前，经历了三次政策上的转变，第一次从拒绝联合一切阶级到主张建立革命联合战线，第二次是从与国民党的党外合作到党内合作，第三次是从少数共产党员加入国民党到全体共产党员加入国民党。这三次转变推进了第一次国共合作的顺利进行。在国共合作期间，中国共产党为了团结力量，面对国民党右派的进攻，又做了三次重大的让步。

从国民党的角度来看，存在着支持与反对两种声音。在第一次国共合作的联合战线形成之前，以孙中山为代表的国民党人给予了肯定的态度，促使第一次国共合作顺利进行，并发挥了重要的作用。但是也正是因为孙中山轻视共产党、对右派的妥协退让等原因，造成了对共产党的打压，牵制了共产党的发展。

更需了解的是，苏俄对第一次国共合作发挥着重要影响和积极作用，在苏俄的帮助下，中国共产党和国民党都得到了一定程度的发展。苏俄之所以积极促成第一次国共合作，也有着自己的独特原因及目的。

从理论上看，是基于列宁的殖民地理论形成了苏俄的东方战略。十月革命之后，列宁依据本国的革命实践对马克思主义进行艰难的探索，先后撰写了《民族和殖民地问题提纲初稿》《民族和殖民地问题委员会的报告》等关于民族解放斗争的著作。这些著作对于殖民地半殖民地的人民反抗帝国主义压迫起到了很好的指导作用。根据列宁的殖民地理论，"被压迫民族已经成为世界无产阶级的重要组成部分，他们是打击帝国主义最坚决最彻底的力量，因此要使各民族和各国的无产者和劳动群众为共同进行革命斗争，打倒地主和资产阶级而彼此接近起来。"[①]列宁又根据共产国际在东方的发展形势提出："由于要对世界帝国主义进行漫长而持久的斗争，所以应该把东方各国的一切革命因素动员起来。"[②]根据列宁的观点，只有全世界无产阶级联合起来，组成广泛的对抗帝国主义的重大力量，才能坚持与帝国主义做坚决的斗争，才能取得革命的最后胜利。中国是列宁笔下的殖民地半殖民地国家，也是苏俄团结的重要对象之一，需采取一定的方式与中国党派进行合作才能达到联合的目的和要求，在这种情况下，苏俄自然积极地促成第一次国共合作。

从军事安全上看，苏俄处于帝国主义包围之中。苏俄成立后，成为世界上第一个无产阶级专政的社会主义国家，昔日沙俄的盟友瞬间变成了敌人，以英、美为代表的帝国主义对苏俄进行了政治上、经济上、军事上、外交上等各方面的干涉，使得苏俄处于帝国主义的包围之中，从地理位置上来看，苏俄东南部分别是朝鲜、中国、阿富汗、伊朗等殖民地或半殖民地国家，这些国家都可以在关键时刻充当帝国主义进入苏俄的缓冲带，为了打破帝国主义的进攻，为了打破孤立无援的国际环境和巩固新生的社会主义政权，苏俄不得不考虑寻求国际同盟者。列宁较早地觉察到了这种形势，他说："虽然极不可靠，极不稳定，但社会主义共和国毕竟能在资本主义包围中生存下去了。"[③]为了打破帝国主义对苏俄的包围状态，列宁提出了必须积极支持和援助东方的民族解放运动，并加强与周边国家建立合作联系的方式来解决苏俄的危机。而当时在中国境内，十月革命一声炮响，给中国送来了马克思主义，中国的先进的知识分子开始把目标转向苏俄，在这样的背景下，苏俄自然而然地就

① 《列宁选集》（第4卷），人民出版社1995年，第272页。
② 中国社会科学院近代史研究所翻译室编译：《共产国际有关中国革命的文献资料》，中国社会科学出版社1981年，第72页。
③ 国际共产主义运动史文献编辑委员会编译：《共产国际第三次代表大会文件》，中国人民大学出版社1988年，第1053页。

把盟友的目标投向了中国。另外，国民党是比较民主的党派，是若干个革命阶级联合的政党，可以唤起各阶级的斗志，团结一切可以团结的力量进行反对帝国主义的运动。因此，苏俄选择了与国民党联系，积极推进国共第一次合作。

苏俄的西方战略遭到失败，而把方向转移到东方。十月革命成功后，欧洲看到了十月革命的希望，相继爆发了一系列革命：1918 年 1 月，芬兰爆发了革命运动；9 月，保加利亚士兵发生起义事件；11 月，德国爆发了十一月革命。根据欧洲的革命形势，在共产国际二大会议上，提出旨在进一步推进欧洲革命发展的西方战略。然而，随着欧洲革命力量被镇压，欧洲革命陷入低潮，因而共产国际提出的西方战略已经不可能实现。而与此同时，东方各民族、国家的革命运动却持续高涨，根据此消彼长的革命形势，共产国际决定改变原有的西方战略为东方战略。1922 年 11 月 5 日，共产国际四大召开，会议通过了《东方问题总提纲》，该文件指出，"东方革命运动具有非常重要的意义"[1]。共产国际的首要任务就是要"在东方建立联合的战线，党的革命要依靠广大人民群众，否则不能取得胜利。因此，革命不能忽略东方"[2]。中国是东方重要的国家之一，因此，在东方战略的影响下，苏俄自然会考虑到东方战略中的中国因素。

综上可知，在第一次国共合作中，由于国民党、共产党和苏俄三方在战略利益上各有考虑，是三方的战略利益需要，因此，对于三方来说，国共合作只不过是战略利益互动的结果。正是基于三方不同的战略利益，在合作过程中不免会出现一些矛盾。纵观第一次国共合作的原因及目的、合作过程，其间存在着苏俄、共产国际与国民党之间的矛盾，共产党与国民党右派之间的矛盾，国民党左派与右派之间的矛盾等三对基本矛盾主体。这三对矛盾错综复杂地交织于第一次国共合作前、中、后的所有环节中，在推动第一次国共合作发展的同时，也促使第一次国共合作走向破裂。

具体而言，虽然孙中山接受了苏俄、共产国际的援助并改组了国民党，开

[1]《共产国际与中国革命资料选辑》（1919—1924），人民出版社 1985 年，第 203 页。
[2]《共产国际与中国革命资料选辑》（1919—1924），第 204 页。

展了第一次国共合作。孙中山赞成联俄，并不是完全认可了马克思主义，也不代表着孙中山的革命思想发生了变化。孙中山的目的就在于通过苏俄、共产国际的援助完成资产阶级性质的革命任务。国民党进行改组后，孙中山曾发表谈话指出："革命之主义，各国不同，甲能行者，乙或扞格不通。故共产在苏俄行之，而在中国断乎不能。"[①]从谈话中可以看出，孙中山并不赞同苏俄式的革命模式，而要坚持自己的资产阶级革命观点。

"谁是我们的朋友，谁是我们的敌人。这个问题是革命的首要问题。"[②]然而，在大革命时期，苏俄、共产国际却"看不到中国的阶级关系的复杂化"[③]。没有弄清楚这一基本问题，这一点也是导致苏俄、共产国际与国民党产生矛盾的决定因素，同时也是导致第一次国共合作走向破裂的主要原因。

在第一次国共合作前，由于中国共产党对"党内合作"的认识不清等原因，曾与国民党发生过一些矛盾，但是这种矛盾随着"党内合作"方式的确立便不复存在了。虽然如此，共产党与国民党右派之间的矛盾并没有完全终结，反而始终伴随着第一次国共合作的全过程，这一矛盾是第一次国共合作期间的主要矛盾。中国共产党自从确立与国民党开展联合统一战线的政策以后，就在与国民党右派的接触中产生了一系列的矛盾，其中，斗争主要集中于领导权与政治纲领两个方面。

此外，在第一次国共合作中，国民党内部也存在着一些矛盾，突出表现在左派与右派之间，这些矛盾虽然不是第一次国共合作期间的主要矛盾，但是也对第一次国共合作有着重要影响。

三、审时度势，长久之道

综上，在第一次国共合作中存在着三对矛盾，分别是苏俄、共产国际与国

---

① 邓家彦：《马丁遏总理纪实》，"国民党党史会"：《革命文献》第九辑，台北：台湾"中研院"近代史研究所 1990 年，第 37 页。

② 《毛泽东选集》（第 1 卷），人民出版社 1991 年，第 3 页。

③ 周恩来：《周恩来统一战线文选》，人民出版社 1984 年，第 75 页。

民党之间的矛盾，共产党与国民党右派之间的矛盾，国民党左派与右派之间的矛盾。这三对矛盾错综复杂地存在于第一次国共合作中，共同作用着第一次国共合作的发展和破裂。

关于苏俄、共产国际与国民党之间的矛盾，笔者认为主要表现在二者之间新、旧利益的矛盾和基于物质援助的矛盾两个方面。关于这两个矛盾产生的原因，笔者认为是苏俄、共产国际过多抬高、依靠国民党，右倾错误方针，对国民党性质认识不清造成的。关于共产党与国民党右派之间的矛盾，笔者认为其主要是领导权应该掌握在谁手里和是否坚持国民党一大提出的政治纲领两个基本问题。就其产生矛盾的原因而言，主要是孙中山的实用主义思想，使第一次国共合作实为"容共""并共"，不平等的合作方式阻碍了第一次国共合作的正常发展等。关于国民党左派与右派之间的矛盾，笔者认为主要集中于两个方面，即是否允许共产党加入国民党的问题和领导权的问题。导致国民党左右派之间产生这两个矛盾的原因在于孙中山对国民党右派的态度不坚决、国民党阶级成分复杂、右派力量大于左派等。

正是基于此，展望未来的党派合作，第一次国共合作给我们留下了如下三点宝贵经验。

其一，搁置分歧、求同存异是国共合作的一条宝贵经验。国共两党毕竟是性质不同、信仰和世界观相异的两个政党，即使后来双方合作，两党的政治纲领中仍有部分内容存在着明显的原则性差异，其中最主要的不同表现在：中国共产党的政治纲领除民主革命阶段之外，还有一个社会主义革命阶段，并且要经过社会主义实现共产主义，这些在国民党的三民主义纲领中是没有的，并且与国民党的政治理念相悖。但这种差异并没有成为双方合作的障碍，两党本着求同存异的原则，从反帝反封建这个共同目标着手，采取了立足当前、回避长远、协调求同、搁置相异的做法，最终促成了第一次国共合作的实现，这是双方合作能够得到巩固和发展的根本保证。中共同意以党内合作的形式实现两党的合作，孙中山则希望中共的加入给"正在死亡中"的国民党注入共产党这一"新鲜血液"，以重振"革命精神、士气与勇气"，从而实现两党合作。在国共两党合作共事的三年多时间里，大量的历史事实表明，两党合作带领人民掀起了一场声势浩大的反帝反封建的大革命，从根本上动摇了帝国主义和封建军阀的反动统治，推动了中国社会的进步。

其二，合则两利、分则两伤是国共合作的基本经验。争取民族独立和解放，实现国家统一和富强是近代中国历史发展的主旋律。国共两党在第一次国共合作期间，经过双方共同努力，统一了广东革命根据地，胜利地进行了北伐，使孙中山致力于国民党革命 40 年未竟的事业，在仅仅两三年内就获得了巨大的成就，体现了"合则两利"的原则。1927 年，国民党右派背叛了孙中山的三大政策，致使合作破裂，结果内战连连，国家元气大伤，日本帝国主义乘机大规模入侵，使中华民族面临亡国灭种的险境。历史经验表明，只有合作方能实现国家独立、富强和统一。在 20 世纪，国共两党有过两次合作的经历，并推动了国家和民族的进步。历史上的成功经验是社会发展的巨大财富，这对我们今天台海两岸的交流无疑有着十分重要的现实意义。我们要吸取历史经验，相信国共两党既然能够"相忍为国"，为完成中华民族独立和解放大业而合作，也一定能够为完成祖国统一和民族复兴大业而再次合作，为中国未来的发展开辟出一条和平、平稳之路。

其三，正确的政策和战略是保证统一战线正确、有效运行的条件。国共两党的性质不同，利益与斗争目标也不完全一样，其合作自然是建立在求同存异基础上的，必然充满了各式各样的较量与斗争。所以，同国民党的妥协性和右派势力斗争的艺术，有时比正确的统一战线政策更加重要。正如后来毛主席所总结的那样："以妥协求团结则团结亡，以斗争求团结则团结存。"在国民党和中国共产党的第一次合作中，共产党人没有意识到他们应该通过斗争争取统一。在领导问题上，中国革命的历史选择当然是中国共产党领导国共合作。当1927 年右翼势力突然发动反革命政变时，共产党人之前的革命努力纷纷归于失败，第一次国共统一战线也因此迅速瓦解。国民党和共产党的第一次合作，就是要坚持同统一战线的资产阶级斗争和合作的原则。在统一战线，二者虽为了共同的目标联合在一起，一些矛盾得以暂时隐藏，但当情况发生变化时，二者之间的矛盾就可能显现。革命成功后，国民党反动派企图破坏国共合作，垄断革命成果。共产党人的血汗告诉我们，要建立革命统一战线，必须坚持共产党的领导，有正确的统一战线政策和战略。

（王学斌，中共中央党校〈国家行政学院〉文史教研部教授、中国史教研室主任，中央党校创新工程项目"中华文明与中国道路研究"首席专家）

广州在第一次国共合作时期的地位问题 [①]

赵立彬

摘要： 广州在第一次国共合作时期具有重要的历史地位。为与孙中山领导的国民党建立统一战线，中共实行革命重心南移，在广州召开了确定国共合作统一战线方针的中共三大，广州成为中国共产党领导国民革命的中心。在广州，中国共产党通过开展以国共合作统一战线为中心的工人运动、农民运动、军事运动、学生运动，取得了丰富的政治经验；对革命的重大问题进行了深入的思考，为以后的革命实践预先做了认识上和理论上的准备；中国共产党的未来政治领袖得到了革命实践的锻炼，为第一代领导集体的诞生储备了人才。

关键词： 中国共产党　国共合作　统一战线　广州

20 世纪 20 年代，刚诞生不久的中国共产党依托于广州，与孙中山领导的国民党合作，共同领导了声势浩大的国民革命运动。这是中共党史上的一个重要阶段，是马克思主义中国化的第一次尝试，为后来党独立自主地领导中国革命奠定了坚实的基础。在第一次国共合作下的国民革命时期，广州具有极其重要的地位，并且持续到这一时期终了。纵观党在这一时期的主要活动空间、革命实践的主要内容及特征，广州在第一次国共合作时期的重要性理应得到与实

---

① 本文曾作为论文《中国共产党广州时期刍议》的一部分，发表于《中山大学学报》2021 年第 4 期。

际相符的评价，对于其后中国革命历史的发展的意义也可以有进一步的认识。^①

一、与孙中山领导的国民党合作与中共革命重心的南移

在中共党一大前后，中国共产党人一面从事于创党的工作，一面致力于民众工作，虽然人数不多，且主要由知识分子构成，但视野却是全国性的，特别重视华北、华东等地的工人运动。中共革命重心南移广州，关键因素是共产国际对中国共产党与孙中山领导的中国国民党进行合作的目标，以及孙中山能够稳固地掌握广州的情势。

从中共一大到国共合作的正式建立的历史线索十分清楚。1922 年初，共产国际召开远东各国共产党及民族革命团体第一次代表大会；4 月底，广州召开了党团领导干部会议，讨论建立联合战线问题。不久，中共中央发表《中国共产党对于时局的主张》，公开表达愿意同国民党等革命民主党派组成联合战线的政治态度。在 1922 年 7 月的中共二大上，提出了建立"民主联合战线"的主张，即以党外合作的方式与国民党建立统一战线，但没有被孙中山接受。1922 年 8 月，共产国际执委会主席团委员卡尔·拉狄克拟定给派驻中国南方的代表马林工作指令，确认国民党是革命组织，共产党人应支持国民党并在国民党内进行工作。8 月底中共在杭州西湖召开特别会议，决定在孙中山改组国民党的条件下，党的少数干部先加入国民党，同时劝说全体共产党人以个

---

① 大陆中共党史的主流著作，无不对 1923 年至 1927 年中共在广州的活动和发展给予充分重视。如胡绳主编的《中国共产党的七十年》（中共党史出版社 1991 年），将这一时期的历史，作为主要篇幅置于第二章"在大革命的洪流中"；沙健孙主编五卷本《中国共产党史稿》（中央文献出版社 2006 年），其中第 2 卷集中于党在广州的重要活动；其他各种全局性的党史著作也基本如此。从广东地方党史研究著作来看，曾庆榴主编的《中国共产党广东地方史》（广东人民出版社 1999 年），亦以"在大革命的洪流中"为题，论述党在广州时期的主要过程；广东省人民武装斗争史编纂委员会编著的《广东人民武装斗争史》（广东人民出版社 1995 年），第 1 卷大部分内容即党在广州的主要活动；也有以这一时期的国共合作为主题的专史，以及部分以"国民革命""大革命"为主题的研究，已经充分体现了对中国共产党早期广州实践重大意义的认识（如黄修荣：《第一次国共合作》，上海人民出版社 1986 年；林家有主编：《国共合作史》，重庆出版社 1987 年；何锦洲、蔡明禁：《首次国共合作时期广东革命史》，华南理工大学出版社 1994 年；黄志坚：《第一次国共合作在广州》，暨南大学出版社 2015 年）。

人身份加入国民党；会后不久，李大钊、陈独秀、蔡和森等人首先以个人身份加入国民党。这次会议是国共合作、中共革命实践重心转向广州的重要节点。1923 年 1 月 12 日，共产国际执行委员会作出《关于中国共产党与国民党的关系问题的决议》，指出中共与国民党合作是必要的，"中国共产党党员留在国民党内是适宜的"，[①] 对促进中共三大制定国共合作方针起了重要作用。

一般在论述党的革命重心向广州转移时，都会引据当时共产党人和共产国际代表对于广州政治形势和社会环境的积极评价。如 1922 年 3 月 6 日，谭平山致函施存统（方国昌），建议团的一大改在广州举行，"因为（广州）比较的自由"；[②] 1922 年 7 月，马林在给共产国际执行委员会的报告中也指出："在远东，广州是唯一勿需打扰当局就可以建立常设代表处的城市。"[③] 1923 年 5 月底，马林再度强调，"我们在广州有充分的行动自由"[④]。这些依据都有一定的合理性，并且其中所强调的广州政治和社会环境确实也发挥了实际的作用，但并不能够解释革命实践南移的全部问题。事实上，即使在这些条件仍旧存在的情况下，中共中央对于工作重点的认识仍有反复。1922 年 7 月，共产国际命令中共中央迁往广州，要求"中国共产党中央委员会接短笺后，应据共产国际主席团 7 月 18 日决定，立即将驻地迁往广州并与菲力浦同志（即马林——引者注）密切配合进行党的一切工作"[⑤]。但是，此时正因为陈炯明发动"六一六兵变"，孙中山已无法在广州立足，8 月离穗转赴上海，因而中共中央驻地南迁和革命实践南移无法实现；中央在 1923 年一度迁到广州召开三大之后，仍

---

① 《共产国际执行委员会关于中国共产党与国民党的关系问题的决议》，中共中央党史研究室、中央档案馆编：《中国共产党第三次全国代表大会档案文献选编》，中共党史出版社 2014 年，第 27 页。

② 《谭平山致国昌先生》，1922 年 3 月 6 日，《谭平山文集》编辑组：《谭平山文集》，人民出版社 1986 年，第 240 页。

③ 《致共产国际执行委员会》，中共中央党史研究室第一研究部编：《共产国际、联共（布）与中国革命文献资料选辑（1917—1925）》，北京图书馆出版社 1997 年，第 320 页。

④ 《致共产国际执行委员会、红色工会国际、共产国际执行委员会东方部和东方部远东局——关于中国形势和 1923 年 5 月 15 日至 31 日期间的工作报告》，《共产国际、联共（布）与中国革命文献资料选辑（1917—1925）》，第 455 页。

⑤ 《共产国际给中国共产党中央委员会的命令》，《共产国际、联共（布）与中国革命文献资料选辑（1917—1925）》，第 321 页。原件现存荷兰阿姆斯特丹国际社会历史研究所。

很快迁回上海。真正决定中共将革命重心转向广州的，有两个事实上联系在一起的因素，即共产国际要求中国的国共合作得到国、共双方的实际推进；中国共产党与孙中山领导的国民党实行合作确有可能。

在同样被广为引征的一则资料中，已经可以看到，与孙中山领导的国民党合作，对于中共革命实践重心南移的意义。1922 年 5 月，共产国际执委会远东书记处派往广东的代表利金考察广州后，给远东书记处的报告中称："我确信，中国目前的形势把对我们小组工作的组织改革问题提到了首位。这次改革可归结为把工作重心转移到广州。这样做有许多理由，最重要的理由是：1. 现在在南方有广泛的合法条件；2. 在广州有最先进的工人运动；3. 广州是国民党的活动中心。"① 这里需要特别予以注意的，是被强调的第三点，即广州是"国民党的活动中心"。从推动中国国民革命运动的角度考虑，广州就是当时中国革命的枢纽。利金提出："如果我们共产主义小组中央局迁到广州，这种情况就有助于把国民革命运动的各种联系集中到中央局手中。"② 因而季诺维也夫和维经斯基向中共中央建议，"把中央委员会迁至广州，那是更适于广泛合法地开展工作的地方"③。

中国共产党早期一直谋求在广东发展力量。在党刚刚建立时，广东因为处于桂系军阀统治之下，由于军阀的压制和自身的财政困难,工作没有什么进展。④ 陈独秀最初反对与国民党合作，也是考虑如何在当时形势下创造党在广东打开工作局面的条件，他在 1922 年 4 月致维经斯基的信中说："广东实力派之陈炯明，名为国民党，实则反对孙逸仙派甚烈，我们倘加入国民党，立即受陈派之敌视，

---

① 《利金就在华工作情况给共产国际执委会远东部的报告》，中共中央党史研究室第一研究部译：《联共（布）、共产国际与中国国民革命运动（1920—1925）》，北京图书馆出版社 1997 年，第 95 页。
② 《利金就在华工作情况给共产国际执委会远东部的报告》，《联共（布）、共产国际与中国国民革命运动（1920—1925）》，第 95 页。
③ 《维经斯基给中共中央的信》，《联共（布）、共产国际与中国国民革命运动（1920—1925）》，第 117 页。
④ 《广州共产党的报告》，中央档案馆编：《中共中央文件选集》第一册，中共中央党校出版社 1989 年，第 20 页。

即在广东亦不能活动。"① 但在广州党团会议之后，"虽然与会者之间存在重大的意见分歧，广州会议对中国共产党的历史却产生了重大的影响。共产党对国民党的政策开始转变了。"②1922 年 5 月，第一次全国劳动大会、团第一次全国代表大会都在广州成功举行，不过这一过程很快发生了中断，因为随着陈炯明背叛孙中山，孙中山失去了对广州的控制权，被迫离开广州。这恰从另一方面说明，与孙中山一派的合作，比广州一般具有的政治和社会环境，对于共产国际和中国共产党来说，要关键得多。

二、中共三大与广州成为中共领导国民革命的中心

中共革命实践南移是马林的倡议以及在此基础上共产国际对中共指令的结果，中国国共合作的策略即是马林将自己在爪哇的经验移植到中国，在中国促成民族革命的联合战线而形成的，并成为共产国际对中国革命的基本主张。因而马林对国共合作的实现和中共革命实践重心的南移，具有至关重要的影响。在西湖会议上，马林根据共产国际的指示，建议中国共产党党员以个人名义加入国民党。虽然 1922 年下半年共产国际所要求中共中央局南迁广州因客观条件未能实现，1923 年初孙中山重新掌握广州后，为召开中共三大，马林在当年 3 月重提南迁，在向布哈林的汇报中指出："那（指广州——引者注）是中央委员会可以合法存在的唯一城市，可以在那里举行会议。"③ 根据这一部署，1923 年 4 月、5 月间，中共方面的主要领导干部陈独秀、李大钊、张国焘、瞿秋白、蔡和森、向警予、张太雷、毛泽东、邓中夏等人相继到了广州，马林本人也到了广州；党的理论刊物《新青年》移至广州，中共中央的机关刊物《前锋》在广州创刊。

1923 年 6 月，中共三大在广州举行。中共三大是在孙中山领导的国民党

① 《陈独秀致吴廷康的信》，《共产国际、联共（布）与中国革命文献资料选辑（1917—1925）》，第 222 页。

② ［苏］C·A·达林：《中国回忆录：1921—1927》，中国社会科学出版社 1981 年，第 91 页。

③ 《致布哈林的信》，《共产国际、联共（布）与中国革命文献资料选辑（1917—1925）》，第 458 页。

的支持下，在广州公开举行的。大会讨论了国共合作以及党纲草案、选举中央执行委员会等重要议题。经讨论，中共三大接受了共产国际关于全体共产党员以个人身份加入国民党的决定，确定了与国民党进行合作的统一战线方针，推动了国民革命运动的发展。

中共三大在广州召开后，虽然决定了以党内合作的方式与孙中山领导的国民党合作，但大会结束后不久的 1923 年 7 月，中央局又迁回上海，"宁愿在上海处于非法地位，也不愿在广州公开活动，因为上海的运动意义更重要"①。一方面是因为中共主要领导层此时还是认为开展群众工作和宣传工作十分重要，"想在北方通过新的地方组织去推动国民党的现代化"，同时也觉得上海有利于《向导》周报的工作，②加之上海具有对外联络的方便。而更主要的原因，则是孙中山一时对于国民党改组和与共产党的合作还没有积极的表示，使得中共通过的同国民党合作的决议"还是一纸空文"。③这使得中共的领导者们认为，"留在南方继续争取孙本人对进行政治宣传的支持是白费力气"④，甚至还希望孙中山离开广州，到上海组织国民会议。⑤

然而，国共合作形势的变化，迅速改变了革命重心摇摆不定的局面。1923 年 10 月鲍罗廷到达广州，10 月 18 日，孙中山委任其为国民党组织教练员。鲍罗廷对孙中山说："如能假以六个月时间，可以将广州市变成吾党（指国民党——引者注）最巩固之地盘。"⑥鲍罗廷到达广州仅两个月，就坚定地认为："广东不论在改组国民党方面，还是在一般地发展国民革命运动方面，都能够成为我们整个工作的中心。任何一个省都不可能像广东那样成为国民党的领导

---

① 马林：《向共产国际执行委员会的报告》，《中共中央文件选集》第一册，第 498 页。
② 马林：《向共产国际执行委员会的报告》，《中共中央文件选集》第一册，第 499 页。
③ 《鲍罗廷关于华南形势的札记》，中共中央党史研究室第一研究部译：《联共（布）、共产国际与中国国民革命运动（1920—1925）》，北京图书馆出版社 1997 年第 369 页。
④ 《马林致达夫谦和越飞的信》，《共产国际、联共（布）与中国革命文献资料选辑（1917—1925）》，第 427 页。
⑤ 《陈独秀、李大钊、蔡和森、谭平山、毛泽东同志致孙中山的信》，《共产国际、联共（布）与中国革命文献资料选辑（1917—1925）》，第 496 页。
⑥ 孙中山：《在广州大本营对国民党员的演说》（1923 年 11 月 25 日），广东省社会科学研究院历史研究所、中国社会科学院近代史研究所中华民国史研究室编：《孙中山全集》第八卷，中华书局 1986 年，第 438 页。

和发展中心……那么支持孙现在正在为控制广东而进行的斗争的问题就是我们计划的一部分,就必须与国民党改组问题和整个国民革命运动问题同时解决。"①在国民党一大召开前, "加入国民党的我们中国共产党的同志通过思想和组织这两方面的工作促使国民党健全起来,……过去几个月里党全力以赴做这个工作。"② 苏联对孙中山国民党的物质援助,随着鲍罗廷的到来成为现实,孙中山完全控制广州已经具有必需的条件,国民党的改组顺利推进。自此时起,不仅国共合作已经具备完备的基础,而且得到孙中山和国民党基于实力的实质推进。党的革命重心南移的两个条件基本实现,中国共产党在广州与国民党共同推进国民革命,事实上成为党的工作的重点。

在共产国际派往来华的不同人员中,对广州的认识是不尽相同的,对中共中央应设在何处,也有不同的主张。1922 年 11 月,考虑到北京的工人运动的需要,越飞致信马林,主张 "党的中央委员会要尽快迁到北京来,此事至关重要,否则将会有很大损失"③。1923 年 3 月,因为北方地区和长江流域工人运动的兴起,维经斯基一度认为, "中共中央作出的关于迁往广州的决定现在恰恰是不妥当的", "应当利用在南方合法工作的机会,但不应把整个中央委员会搬到那里,把全部工作的重心转移到那里去",并强调了中共中央设在上海的理由。④ 维经斯基更坚决反对党的代表大会在广州召开,主张应在北方,至少应在上海召开。⑤ 就在中共中央决定迁往广州召开中共三大前夕,维经斯基还在 1923 年 3 月 9 日向马林提出: "最近的将来华中和华北也许会成为发生新罢工的区域,很难设想你将如何从广州给与指导和安排

① 《鲍罗廷关于华南形势的札记》,第 374 页。
② 《共产国际执行委员会驻中国代表向共产国际执行委员会主席团的报告》,《共产国际、联共(布)与中国革命文献资料选辑(1917—1925)》,第 565 页。
③ 《越飞致马林的信》,《共产国际、联共(布)与中国革命文献资料选辑(1917—1925)》,第 400 页。
④ 《维经斯基给共产国际执委会东方部主任萨法罗夫的信》,《联共(布)、共产国际与中国国民革命运动(1920—1925)》,第 227—228 页。
⑤ 《维经斯基就中国形势给共产国际执委会东方部的报告》,《联共(布)、共产国际与中国国民革命运动(1920—1925)》,第 234 页。

联络。"①

关于中共中央的迁址问题，有过多次的反复和争论。在中共二大之后，中央局迁到过北京，但京汉铁路大罢工失败后，又被迫返回上海。党的中央定于何处，"须视什么是目前党最主要的责任，何处是革命的中心，中央须在何地才能执行党目前这一重要（的）职任。"②在 1926 年上半年，即北伐战争开始前，中共中央认为中央在上海已不适宜，有迁离上海的意向，而理想中的地点，则以北京为首选，广州为次选。中央认为，"党在最近将来政治上的第一职任，是从各方面准备广东政府的北伐；同时须顾及北方上海已得到的民众运动、工人运动的基础；中央所在地必须能顾及上面所指工作，才能尽党整个的使命。……现时可作中央地址的地方，只有北京和广州。惟广州是革命的唯一根据（地），在顾及全国各方面的工作上，较不方便。"③因而决定根据当时的局势，中央准备迁北京，如果国民军在北方失败，则决移广州。④

三、广州在第一次国共合作时期的持续重要性

中共革命实践的重心转向广州后，形成了中共中央在上海（绝大部分时间内）、国民革命运动主要区域在广州的格局，直至北伐战争将革命推进到长江流域，国共合作彻底破裂，广州在中国共产党的革命实践中，都具有极其重要的地位。

自中共三大后，中共中央迁回上海，就一直没有再回广州。在这种情形下，广州实际上是以一种特殊的形式，展现着其在中国革命中的重要性。随着国共

① 《维经斯基致斯内夫利特的信》，《共产国际、联共（布）与中国革命文献资料选辑（1917—1925）》，第 439 页。
② 《中央地址问题》，中央档案馆编：《中共中央文件选集》第二册，中共中央党校出版社 1989 年，第 58 页。
③ 《中央地址问题》，《中共中央文件选集》第二册，第 58 页。
④ 中央所在地的不确定和不断变动，在党内也引起许多焦虑和争议。陈独秀在中共三大报告上说：即使在广州，"那里的局势也不稳定，因此，改善中央机构还是不可能的"；而且"我们不得不经常改换中央所在地，这使我们的工作受到了严重损失"。见《陈独秀在中国共产党第三次全国代表大会上的报告》，《中共中央文件选集》第一册，第 167、171—172 页。

合作的国民革命全面展开，广州即使不是中共中央驻地，仍成为当时中共革命实践的主要地区，而且地位不断增强。1924 年 7 月，广东的共产党人召开专门会议作出决议："坚持把广州作为国民革命运动的基地是目前最重要的任务之一。"①1924 年 10 月，中共中央决定恢复中共广东区执行委员会，又称"两广区委"，由周恩来担任委员长兼宣传部长，陈延年任秘书兼组织部长。1925 年 1 月中共四大后，委员长改称书记，陈延年任书记。1925 年 5 月，中共中央根据广东远离上海的实际，决定由谭平山、周恩来、罗亦农会同中共广东区委书记陈延年及鲍罗廷组成中共中央广东区临时委员会，近距离指导广东的各项工作。②苏联和共产国际派往中国的几条不同线索的指导人员，负责分别联系不同地区的中共党组织。维经斯基负责联系上海中共中央，加拉罕负责联系北京党组织，而鲍罗廷在担任广东革命政权的政治总顾问的同时，负责联系广东区委。在这三人中，加拉罕在 1926 年 10 月离开中国之前一直是莫斯科其他代表的最高上级，鲍罗廷既是共产国际的代表，又是协助加拉罕开展苏联外交工作的负责人，主要负责联系国民党中央执委会、广东的国民政府和国民革命军，以及广东的中共组织。共产国际远东局和维经斯基把精力集中在对中共的领导工作和整个党的活动上。③而实际上，显然鲍罗廷及其指导的广东党组织，所起的作用和在整个革命布局中的地位高于在上海的维经斯基和中共中央。以至于作为中共中央领导人的陈独秀，抱怨鲍罗廷以"在中国，在目前这个阶段，即在国民运动时期，一切工作都必须经过国民党"为由，而把主要的注意力都放在"苏俄的任务"上，忽视"共产国际的任务"。④孙中山逝世后，广州一度失去领导重心，鲍罗廷的地位甚至达到"填补这个空缺"的地步。⑤

①　《中共广东组织就鲍罗廷的报告作出的决议》，《联共（布）、共产国际与中国国民革命运动（1920—1925）》，第 508 页。

②　黄振位：《中共广东党史概论》，广东高等教育出版社 1994 年，第 45—46 页。

③　中共中央党史研究室第一研究部译：《联共（布）、共产国际与中国国民革命运动（1926—1927）》（上册），北京图书馆出版社 1998 年，第 292 页。

④　《中共中央与共产国际代表联席会议》，1924 年 12 月 5 日，莫斯科当代历史文献保管与研究中心档案，转引自杨奎松：《中共与莫斯科的关系》，台北：东大图书股份有限公司 1997 年，第 57—58 页。

⑤　张国焘：《我的回忆》第二册，东方出版社 1998 年，第 52 页。

鲍罗廷对中共中央不能够设在广州，是极不满意的，他一直责怪中共中央没有立足于广州，影响了国民革命工作的进行。1925年5月，鲍罗廷自苏联回广州，途经上海，与上海的中共中央产生很大的分歧，认为"中央委员会现在就应当把全部力量投向广州（尽管会损害其他工作），而中央委员会则认为，它在这方面已经尽了最大的可能（张太雷、蔡和森、罗亦农以及其他许多负责人已被派往广州从事经常性工作……）"①。鲍罗廷是主张中共中央迁往广州的最有力鼓吹者，事后他在共产党在国民革命中失败后的1927年10月总结道："这些年来，中共中央一直设在上海的法租界。在这个租界里，中央在很大程度上脱离了中国的实际生活。我多次建议把中央迁往广州，但都没有得到著名的中央委员陈独秀等人的响应。因此，运动向全国发展的主要根据地——广州没有得到来自中共中央方面的应有指导。"②

1926年以后，虽然北方声援国民军的工作、上海的工人运动都在中央的工作视野之中，但中共已充分认识到，"当使广东以外一切不与帝国主义军阀结缘之武力均结合于广东政府旗帜之下"③。1926年5月，苏联派往中国了解政治形势的布勃诺夫使团在对中国革命进行调查后得出的结论是："广州毕竟是国民革命的巨大成果，实质上它是中国历史上近十年国民革命运动的唯一真正发展，……广州是个中心，集中了国民革命的主要的有组织的社会政治力量。"其中"共产党是最有组织的力量"。④

北伐战争开始后，国民革命军的主要军事力量出师北伐，中国共产党的工

---

① 《维尔德给维经斯基的信》，《联共（布）、共产国际与中国国民革命运动（1920—1925）》，北京图书馆出版社1997年，第615页。事后（1930年）鲍罗廷在苏联中国问题研究员举行的学术研讨会上，谈到与中央的关系时，仍然争辩："自1923年国民党改组起直至武汉时期末，中国革命中存在着两条路线：一条是上海路线即陈独秀路线，这是货真价实的陈独秀路线，因为他和孙中山一样，孙中山是国民党的领袖，他是中共的领袖；另一条是广州路线。这两条路线互相矛盾，甚至在武汉时期发生了冲突。"（《陈独秀主义的历史根源》，《国外中国近代史研究》第13辑，中国社会科学出版社1989年，第62页。）
② 《鲍罗廷在老布尔什维克协会会员大会上所作的〈当前中国政治经济形势〉的报告》，《联共（布）、共产国际与中国国民革命运动（1926—1927）》（下册），第509页。
③ 《中央通告第一百零一号——最近政局观察及我们今后工作原则》，《中共中央文件选集》第二册，第128页。
④ 《布勃诺夫使团的总的结论和具体建议》，《联共（布）、共产国际与中国国民革命运动（1926—1927）》（上册），第250页。

作重心随国民政府迁往武汉，广州的重要性有所下降。1926 年 11 月，当国民党中央党部和国民政府迁都武汉已成定局时，中共广东区委报告指出："广东省现在已到了地方工作的时期了，上层政治已不能有什么作用了。"① 但中共中央仍然充分认识到广东的重要性，1926 年底，中共中央指出："广东仍旧是国民革命的根据地，在现时北伐的发展中，不惟不能轻视广东，更须注意使广东政权成为左派所领导的政权，并且愈加强固起来。"② 共产国际远东局在经过对广州的实地考察之后，也认识到在国民革命很快就要取得第一阶段胜利、国民党很快就要建立全国政权的形势下，"党应当竭尽全力支持取得胜利的国民党和广州"③。1927 年初，共产国际执行委员会政治书记处作出决议，"应特别注意保证党中央对在国民党内工作的共产党员的政权坚定的领导。迄今为止，在这个问题上情况很不正常。中共中央在上海，而国民党中央在广州。因此，实际上是由广州地区党委（和党中央的政治分歧很大）来领导共产党在国民党内的工作。中央应直接领导共产党员在国民党内的工作。因此，党中央要设在国民党中央的所在地，这在组织上才是正确的。如果由于某些特殊原因办不到，党中央应派出十分权威的专门代表团来领导共产党员在国民党中央的工作。因此，应重新考虑中国共产党中央委员会所在地的问题。中央委员会应设在关键性的战区，而广州政府的南方战线现在就是这样的地区（这当然不是说其他地区的工作应削弱）。"④

1927 年 4 月，广州发生"四一五"反革命政变，中国共产党人在广东进行了抗争。在武汉，在国共合作行将终结的时刻，共产国际代表罗易还坚定地认为，联合国民党左派收复广东，"是寻找作战基地的一个战略手段，联合起

---

① 《粤区政治报告（二）——国民政府迁移及省政府改组后广东政局与我们的政策》，《中共中央文件选集》第二册，第 653 页。
② 《中央局报告（十、十一月份）》，《中共中央文件选集》第二册，第 502 页。
③ 《拉菲斯关于共产国际执行委员会远东局工作的报告》，《联共（布）、共产国际与中国国民革命运动（1926—1927）》（下册），第 45 页。
④ 《共产国际执行委员会政治书记处书记〈关于中国共产党的组织任务〉的决议》，《联共（布）、共产国际与中国国民革命运动（1926—1927）》（下册），第 85 页。

来的革命力量将能从这个基地给反动派以决定性的打击"①。1927 年 6 月，罗易为中共方面拟定了《中国（国共两党）国民革命纲领草案》，内中还有"立即收复广东"的提案，认为如此不但能够解反革命势力对于武汉政权的包围，而且可以缓和财政困难。②1927 年上半年，虽然革命在空间上主要已经不在广州，但共产国际和中国共产党此时的政策仍然是延续广州时期的基本政策，尽力维持与国民党的合作，维护统一战线，1927 年上半年的中共革命，事实上仍是中国共产党广州时期基本路线和策略的一部分。

　　1927 年 7 月，中共中央领导层改组、中共革命策略从国共合作的统一战线改变为独立领导武装反抗国民党统治，自此中国共产党的革命进入下一阶段。在这新的阶段的起初，中国共产党决定开展一系列的城市武装暴动，也充分考虑到在广州时期所奠定的良好革命基础。正如 1927 年 10 月青年共产国际驻华代表希塔罗夫在致青年共产国际领导人沙茨金的信中写的，"广东的基础对于夺取政权，对于建立苏维埃（这是我们在得到上面最后批准前就决定了的）是最有利的。……在许多省，首先在广东，准备武装暴动仍是当前任务。"③ 广州成为其中唯一实现起义的城市，并进行了建立城市苏维埃的尝试。从这一历史过程中可以看到的是，第一次国共合作时期中国共产党在广州的革命实践，为后一时期留下了重要的历史遗产，广州时期的路线、政策以及成效对后面阶段的历史产生了深远的影响。在国民党"清党""分共"并残酷镇压后，中国共产党虽然遭遇巨大损失，但凭借广州时期获得的空前壮大和积累的丰富经验，能够迅速转变战略，找到中国革命的正确道路，进入苏维埃运动时期。

①　《罗易同汪精卫的谈话记录》，《联共（布）、共产国际与中国国民革命运动（1926—1927）》（下册），第 370 页。
②　《中国（国共两党）国民革命纲领草案》，《罗易赴华使命：1927 年的国共分裂》，中国人民大学出版社 1981 年，第 330 页。
③　《希塔罗夫给沙茨金的信》，中共中央党史研究室第一研究部译：《联共（布）、共产国际与中国苏维埃运动（1927—1931）》，中央文献出版社 2002 年，第 133 页。

四、结论

从 1923 年 4—5 月中共中央迁广州准备进行国共合作，到 1926 年 12 月国民政府迁都武汉，党的工作重心转往长江流域（如果根据内容上的联系性，更可追溯到 1922 年 8 月的中共西湖会议，延伸到 1927 年 7 月的中共中央领导层改组，党的革命目标和策略发生战略性转变），在这一时期，中国共产党以广州为中心，实行国共合作，领导开展国民革命。广州实际上处于中国共产党领导国民革命运动的中心地位。如果更长远地看，第一次国共合作时期中国共产党在广州的实践，为后来的革命历史时期奠定了坚实的发展基础。在广州，中国共产党通过国共合作和以国共合作统一战线为中心的工人运动、农民运动、军事运动、学生运动等，取得了丰富的政治经验；中国共产党人对革命的重大问题进行了深入的思考，为以后的革命实践预先做了认识上和理论上的准备；中国共产党的未来政治领袖得到了革命实践的锻炼，为中国共产党第一代领导集体的诞生储备了人才条件。从党领导中国革命的历史阶段性来认识，中国共产党广州时期是在瑞金时期、延安时期之前的重要奠基性历史阶段。对第一次国共合作时期广州的历史地位进行深入的挖掘和充分的认识，有利于在历史唯物主义指导下，全面反映中国共产党领导人民进行革命斗争的历史过程，深刻理解马克思主义中国化在中国共产党领导人民革命历史上初次实践的进程和意义，对于把握党的初心和使命，传承红色革命传统，挖掘红色文化资源，具有重要的理论和现实意义。

（赵立彬，中山大学历史学系教授，中国辛亥革命研究会常务理事）

有志竟成　同进文明

——论第一次国共合作推动了中国近代社会的发展

辛　镛

摘要： 1924 年 1 月国共两党第一次合作的实现，不仅推动了革命事业的发展，最终在形式上实现了全国统一，还促进了学生运动、妇女运动、少数民族解放运动、革命文学和进步报刊的发展，推动了中国近代社会的进步和发展。这段历史也启迪我们，建立最广泛的爱国统一战线，与一切爱国进步力量实现团结合作，具有十分重要的意义。

关键词： 第一次国共合作　社会发展　学生运动　妇女运动　少数民族解放运动　革命文学　进步报刊

1924 年 1 月，在共产国际和中国共产党的帮助、推动下，孙中山主持召开了中国国民党第一次全国代表大会。大会通过了《中国国民党一大宣言》，确定"联俄、联共、扶助农工"三大政策，选举产生有共产党员参加的中央领导机构。这次会议的胜利召开，"适乎世界之潮流，合乎人群之需要"，标志着国共两党第一次合作的实现，对推动中国革命事业的发展、中国近代社会的进步都有重大意义。

对国民党来说，经历了军阀屡次叛变与事业受挫后，孙中山急需其他革命力量相助。中国共产党作为一支新生进步政治力量，其蓬勃向上的活力正是国民党所缺乏的。于是，孙中山开始积极同苏联、同共产党人建立联系。

对共产党来说，在经历京汉铁路大罢工失败后意识到：如果不团结一切可以团结的力量，结成最广泛的统一战线，就不可能把中国革命引向胜利。因此，中国共产党决定联合国民党，致力推动国共合作的建立。

共产党员以个人身份加入国民党后，在全国各地积极创立和发展国民党的组织。国共合作的实现，壮大了革命的力量，加快了中国革命前进的步伐，也促进了学生运动、妇女运动、少数民族解放运动、革命文学和进步报刊的发展，推动了中国近代社会的进步。

一、第一次国共合作，推动学生运动重新兴起

五四时期，学生爱国运动曾掀起洪波巨澜，产生了巨大的影响。但此之后，学生运动慢慢陷入了沉寂。直到 1924 年国共第一次合作实现后，学生运动重新勃然兴起。

1924 年 1 月，国民党完成改组后，十分重视青年工作，国民党中央成立了青年部。3 月 12 日，中央执委会通过《学生运动政策》，这是国民党第一次有明确的学生运动政策，强调"学生是国民革命的重要分子，而且已在国民革命进行中占得位置。……要想让学生归于党的旗帜之下，必须关心其利益，加强对学生运动的组织与领导"①。在中央青年部统一领导下，各省市国民党执行部也都设立了青年部。

与此同时，中共也进一步加强了对青年学生工作的领导。1923 年 6 月，中共在广州召开三大，通过了《青年运动决议案》，强调青年运动是党的重要工作之一，必须加强领导，并号召青年团根据党的三大关于国共合作的决议，积极参加国民革命。随后召开的青年团二大正是据此通过了学生运动的议案。1925 年初，青年团三大召开，改名为中国共产主义青年团，张太雷任总书记，恽代英任宣传部长。至此，以邓中夏、恽代英等人为代表，中共领导学生运动

---

① 《中国国民党中央执行委员会第十三次会议记录》，引自吕芳上：《从学生运动到运动学生——民国八年至十八年》，"中央研究院"近代史研究所 1994 年。

的一支强有力的干部队伍迅速成长起来。

国共各自领导的学生运动不是各自为政，而是相辅相成。两者虽分属于国共两党，但同时又都在国民党的旗帜下，受国民党体制的统一规范，服务于联合统一战线。国民党中央青年部的设立，及《学生运动政策》《青年运动大纲》等重要文件获通过，都体现了中共的意志。在实际工作中，双方也多有合作。据史料记载，1924年4月，国民党中央青年部召集国民党学生党员大会，宣布新通过的学生运动政策和计划，中共方面全力配合。中共团粤区委在报告中说，"是日会议发言的，差不多完全我同志，以致有个别学生攻击我包办了国民党。"① 反之，国民党中央对于中共提出的一些建议，也积极予以回应。1925年1月，团广州地委宣传部报告说，"由我们同志向国民党中央党部提出的开展平民教育运动计划获通过。最终成立了由中央青年部领导下的平民教育运动委员会总其成，委员计十人，我同志四人，由教育厅长和市教育局长分任正副主任。下设编辑部与实施部，由我两同志分任。并设平民图书社，出版月刊。所需经费统由国民党中央负责。"

1925年5月30日上午，上海工人、学生2000多人，在公共租界各马路散发反帝传单，进行讲演，揭露帝国主义的罪行，反对"四提案"，开始了震惊中外的"五卅运动"。30日深夜，中共中央召开紧急会议，决定由瞿秋白、蔡和森、李立三、刘少奇和刘华等人组成行动委员会，具体领导这次斗争，组织全上海民众罢工、罢市、罢课。同时，中国国民党中央通电谴责帝国主义的罪恶，接着又两次发表宣言，表示坚决主张废除不平等条约，进一步推高了反帝爱国的声浪。国民党党部又及时通电各省，对于将"五卅运动"迅速推向全国，起了重要的作用。

在国共合作共同推动下，"五卅运动"大大推动了学生运动的重新兴起，提高了青年学生的觉悟程度和组织力量，在全国范围内为北伐战争准备了群众基础，并将国民革命推向高潮，从而揭开了1925—1927年中国大革命的序幕。

---

① 《团粤区委报告（第15号）》，引自《广东青年运动历史资料一》，广东省档案馆、广东青年运动史研究会编，内部资料，1986年。

二、第一次国共合作，推动了妇女解放运动的发展

国共两党在创立之初都十分关注和重视妇女自身解放，并吸纳妇女加入政党从事革命。随着国共第一次合作，促成了革命统一战线的建立，同时也促成了中国妇女的大联合，推动了妇女解放运动的发展。

1923 年，苏联人鲍罗廷以共产国际代表名义应邀在孙中山领导的国民党中央担任政治委员会顾问，他的夫人也随其来到中国。其间，鲍罗廷夫人与宋庆龄相识，并通过宋庆龄认识了当时国民党中央妇女部长何香凝。据何香凝先生回忆，"有一次，苏联顾问鲍罗廷的夫人和我谈起了妇女运动老前辈蔡特金和三八妇女节的故事，我们为了进一步开展妇女群众运动，就打算在广州举行一次三八妇女节的庆祝大会。"①

1924 年 1 月，国民党一大在广州召开，在共产党的推动下，由何香凝提出的"于法律上、经济上、教育上、社会上确认男女平等之原则，助进女权之发展"意见，写入了《一大宣言》之中。

为动员妇女力量，推动妇女解放运动，国民党中央执行委员会决定设立中央妇女部。何香凝接任妇女部部长后，特别关注妇女劳工的教育问题。中央妇女部还吸纳共产党人加入其中，蔡畅、高恬波为干事；地方特别执行部也成立妇女部，由国共两党妇女分别担任领导工作。

1924 年 3 月 8 日，第一次国际妇女节纪念活动以国民党中央妇女部的名义在广州第一公园举行。参加活动的有社会各界妇女约 2000 人。何香凝主持大会并发表演讲，向与会者介绍了妇女节的由来，以及对于广大处于压迫中的妇女群众联合起来走上革命解放道路的重要意义，号召妇女通过团结集合自身的力量摆脱政治、经济、社会方面的不平等，投身反帝反封建的国民革命，在革命斗争中实现自身解放。庆祝大会结束后，何香凝、廖冰筠等人率领与会妇女徒步上街游行，高呼"打倒封建主义""打倒帝国主义""保护女工和童工""废除娼妓制度"等口号，并沿途散发传单。

---

① 何香凝：《回忆中国第一个"三八"节》，尚明轩等编：《双清文集（下）》，人民出版社1985 年，第 900 页。

这次活动规模虽不大，却是在国共合作的基础上举行的中国第一次妇女界有组织的妇女节纪念活动，开创了历史先河。活动得到广东社会各界的女共产党员和女青年团员的积极参与。1924 年 3 月 1 日，广东社会主义青年团领导的 "新学生社" 在其机关刊物《新学生》发表了《 "三八" 国际妇女纪念与中国妇女运动》《妇女问题与国民党》等文章，为活动做宣传。

国共两党还加强培训妇女干部。1926 年 1 月，国民党二大规定 "设立妇女运动讲习所，以造就从事妇女运动的人才"。会后，国共两党积极合作创办了 "广州妇女运动讲习所"，并于 9 月正式开学，何香凝担任所长，蔡畅任教务主任，聘请了周恩来、恽代英、邓颖超等共产党人参与指导和授课。100 多名学员来自各省，其中有教师、职员、大学生、中学生、女工、农民等。国共两党通过妇女组织建设和妇女干部培训，团结了各阶层妇女，从而实现了各界妇女的大联合，在大革命的发展中发挥着重要作用。

到了 1927 年，随着北伐战争的胜利进军，国民革命的重心由广州转移到武汉。当年 3 月 8 日，武汉 10 万妇女大游行庆祝国际妇女节，宋庆龄、何香凝和柳亚子等名人到场支持，从而把国共合作时期的妇女解放运动活动推向高潮。

三、第一次国共合作，推动了少数民族革命斗争

中国是一个多民族国家，各民族兄弟姐妹一律平等。但当年封建军阀集团采用民族歧视和民族压迫政策，导致民族问题在部分地区复杂化。1924 年 1 月，《国民党一大宣言》明确， "国民党之民族主义有两方面之意义：一则中国民族自求解放；二则中国境内各民族一律平等。……承认中国以内各民族之自决权，于反对帝国主义及军阀之革命获得胜利以后，要组织自由统一的（各民族自由联合的）中华民国。" 在国共两党通力合作下，少数民族的革命斗争轰轰烈烈地开展起来。

1925 年 5 月，李大钊在《国民日报》上发表了《蒙古民的解放运动》一文，详尽地讲述了民族主义。文章重申了国民党一大宣言的精神，指出 "对于国内

之小民族，政府当扶植之，使之能自决自治；对于国外之侵略强权，政府当抵御之"①。在其感召下，当时还在北京蒙藏学校就读的多松年、乌兰夫、奎璧等蒙古族兄弟创办了刊物《蒙古农民》，这是内蒙古地区最早的革命刊物。《蒙古农民》用真实事例和生动语言宣传反帝反封建的革命思想，通过宣传新三民主义来唤起蒙古族人民思想的觉醒，号召内蒙古地区的蒙汉各族人民团结起来，打倒共同敌人。

1924 年 5 月，在中国共产党帮助下，国民党在广州建立了中国国民党陆军官学校，即黄埔军校。中共派周恩来等同志负责参与军校各项工作，并从各地选派了革命青年到军校学习，其中就有少数民族青年和民族地区的汉族青年。他们在黄埔军校接受了反帝反封建军阀教育，以及关于革命军队的性质和任务的教育，之后返回当地，组织领导各族兄弟展开对土豪劣绅的斗争。

1924 年 7 月，以国民党中央农民部名义创办了广东农民运动讲习所，由彭湃主持该所的第一届到毛泽东主持的最后一届，先后举办了六期，培养了大批农民运动骨干。广西壮族农民韦拔群进入第三期农讲所，通过理论学习，并联系农民运动实际，认识到农民斗争只有参加到反帝反封建的革命斗争中才有前途，必须解决农民的土地问题，把农民组织起来建立革命政权。之后，他以农员运动特派员的公开身份回到广西壮族地区领导农民运动。1925 年 9 月，韦拔群在东兰县创办了农民运动讲习所，培养了壮族及各族青年五百多人，在北伐战争胜利进军中，大多数成为当地农民运动的领导骨干。

拉楞卜寺是甘肃南部藏族兄弟社会活动的中心。军阀马麒残酷剥削藏族人民，激起强烈反抗。1923 年，藏族人民开始了反抗军阀的斗争。1926 年春，在国民军的帮助下，藏民文化促进会在兰州成立，并发布了《甘南藏民泣诉国人书》，把军阀的罪行公布于世。7 月，第七方面军总指挥部政治处宣侠父以党务特派员身份赴甘南，深入藏民群众，宣传革命道理和民族政策，提出"一个民族只有提高自身的力量，才能不受外来侵略和压迫"，号召藏族人民团结起来，争取民族平等。在各方的帮助下，经过藏族人民有力的斗争，最后签订

① 李大钊：《蒙古民的解放运动》，《国民日报》，1925 年 5 月 30 日。

了《解决拉楞卜寺案件的条件》，马麒的军队被迫撤出，甘南藏族人民终于摆脱了军阀的反动统治。

1926年，北伐战争爆发后，早年已加入共产党的湖南土家族同胞黄兴武、黄子全等人，回到各自的家乡，开展革命斗争，建立农民协会，个别地方还建立了农民自卫军。他们根据国共合作确定的原则，在湖南鹤峰、来凤等县建立了以共产党员为骨干的国民党县党部，以合法身份领导当地革命斗争。由此，湘西土家族苗族地区农民运动蓬勃发展，有力地支援了北伐战争。

历史证明，第一次国共合作的实现，有力地推动了中国现代史上第一次大革命高潮的到来，同时也推动了少数民族革命斗争的开展。

四、第一次国共合作，推动革命文学的复兴

新文化运动是一场思想启蒙和文学革命融为一体的文化变革运动，它倡导白话文，反对旧文学，决定了文学革命的方向。"革命文学"不仅是"文学"，还是近现代中国社会革命运动不可分割的组成部分。但"五四"之后，运动趋于低潮，直到1924年第一次国共合作实现，国共两党基于共同的革命目标和革命对象，基于对文化宣传的重视，共同携手提倡，再次推动革命文学的复兴。

1924年1月，国民党完成改组。次月，国民党的机关报《民国日报》的副刊《觉悟》刊发了《宣传的奋斗——中国国民党孙总理对党员演说词》。孙中山先生指出，"革命成功极快的方法，宣传要用九成，武力只可用一成。……我们国民党这几年用武力的奋斗太多，宣传的奋斗太少；此次改组，注重宣传的奋斗，便是挽救从前的弊端。"①文章反复强调了文学、宣传的重要性。此后数月间，大量提倡革命文学、反对靡靡之音的文章面世，掀起了一个小高潮。如中共党员沈泽民在《觉悟》上发表《我们需要怎样的文艺》，提出"发挥我们民众几十年来所蕴蓄的反抗的意识，……表现出今日方在一代民众心理中膨胀着的汹涌的潜流。我们需要革命的文学"②。邵力子发表《戏剧和革命》，认为"戏

① 《宣传的奋斗——中国国民党孙总理对党员演说词》，《觉悟》，1924年2月8日。
② 沈泽民：《我们需要怎样的文艺》，《觉悟》，1924年4月28日。

剧界与革命事业漠不相关，这也许是革命难以有成的一个象征吧！……希望戏剧界提倡革命精神，辅助革命事业"①。国民党人杨幼炯在《国民革命与文化运动》中描述革命文学的任务："我们的主义，是要普遍宣传民众，使他们知道国民革命的真义，共同起来一致向我们的敌人进攻！"②许金元则更为直接地表明了革命文学的提倡与国民革命的关系："现在我们中国最需要的，是提倡革命文学，鼓舞国民性，以期国民革命早日成功，真民国早日出现。"③

与《觉悟》遥相呼应，共青团中央机关报《中国青年》杂志同一时期也刊发了许多文章，大力倡导革命文学。如1924年4月发表署名"亦湘"的《泰戈尔来华后的中国青年》一文，指出，"我们中国现在的情势，完全处于被帝国主义包围及支配的下面，我们在这个时期，非积极地反抗，就只有甘心的屈服。所以我们所需要的文学是革命的文学，所需要的思想是联合被压迫民族，共起反抗国际帝国主义而独立的思想"④。同年6月又发表评论《〈中国青年〉与文学》，阐明对文学问题的看法，"本刊同人见解，以为纯粹的供人欣赏的文艺，在本刊的中心的主义上，实不宜提倡。现在我们所需要的，是怎么样去改造中国的实际'动作'。纵然要登些文艺作品，也必须要是以革命为中心的所谓'革命的文学'。"⑤

受国共两党对于革命文学提倡的影响，1924年5月，杭州之江大学学生许金元、蒋鉴等人成立了悟悟社，这是中国现代文学史上出现的第一个革命文学社团。该社成立后，曾先后在《中国青年》和《觉悟》上刊登广告、发表宣言，"（悟悟社）以提倡革命文学鼓舞国民性为宗旨。发起者四人；最近计六十六人——社员是散遍全国的"。而至于成立社团的原因，则是"我们因欲挽救近年国内文学界中一味溺于'卿卿我我'男闺怨式的'靡靡之音'的潮流；因欲鼓舞国民的革命情感；使鉴于中国近况，而促进革命文学为国内文学界一时的

① 邵力子：《戏剧和革命》，《觉悟》，1924年3月16日。
② 杨幼炯：《国民革命与文化运动》，《觉悟》，1924年4月30日。
③ 许金元：《革命文学运动》，《觉悟》，1924年6月2日。
④ 亦湘：《泰戈尔来华后的中国青年》，《中国青年》第27期（泰戈尔专号），1924年4月18日。
⑤ 《〈中国青年〉与文学》，《中国青年》第36期，1924年6月21日。

主潮；这是我们发起的缘由"①。在《悟悟社的宣言书》中，其成员宣称："我们深信文学是可以指导人生的；我们底目的是要在这'伊和他''唉和哟'的'靡靡之音'底下提倡'革命文学'（Revolutionary Literature），鼓吹国民性。"继之，蒋光慈、沈泽民等人组织了"春雷社"。1924 年 11 月 15 日，《觉悟》上刊登了《春雷文学社小启事》："我们几个人——光赤、秋心、泽民……组织了这个文学社，宗旨是想尽一点力量，挽现代中国文学界'靡靡之音'的潮流，预备每星期日在《觉悟》上出文学专号。"②

应该说，在国共合作下，《中国青年》与《觉悟》齐头并进，大力宣传，悟悟社、春雷社等革命文学社团积极响应，付诸实践，大量针对中国社会的分析、青年的鼓动、革命的呼唤的文章纷纷刊发，推动革命文学的复兴，对 20 世纪中国社会的变革与发展产生了极为重要、深远的历史影响。

五、第一次国共合作，推动进步报刊的发展

在新文化运动和五四运动的推动下，整个社会在文化思想上受到了最为广泛、最为深刻的震荡，这期间出现了大量传播新文化、新思潮的进步刊物。第一次国共合作的实现，推动革命运动日益走上高潮，大批进步报刊纷纷创办，形成了继"五四"之后又一次报刊大发展时期。

首先发展起来的是工人报刊。1924 年 10 月，《中国工人》在上海创刊，聘请邓中夏为主编，瞿秋白、罗章龙、李立三、刘少奇、赵世炎和任弼时等人参加编辑或撰稿。1925 年 5 月中华全国总工会成立后，《中国工人》就成为总工会的机关报。它以基层工会干部为主要对象，总结工人运动的经验教训，介绍国际工人阶级的斗争情况，以促进工人运动的迅速恢复和发展。

第一次国共合作实现后，共产党员以个人身份加入国民党，运用国民党这个统一战线组织，开展报刊宣传活动。《政治周报》是国民党中央宣传部所主持的刊物。于 1925 年 12 月在广州创刊。由当时代理国民党中宣部长的毛泽东

① 许金元：《青年团体报告》，《中国青年》第 59 期，1924 年 12 月 27 日。
② 《春雷文学社小启事》，《觉悟》，1924 年 11 月 15 日。

创办，并担任主编。茅盾、邓中夏、张秋人等人参加编辑工作。国民党的地方组织所办的刊物，有很多也是由共产党员主持出版。如国民党湖北省党部出版的《楚光日报》，1926年3月在武汉创刊，由董必武创办并担任总经理，宛希俨（时任中共武汉市委宣传部长）任总编辑，报馆四五个工作人员也都是共产党员。据国民党中央组织部调查，到北伐战争前夕，除广东和北京外，其他省市国民党党部共出版了66种报刊。这些报刊大部分都是共产党员任主编，或参加编辑工作，或为主要撰稿人，使得报刊按中共的路线、方针和政策进行宣传。

在党部报刊的带动下，各个进步群众团体先后创办了自己的刊物。据不完全统计，有上海总工会出版的《上海总工会日刊》，上海工商学联合会出版的《上海工商学联合会日刊》，上海学生联合会出版的《血潮日刊》，上海青年会出版了《五卅日刊》，上海学术团体对外联合会出版的《公理日报》等。"五卅惨案"之后，上海的各个大学也都出版了刊物，如同济大学的《五卅血》，上海大学的《五卅特刊》，复旦大学的《华血报》，上海中医专科学校的《血痕》，上海法政大学的《雪耻特刊》等。上海工商界人士也创办了以提倡国货为主要宣传内容的报刊，如《国货日报》《国货周报》《爱国报》《国货评论》等。这些报刊与党部报刊相互配合，形成了反帝爱国联合战线，掀起了一场声势浩大的反帝爱国宣传运动。

1924年6月，孙中山在苏联与中国共产党的支持下，建立了黄埔军校。随后，在广州便出现了一批军人报刊，主要的有国民政府军事委员会政治部出版的《军人日报》，国民党中央军人部出版的《军人周刊》，黄埔军官学校本部出版的《黄埔日刊》和《革命军》，黄埔军校政治部出版的《黄埔潮》。军人进步团体中国青年军人联合会出版的《中国军人》《青年军人》及《中国青年军人联合会周刊》等。1925年，民革命军创设后，各军部也出版了刊物，如第二军的《革命》半月刊，第四军的《军声》等。这些进步军人刊物的宗旨是宣传革命精神、团结革命军人、加强军民合作，从军人实际出发，深入浅出地向军人进行爱国教育，提高军人的阶级觉悟和革命英雄主义精神。

革命进步报刊如雨后春笋般纷纷涌现，开展了轰轰烈烈的宣传活动，在反帝反军阀斗争中做出了卓有成效的贡献，客观上也推动了中国近代社会的发展。

回顾国共第一次合作，不仅推动了革命事业的发展，最终在形式上全国统一；更重要的是促进了民族的进步，社会的发展。正如孙中山先生在 1924 年 11 月 25 日的题词："统一是全体国民的希望，能够统一，全国人民便幸福，不能统一便要受害。"这个题词深刻点明，协商合作，实现统一，是民心所向，是不可阻挡的历史潮流。

再回顾这段激动人心的历史，我们认识到，建立最广泛的爱国统一战线，与一切爱国进步力量实现团结合作，具有十分重要的意义。它将促进祖国的和平统一，社会的发展进步，最终实现中华民族伟大复兴的中国梦。

（辛镛，民革广东省汕头市金平区总支副主委，汕头市聿怀中学教师）

抗战时期中共纪念话语中的
"第一次国共合作"

郭 辉

摘要： 抗日战争时期国共两党再度合作以抵抗日本侵略，自然对第一次国共合作有所回忆和叙述，从当时中国共产党举行的纪念活动而言，因抗战时期国共两党关系的微妙变化，以及抗战局势的发展，"第一次国共合作"表述的语境也有所不同。抗战时期中共纪念话语中的"第一次国共合作"表述有其具体所指，此也正是该时期中共"第一次国共合作"认知与回望的表达，三大政策本质上即孙中山国共合作的具体落实。抗日战争时期中共纪念话语中关于"第一次国共合作"记忆的书写，其最终目的是服务于抗战这一当时最大的现实政治，回望与回忆历史上的"第一次国共合作"，最终具体指向现实中的"第二次国共合作"，并且所言背后多有隐含之意。

关键词： 抗战时期　纪念话语　第一次国共合作　中国共产党

历史记忆基于史实，但往往依据现实而进行阐释，为现实提供思想资源。

全面抗战爆发后，共产党与国民党再度合作共同抵抗日本侵略者，书写出可歌可泣的历史篇章。该时期中国共产党纪念话语中关于"第一次国共合作"的历史记忆不断回响，服务于国共两党的合作抗日，正如1939年民族扫墓节陕甘宁边区代表团的祭文有言："国共合作，革命宏谟，中更摧拆，十载蹉跎。

强敌侵凌，乃寝内战；唯一方针，统一战线，国共两党，重新合作。"①就抗战回望历史，国共两党曾为"革命"有过合作，而今为了抵抗"强敌侵凌"结成统一战线重新合作。换言之，国共重新合作自然容易引起对以前合作的关注与回望。以往学界多关注两次国共合作本身的研究，尚未见从记忆史角度加以考察，尤其是对第二次国共合作时回望第一次国共合作的回忆和叙述，显然有其特殊意义和价值。鉴于此，笔者聚焦于抗战时期中共纪念话语，观察第二次国共合作时表述"第一次国共合作"的纪念话语，以及呈现出怎样的"第一次国共合作"记忆，从而明晰该记忆的现实意义。

一、"第一次国共合作"的表述语境

抗日战争时期国共两党再度合作以抵抗日本侵略，自然对第一次国共合作有所回忆和叙述，从当时中国共产党举行的纪念活动而言，因抗战时期国共两党关系的微妙变化，以及抗战局势的发展，"第一次国共合作"表述的语境也有所不同。

抗战时期中国共产党并未举行任何专门的"第一次国共合作"纪念，但当时国民党和国民政府有国民革命军誓师北伐纪念，每年7月9日举行，该纪念日涉及国共两党的第一次合作，因为国民革命军北伐正是国民党与共产党合作的产物。中国共产党在国民革命军誓师北伐纪念中，强调第一次国共合作的重要性，将之视为革命政权发展即广州国民政府成立的基础。纪念话语有言："为集中革命力量，建立革命政权以推动革命向前发展，在广州乃有国民政府之成立，这是第一次国共合作，民族统一战线的最初成果。"也只有在广州国民政府的革命据点支持下，才有国民革命军势如破竹的北伐。②以此强调国共合作的重要性。1943年双十节纪念时，《解放日报》发表社论称："一九二四年，在中国共产党与苏联共产党的帮助之下，孙中山先生修改了他的旧民主主

---

① 《民族扫墓节公祭黄帝陵 中央特派大员张继主祭 边区代表团亦赶往参加》，《新中华报》1939年4月10日，第3版。

② 《国民革命军誓师北伐第十二周年纪念》，《新华日报》1938年7月9日，第1版。

义的三民主义，产生了新民主主义的三民主义，并完成了第一次国共合作，于是便有一九二四年至一九二七年的大革命。"①纪念话语在表述"第一次国共合作"时，将之与国民大革命相联系，也强调了合作的思想基础。

"第一次国共合作"与孙中山的关系密切，中共纪念话语中的"第一次国共合作"也是孙中山革命生涯的延续和发展。陈伯达在一篇纪念文章中即指出："由初时从事革命的联络会党到晚年国共合作时代的农工政策——这是表现了中山先生革命生涯的发展，同时也表现了中山先生革命思想的发展。"②"第一次国共合作"是国民党与共产党两党意愿的结合，孙中山的主张则尤为重要，他的"联俄、联共、扶助农工"政策即国共两党合作的基础。许涤新在1939年孙中山逝世纪念时撰写文章，指出："中山先生深知欲求中国独立解放之成功，对外要联合世界上以平等待我之民族，对内一定要联合一切反帝的力量，在这里，联共是必取的途径。因为中国共产党有马列主义的理论武装，是全国一部分优秀份子之所归，而且紧握住中国工人阶级反帝的光荣传统，所以称为全国反帝运动中一个最坚决的力量。不但如此，中共自成立以后，即提出打倒帝国主义和肃清封建势力的方针，更向国民党提出建立国民革命联合战线的问题。这么一来，便在中山先生领导之下，成立了第一次国共合作了。事实证明中山先生的政策是正确的。国共合作的结果，展开了大革命年代北伐的胜利，国共两党的同志，携手前进，推翻了北洋军阀的政治，收回了汉口九江的英租界，动摇了帝国主义控制中国的基础，确实证明中山先生的政策是正确的，国共合作仍是中华民族获得解放的基本保证。"③他通过纪念话语阐述"第一次国共合作"的价值，其中最为强调孙中山在第一次国共合作中的重要性。关于孙中山的记忆并非只是"第一次国共合作"表述的语境，本身即是重要政治记忆，作为象征符号为抗日战争提供思想资源。

---

① 《只有新民主主义才能救中国——纪念三十二届双十节》，《解放日报》1943年10月10日，第1版。
② 陈伯达：《论孙中山先生及其学说——〈三民主义概论〉增订版序论》，《解放》第114期，第20页。
③ 许涤新：《中山先生与三大政策——为纪念中山先生逝世十四周年而作》，《新华日报》1939年3月13日，第4版。

　　纪念话语也涉及阐述"第一次国共合作"产生的社会根源，这些记忆给第一次国共合作增添了不少立体感，其目的也在提出警示：抗战的特殊环境才有国共新的合作，合作抗日的目标应始终秉持。"第一次国共合作"源于辛亥革命失败的反思。吴克坚在 1938 年双十节论及辛亥革命的教训时，将之视为第一次国共合作的背景。他说："辛亥革命这些主要教训，为伟大的孙中山先生晚年革命事业和其生活所领受，这就使辛亥革命后一九二五——二七中国大革命时代，孙中山先生领导了国民党的改组，实行了国共合作，取得了北伐的胜利。"① 田家英等在 1943 年双十节，也论及第一次国共合作的背景是民元后社会发展的种种不如意："这些世界和国内现实的政治生活，是给了孙中山先生以深刻的影响，民元以来议会政治中一些污秽不堪的历史，循环不息的军阀内战，中国共产党指出的正确道路，以及正在高涨的蓬蓬勃勃的群众运动，……而要对帝国主义与军阀采取直接革命行动，是决不能靠那些朝秦暮楚的议员，必要一个'有主义有组织有训练之政治团体'，但当时的中华革命党是不能担负起这一任务的，必须联合先进的革命力量，这就有了第一次的国共合作。"② 正因不尽如人意的社会现实，才有了国共合作挽救国民党，挽救中国革命。

　　纪念话语中"第一次国共合作"记忆的使用，并非完全在积极肯定的语境中进行，其中的不少负面内容在特殊的现实环境下也会被唤醒，从而达到警醒世人的目的。当抗战中出现某些汉奸败类时，吴玉章则利用"第一次国共合作"破裂的记忆，暗示当时的汉奸败类在历史上已有"妥协"行径。他说："汪逆是四月回国的，在他三个月暗藏的危害革命之后，就召集了七月十四夜的国共分家的秘密会议，孙夫人事先得到消息，不禁痛哭革命的前途又要被汪逆断送了，就派了代表去出席会议，力争国共不能分裂，因为凡是中山先生的真正信徒，都不忍见中山先生亲自领导的第一次国共合作的破裂，不忍见当时蓬蓬勃勃革命的运动再受挫折。会议上争论很激烈，但终由于汪逆的坚持和一些投

----

① 吴克坚：《辛亥革命的意义和教训》，《新华日报》1938 年 10 月 10 日，第 4 版。
② 田家英，褚太乙：《从旧的专制到新的民主——纪念辛亥革命三十二周年》，《解放日报》，1943 年 10 月 10 日，第 5 版。

降妥协分子的赞同而通过了国共分裂的决定。从此就开始了极端的恐怖。"①
周恩来在 1944 年双十节发表讲演，其中即说："北伐期中，国民革命军总司
令部，不受当时国共合作的国民政府的指挥，结果遂造成军事独裁，断送革命。"②
此中应有周恩来对抗日战争后期国共双方矛盾的观察，其中说到"总司令部""不
受……指挥""军事独裁"等，显著带有警示当时的意图。

统一战线是中国共产党执行的重要战略策略，其中中国共产党纪念话语将
"第一次国共合作"纳入"统一战线"话语体系下进行理解，提升到一定理论
高度。1938 年双十节《新华日报》发表社论，将辛亥、北伐、抗战相联系，
其中涉及第一次国共合作部分即有如此脉络："国民党改组，国共合作，要算
是第二次统一战线，于是，造成北伐胜利。"而"全国抗战，在蒋先生领导之下，
于是，又有第三次统一战线，包含着新的国共合作，及其他抗日党派的参加"③。
"国共合作"是两次"统一战线"的基础，辛亥、北伐、抗战形成一个完整的
"统一战线"各阶段，该社论似乎是站在国民政府立场进行的言论阐述，但并
不影响中国共产党执行统一战线这一宗旨。汉夫也认为第一次国共合作"大大
地增强及集中了革命力量，无产阶级和农民的觉醒和组织，更扩大和巩固了当
时的民族统一战线的力量"④。统一战线具有延续性，不仅能够增强北伐国民
革命中的革命力量，还能增强抗日民族统一战线："国共合作的实现与孙中山
先生三大政策的实行，乃有北伐革命战争，和红军的英勇奋斗，乃有今天全民
族的伟大抗日战争与抗日民族统一战线。"⑤正是国共合作产生如此大的影响，
才有北伐国民革命的胜利，而现实中也将取得抗日战争的最后胜利。

无论"第一次国共合作"纪念话语的表述语境如何，最终的落脚点依旧在
抗战，这才是当时最重要也是最大的现实语境。

---

① 《坚持抗战，非肃清投降妥协的败类不可》，《吴玉章文集》，重庆出版社 1987 年，第
186—187 页。
② 周恩来：《如何解决——双十节讲演》，《晋察冀日报》1944 年 10 月 17 日，第 3 版。
③ 《辛亥、北伐与抗战》，《新华日报》1938 年 10 月 10 日，第 1 版。
④ 汉夫：《纪念双十节与保卫大武汉 争取愈久愈好的保卫武汉》，《新华日报》1938 年 10 月 11 日，
第 4 版。
⑤ 《国庆纪念》，《解放日报》1941 年 10 月 10 日，第 3 版。

二、"第一次国共合作"的主旨内涵

抗战时期中共纪念话语中的"第一次国共合作"表述有其具体所指，这也正是该时期中共"第一次国共合作"认知与回望的表达。1938年国民革命军誓师北伐纪念时，时人引述宋庆龄的一句话："假如孙中山国共合作的主张，以及联俄、联共、工农利益三大政策能够继续到底，则中国国内封建势力早已铲除净尽，帝国主义早被驱逐出去，而中国已成为独立自由的中国了。"①宋庆龄对孙中山逝世后国内政治的发展不无怨言，并且觉得未能贯彻孙中山的国共合作主张造成中国困局，而三大政策本质上即孙中山国共合作的具体落实。

三大政策是第一次国共合作实施后的重要内容。1939年，陈伯达在一篇纪念文章中阐述"第一次国共合作"的各项具体措施，道出第一次国共合作实现后，中国共产党人"帮助孙中山先生三民主义中应该包含的各项革命原则，较完整地规定出来，特别如民族主义之反帝国主义；民权主义中之打倒军阀，废除以资产为选举的标准，规定辅助平民阶级的组织，规定一切反帝国的个人及团体均享有一切自由权利，而卖国罔民阶级的则否；民生主义中之耕者有其田，主张国家应该给佃农以土地等，这些都是在第一次国共合作以前所没有明确规定的，而这一切规定下来，才提高了三民主义的革命价值，才打破了一般人对于三民主义漠视的心理"。尤其是第一次国共合作后，国民党提出了三大政策——"联俄、联共、扶助农工"。②"第一次国共合作"纪念话语中也提到三大政策："以国共合作做基础的统一战线政策，这个统一战线，包括对内联合共产党与工人农民，对外联合以平等待我之民族，共同奋斗，有名的三大政策。"③第一次国共合作不仅产生了北伐国民革命，还有具体的三大政策。

抗战时期中共纪念话语在表述"第一次国共合作"时，强调其在历史中起

---

① 《国民革命军誓师北伐第十二周年纪念》，《新华日报》1938年7月9日，第1版。
② 陈伯达：《纪念马克思与孙中山》，《解放》第66期，第18页。
③ 《毛泽东在纪念孙总理逝世十三周年及追悼抗敌阵亡将士大会上的演说词》，《解放》第33期，第1—2页。

到的作用与价值。1941 年的《晋察冀日报》在纪念孙中山逝世十六周年的文章中，高度评价第一次国共合作："在孙中山先生领导之下的国民党得到列宁与共产党协助，完成了具有历史意义的一九二三—二四年的改组，促成了第一次的国共合作，发展与充实了三民主义的革命部分，提出了革命的三大政策。在这一时期内，孙先生的一切主张与言论，成为国民党与中国人民的宝贵遗产，永恒的光辉。第一次国共合作的结果是伟大的，它使一切革命势力得到飞跃的发展，使解放的怒潮澎湃全中国。"① 三大政策为第一次国共合作的重要成果："孙中山先生在国民党第一次全国代表大会的时候，就开始执行了以国共合作为基础的统一战线的政策，有名的三大政策，就是联合共产党，联合苏联，团结工农群众的三大政策，就是这个时候建立起来。"并且有相当重要的作用，三大政策的实施"才产生了一九一九—二七年蓬蓬勃勃的大革命，才有了民国十六年的誓师北伐，使帝国主义在中国革命面前发抖，使北洋军阀在革命的北伐军的面前消灭了"②。某种程度上，"第一次国共合作"实现了其历史目标和价值。

纪念话语高度肯定了第一次国共合作所取得的辉煌成绩。石西民在 1939 年孙中山诞辰纪念时说："中山先生卓越的眼光，在中国革命历史的发展中，证明了他的伟大。民国十三年国共合作以后，不仅实现了中山先生'成一最有力量之国民党'的愿望，并且迅速地统一两广革命根据地，发动北伐以破竹之势，抵定长江流域。"③ 正因国共合作才有了中国革命势力的蓬勃发展。不仅如此，国共合作政策作为"三大政策的基本环节"，其中"联苏政策的形成，和联共政策分不开，而扶植工农政策的形成，也和联共政策分不开，时人皆知：国共合作再造了国民党，再造了中国革命，也再造了中国民族。"④ 整体而言，纪念话语比较完整地通过回忆阐述了第一次国共合作的成绩："英明的中山先生接受了中国共产党国共合作的提议，毅然改组国民党，坚决和共产党合作，

① 《纪念孙中山先生逝世十六周年》，《晋察冀日报》1941 年 3 月 12 日，第 1 版。
② 陆力：《纪念孙总理逝世十四周年》，《抗敌报》1939 年 3 月 13 日，第 2 版。
③ 石西民：《粉碎日寇汪逆对中山先生学说的曲解和污蔑——为纪念中山先生诞辰而作》，《新华日报》1939 年 11 月 12 日，第 4 版。
④ 《孙中山先生逝世十八周年纪念》，《解放日报》1943 年 3 月 12 日，第 1 版。

提出'联俄、联共、扶助农工'三大政策，来发展他的三民主义，这样就把中国的民族资产阶级、小资产阶级、工人、农民联合了起来，成为四个阶级的革命联盟，因而就产生了 1925—1927 年的大革命，收回了汉口、九江的租界，打败了北洋军阀，革命的势力普遍到全中国。"[①] 实际而言，这些成绩的描述在某种意义上试图给现实抗战提供精神鼓舞。

不仅关注第一次国共合作的作用与成绩，该时期中共纪念话语也强调了第一次国共合作的革命意义。陈伯达在 1938 年发表文章称："五四运动以后，中国革命运动走上了新时代，中山先生在这新时代中，重新振作了三民主义的革命旗帜，因而有了民国十三年国民党的改组，因而有了伟大的三大政策的决定，因而有了第一次的国共合作，因而在中国革命史上实现了第一次最明显的、自觉的、民族革命统一战线；同时，也正因为是有了这新时代的民族革命统一战线的形成，三民主义更扩大了自己的革命生命，更充实了自己的革命内容。"[②] 不仅如此，这种革命正是中国共产党与孙中山之间的一种合作，革命纲领上达成的默契："中共这最低纲领则与中山先生革命的三民主义的纲领，在广度和深度上不完全相同，然而在民族民主革命的基本原则上却是相同的（即要求民族独立解放——民族主义，主张实现各革命阶级大联合的民权政治——民权主义，反对封建的土地剥削制度和限制大资产阶级的专利——民生主义），这里就形成了中共与中山先生及其真实的革命信徒一种合作的政治基础，并且在这政治基础上形成了第一次的国共合作。"[③] 第一次国共合作与革命之间相互作用，第一次国共合作促进了中国革命事业的发展，而正因革命事业的需要产生了第一次国共合作。

---

① 吴玉章：《废除不平等条约的四个要件》，《吴玉章文集》，重庆出版社 1987 年，第 251—252 页。
② 陈伯达：《孙中山先生关于民族革命统一战线思想的发展》，《解放》1938 年，第 33 期，第 6 页。
③ 陈伯达：《论孙中山先生及其学说——〈三民主义概论〉增订版序论》，《解放》1940 年，第 116 期，第 26—27 页。

三、"第一次国共合作"的抗战意义

抗日战争时期中共纪念话语中有不少关于"第一次国共合作"记忆的书写，虽有其语境与具体内涵的阐发，但其最终目的还是服务于抗战这一当时最大的现实政治，回望与回忆历史上的"第一次国共合作"，最终具体指向现实中的"第二次国共合作"，并且所言背后多有隐含之意。

国共合作不仅是北伐国民革命时期统一战线的基础，还是抗日民族统一战线的基础。抗战时期的中共纪念话语中即不断地重复着如此观点："我们的抗战之所以支持了将近两年之久，是由于在以国共合作为基础的抗日民族统一战线的政策下部分地动员了民众参加抗战，实现了军民合作，这是一个谁也不能否认的真理。"① 抗日民族统一战线以国共合作为基础，并且也只有实行国共合作巩固抗日民族统一战线才能赢得抗战，只有"巩固国共合作，巩固抗日民族统一战线，一切坚决抗战的党派与力量团结起来！不要让日寇、汪派和反共份子来破裂我们的团结与抗战"②。显然，纪念话语中所言的"国共合作"指向当下的抗日战争，但国共合作并非只有抗日战争时期的这一次，该时期纪念话语中的"第一次国共合作"实际指向抗战时期的"国共合作"，并为之提供经验。

1938年《新华日报》发表社论进行双十节纪念，将两次国共合作并置进行论述，但同时也强调："抗战是长期的，我们需要更坚强的、更扩大的民族统一战线，来战胜全副武装的凶恶的日寇！因此，我们不仅要回忆历史的成功，更要回忆历史的教训！辛亥革命的失败，北伐时国共的分裂，不能不使我们承认：当时统一战线的基础还不巩固，还不扩大，特别是北伐时国共两党的政策，还没有取得一致。今天在反对日本强盗的自卫战争面前，我们的统一战线，是全民族的，不分任何种族、阶级、党派、信仰、性别，都应该联合起来。"③ 该处述说"第一次国共合作"时，将之视为经验和教训，服务于当前的抗日战争，

① 徐冰：《纪念黄花岗革命先烈》，《新中华报》1939年3月31日，第4版。
② 《纪念抗战二周年全中华民族的任务与口号》，《八路军军政杂志》1940年第6期，第10页。
③ 《辛亥、北代与抗战》，《新华日报》1938年10月10日，第1版。

并希望能够形成较过去第一次国共合作时更广泛的统一战线。1938年双十节，汉夫发表纪念文章重点讲述第一次国共合作后武汉成为革命中心，而本年双十节前后"武汉正是在这次重大的任务、意义和开展中，重新继辛亥革命而更光辉更伟大的成为中国革命史上的重镇"。于是，他提出"愈久愈好的保卫武汉"的口号。[1]汉夫所言也是根据当时的抗战形势有感而发，讲述第一次国共合作对于抗战而言的现实价值。

纪念话语中的"第一次国共合作"确实有其成绩，但也有国共走向分裂导致的后果和教训。1943年《解放日报》为纪念双十节发表社论，说1927年"国共分裂，革命失败"，如此导致"除共产党领导的新民主主义的土地革命外，大部分中国，重新变为帝国主义的半殖民地，日本帝国主义乃得乘隙而入。抗战军兴，国共复合，支持抗战六年之久。然而不要民众的片面抗战，表现得非常软弱无力，只有各民主的抗日根据地，壤地虽小，却因为发动了民众，实行了新民主主义的政治、经济与文化政策，却表现了极大的抗日力量"[2]。国共第一次合作的失败导致日本帝国主义乘虚而入，在此意义上，"第一次国共合作"的叙述与记忆实为反面存在，并且国民大革命提供的皆是教训，最终"反帝民族统一战线破裂了，国共两党分家，大革命遭受了严重的失败。目前若再重复过去两次革命的错误，则目前抗战又将失败，而我国历史将是铁面而无情，把破坏抗日民族统一战线者称为民族的叛徒和国家的罪人。所以我们要反对汪精卫等汉奸分裂国民党、挑拨国共合作等企图，我们要反对一切'反共'的宣传和活动"[3]。第一次国共合作以国民党的反共结束，再次国共合作则应汲取历史教训，不能因某些汉奸破坏国共合作分裂分子的存在，再次破坏抗日民族统一战线。应警惕历史的重演。

如此纪念话语成为联系第一次国共合作记忆与抗日战争的重要渠道，往

---

[1]　汉夫：《纪念双十节与保卫大武汉　争取愈久愈好的保卫武汉》，《新华日报》1938年10月11日，第4版。

[2]　《只有新民主主义才能救中国——纪念三十二届双十节》，《解放日报》1943年10月10日，第1版。

[3]　杨松：《辛亥革命与目前我国抗战——双十节二十八周年纪念的讲演提纲》，《新中华报》1939年10月10日，第4版。

往言及第一次国共合作时，均会承认"第一次国共合作的结果是伟大的，它使一切革命势力得到飞跃的发展，使解放的怒潮澎湃全中国"，但是"正当革命接近胜利之时，资产阶级可耻的与帝国主义及残余封建势力勾结，背叛了人民大众，背叛了孙中山先生的革命主张，及其对国民党之宝贵的遗训，把对着敌人的枪口，回过来反对共产党和革命人民，因而酿成了十年内战的局面，而十年对内作战对外屈辱的结果却招致了帝国主义侵略之加深，东北的沦陷，华北的危急，使中华民族走到空前严重的民族危机的紧急关头"①。朱德在为抗战三周年所作的纪念文章中，也道出国共两党合作的曲折："中国大革命以来的历史完全证实了这个真理。在民国十六年的北伐战争中，新诞生的中华民族的军队，以国共两党的团结为基础，而强固地团结着。这支军队，从广东出兵，扫荡帝国主义的军阀走狗的武装，如摧枯拉朽，如秋风之扫落叶，百战百胜，所向无敌。在以后的十年内战中，这个团结被破坏了，于是，虽然我们有着数百万的军队，但是我们的东北沦陷、冀东丧失、华北岌岌可危，敌人不折一兵一将，席卷了我广大的疆土，囊括了我国丰富的资源。最后在抗日自卫战争中，中华民族的军队又重新在国共合作的基础上，坚强地团结起来，一致抗日，才取得了今日伟大的胜利。"②言论所指也是只有国共两党的合作才能取得抗日战争最后的胜利。

纪念话语中的"第一次国共合作"记忆与叙述，不仅为抗日战争提供了反面教训，还提供了正面经验。纪念话语强调的第一次国共合作产生的积极意义，毛泽东在纪念孙中山逝世十三周年时说：国民党的"第一次代表大会宣言，就表现了三民主义的发展。对统一战线也是一样，孙先生不但坚持了而且发展了统一战线：从为着推翻'满清'而联合各个革命派别与会党，发展到为着推翻帝国主义与封建势力而采取联合苏俄、联合共产党与联合工农的政策。所有这些，同他的不怕艰难挫折、不屈不挠、再接再厉的革命毅力或革命实践精神相结合，就表现了孙先生的伟大革命家模范，今天我们又是一个统一战线，这个

---

① 《纪念孙中山先生逝世十六周年》，《晋察冀日报》1941年3月12日，第1版。
② 朱德：《巩固全国抗日军民的团结，争取最后胜利——为抗战三周年而作》，《解放》1940年，第111期，第5页。

统一战线较之过去是更广大的，这个统一战线所要对付的敌人也是较之过去更加严重的。这个统一战线所应执行的纲领，在目前基本上仍然是那个第一次代表大会宣言所说的东西，但形式与内容有了某些发展，在将来，一定还会有进一步的发展的。为了实行三民主义，扩大统一战线，战胜我们的敌人日本帝国主义，还一定要从革命实践中发扬艰苦奋斗、不动摇、不妥协的革命精神，才能达到"①。抗日民族统一战线本身即国民革命时期统一战线的继承和发展。第一次国共合作时期形成的统一战线政策,也是抗日民族统一战线的重要缘起。1939 年陆力在纪念孙中山逝世十四周年的文章中，阐述了纪念孙中山逝世的意义，即要"坚决执行孙中山先生的统一战线的政策，坚固与扩大抗日民族统一战线"，孙中山在国民党第一次全国代表大会的时候就"开始执行了以国共合作为基础的统一战线的政策"，而"在目前抗战正处于由敌之战略进攻我之战略防御，转入敌我战略相持阶段的过渡时期我们更要巩固与扩大抗日民族统一战线"，如此"只有实现孙中山先生的统一战线遗教，紧握住抗日民族统一战线的武器，才能够战胜日本帝国主义，建立独立自由幸福的新中国"②。统一战线正是不同历史时期发挥作用的重要政策。

抗战时期的第二次国共合作与第一次国共合作有诸多相通处。其中"由于民族危机加深而形成的第二次国共合作，同样是以革命的三民主义为国共两党的共同政治纲领的。所以在合作之初，共产党即声明'共产党承认三民主义为中国今日所必须，愿为其彻底实现而奋斗'，共产党不只是在口头上这样说了，而且在真正的实践着三民主义。以民族主义来说，共产党领导下的八路军新四军在抗战开始后都先后走上了抗日战场，抗战三年来，建立了无数的抗日根据地，保卫了广大的中国领土，使广大人民免为日本帝国主义所奴役，动员与组织了广大人民参战，坚持敌后游击战争，牵制敌人在华兵力在半数以上，而且成为坚持抗战、反对妥协投降的中坚力量。以民权主义来说，共产党在各个抗日根据地广泛地实行了民主政治，提出了三三制，保障了一切抗日人民的民主

① 《毛泽东在纪念孙总理逝世十三周年及追悼抗敌阵亡将士大会上的演说词》，《解放》第 33 期，第 1—2 页。
② 陆力：《纪念孙总理逝世十四周年》，《抗敌报》1939 年 3 月 13 日，第 2 版。

自由权利。就民生主义来说，在各抗日根据地，普遍地实行了减租减息，增加工资等适当的人民生活的政策。但是在另一方面，孙中山先生的三民主义是被阉割与歪曲着，大地主资产阶级顽固派虽然在口头上信奉着三民主义，但他阉割了其中革命的部分而撷取其反动的糟粕。如汪精卫之流，则把三民主义歪曲成献媚日本老爷的工具了。在纪念孙中山先生逝世十六周年的日子，我们应当检查一下国内大地主大资产阶级顽固派在抗战三年中究竟怎样地施行了三民主义与三大政策"[1]。在抗战时期国共合作状态下，中国共产党是三民主义的坚决执行者。第一次国共合作在孙中山逝世后"仍继续合作了一个时期，但在北伐的中途，这个有决定意义的合作即告破裂。孙先生的国民党和三民主义既因与共产党合作而获得新生命，自必因这个合作的破裂而丧失其新生命，重踏前此完全失败的覆辙。这也是显然无可争辩的。自此以往，共产党即不得不单独进行孙先生所说不妥协的革命，直到这次抗战的爆发，抗战本是国民党当局完全恢复革命三民主义的一个最好机会，但可惜这至今还只是一个希望，这就是为什么三民主义中的民权主义与民生主义至今还只在中国的部分地区即共产党所领导的地区实现，而没有在全国实现的缘由"[2]。抗日战争成为恢复三民主义的"最好机会"，而三民主义与国共合作的关系密切。

纪念话语有时甚至将抗战时期的国共合作形容为"恢复了国共合作"，隐含之意指向了"第一次国共合作"："我们的民族不幸有了分裂，革命遭了挫折，以致最近几年来更受到日寇的侵略，占领了半个中国的领土和首都！每天每时，我们的军民还在敌人的屠刀下流着鲜血，我们的妇女在敌人的奸淫、调戏、割乳房……侮辱之下。这不能不是我们愧对中山先生的地方。幸而好，大家还能悬崖勒马，精诚团结，恢复了国共合作，发动了全国抗战，并且我们全国男女都已下坚持抗战到底、争取最后胜利的决心，这样算是安慰中山先生于万一。"[3]国共合作成为关键时期的重要策略和手段，不仅是大革命时期，抑或抗日战争时期"国共合作仍是中华民族获得解放的基本保证。二十个月来，

---

[1]　《纪念孙中山先生逝世十六周年》，《晋察冀日报》1941年3月12日，第1版。
[2]　《孙中山先生逝世十九周年》，《解放日报》1941年3月12日，第1版。
[3]　孟庆树：《纪念中山先生与妇女》，《新华日报》1938年3月12日，第4版。

共产党的同志与友党友军，一齐争取抗战胜利而奋斗，给与日本强盗以无情的打击。这种事实，使我们深刻地认识中山先生的政策之伟大，深刻地认识那些不把火力集中去对付日寇，而有意无意地造谣中伤制造摩擦的人们，是明白地在背叛中山先生的遗教。"① 其所言"中山先生的政策"即国共合作政策。1938 年边区政府在纪念孙中山逝世时，还高呼口号"坚决执行中山先生的三大政策，巩固国共合作唤起全国民众"，国家面临危难之际，更应"为实现民族主义而奋斗，拥护孙中山先生的三大政策，拥护统一的国民政府，加强国共两党的亲密合作，我们更要继续踏着阵亡的血迹，前仆后继地拥上前线，抱定战到最后一个人最后一支枪的坚定决心，准备流干我们的最后一滴血，这样才能对得住孙中山先生，对得住英勇牺牲的无数烈士，才能把日本强盗最后的驱出中国去，建立独立自由幸福的新中国"②。孙中山实施的国共合作政策在抗日战争时期继续发挥其作用。

抗日战争时期形成的第二次国共合作应该是第一次国共合作的扩大和发展。"自'九一八'事变以来，中国共产党即号召以民族革命战争，抵抗日寇侵略。民国二十四年，又发表《八一宣言》，号召全体同胞，为抗日救国，结成抗日民族统一战线，并再三向国民党提议两党重新结合，以救危亡。国民党英明领袖，也能顾全大局，使国共两党重新合作，联合各党各派，及全国民众，结成抗日民族统一战线，来坚持团结坚持抗战。"③ 抵抗日本侵略者属于全民族的抗战，自然不仅要有国共两党间更为密切的合作，还应团结一切可以团结的力量共同抗日。并且抗日战争要取得胜利，必须要在"全国团结的基础上，必须建立在国共合作的关系上"④。中国共产党高呼："我们坚决反对那些所谓主和派，我们仅仅愿意与全国一切爱国党派一切爱国同胞一道，巩固团结，巩固抗日民族统一战线，巩固国共合作，实行三民主义，拥护蒋委员长与国民

---

① 许涤新：《中山先生与三大政策——为纪念中山先生逝世十四周年而作》，《新华日报》1939 年 3 月 13 日，第 4 版。
② 《边区各界纪念孙总理逝世十三周年及追悼抗战阵亡》，《新华日报》1938 年 4 月 2 日，第 2 版。
③ 吴玉章：《废除不平等条约的四个要件》，《吴玉章文集》，重庆出版社 1987 年，第 251—252 页。
④ 凯丰：《中国人民英勇抗战的两周年》，《群众》1939 年，第 6—7 期，第 24 页。

党政府抗战到底，打到鸭绿江边，收复一切失地，而不知其他。"[①] 面对强大的敌人，也只有实行国共合作才能实现抗日战争的最终胜利。

（郭辉，湖南师范大学历史记忆与社会意识研究中心暨历史文化学院教授、博士生导师）

[①] 毛泽东：《当前时局的最大危机》，《解放》1939 年，第 75—76 期，第 4—5 页。

编后记

为隆重庆祝中国共产党百年华诞，2021年5月17日至18日，民革中央与全国政协文化文史和学习委员会、中国社会科学院中国历史研究院等单位在北京联合举办了孙中山与第一次国共合作学术研讨会。

会议筹备期间，各主办单位高度重视此项工作，民革中央主席万鄂湘、常务副主席郑建邦多次作出重要指示，要求把此次学术研讨会办成高规格、高水平、高质量、有学术影响力和代表性的一次盛会。郑建邦常务副主席亲自审定主题和分议题、审阅发言论文、听取会议筹备工作情况，最终确定了研讨会的总方向。全国政协文化文史和学习委员会、中国社会科学院中国历史研究院竭尽全力，共襄盛举，使会议如期、圆满举行有了坚强保证。

在研讨会开幕式上，民革中央常务副主席郑建邦、中国社会科学院中国历史研究院副院长杨艳秋出席会议并讲话。全国政协文化文史和学习委员会主任宋大涵主持开幕式。民革中央副主席张伯军出席研讨会并主持主旨演讲。因新冠肺炎疫情原因，新党创始人、前主席郁慕明，统一联盟党首任主席、台湾《观察》杂志社社长纪欣不能到场，但二位台湾知名人士均以视频形式参加了开幕式，表达了对孙中山先生的爱戴和对祖国统一的期望。

研讨部分，由教育部长江学者特聘教授、北京大学历史学系主任王奇生，中国历史研究院近代史研究所研究员郑大华，台湾中华青年发展联合会理事长王正作主旨演讲。孙中山曾侄孙、香港两岸和平协进会名誉会长孙必达以视频形式发言。在研讨会期间，有12位专家学者现场交流发言。

会议还设置了学者论坛、学术沙龙、点评等环节。王奇生作闭幕总结。

本次研讨会，有中国社会科学院中国历史研究院、中共中央党校（国家行政学院）、北京大学、北京师范大学、南开大学、南京大学、中山大学、上海大学、湖南师范大学、广东社会科学院、香港黄埔军校后代亲友联谊会、台湾黄埔军校同学后代联谊会等海内外知名高校、科研机构和社团的专家学者和特邀嘉宾出席。参加中国辛亥革命研究会、民革中央孙中山研究学会2021年理事会会议的理事列席研讨会，其中部分理事提交了参会论文并参与了学术活动。会议议程丰富、充实，与会人士发言踊跃、互动积极，自始至终充满了浓厚的学术氛围，取得了圆满成功，在学术界引起了广泛、持久的影响。

本次研讨会，由民革中央宣传部、中国社会科学院近代史研究所、中国辛亥革命研究会、民革中央孙中山研究学会、团结出版社有限公司等多家单位共同承办。

按照学术界惯例，待参会论文公开发表后，我们编辑出版会议论文集，以进一步推动学术研究，扩大学术成果，深化社会影响。会议共收到68篇文章，共选出23篇收入论文集。研讨会本来设置有7个议题，根据所收入的论文情况和论文集的实际需要，最终将议题调整为4个。

在研讨会的筹办和论文集的编辑工作中，纪彭同志付出了辛勤的努力。团结出版社有限公司承担了编辑、排版和印制工作。

受篇幅等因素的制约，相当数量的参会文章未能收入，我们深感惋惜。

最后，谨向关心、支持本次研讨会相关工作的组织、单位、个人致以衷心的感谢。

由于水平有限，书中不免存在错误和纰漏，敬请读者批评指正。

民革中央宣传部

2022年7月